Ulaş Aktaş I Thomas Gläßer (Hrsg.)
Kulturelle Bildung in der Schule

Ulaş Aktaş | Thomas Gläßer (Hrsg.)

Kulturelle Bildung
in der Schule

Kulturelle Schulentwicklung,
Selbstbestimmung im Unterricht
und Inklusion

In Zusammenarbeit mit der Offenen Jazz Haus
Schule Köln und ON – Neue Musik Köln

Gefördert durch

Offene Jazz Haus Schule

ON – Neue Musik Köln

Dieses Buch ist erhältlich als:
ISBN 978-3-7799-6101-7 Print
ISBN 978-3-7799-5401-9 E-Book (PDF)

1. Auflage 2019

© 2019 Beltz Juventa
in der Verlagsgruppe Beltz · Weinheim Basel
Werderstraße 10, 69469 Weinheim
Alle Rechte vorbehalten

Herstellung: Ulrike Poppel
Satz: text plus form, Dresden
Druck und Bindung: Beltz Grafische Betriebe, Bad Langensalza
Printed in Germany

Weitere Informationen zu unseren Autor_innen und Titeln finden Sie unter: www.beltz.de

Inhalt

Grußwort

Die überragende Bedeutung von kultureller Bildung für die individuelle Persönlichkeitsentfaltung lässt sich kaum noch von der Hand weisen. Es gibt aber noch einen weiteren Aspekt, der bei Peter Weiss zu finden ist und den ich Ihnen heute ans Herz legen möchte. Peter Weiss, der deutschsprachige Schriftsteller mit jüdischen Wurzeln, der die meiste Zeit in Schweden gelebt hat, der Assistent von Bert Brecht und überzeugter Kommunist war, mit dem sich heute in Zeiten der allseitig anerkannten Political Correctness nur schwer posieren lässt.

In den siebziger Jahren, also vor langer, langer Zeit, als es noch keine PCs, keine Handys, kein Internet, kein facebook und kein YouTube gab, aber die Erinnerung an die nationalsozialistische Gewaltherrschaft in Deutschland noch einigen – nicht allen – in den Knochen steckte, erschien sein dreibändiger Roman „Die Ästhetik des Widerstands". Dieser umfangreiche und sperrige Roman hat mich als Student stark geprägt. Auch wenn sich der Roman nur schwer in wenige Sätze zusammenfassen lässt – es geht darin unter anderem um den kommunistischen Widerstand im Faschismus, bekannt geworden als „Rote Kapelle", vor allem aber um Kunst bzw. Kunstwerke – lässt sich hinter diesem gewaltigen Text, quasi zwischen den Zeilen und in jedem Moment des Lesens präsent, eine zentrale Botschaft ausmachen. Informatiker würden, glaube ich, heute von einem *Daemon* im Hintergrund sprechen.

Diese zentrale Botschaft ließe sich in etwa so formulieren, dass gerade die Auseinandersetzung oder Beschäftigung mit Kunst und Kultur, mit unserer sogenannten Hochkultur, unserem kulturellen Erbe, eine *conditio sine qua non* für die Verwirklichung freiheitlicher und humanistischer Werte ist, auch und gerade angesichts von Terror, Gewaltherrschaft, Unterdrückung und Menschenverachtung.

In der von politischem Engagement geprägten Sprache Peter Weiss' klingt das natürlich etwas anders, für heutige von Political Correctness geprägten Ohren etwas knirschend, in etwa: *Wenn das Proletariat aufgehört hat sich für Kunst und Kultur, für das Erbe unserer sogenannten Hochkultur zu interessieren oder sich damit kritisch auseinanderzusetzen, dann sind der Unmenschlichkeit und Barbarei, dem braunen Mob, Tür und Tor geöffnet.*

Diesen Gedanken würde ich Ihnen gerne heute für diese Tagung mitgeben und Sie damit an die große Bedeutung und Verantwortung von kultureller Bildung auch und gerade in unserer Zeit erinnern. Vergessen Sie nie, welch enorm wichtige Rolle kulturelle Bildung im Leben spielen kann!

Tilman Fischer – Rheinische Musikschule der Stadt Köln

Einleitung

Ulaş Aktaş & Thomas Gläßer

In Zeiten von steigendem Lern- und Leistungsdruck und wachsender sozialer Ungleichheit wird kultureller Schulentwicklung und kultureller Bildung häufig zugetraut, einen substantiellen Beitrag zu grundlegenden Bildungsprozessen – von der ‚ganzheitlichen Subjektwerdung' bis zum Erwerb ‚kreativer Schlüsselkompetenzen' und der Förderung ‚kultureller Teilhabe' – zu leisten. Eine Gefahr, die in diesem Verständnis von Kultureller Bildung liegt, ist, dass damit soziale und politische Rahmenbedingungen von Bildungsprozessen verkannt werden. Die Suggestion ist: ‚Wenn man nur kreativ ist und seine künstlerische Neigung entdeckt, wird man auch in der Lage sein, alle Herausforderungen des Lebens zu meistern'. Kunst wird so zu einem Derivat der Selbstoptimierung und verliert zudem auch ihr kritisches Potenzial. Dass allein durch eine „kulturellere" Bildung drängende gesellschaftliche Herausforderungen, wie Arbeitslosigkeit, Armut und Depression, bewältigt werden können, ist allerdings offensichtlich eine Illusion, die gesellschaftliche Problemlagen verdeckt sowie durchweg Zerrbilder von Schule und Bildung produziert, die ihrerseits wieder zu den bestehenden Problemlagen beitragen. Angesichts dieser Zerrbilder, die uns weismachen wollen, dass es bei Kunst und der Kunst das Gemeinsame des Menschseins zu konzertieren nur darum ginge, Gruppen auf effiziente Weise in der Entwicklung ihrer Potenziale zu fördern, braucht es ein Gegengewicht zur Umsetzungslogik. Wie kein Klang ohne Pause wirken kann, verhallt auch die Antwort ohne die Ruhe der Frage im Lärm der Betriebsamkeit. Statt – wie es in der Schulentwicklung heißt – „mindless busy work" (Hattie) zu befeuern, soll mit diesem Band nach Perspektiven kultureller Schulentwicklung gefragt werden, in denen Lernen und Bildung in Hinsicht auf die historischen und gesellschaftlichen Rahmenbedingungen von Schule und Kindheit kritisch berücksichtigt werden.

Der Band entfaltet hierfür drei Perspektiven, zum einen in Hinsicht auf Schulentwicklung, indem Schule als zentraler Erfahrungsraum von Kindern begriffen wird (1), zum anderen in Hinsicht auf die Aporien in den Verhältnissen von Kunst, Selbstbestimmung und Unterricht (2) sowie drittens in Hinsicht auf Konzepte Kultureller Bildung und ihres Verhältnisses zu wirkmächtigen Differenzordnungen und Inklusion (3).

Der Band strebt einen Dialog von Theorie und Praxis sowie von Kunst und Pädagogik an, der alle drei Perspektiven strukturiert. Fragen werden aus z.T. kontroversen Positionen beleuchtet, so dass sowohl Diskurshorizonte Kultureller Bildung in der Schule als auch ihre praktische alltägliche Wirklichkeit sichtbar werden. In einem vierten Teil (4) wird der Inklusionsbegriff aus professionalisierungstheoretischer Perspektive perspektivtheoretisch entwickelt und der Band durch einen grundlagentheoretischen Akzent ergänzt.

Zur Entstehung des Buches.
JeKits und der institutionelle Strukturwandel
formaler und non-formaler Bildungseinrichtungen

Die Idee zu diesem Band geht auf eine Tagung der *Offenen Jazz Haus Schule* im März 2015 zurück, die den Titel trug: *„Kultur der Schule/Schule der Kultur – Herausforderungen und Möglichkeiten musikalisch-kultureller Bildung in der Grundschule"*. Die Tagung wurde von der *Offenen Jazz Haus Schule* Köln durchgeführt und konnte durch die freundliche Unterstützung der Förderer *ON – Neue Musik Köln* und der *Sparkasse KölnBonn* sowie durch die Kooperation mit der *TH Köln*, „Forschungsschwerpunkte Nonformale Bildung & Bildungsräume in Kindheit und Familie", dem *Landesverband der Musikschulen in Nordrhein-Westfalen* und der *Rheinischen Musikschule der Stadt Köln* durchgeführt werden. Hintergrund und Anlass für diese Tagung war die Neuausschreibung und Ausweitung des *JeKits*-Programms (Jedem-Kind-ein-Instrument-Tanzen-Singen) durch die *JeKits-Stiftung* im Schuljahr 2015/16, im Rahmen derer das Programm auf ganz Nordrhein-Westfalen ausgedehnt wurde und die *Offene Jazz Haus Schule* nach einer sehr erfolgreichen Bewerbung mit 10 Projekten in Kölner Schulen teilnimmt. „JeKits – Jedem Kind Instrumente, Tanzen, Singen" ist ein kulturelles Bildungsprogramm in der Grundschule für das Land Nordrhein-Westfalen. Durchgeführt wird *JeKits* in Kooperation von außerschulischen Bildungsinstitutionen (wie z. B. Musikschulen oder Tanzinstitutionen) und den Schulen. Mit dem Programm sollen *alle* Kinder einer *JeKits*-Schule erreicht werden.

Programme wie *JeKits* stellen heute bei Weitem keine Ausnahme mehr dar.[1] Die Kooperation von außerschulischen Bildungsinstitutionen und Schulen insbesondere im Bereich der Kulturellen Bildung hat sich zu einem gängigen und etablierten Modell entwickelt. Diese Veränderung gehört zu einer allgemeinen Entwicklung, die im Besonderen mit der Entwicklung hin zur Ganztagsschule verbunden ist. Die Entwicklung zur Ganztagsschule betrifft aber nicht nur die Schule selbst. Sie betrifft in besonderem Maße auch non-formale Bildungseinrichtungen und vor allem die Musikschulen. Durch den massiven Ausbau der

---

[1] In Hinsicht auf seine Größe stellt *JeKits* aber ohne Zweifel eine Ausnahme dar. Im Schuljahr 2016/17 nehmen 150 Kommunen in NRW mit 814 Grundschulen am *JeKits*-Programm teil. Ungefähr ein Drittel aller Grundschulen in NRW werden 2018 am *JeKits*-Programm teilnehmen (Angaben nach www.JeKits.de).

Ganztagsschule verschieben sich für die Musikschulen gerade in NRW die Nachmittagsangebote zunehmend auf den frühen Abend, wodurch auch die Schüler_innenzahlen zurückgehen. Kooperationsprojekte von Schulen und nonformalen Bildungseinrichtungen im offenen oder gebundenen Ganztag stellen insofern eine neue Form der Organisation von Musikschule dar, die Aussicht hat, sich langfristig zu etablieren. Sowohl für Schule als auch für non-formale Bildungseinrichtungen kann in diesem Sinne von einem Strukturwandel gesprochen werden.

Die *Offene Jazz Haus Schule* Köln verfolgt bereits seit den 1980er Jahren Kooperationsprojekte mit Schulen und hat in den letzten Jahren unkonventionelle Wege beschritten, die nicht nur auf eine Erweiterung des schulischen Angebots zielten, sondern durchaus auch eine Umgestaltung von Schule anstrebten, wie zum Beispiel in der Entwicklung des Musikprofils „MuProMandi" der *Gemeinschaftsgrundschule Manderscheider Platz* in Köln Sülz. Im Zuge der Entwicklung dieses Musikprofils wurden u. a. Klassen- und Unterrichtsstrukturen geöffnet und Prozesse angestoßen, bei denen Grundsatzfragen nicht mit bereitgestellten Antworten zurückgewiesen wurden, sondern offen, fall- und praxisbezogen vor dem Hintergrund von künstlerischen, sozialen und gesellschaftspolitischen Ansprüchen diskutiert wurden: „Was soll kulturelle Bildung an unserer Schule sein, wenn sie auch einen inklusiven Charakter haben soll?". Solche Fragen im schulischen Kontext ernsthaft zu stellen, bedarf eines finanzierten Rahmens und viel Zeit, die in Schulen definitorisch knapp sind. Möglich wurden diese Prozesse, weil die *Offene Jazz Haus Schule* initiativ Projektgelder einwerben konnte. Diese Initiativrolle, sich nicht nur als „Erfüller" von Programmen, sondern als politischer Gestalter und Akteur zu begreifen, hat zur Tagung und diesem Buch geführt. Es ist trotzdem keineswegs so, dass der Strukturwandel sich nur als Chance darstellen lässt.

Die Tagung, zu der Lehrende von Schulen und Musikschulen eingeladen waren, verfolgte dabei das Ziel, Fragen nach Praxis und Methoden vor dem Hintergrund der konkreten Herausforderungen durch den Strukturwandel von Schule und Musikschule sowie der politischen und pädagogischen Horizonte zu stellen und einen Dialog zu versuchen, der die Ansprüche von Praxis und Theorie, aber auch von künstlerischen und pädagogischen Ansprüchen verbindet.

Herausforderungen und Rahmenbedingungen der Kulturellen Bildung in der Schule

Kulturelle Schulentwicklung, Selbstbestimmung im Unterricht und Inklusion stellen zentrale Bereiche Kultureller Bildung an Schulen dar und stehen vor dem Hintergrund der politischen Reformprozesse von Schule und Bildung nach PISA. Sie sind insofern in ihrer historischen und gesellschaftlichen Rahmung als Prozesse der Reform der Organisation des schulischen Lernens und Lehrens ins Auge zu fassen. Die drängenden politischen Fragen, wie die nach dem Umgang mit Heterogenität, nach der schulischen Reproduktion sozialer Ungleichheit und nach Motivations- und Disziplinarschwierigkeiten im Allgemeinen bilden dabei zweifellos den aktuellen Kern der Debatte (vgl. Casale/Ricken/Thompson 2016), die gleichfalls nicht zu führen ist, ohne deren übergeordnete politische Horizonte selbst zur Diskussion zu stellen.

Das ehrgeizige Ziel, Europa zum wettbewerbsfähigsten und dynamischsten Wirtschaftsraum der Welt zu machen, soll bekanntermaßen durch die Steigerung der Konkurrenzfähigkeit, Flexibilität und des Wissens der sogenannten humanen Ressourcen erreicht werden. Bildung gilt nach den OECD-Richtlinien als entscheidende Kenngröße der Maximierung der Produktivität und spiegelt den Wert des ökonomisch verdinglichten und taxierten Menschen („Humankapital"). Es ist mit Bezug auf Perspektiven Kultureller Bildung in der Schule nicht zu übersehen, dass die aktuelle Dynamik der Reform der Schule nicht nur in der Nachfolge des „PISA-Schocks" steht, sondern dass Konkurrenzfähigkeit, Flexibilität und Wissensakkumulation Dreh- und Angelpunkte praktischer Bildungsverhältnisse darstellen. Kulturelle Bildung leistet für diese Verhältnisse, auch das ist offensichtlich, eine wichtige Mittlerfunktion, gerade weil sie „aktiv, neugierig und kreativ" werden lässt, „kognitive und emotionale Handlungsprozesse" (BMBF)[2] verbindet und so „wichtige Fähigkeiten für ein erfolgreiches und selbstbestimmtes Leben" („Kultur macht stark")[3] entwickelt. Mit anderen Worten, um konkurrenzfähig zu sein, bedarf es auch emotionaler und sozialer Fähigkeiten. Nur wer sich mit seiner ganzen Person einbringt, kann im Leben und am Arbeitsplatz erfolgreich sein. Die Annahme, die aktuellen Bildungsreformen in der Nachfolge von PISA versuchten überholte technisch mechanische Vorstellungen des Lernens zu reetablieren, wäre insofern eine Fehleinschätzung. Sie knüpfen vielmehr nahtlos an die Ansprüche unternehmerischer Selbstaktivierung und an die Anforderungen eines zeitgemäßen Diversitätsmanagements an. Um die politischen Horizonte Kultureller Bildung zu verstehen, scheint es insofern bedeutsam nicht zu übersehen, dass die Kritik an der Überfremdung durch Unterricht und Schule erst in dem Augenblick möglich wurde, *„als die Nachfrage nach solchen Wissensproduktionen zurückging, als sich gleichzeitig zeigte, daß eine einseitige Technisierung und Verwissenschaftlichung zu einer Pathologisierung schulischen Lernens führte"* (Meyer-Drawe 1999, S. 923). Mit anderen Worten, die Abkehr von einem tayloristischen Menschenbild und seinen technisierten Wissensproduktionen ist nicht auf einen etwaigen kapitalismuskritischen Widerstand des sogenannten Bildungssektors zurückzuführen,

---

2   https://www.bmbf.de/de/kulturelle-bildung-5890.html
3   http://www.kulturmachtstark-sh.de/kultur-macht-stark/

sondern vielmehr als Voraussetzung und Bedingung seiner effizienten postfordistischen Neugestaltung zu deuten.

Ein Blick in die Geschichte der angewandten Psychologie, wie sie Andreas Gelhard (2011) im Rahmen seiner Kritik des Kompetenzbegriffs rekonstruiert, verdeutlicht dies. Sie zeigt, dass die gegenwärtige Bildungsdebatte maßgeblich auf Theorien der angewandten Psychologie und ihrer Forschung zur Optimierung von Arbeitsprozessen der 1930er Jahre beruht. Am Beispiel des berühmten Experiments, das Elton Mayo mit sechs jungen Arbeiterinnen in den 1930er Jahren durchführte, kann der tiefgreifende Paradigmenwechsel zu einer selbstaktivierenden Logik in der angewandten Psychologie und in der Folge für die Bildungsdebatte exemplarisch veranschaulicht werden. Mayos Untersuchung des Arbeitsverhaltens von sechs jungen Frauen, die in den Hawthorne-Werken der General Electric mit der Montage von Telefonrelais beschäftigt waren, hat ein prominentes Problem der Managementpsychologie jener Zeit zum Gegenstand: die Ermüdung und die Empfindung von Monotonie in industriellen Arbeitsumfeldern. Wenig erstaunlich, hatte sich in früheren Studien schon gezeigt, dass sich durch kurze Arbeitspausen und andere kleinere Erleichterungen des Arbeitsalltags eine deutliche Produktivitätssteigerung erzielen ließ. Vor dem Hintergrund dieser Ergebnisse entwickelte Mayo ein fünfzehnstufiges Versuchsschema, in dem die Arbeitsbedingungen der sechs Arbeiterinnen variiert und die Auswirkungen dieser Anordnungen untersucht wurden. Die Maßnahmen bestanden im Kern in der Variation von Anzahl und Länge der Arbeitspausen als auch der Gesamtarbeitszeit. Wie erwartet, steigerten die Arbeiterinnen ihre Leistungen, nach dem Länge und Häufigkeit der Arbeitspausen erhöht wurden. In der zwölften Phase des Experiments wurden alle Maßnahmen rückgängig gemacht, d.h. vor allem die Pausen wieder aufgehoben (vgl. Mayo 1948, S. 67). Das unerwartete Ergebnis war, dass trotz der Rückkehr zu den ursprünglichen schlechteren Arbeitsbedingungen die Produktivität der Arbeiterinnen weiter stieg. Dieses Ergebnis sorgte für viel Aufsehen. Es stellte sich die Frage, ob die früheren Ergebnisse falsch gewesen und die Verkürzung von Arbeitszeiten und die Verlängerung von Pausen womöglich gar nicht die Ursache für die Produktivitätssteigerungen gewesen waren?

Mayos eigene Interpretation setzte sich in der Folge durch. Er führte den unerwarteten Effekt auf die gestiegene „Moral" der Arbeiterinnen zurück – heute hätte er vermutlich von Motivation gesprochen. Die Ursache für diese positive Motivationsentwicklung sah er im gewachsenen Zusammengehörigkeitsgefühl der Arbeiterinnen. Im Laufe des Experiments wuchsen die Frauen zusammen, so Mayo. Sie unterhielten sich, tranken gemeinsam Kaffee, sprachen über ihre Arbeit und sich selbst und wurden so – und dies ist der entscheidende Punkt für Mayo – zu einem *Team*. Zwei Schlüsse aus Mayos Folgerungen sind insofern hervorzuheben, die für das Verständnis der angewandten Psychologie und Managementtheorie prägend wurden ebenso wie für die Neuausrichtung der Organisation des Lernens in der Schule. Zum einen ist dies die Unterschätzung der Bedeutung sozialer Beziehungen in den Organisations- und Erklärungsmodellen von Arbeitsabläufen sowie Lernprozessen. Die Industrialisierung, so Mayo, habe zu einer einseitigen Bevorzugung ‚mechanischer' Organisations- und Erklärungsmodelle geführt, die die Bedeutung sozialer Beziehungen dramatisch unterschätzen. Offensichtlich scheint, dass nicht allein die objektiven und materiellen Bedingungen, sondern auch die subjektiven Wahrnehmungen der Arbeiterinnen und die darin enthaltenen sozialen Beziehungen stärker zu berücksichtigen sind. Mayo formuliert dies weniger zurückhaltend. Er scheut sich nicht, das von ihm beschriebene soziale Defizit zur „zivilisatorischen Herausforderung" schlechthin zu stilisieren:

> „Wir haben es versäumt, unsere Studierenden in der Analyse sozialer Situationen zu unterrichten. Wir haben geglaubt, in unserem modernen Zeitalter der Mechanik genüge erstklassige technologische Ausbildung. Die Folge dieser Einstellung ist, dass wir in technischer Hinsicht zwar so kompetent sind wie kein anderes Zeitalter je vor uns, wir verbinden das aber mit äußerster Inkompetenz im weiten Feld des Sozialen. Dieses Versagen der Erziehung und Verwaltung ist in den letzten Jahren nachgerade eine Bedrohung der Zukunft unserer Zivilisation geworden." (ebd., S. 412)

Mayo beansprucht durch seine Forschung keineswegs nur zu einer Optimierung der Organisation industrieller Arbeitsprozesse beizutragen, sondern hegt die Hoffnung, gesellschaftliche Zerfallserscheinungen im Allgemeinen erklären zu können. Organisatorische Eingriffe – und damit meint Mayo die Veränderung von Arbeitszeiten aber auch sozialstrukturelle Eingriffe in soziale Umverteilungsprozesse – seien nicht in der Lage, Zuständen sozialer Anomie entgegenzuwirken. Hierfür wäre vielmehr ein *„social training"* vonnöten (vgl. ebd.). Mangelnde Motivation von Arbeiter_innen, ineffiziente Produktionsverhältnisse und soziale Auflösungserscheinungen gründen nach Mayo alle in ein und derselben Problematik, nämlich in der fehlenden sozialen Kompetenz der betreffenden Akteure. Im Zeitalter der Mechanik bedürfe es insofern gerade der Ausbildung einer ethischen Grundhaltung, die durch *social training* zu erreichen ist.

Diese Rhetorik ist uns aus den neosozialen Aktivierungsstrategien der Gegenwart nur allzu vertraut. Es erfordert insofern nicht viel zu erkennen, dass Mayo die Maßstäbe seiner aus ökonomischen Produktionsprozessen abgeleiteten Logik der Optimierung unter der Hand zu einem unveränderlichen Maßstab der Beurteilung von Handlungen, Gedanken und Empfindungen macht. Dieser Maßstab trägt als moralischer Charakter ökonomischer Rationalität aber gerade durch seine nur dem Anschein nach naturwissenschaftliche Grundierung die Züge einer voraufklärerischen Doktrin. Die Suggestion einer unveränderlich erscheinenden psychischen Gesetzmäßigkeit bildet die Grundlage für den normativen Imperativ, der sich auf alle Lebensbereiche überträgt. Nicht nur in Bezug auf unsere Arbeitsleistung, sondern in Bezug auf unsere ganze Person müssen wir uns selbst prüfen. Wir scheitern nicht nur im Beruf, sondern im Leben, wenn wir nicht die Imperative und Maximen sozialer Kompetenz zu unseren eigenen machen. D.h., indem Erfolg und Misserfolg allein durch Defizite sozialer oder emotionaler Kompetenz erklärt wird, schreibt sich unter der Hand die Norm eines erfolgreichen Lebens fest und die Verantwortung für diesen Erfolg wird allein den Individuen übertragen. Die so erreichte Ausblendung struktureller Bedingungen und Prozesse erzeugt eine in der Norm der sozialen Praxis beruhende In-Verantwortung-Nahme (Responsibilisierung) der Einzelnen für das Gelingen ihres Lebens. Aus einer historisch genetischen Perspektive ließe sich zeigen, wie die christlich-moralische Erkenntnis des richtigen Lebens sich zum *social training* transformiert, in dem nun die Norm durch sich selbst begründet wird, d.h. durch die bloße Faktizität der gegebenen performativen gesellschaftlichen Ordnung. Auf diese Weise wird aber die „*die Auflösung aller politischen Antagonismen durch ‚social training' oder, mit Arendt gesprochen, die Auflösung des Politischen im Sozialen*" (vgl. Gelhard 2011, S. 147; Arendt 2003) betrieben. Die Fraglichkeit und Widersprüchlichkeit des Gegebenen und Vorherrschenden wird getilgt und d.h. die Möglichkeiten des Denkens, Handelns und Fühlens auf die Maßstäbe der Produktivitätsnorm hin eingeschränkt. Diese Einschränkung folgt einer paradoxen Struktur. Auf der einen Seite steht die Freisetzung des Individuums qua Ent-Traditionalisierung bzw. Ent-Funktionalisierung oder Ent-Rationalisierung (vgl. Ricken 2016, S. 9). Das Individuum soll sich gerade auch mit Bezug auf seine Gefühle einbringen und ‚als ganzer Mensch' angesprochen werden. Auf der anderen Seite steht „eine viel abstraktere, weil systembedingte Wiedereinbindung in neue Abhängigkeitsformen" (ebd.) bzw. eine Verfügungsgewalt, die das Subjekt gerade über dessen Ausdruck kontrolliert (vgl. Negri/Hardt 1997, S. 144), indem es die Möglichkeit eines Widerspruchs zwischen individuellem Ausdruck und sozialer Norm negiert. Die Freiheit des freigesetzten Individuums ist geradezu seine Unterwerfung unter die Norm der Produktivität (Wimmer 2014).

Was bedeutet dies für die Reflexion der Kulturellen Bildung in der Schule und für die Reflexion der kulturellen Schulentwicklung?

Diese Frage ist weitgehend offen. Eine Rückkehr zu einem tayloristischen Menschenbild und Bildungsbegriff ist weder wünschenswert noch möglich. Auf der Hand liegt aber, dass der Charme der Kulturellen Bildung nicht zuletzt darin liegt, dass sie Einspruch erhebt gegen vorherrschende Welt- und Selbstdeutungen und also auch gegenüber der gegenwärtigen Auflösung politischer Selbstdeutungen im Gegebenen.[4] Das Paradox besteht darin, dass der Gegensatz

---

4   Bei Humboldt zeigt sich dieser Einspruch als Widerstand gegenüber dem Trend des Utili-

von Individuum und Gesellschaft, der für die Figur des modernen Künstlers bezeichnend war, aufgehoben wird und die Entfaltung des Individuums Bedingung seiner produktiven Anpassung wird. In Handlungsfeldern Kultureller Bildung gilt es insofern, die Kritik an der Überfremdung durch Unterricht und Schule und den bloß technischen Verfahren der Optimierung von Lernprozessen theoretisch und praktisch zu hinterfragen, ohne gleichzeitig kritische Fragen nach Bildung und Erziehung gänzlich zu verwerfen. Dieser Herausforderung stellen sich die hier versammelten Aufsätze.

Teil 1: Kulturelle Schulentwicklung

Im ersten Teil, der sich mit Perspektiven kultureller Schulentwicklung befasst, steht die Frage nach dem Verhältnis von Schule als Institution und der Erfahrungswirklichkeit von Schüler_innen im Mittelpunkt. Die Vision der ‚Kulturschule‘ entwirft ein Bild von Schule als Kulturort, Lern- und Lebensraum, in dem die Künste zum Motor einer kulturellen Schulentwicklung werden. Die Öffnung von Schule durch die Kooperation mit externen Künstler_innen und non-formalen Bildungsträgern bedeutet dabei eine Veränderung bewährter Routinen, die auch Fragen aufwirft. Was zeigt ein aktueller Blick auf die Kultur(en) der Schule? Welche kulturellen Gestaltungsräume haben Schulen?

Vor dem Hintergrund einer Reflexion der Konjunktur der Kulturellen Bildung gibt Max Fuchs in seinem Beitrag *„Die Kulturschule – mit Kunst Schule gestalten"* einen Überblick zu internationalen und nationalen Modellprojekten kultureller Schulentwicklung. Dabei wirft er Fragen nach den Aufgaben einer Kulturschule und ihren Grenzen auf und entwirft eine Vision der ‚Kulturschule‘ als ästhetischen Erfahrungsraum, die in Aussicht stelle, „die genuinen Aufgaben der Schule in einer Weise zu realisieren, dass sich (nachweislich) alle Beteiligten – die Lehrer_innen und die Schüler_innen – dabei wohlfühlen".

Aus einer anderen Perspektive, die eher auf die Schattenseite der Schulentwicklung blickt, beschreibt Heike Deckert-Peaceman in ihrem Beitrag *„Grundschule als Erfahrungsraum für Kinder"* die historischen Zusammenhänge und Entwicklungen von Schule. Mit Blick auf die Geschichte der Entwicklung der Schule nach 1945 zeigt sie, dass insbesondere Grundschulkinder früher ihre Zeit am Nachmittag weitgehend unbetreut außerhalb der Schule verbrachten. Schule sei heute zum zentralen Lebensraum von Kindern geworden, in dem sie die überwiegende Zeit ihres Lebens verbringen. Dadurch haben sich die Aufgaben der Schule erweitert und verändert. Allerdings lassen sich „nicht-schulische" Erfahrungen nicht ohne Veränderung in den Alltag der Schule integrieren. Sie sind insbesondere dem Spannungsfeld von Individualisierung und

---

taristischen, bei Heydorn und Adorno als Widerstand gegenüber der Verdinglichung des Menschen (vgl. Meyer-Drawe 1999, S. 334).

Standardisierung unterworfen, das die Schule seit jeher prägt, sich aber aktuell verdichtet zeigt. In diesem Sinne spricht Deckert-Peaceman von einer ‚Scholarisierung der Kindheit', die als aktuelle Tendenzen der Grundschulpädagogik in ihrer Wirkung auf kindliche Erfahrungsräume kritisch zu diskutieren ist.

Aus einer praktischen Perspektive gibt Thomas Gläßer in seinem Aufsatz *„Klang, Körper, Kooperation. Profilbildung im Zwischenraum"* Einblick in die Entwicklung des Musikprofils „KlangKörper", einem Kooperationsprojekt der *Offenen Jazz Haus Schule* und der *Schule Kunterbunt* in Köln Bocklemund. Aus der Perspektive der außerschulischen Kultureinrichtung und aus organisatorischer und konzeptueller Perspektive stellt er in einer Art Werkstattbericht die Herausforderungen kultureller Schulentwicklung dar. Projektbezogene Asymmetrien, Fördervorgaben und schulische Infrastrukturen werden sichtbar gemacht und auf die gesellschaftlichen und politischen Ziele der schulischen und außerschulischen Akteure bezogen. Unter welchen Bedingungen können sich außerschulische Kultureinrichtungen im Feld der Schule engagieren? Welche Spielräume bieten sich ihnen? Aber auch: Welche Grenzen sind ihnen gesetzt? Gläßer verfolgt über diese praktischen Fragen eine Vision von Schule, in der künstlerische, kulturell-gesellschaftliche und politische Aspekte schulische Wirklichkeit bestimmen. *Profilbildung im Zwischenraum* ist dabei eine Zustandsbeschreibung ebenso wie der Platzhalter für ein Projekt, das sich den Gegebenheiten der aktuellen schulischen Wirklichkeit stellt, ohne den Möglichkeitshorizont von Schule – und sei dieser auch nur allegorisch – aufzugeben.

Teil 2: Formen der Selbstbestimmung im (Musik-)Unterricht

Im zweiten Teil des Buches steht die Frage nach Formen von Selbstbestimmung im Unterricht im Zentrum. Das allgemeine Ziel der Förderung des gemeinsamen Musizierens, Singens oder Tanzens lässt weitgehend offen, wie diese gemeinsame Praxis im Unterricht konkret gestaltet werden soll. Im Sinne einer ernstgemeinten kulturellen Schulentwicklung sind deswegen auch pädagogische und didaktische Unterrichtskonzepte und Unterrichtssettings kritisch zu diskutieren. Das Hauptaugenmerk liegt dabei auf dem Spannungsfeld zwischen Selbstbestimmung und Unterricht. Welche Formen des Lehrens und selbstbestimmten Musizierens und Musik-Lernens lassen sich im Rahmen des schulischen Unterrichts verwirklichen? Wie ist dieser Unterricht zu gestalten, damit das Ziel, ein nachhaltiges Interesse am aktiven Musizieren und Tanzen zu wecken, erreicht wird? Arbeitsweisen und Gestaltungsmöglichkeiten aus populärer, improvisierter und zeitgenössischer Musik gelten als privilegierte Ansätze. Aber wie sehen diese Ansätze in der Praxis aus und wie zeigen sich in der Praxis die anvisierten pädagogischen Qualitäten, wie Schülerorientierung, Demokratisierung, Selbstbestimmung und Partizipation?

Anne Niessen beleuchtet in ihrem Beitrag *„Theoretische und empirische Perspektiven auf Selbstbestimmung im Musikunterricht"* das Spannungsfeld von

Unterricht und Selbstbestimmung, indem sie an die Motivationstheorie von Deci und Ryan (1993) erinnert, in der der Begriff der Selbstbestimmung eine zentrale Rolle spielt. Diese Theorie aus der pädagogischen Psychologie bietet Hinweise auf Fördermöglichkeiten von Selbstbestimmung im Unterricht. Vor diesem Hintergrund werden Ergebnisse qualitativer musikpädagogischer Unterrichtsforschung zu Selbstbestimmung und Öffnung von Unterricht vorgestellt. Die Erfahrungen der Schüler_innen in konkreten Unterrichtssituationen verweisen auf die Chancen von Selbstbestimmung, aber auch auf Herausforderungen im Prozess. Abschließend wird die Frage ins Zentrum gerückt, welche besondere Rolle Angebote kultureller Bildung im Spannungsfeld von Unterricht und Selbstbestimmung spielen können und sollten.

Eine kritische Perspektive auf die psychologischen Selbstbestimmungstheorien formuliert Franz Kaspar Krönig in seinem Beitrag *„Selbstorganisation als Grundbegriff und Experimentierfeld einer kritischen Kulturpädagogik"*. Gerade die Konzeption des Subjekts innerhalb der psychologischen Ansätze greife zu kurz, insofern das Subjekt theoretisch immer schon vorausgesetzt werde. Die Autonomie des Subjekts sei aber nur als Strukturaspekt des sozialen Geschehens zu begreifen und werde von Organisation und Pädagogik immer auch überformt, so dass Autonomie nur als bedingte verstanden werden könne. Mit Rückgriff auf Rousseau entwickelt Krönig seine Argumentation weiter, ist die Herausforderung der Kulturpädagogik in der Arbeit in und mit Gruppen zu erkennen und nicht in der Frage nach der Selbstbestimmung der Einzelnen. Die Konstituierung der Gruppe sei als Fokus der kulturpädagogischen Reflexion und Praxis zu erkennen und zu entwickeln. Anhand der Kritik der Konzepte von ‚Leadership' und ‚Partizipation' versucht er abschließend Grundlagen für experimentelle Zugänge von Gruppenprozessen zu entwickeln, die er an praktischen Beispielen verdeutlicht.

Aus einer didaktischen Perspektive Matthias Schlothfeldt wendet sich im Rahmen seines Beitrags *„Schinkenbaguette!"* dem Komponieren und Improvisieren mit Schüler_innen im Grundschulalter zu, wodurch insbesondere die Frage nach der Bedeutung der pädagogischen Dimension von Musik, d.h. der Frage, was Musik pädagogisch sein soll, thematisiert wird. Dieser praktische Zugang stellt Komponieren und Improvisieren als Bestandteile eines partizipativen Musikunterrichts in der Grundschule vor und macht so Potentiale und Möglichkeiten einer inhaltlichen Gestaltung von Musikunterricht in der Schule sichtbar, die als Antwort auf die Frage nach einem selbstbestimmten Lernen zu verstehen sind.

Auch in Achim Tangs Beitrag *„Im Spannungsfeld von Selbstbestimmung und Musikunterricht"* wird ein didaktisch-methodischer Ansatz vorgestellt. Das ‚Experimentelle Klassenmusizieren' wird konzeptionell und am praktischen Beispiel veranschaulicht und in Hinsicht auf das Spannungsfeld von Selbstbestimmung und (musik-)pädagogischer Anleitung reflektiert. Der Beitrag zeigt an einem Musikunterrichtsprojekt mit Abschlusskonzert, wie Anleitung und Experimentieren im unterrichtlichen Handeln nicht nur mit einander verbunden sind, sondern auch notwendig ineinander greifen können. Ziel ‚Experimentellen Klassenmusizierens‘ ist es, Räume musikbezogener Aushandlungsprozesse herzustellen, die offen für unvorhersehbare Artikulationen sind. Gerade die Entwicklung von Klangsprachlichkeit und -rhetorik steht so im Mittelpunkt, die nicht von der Norm einer richtigen Musizierpraxis ausgeht, sondern sich in der Musizierpraxis bewähren muss bzw. in der Begegnung mit der anderen (musikbezogenen) Erfahrung der Mitschüler_innen. Für Musikpädagog_innen, so Tang, bedeutet dies, sensibel zu werden für Artikulationen, die nicht in gegebenen Hörweisen und musikbezogenen Konventionen aufgehen.

In Franz Kaspar Krönigs Beitrag „‚Musik von Anfang an‘ als Aufforderung zum kulturpädagogischen Experiment“ steht die bildungstheoretische Frage nach einer kulturpädagogischen Begründung des mit dem JeKits-Programm verbundenen Motto „Musik von Anfang an“ im Zentrum, d. h., die Frage, was soll musikbezogene Bildung sein, wenn sie nicht nur für anderes, also z. B. dem besseren Rechnen, dienen soll. Krönig beschreibt zwei didaktische Antworten auf diese Frage, die zu kurz greifen: die niedrigschwellige, die sich in der Wahrnehmungsschulung verliere, und die hochschwellige, die auf methodische Kleinschrittigkeit setze und dadurch nie zu dem komme, auf das sie ziele, nämlich Musik. Insofern sei das Motto „Musik von Anfang an“ als eine Aufforderung zum Experiment zu begreifen, hier und jetzt und unter den gegebenen Bedingungen „Musik“ zu machen. Er rahmt so die methodischen Ansätze noch einmal und entfaltet den künstlerischen Anspruch aus einem pädagogischen Blick.

Im Beitrag von Ulaş Aktaş und Maximilian Waldmann bildet die Beziehung von Kunst und sinnlicher Erfahrung den Ausgangspunkt, vor der das Verhältnis von Kunst und Pädagogik mit Blick auf den schulischen Kunstunterricht ebenfalls aus einer bildungstheoretischen Perspektive untersucht wird. Hierzu wird das Verhältnis von Kunst und Wahrnehmungsordnungen untersucht und das Konzept des ‚Anderssehens‘ entfaltet sowie kritische Perspektiven für die Reflexion des Kunstunterrichts sichtbar gemacht. Im Anschluss daran wird ähnlich wie bei Franz Kaspar Krönig das Verhältnis von Kunst und Pädagogik von Seiten der Pädagogik reflektiert und kunstbezogene Lern- und Bildungsbegriffe diskutiert. Dabei wird ein kritischer Blick auf pädagogische Subjektivationsverhältnisse und die Ambivalenzen des Selbstbestimmungsbegriffs entfaltet. Abschließend werden die lern- und bildungstheoretischen Überlegungen wieder aufgegriffen und die Überlegungen an einem konkreten Beispiel aus dem Kunstunterricht veranschaulicht und so die theoretischen Überlegungen für die pädagogische Praxis anschlussfähig gemacht.

Leopold und Tanja Klepacki wenden sich in ihrem Beitrag aus einer metareflexiven Perspektive dem Thema Kooperation bzw. der Frage nach den Handlungslogiken der Kooperation von Lehrer_innen und Künstler_innen in der

Schule zu. Ausgehend von einer kulturtheoretischen Perspektive auf Schule gehen sie der Frage nach, inwiefern ein spezifisches Gemenge unterschiedlicher Handlungslogiken (von Lehrer_innen und Künstler_innen) im organisationalen Kontext ‚Schule' dazu führt, dass Kooperationen zwischen Lehrer_innen und Künstler_innen einerseits produktiv für kulturelle Schulentwicklungsprozesse sind, andererseits aber auch Probleme mit sich bringen (Stichwort: Kooperation als Lerngegenstand). Indem sie auf die organisatorischen Fragen des Lehrens eingehen, schlagen sie eine Brücke zwischen dem ersten Teil des Bandes zu Schulentwicklung und den methodischen Fragen zu Selbstbestimmung des zweiten Teils. Auf der Grundlage einer diskursanalytischen Untersuchung machen sie antinomische Strukturen und Praktiken der Differenzerzeugung und -bearbeitung als Arbeitsbereich von Kooperationsverhältnissen aus. Die Erfahrung des Eingebundenseins in übergreifende Zusammenhänge biete die Möglichkeit, Praktiken und Routinen zu befragen sowie das implizite Praxiswissen bewusst werden zu lassen und zu reflektieren. Kooperationen, so die These, sind dementsprechend in einer lerntheoretischen Perspektive als quasi-experimentelle Anordnungen zu verstehen, in denen nicht zuletzt immer auch das wechselseitige Übersetzen bzw. Artikulieren gelernt werden kann – einerseits das Übersetzen von Fachsprachen und Fachkulturen, von Logiken und Praktiken sowie von Wissensformen und Routinen und andererseits das Artikulieren von Selbst- und Fremderwartungen, von Selbst- und Fremdzuschreibungen sowie von Erwartungen, Irritationen und Imaginationen. Kooperationen können insofern als Lernherausforderung für alle Beteiligten gefasst werden und es hängt letztlich von den beteiligten Akteuren und Organisationen ab, ob diese Lernchancen genutzt werden können. Nicht nur auf methodischer Ebene auch auf organisationaler sind insofern Aspekte der Selbstbestimmung zu berücksichtigen.

Teil 3: Inklusion

Fragen nach kultureller Schulentwicklung und Formen der Selbstbestimmung im Musikunterricht lassen sich nicht diskutieren, ohne gesellschaftliche und politische Fragen und Zusammenhänge von Ausschlüssen zu thematisieren. Im dritten Teil steht deswegen die Frage nach Inklusion im Zentrum. Mit dem Begriff der Inklusion soll und muss danach gefragt werden, wie Schule heute den sozialen Verwerfungen und den benachteiligenden Strukturen, von denen gerade Familien und Kinder am stärksten betroffen sind, entgegenwirken kann. Wie können kulturelle Bildungsangebote und Förderprogramme Diskriminierungsstrukturen entgegenwirken? In welchem Verhältnis stehen Künste zur pädagogischen Forderung nach Inklusion?

Andrea Platte geht in ihrem Beitrag *„Zur Kultur der inklusiven Schule"* auf die für die Sonderpädagogik zentrale Debatte zu den institutionellen Bedingungen inklusiver Bildung ein und fragt von hier aus nach Gestaltungsformen Kultureller Bildung. Am Beispiel eines Kindes mit der Diagnose Trisomie 21 kritisiert sie das deutsche Sonderschulsystem. Ihre zentrale Kritik an diesem ist die vollzogene Entmündigung von Behinderten durch dieses. Behinderung ist kein „individuelles Phänomen", sondern ein soziales Konstrukt und auch behinderte Schüler_innen haben das Recht auf „Selbstverwirklichung in sozialer Integration", so Platte. Ein segregierendes Bildungssystem kann insofern keine inklusive Bildungseinrichtung sein. Kulturelle Bildung und die Frage nach der Kunst beginne insofern schon beim segregierenden Schulsystem und ist an die Aufforderung gebunden, Kultur immer wieder neu zu gestalten und Irritationen zuzulassen.

Im Beitrag von Thorsten Neubert werden ausgehend von praktischen Erfahrungen in der Zusammenarbeit von Schule, Ganztag und non-formaler Bildungseinrichtung im Projekt „Zusammenklang" und JeKi inklusionspädagogische Ansätze praxisorientiert reflektiert und diskutiert. Leitende Fragen sind: Wie können Widersprüche zwischen inklusiver Pädagogik, organisationalem Rahmen und gesellschaftlicher Funktion von Schule inklusiv bearbeitet werden und lassen sich inklusive Gestaltungsprozesse managen? Im Zentrum steht nicht eine theoriegeleitete Kritik, sondern auch die Entwicklung konkreter Ansätze zu einer inklusiven kultur- und musikpädagogischen Didaktik.

Der Beitrag „*Das Andere, das Schöne und die Pädagogik. Was bedeutet ‚Inklusion' für die Kunstpädagogiken?*" von Mai-Anh Boger hat zum Ziel, Ambivalenzen und Widersprüche zwischen und innerhalb von Konzeptionen von Inklusion im Rahmen der Praxis Kultureller Bildung aufzuzeigen, also „welche Ansprüche der Inklusionsdiskurs an verschiedene pädagogische Praktiken erhebt und welche Projektionen diese Politiken auf die Künste werfen". Ausgehend von einer geläufigen Szene aus der tanzpädagogischen Praxis werden drei Perspektiven bezüglich der Frage nach dem gerechten Umgang mit Differenz entwickelt. Sodann werden die drei Intuitionen aus dem Praxisbeispiel mithilfe der Theorie der trilemmatischen Inklusion systematisiert, um zuletzt zu fragen, was mögliche Impulse der Inklusionsforschung für die Kunstpädagogiken sind.

Um die Frage nach dem inklusiven Potential theaterpädagogischer Herangehensweisen geht es in Nina Simons Beitrag „*‚Sich (nicht) zum Papagei machen (lassen)'. Zum Potential theaterpädagogischer Methoden in der inklusiven rassismuskritischen Bildungsarbeit*". Aus einem erweiterten Inklusionsverständnis und einer machtkritischen Perspektive, die auch insbesondere Formen der Exklusion durch Rassismus einschließt, fragt sie nach dem Erkennen und Hinterfragen eigener Konstruktionen und Inszenierungen. Dieses ist, so Simon, jedoch notwendig, wenn weder Zuschreibungen reproduziert noch Differenzen nivelliert werden sollen. Theaterpädagogische Methoden scheinen insofern vielversprechend, wenn Lernprozesse angestoßen werden sollen, die dazu führen, Alltägliches der Selbstverständlichkeit(en) zu berauben und damit einhergehend zu dekonstruieren, also einer Befragung hegemonialer Diskurse dienen.

Ziel einer solchen Kombination ist somit nicht ein verbesserter Umgang mit „der_dem_den" „Anderen", sondern vielmehr eine Auseinandersetzung mit der (Re-)Produktion des Unterscheidungsschemas „Inkludierte" und „Zu-Inkludierende". Am Beispiel einzelner theaterpädagogischer Sequenzen im Rahmen universitärer Seminare für Lehramtsstudierende wird anhand exemplarischer Auswertungsergebnisse nach dem inklusiven Potential einer solchen Herangehensweise und somit auch nach Chancen und Risiken eben dieser gefragt. Schlussendlich geht es also um die Frage, wie theaterpädagogische Methoden (insbesondere in schulischen Zusammenhängen) einen Beitrag zu einer inklusiven Bildungsarbeit leisten können.

Im Beitrag „*Ausländer mit weißer Maske. Die doppelte Exklusion durch institutionellen Rassismus am Beispiel einer MSA-Prüfung im Fach Musik*" von Timm Stafe und Ulaş Aktaş werden ebenfalls aus einer erweiterten Perspektive auf Inklusion am Beispiel einer MSA-Prüfung im Fach Musik exemplarisch die besonderen Herausforderungen bei der Erbringung der Prüfungsleistung von Schüler_innen dargestellt, die auf der Diskriminierungsachse natio-ethno-kulturelle Zugehörigkeit auf der jeweils abgewerteten Seite positioniert sind. Aufbauend auf der Analyseperspektive institutioneller Diskriminierung wird am Beispiel des Falls „Sinan" der Mechanismus der „doppelten Exklusion" erläutert. Schüler_innen mit sogenanntem Migrationshintergrund sind herausgefordert, den Normalitätsvorstellungen zu entsprechen, die sie ihrerseits als Andere kennzeichnen bzw. sich als Ausländer zu präsentieren, die sich idealerweise kritisch zu ihrer stigmatisierten Identität verhalten.

Teil 4: Inklusion als Professionalisierungsdynamik

Den vierten Teil des Bands, der professionalisierungstheoretische Perspektiven des Inklusionsgedankens entfaltet, bildet ein einziger Aufsatz. Winfried Köpplers „*Versuch einer Untersuchung des Inklusionsgedankens als Professionalisierungsdynamik*" des Lehrhandelns in der Schule ist weniger ein „Versuch" als vielmehr eine theorievergleichende bzw. perspektivtheoretische Erarbeitung einer begrifflichen Fundierung des Inklusionsgedankens mit Blick auf eine Differenzierung der pädagogischen Professionalisierungstheorie von Ulrich Oevermann. Der metatheoretische Aufsatz ergänzt den Band durch eine grundbegriffliche Reflexion des Inklusionsgedankens. Der Aufsatz ist in seiner Anlage nicht nur ungewöhnlich lang, auch sein „Versuch" den Inklusionsbegriff in seiner Genese in verschiedenen Perspektivierungen zu entwickeln, ohne dabei ein theoretisches Vorverständnis zu privilegieren, ist ungewöhnlich und in einer Zeit, in der das akademische Schreiben von Effizienzzwängen geprägt ist, fast schon anachronistisch. Ungewöhnlich ist es auch einen solchen Aufsatz zu publizieren und Leser_innen vorzulegen, die mit der Erwartung an einen Text gehen, Wissen in leicht verdaulichen Häppchen präsentiert zu bekommen. Die Enttäuschung dieser Erwartung ermöglicht aber die sorgsame Klärung von theoretischen Perspektivierungen zueinander, wie es in der akademischen Praxis vor nicht allzu langer Zeit durchaus noch üblicher war und entfaltet hierdurch nicht zuletzt eine Haltung eines differenzierenden und sorgsamen Denkens, das sich eben nicht auf Wissenshäppchen eindampfen lässt.

Der Ausgangspunkt von Köpplers Untersuchung ist der Inklusionsgedanke, wie er durch die Menschenrechtskonvention (UN-BRK) zum Tragen kommt. Dieser beruhe auf einem „interaktionistischen Verständnis von Behinderung" in der Konvention. „Interaktionistisches Verständnis von Behinderung" besagt, dass Behinderung keine natürliche Gegebenheit darstellt, sondern auf einer gesellschaftlichen Bestimmung gründet und sich in Interaktionen herstellt. Der Inklusionsgedanke ist insofern von einer „kulturalistisch gewendeten sozialwissenschaftlichen Geltungsüberprüfung" inspiriert, d.h., von der Frage, auf welcher Grundlage die bestehenden Normen, Zuschreibungen und Zuweisungen beruhen sowie welche Geltung diesen zukommt. In diesem Punkt, so Köppler, haben das Modell professionalisierten pädagogischen Handelns von Oevermann und der cultural turn ihren gemeinsamen Bezugspunkt und sind aufeinander zu beziehen, wodurch ein gewisser „rekursiver Zug" unvermeidlich wird. „Mit der Verschiebung des Theorie- und Methodenverständnisses", so Köppler, „verändern sich sowohl der Blick auf die Schüler_innen als auch die professionellen Möglichkeiten auf wissenschaftliches Wissen Bezug zu nehmen". Ein permanenter Perspektivenwechsel wird insofern zur Bedingung jener intendierten theoretischen Grundierung des Inklusionsgedankens. Dementsprechend systematisch ist der Beitrag strukturiert. Ausgehend von der Klärung der Konnotationen und der Gebrauchsweisen der theoretischen Begrifflichkeiten wird das normative Inklusionsverständnis der UN-BRK unter perspektivtheoretischen Voraussetzungen entwickelt. Daran anschließend werden die drei Foci professionalisierungsbedürftiger Praxis erläutert und das normative Inklusionsverständnis als Geltungsentwurf psychosomatischer Integrität sowie von Recht und Gerechtigkeit skizziert. Hierauf folgt eine Betrachtung des Behinderungsphänomens aus der Perspektive des cultural turns, zu der insbesondere die Arbeit von Andreas Reckwitz herangezogen wird. Im nächsten Schritt werden die Betrachtungen auf die drei Foci professionalisierten Handelns mit Bezug auf die Schule erweitert. Abschließend wird dann in vier Schritten eine Theorie professionalisierten Handelns in einer inklusiven Schule entwickelt.

Literaturverzeichnis

Arendt, H. (2003). Was ist Politik? Fragmente aus dem Nachlass. Ludz, U. (Hrsg.) München, Zürich: Piper.
Deci, E. L./Ryan, R. M. (1993). Die Selbstbestimmungstheorie der Motivation und ihre Bedeutung für die Pädagogik. Zeitschrift für Pädagogik, 39(2), 223–238.

Gelhard, Andreas (2011). Kritik der Kompetenz. Berlin: Diaphanes.

Mayo, Elton (1933/dt. 1948). The human Problems of an Industrial Civilization, New York (Reprint 1986).

Meyer-Drawe, K. (1989). Lebenswelt, in: Lenzen, D. (Hrsg.). Pädagogische Grundbegriffe, Bd. 2, Reinbek bei Hamburg: Rowohlt, S. 923–930.

Meyer-Drawe, K. (1999). Herausforderung durch die Dinge. Das Andere im Bildungsprozeß. Zeitschrift für Pädagogik 45/3, S. 329–336.

Negri, A./Hardt, M. (1997). Die Arbeit des Dionysos. Berlin: Edition ID-Archiv

Ricken, N. (2016). Sozialität der Individualisierung. In: Casale, R./Ricken, N./Thompson, C. (Hrsg.). Sozialität der Individualisierung. Paderborn: Schöningh, S. 7–21.

Wimmer, M. (2014). Pädagogik als Wissenschaft des Unmöglichen. Bildungsphilosophische Interventionen. Paderborn: Schöningh.

Teil 1
Kulturelle Schulentwicklung

Die Kulturschule –
mit Kunst Schule gestalten

Rahmenbedingungen – Konzept – Praxis

Max Fuchs

1. Zur Konjunktur kultureller Bildung

Eine „Kulturschule" im Verständnis dieses Beitrages ist eine Schule, in der in allen Qualitätsbereichen das Prinzip Ästhetik angewandt wird. Dies bedeutet, dass die Lebenswelt Schule umfassend als ästhetischer Erfahrungsraum gestaltet wird. Dies schließt sowohl die Gestaltung des Raumes und der Zeitabläufe, eine Betonung einer ästhetischen Praxis im Unterricht (in allen Fächern) sowie eine Vielfalt an Möglichkeiten zu einer eigenen ästhetisch-künstlerischen Praxis außerhalb des Unterrichts ein. Eine Kulturschule ist zudem vernetzt mit Kultureinrichtungen und Künstler_innen im Ort (Fuchs 2012).

Der Gedanke, dass sich eine ästhetisch-künstlerische Praxis in dieser Form in der Schule entfalten kann, hat einige historische Vorläufer und spielt insbesondere in der Reformpädagogik eine Rolle (Keim 2016). Es ist allerdings nie gelungen, diesen Ansatz in einem größeren Umfang im Schulsystem zu etablieren. Dies scheint sich zurzeit zu ändern, denn es gibt zahlreiche größere und kleinere Modellversuche und Programme, in denen in verschiedenen Bundesländern der Gedanke einer kulturellen Profilierung der Schule erprobt wird. Diese Versuche sind eingebettet in eine allgemeine Konjunktur kultureller Bildung. Es ist daher zu fragen, welches die Gründe für eine solche Konjunktur sind, ob es überhaupt berechtigt ist, von einer Konjunktur zu sprechen und welche Ziele die unterschiedlichen Akteure verfolgen. Dabei ist bereits dies eine Besonderheit der aktuellen Konjunktur: dass es nämlich nicht nur Bund, Länder und Kommunen sind, die in diesen Prozessen eine Rolle spielen. Entsprechend dem sich in der Erziehungswissenschaft etablierenden Ansatz der Educational Governance spielen auch Akteure außerhalb der öffentlich-rechtlichen Seite wie etwa Verbände oder Stiftungen eine entscheidende Rolle (Fuchs/ Braun 2016b).

Die Vielfalt der Akteure spiegelt sich auch in einer Vielfalt unterschiedlicher Begrifflichkeiten. So hat sich zwar seit über 40 Jahren der Begriff der kulturellen Bildung national und international (cultural education) etabliert. Dies kann man etwa an der Bezeichnung wichtiger Haushaltstitel erkennen, etwa im Programm 2 „Kulturelle Bildung" des Kinder- und Jugendplans des Bundes (KJP), mit dem ein großer Teil der Infrastruktur in diesem Feld finanziert wird und der auf der gesetzlichen Basis des Kinder- und Jugendhilfegesetzes (KJHG, § 11) beruht. Analoges findet sich auf Länder- und kommunaler Ebene oder in Positionspapieren der Kultus- und Jugendministerkonferenz, des Deutschen Städtetages oder des Deutschen Bundestages (zum Beispiel die Große Anfrage kulturelle Bildung aus dem Jahr 1989 oder der Bericht der Enquetekommission „Kultur in Deutschland"; siehe auch den 4. Nationalen Bildungsbericht, Kapitel H; Autorengruppe, 2012). Ebenso ist es der Zentralbegriff im Bereich der Verbände (etwa die Bundesvereinigung Kulturelle Kinder- und Jugendbildung BKJ; siehe www.bkj.de), wobei „kulturelle Bildung" quasi als Dachbegriff für eine Vielfalt unterschiedlicher ästhetisch-künstlerischer Praxen fungiert (von den traditionellen künstlerischen Ausdrucksformen über Spiel- und Zirkuspädagogik bis hin zur Medienpädagogik).

Es gibt allerdings auch Initiativen, die anstelle dieses Begriffs lieber von künstlerischer oder ästhetischer Bildung sprechen. Auch der in einigen Bereichen immer noch verpönte Begriff der musischen Bildung ist nach wie vor im Gebrauch. Wer sich diesem Feld annähert, muss sich daher mit dieser Vielfalt von Begrifflichkeiten auseinandersetzen, hinter der zum Teil unterschiedliche historische Entwicklungen und Traditionen und unterschiedliche Verständnisweisen von Bildung, Kunst und Kultur stecken (vgl. Zirfas 2015).

Die Rede von einer „Konjunktur" ist insofern berechtigt, als es nicht bloß die oben erwähnte Vielzahl von Positionspapieren wichtiger Gremien und Organisationen gibt, es fließt zur Zeit auch eine beachtliche Menge an Geld in dieses Feld. In erster Linie ist hier das Programm „Kultur macht stark" des Bundesministeriums für Bildung und Forschung (BMBF) zu nennen, das sich über vier Jahre erstreckt und immerhin ein Finanzvolumen von 230 Millionen Euro hat. Es gibt zudem eine Vielzahl großer und kleiner Stiftungen, die in erheblichem Umfang Gelder in diesem Bereich investieren.

Dabei ist zu berücksichtigen, dass kulturelle Bildung ein klassisches Querschnittsthema ist, für das sich die Jugend-, die Kultur- und die Jugendpolitik interessieren. In der Jugendpolitik wurde bereits oben erwähnt, dass kulturelle Bildung als Arbeitsform der Jugendhilfe im Kinder- und Jugendhilfegesetz eine gesetzliche Grundlage hat. In der Schule fand kulturelle Bildung immer schon in Form der künstlerischen Schulfächer und zahlreicher Arbeitsgemeinschaften (Chöre, Theater AGs, Bands etc.) statt. In der Kulturpolitik wiederum gab es zwar immer schon Einrichtungen und Arbeitsfelder, die neben ihrem Kultur- auch einen Bildungsauftrag für sich akzeptiert, doch kann man bei vielen Kultureinrichtungen durchaus von einer Trendwende hin zur kulturellen Bildung sprechen (Fuchs 2007).

In den meisten dieser Initiativen spielt die Schule eine entscheidende Rolle. Neben einer Argumentation, die die Entwicklung der Persönlichkeit und das Menschenrecht auf kulturelle Teilhabe in den Mittelpunkt stellen, gibt es auch pragmatische Argumentationen derart, dass über eine Arbeit mit Kindern und Jugendlichen das Kulturpublikum der Zukunft entwickelt werden soll. Dass aufgrund der Prominenz der kulturellen Bildungsarbeit diese auch als attraktives Profilierungsfeld im Kampf um öffentliche Aufmerksamkeit in Politik, Wirtschaft und bei Stiftungen gilt, kann ebenfalls unterstellt werden.

Auch die Wissenschaft bleibt von der Relevanz dieses Arbeitsansatzes nicht unberührt, so dass neben einer Konjunktur in der Praxis und in der politischen Kommunikation in den letzten Jahren auch eine deutliche Konjunktur im Wissenschaftsbereich zu erleben ist. In praktischer Hinsicht bedeutet dies, dass zunehmend Studiengänge eingerichtet werden, da man kulturelle Bildung auch als potentiellen Arbeitsplatz für Absolventen oder als Feld der Drittmittelaquisition sieht. In theoretischer Hinsicht hat dies unter anderem damit zu tun, dass der lange bekannte Ansatz eines Lernens mit Kopf, Herz und Hand durch neue Einsichten über die Bedeutung des leiblichen, performativen und mimetischen Lernens geradezu eine Renaissance erfährt (Göhlich/Wulf/Zirfas 2007).

Nicht zuletzt ist es von erheblicher Bedeutung, dass auch auf internationaler Ebene kulturelle Bildung an Interesse gewonnen hat, was sich an den zwei Weltkonferenzen (2006 in Lissabon und 2010 in Seoul) ablesen lässt, die die UNESCO durchgeführt hat. Die in diesen Weltkonferenzen entwickelte und präzisiert Road Map (UNESCO 2006) gilt inzwischen national und international als bedeutsames Referenzpapier.

2. Ein Blick in die Geschichte: Zur Genese des Konzepts der Kulturschule

Dass ein Umgang mit den Künsten gerade bei der Erziehung und Bildung Heranwachsender eine zentrale Rolle spielt, wussten schon die Griechen. Über den weiteren Verlauf der Geschichte der ästhetischen Bildung kann man sich nunmehr über ein mehrbändiges Publikationsprojekt von Jörg Zirfas (et al. Bd. I–IV 2009–2016) informieren. Im Hinblick auf die hier vorzustellende Konzeption einer Kulturschule ist diese Geschichte insofern relevant, als auch in aktuellen Begründungen der Relevanz einer ästhetischen Praxis immer wieder zum Teil sehr alte Argumentationsfiguren auftauchen (Fuchs 2011).

Neben diesen kunst- und ästhetikbezogenen Diskursen spielt für die Konzeption einer Kulturschule der Kulturdiskurs eine wichtige Rolle. Auch hierzu einige wenige Hinweise. Interessanterweise hatten die Griechen keinen Kulturbegriff, dieser ging in den Begriff der Paideia auf. Als erste wichtige Quelle des Kulturbegriffs muss Cicero gelten, der in seinen tusculanischen Schriften die berühmte Parallelisierung von cultura agri und cultura animi vorgenommen hat, also die Pflege des Ackers mit der Pflege des Geistes (Philosophie) verglich. Dann verschwand der Kulturbegriff über längere Zeit aus der öffentlichen Debatte, bis ihn Herder in der zweiten Hälfte des 18. Jahrhunderts wieder entdeckte, um die Vielfalt von Lebensweisen von Menschen zu beschreiben (Fisch 1992; vgl. auch Fuchs 2008). Der Kulturbegriff war also von Anfang an ein Pluralitätsbegriff und hatte zunächst einmal nichts mit den Künsten zu tun. Dieser Zusammenhang wurde erst später im Rahmen der Weimarer Klassik und insbesondere von Friedrich Schiller vor vorgenommen, wobei dessen „Briefe zur ästhetischen Erziehung" (Schiller 1959) bis heute eine wichtige Rolle im Bereich der ästhetischen und kulturellen Bildung spielen. Schiller hat diese Briefe nach der Lektüre von Kants Kritik der Urteilskraft geschrieben und der späteren Neuen Kulturpolitik (Glaser/Stahl 1983) und den Debatten über ästhetische und kulturelle Bildung ein wichtiges Begründungsmuster geliefert: Auf der Basis einer ersten ausformulierten Kritik an der Kultur (Entfremdung, Entzweiung) entwickelt er die politische Vision, dass der Mensch in einer gesellschaftlichen Oase über eine Beschäftigung mit den Künsten den Wunsch nach Freiheit so entwickelt, dass er diese auch außerhalb der Oase realisieren möchte.

Im Hinblick auf den Kulturbegriff zeigt sich hier eine Besonderheit, die in der Folgezeit immer wieder zu beobachten ist: Der Kulturdiskurs ist wesentlich ein Krisendiskurs der Gesellschaft (Bollenbeck 1994 und Bollenbeck 2007). Dies gilt insbesondere seit dem Ende des 19. Jahrhunderts und vor allen Dingen in der Weimarer Zeit, was man an den Begründern einer ersten „Kulturpädagogik" erkennen kann (Zirfas 2015). In diesem Weimarer Kontext wurden auch erste Konzeptionen einer Kulturschule entwickelt (vgl. Keim 2016). Hierbei spielen Traditionen der Reformpädagogik eine wichtige Rolle. Wolfgang Keim hat zudem gezeigt, dass auch politische Rahmenbedingungen die Möglichkeiten solcher Schulversuche verbessert haben: Weil sich die Sozialdemokratie mit ihrem Ziel einer Einheitsschule nicht durchsetzen konnte, wurde zumindest die Möglichkeit von Schulversuchen eingeräumt. Es entstanden so in der Folge einige Modellschulen auch außerhalb der immer wieder dargestellten Reformschulansätze, bei denen man wie bei dem aktuellen Konzept der Kulturschule eine ästhetische Praxis als übergreifendes Gestaltungsprinzip der Schule nutzte.

Damit komme ich zu einer kurzen Darstellung zur Genese des aktuellen Remscheider Konzeptes.

Es war insbesondere die bevorstehende flächendeckende Einrichtung von Ganztagsschulen, die man im Bereich des Außerschulischen mit einem gewissen Unbehagen betrachtet hat: Zum einen wollte man keine bloße Verdopplung der bisher bestehenden Schule in den Nachmittag hinein, zum anderen sah man die Gefahr, dass die Heranwachsenden für die Angebote außerschulischer kulturpädagogischer Einrichtungen (Musikschulen, Jugendkunstschulen, Musikverbände, Theaterinitiativen etc.) einfach keine Zeit mehr hatten. Eine strategische Lösung bestand daher darin, die Kooperation von Schule und außerschulischen Einrichtung zu forcieren, was durch das Konzept der Kommunalen Bildungslandschaft (Weiß 2011) erheblich erleichtert wurde.

Deutlich wurde allerdings auch, dass es sowohl auf der Ebene der Institutionen als auch auf der Ebene der Zusammenarbeit der betreffenden Personen immer wieder zu Konflikten kam, weil die Handlungslogiken der drei Felder (Schule, Kultur und Jugendarbeit) nicht kompatibel waren. Es wurden daher umfangreiche Kataloge von Gelingensbedingungen erstellt, mit denen die Stolpersteine bei der Kooperation umgangen werden sollten. Eine wesentliche Erfahrung bestand darin, dass Schulen, die sich bereits ein kulturelles Profil gegeben hatten, in denen also viele Erfahrungen im Umgang mit ästhetisch-künstlerischen Praxen vorlagen, auch erheblich weniger Probleme bei der Kooperation mit außerschulischen Kulturpartnern hatten. Daraus entstand die Idee, nicht nur eine solche Konzeption von Schule zu entwickeln, in der eine ästhetisch-künstlerische Praxis zum Alltag gehört, sondern auch Arbeitshilfen zu entwickeln, die Schulen bei dem Prozess einer solchen kulturellen Profilierung helfen sollen. Dies nannte man „kulturelle Schulentwicklung" (Braun/Fuchs/Kelb 2010 und Braun/Fuchs/Kelb/Schorn 2013).

Unterstützt wurde eine solche Initiative durch einige Faktoren:

- In der Erziehungswissenschaft wurden Konzepte wie leibliches, mimetisches und performatives Lernen zunehmend diskutiert, so dass es leicht fiel, eine ästhetisch-künstlerische Praxis in diesem erziehungswissenschaftlichen Kontext zu etablieren (Göhlich/Wulf/Zirfas 2007, Kuschel 2015).
- Es gab sowohl in der Kulturpolitik als auch im Bereich der Stiftungen aus den unterschiedlichsten Gründen ein erhebliches Interesse an der Förderung solcher Initiativen.
- Es gab eine Reihe von staatlichen Förderprogrammen, in denen eine Zusammenarbeit von Schule und außerschulischen Kultureinrichtungen bzw. Künstler_innen prämiert wurde (zum Beispiel das Programm „Kultur und Schule" in Nordrhein-Westfalen).
- Nicht zuletzt konnte man sich auf die mehrjährigen Erfahrungen des englischen Programms creative partnerships (c p) sowie anderer Initiativen, die man im Kontext der oben erwähnten UNESCO-Weltkonferenzen fand, stützen.

Die meisten Erfahrungen bei der Zielstellung, Schulen mit einem kulturellen Profil zu versehen, hatte das Programm creative partnerships. Dieses Programm war Teil einer bildungs- und kulturpolitischen Initiative der damals neuen Labour-Regierung unter dem Premierminister Tony Blair. Im Rahmen dieser Initiative wurden die Etats für Kultur und Bildung deutlich aufgestockt. Allerdings war damit eine strenge Auflage zur Evaluation der geförderten Projekte verbunden.

Neben diesem „Flaggschiff Projekt" (so eine Selbstbezeichnung) gab es eine Reihe anderer Projekte, die die künstlerisch-ästhetische Praxis in Schulen verbessern sollten. So ist etwa das Programm „Artsmark" zu nennen, bei dem es um die Verleihung von Gütesiegeln (in Bronze, Silber und Gold) an entsprechende Schulen ging. Interessant an beiden Projekten war unter anderem, dass eine Fülle von Materialien (z. B. zahlreiche Arbeitshilfen zur Selbstevaluation von Schulen) entwickelt und bereitgestellt wurde. Im Programm creative partnerships sollten speziell fortgebildete creative agents den Schulen bei ihrem Entwicklungsprozess helfen und insbesondere Verbindungen zur außerschulischen Kulturszene herstellen. Die beteiligten Schulen bekamen neben diesen Beratungsleistungen zudem Geldbeträge zur Durchführung von Kunstprojekten (siehe www.creative-partnerships.com).

Das Projekt hatte einen beachtlichen Erfolg zu verzeichnen, denn es waren zuletzt einige 1 000 Schulen, die sich beteiligten. Nach dem Machtwechsel wurde das Programm eingestellt, obwohl die regelmäßigen Evaluationen durch das nationale Evaluationsbüro OFSTED (2010) zu positiven Ergebnissen kamen:

- Die Schulen waren erfolgreich bei PISA.
- Offensichtlich fühlten sich die Schüler_innen in solchen Schulen wohler als in anderen Schulen und auch außerhalb der Schule, denn die ‚Schwänzerquote' war deutlich geringer.
- Auch die Lehrer_innen fühlten sich offensichtlich in solchen Schulen wohler, was man an dem Indikator ‚Krankenstand' ablesen konnte.
- Nicht zuletzt gelang es, mehr Eltern in das Schulleben zu integrieren.

Das Programm creative partnerships wird zwar nicht fortgesetzt, es lassen sich allerdings einige seinerzeit entwickelnde Materialien und Ergebnisberichte auf der Website der Nachfolgeeinrichtung Creativity, Culture and Education (CCE) finden. Viele der in diesem Kontext erarbeiteten Literaturberichte und Reflexionen sind zudem in das International Handbook of Creative Learning (Sefton-Green/Thomson/Jones/Bresler 2011) eingeflossen.

3. Die Kulturschule: Zum Konzept

Die internationale Diskussion über Schulqualität hat dazu geführt, dass es eine weitgehende Einigkeit darüber gibt, was darunter zu verstehen ist. Auf nationaler Ebene drückt sich das darin aus, dass die Qualitätstableaus bzw. die Referenzrahmen für Schulqualität in den verschiedenen Bundesländern bei Unterschieden in der Formulierung und in der Anordnung der Bereiche im Wesentlichen dieselben Aspekte enthalten. Im Referenzrahmen ‚Schulqualität' von Nordrhein-Westfalen sind es etwa die Inhaltsbereiche 1: Erwartete Ergebnisse und Wirkungen, 2: Lehren und Lernen, 3: Schulkultur, 4: Führen und Management sowie 5: Rahmenbedingungen und verbindliche Vorgaben (Ministerium für Schule und Weiterbildung des Landes Nordrhein-Westfalen-MSW 2015). Eine Kulturschule wurde eingangs definiert als eine Schule, in der das Prinzip Ästhetik in allen Qualitätsbereichen zur Anwendung kommt. Es ist also zu zeigen, was dies für die hier vorgestellten Inhaltsbereiche bedeutet. Dies ist kompatibel mit der Erkenntnis, dass Schulentwicklung im Dreieck von Unterrichtsentwicklung, Personalentwicklung und Organisationsentwicklung angelegt werden muss. Die Qualitätstableaus gehen insofern weiter, als sie die räumlichen, schulklimatischen, finanziellen und rechtlichen Rahmenbedingungen (im Referenzrahmen von Nordrhein-Westfalen: Inhaltsbereich 5) ausdrücklich mit einbeziehen (siehe insgesamt Fuchs 2016b).

Lehren und Lernen

Der Unterricht gilt als Kerngeschäft von Schule. Allerdings ist die Schule als „Haus des Lernens" (Bildungskommission 1995) insgesamt als Ort des Lernens konzipiert, was heißt, dass außerhalb des lehrplanbezogenen Unterrichts auch das außerunterrichtliche Leben in der Schule im Hinblick auf Lerngelegenheiten überprüft werden muss.

Die Realisierung des Prinzips Ästhetik bedeutet im Hinblick auf Unterricht, dass künstlerisch-ästhetische Verfahren eine wichtige Rolle spielen. Nun ist es unmittelbar einleuchtend, dass dies in den künstlerischen Fächern oder in den Fächern, in denen eine Auseinandersetzung mit Künsten (Deutsch, Fremdsprachen, Sport) in den Curricula vorgesehen ist, keine Probleme bereitet. Sehr viel schwieriger ist es, die Relevanz künstlerischer Verfahren in nicht künstlerischen Fächern aufzuzeigen. Seit einigen Jahren gibt es daher verstärkt Versuche, Künstler_innen in den Unterricht nichtkünstlerischer Fächer einzubeziehen. Auf internationaler Ebene gibt es etwa die kanadische Initiative LTTA (Learning through the Arts), die inzwischen an der Universität Würzburg eine deutsche Dependence hat. Auch im Rahmen des Kulturagentenprogramms gab es zahlreiche Versuche in dieser Hinsicht. Im Rahmen des Forschungsprojektes „Gesellschaftliche Vertiefung der Konzepte der Kulturschule und der kulturellen Schulentwicklung" (Fuchs/Braun 2015, 2016a, 2016b) konnten solche Initiativen genauer betrachtet werden. So wurden im Rahmen eines pädagogischen Tages dem gesamten Kollegium einer großen Gesamtschule (ca. 140 Personen) in Workshops die entsprechenden Arbeitsansätze der erfahrenen Künstlergruppe von LTTA Deutschland vorgestellt. Die Resonanz war positiv. Allerdings wurden Hoffnungen auf eine größere Nachhaltigkeit dieser Impulse nicht erfüllt (gemessen etwa an der Integration solcher Methoden in die Fach-Curricula der Schule). Daher wurde als komplementärer Ansatz versucht, einen ähnlichen Fortbildungstag mit kunstaffinen Fachdidaktiker_innen zu gestalten. Die Grundidee war, dass diese Experten verschiedener Unterrichtsfächer dieselbe Sprache wie die Fachlehrer_innen sprechen und daher in besonderer Weise geeignet waren, die Kompatibilität curricularer Fachinhalte mit ästhetischen Methoden aufzuzeigen (Es wurden die Fächer Englisch, Geographie, Mathematik, Biologie, Sport einbezogen. Siehe die entsprechenden Beiträge von Hasse, Klinge, Weth und Thurn in Braun/Fuchs 2015). In der Tat hat dieser (bislang einmalige) Versuch positive Wirkungen gezeigt. Allerdings müsste diese Frage Gegenstand eines sorgfältigen Forschungsprojektes werden.

In einer Kulturschule spielt das außerunterrichtliche Angebot für eine ästhetisch-künstlerische Praxis der Schüler_innen eine wichtige Rolle. Wie oben erwähnt, sind viele Förderprogramme darauf angelegt, hierbei sowohl eine Kooperation mit Kultureinrichtungen als auch mit Künstler_innen zu realisieren. Man muss jedoch sehen, dass auch ohne diese Vorgabe in praktisch jeder Schule einschlägige Arbeitsgruppen oder Workshops immer schon stattgefunden haben. Es dürfte auch keine Schule geben, in der nicht zumindest punktuell Besuche von Museen und Theatern vorgesehen sind. Ebenso gilt auf der anderen Seite, dass es keine Kultureinrichtung geben dürfte, die nicht schon immer mit Schulen zusammengearbeitet hat. Das Neue an der Entwicklung besteht daher darin, solche Kooperationen verbindlich und dauerhaft zu gestalten. Als wichtiges Instrument hat sich im Kulturagentenprogramm dabei der sogenannte „Kulturfahrplan" entwickelt, eine mittelfristige Planung der Schule für ihre Aktivitäten im Bereich einer künstlerisch-ästhetischen Praxis (Forum K&B 2015, Bd. „Auftrag Vision"). Im Rahmen des genannten Forschungsprojektes wurden zudem Überblicksdarstellungen zu den Bereichen des ästhetischen Lernens des ästhetischen Lehrens und der Sozialraumorientierung von Schule erarbeitet.

Schulkultur
Unter der Rubrik Schulkultur führt der Referenzrahmen Nordrhein-Westfalen die folgenden Punkte an: Demokratische Gestaltung, Umgang mit Heterogenität, schulinterne Kooperation, gestaltetes Schulleben, Gesundheit und Bewegung, externe Kooperation und Vernetzung und Gestaltung des Schulgebäudes und Schulgeländes. Um bei dem letzten Punkt zu beginnen, liegt es auf der Hand, dass eine ästhetische Gestaltung der gegenständlichen Umgebung zu dem Konzept der Kulturschule gehört und damit auch kompatibel ist mit diesem Inhaltsbereich von Schulqualität. Nach ersten wichtigen Versuchen von Christian Rittelmeyer (1991) in den 1990er Jahren hat die Frage der Schularchitektur in den letzten Jahren erneut an Aufmerksamkeit gewonnen (Böhme 2009). Dies ist kompatibel mit dem Trend in den Kulturwissenschaften, wo man nach einer Zeit, in der man insbesondere die symbolische Seite des Lebens betrachtet hat, nunmehr die Dinge und die materielle Kultur geradezu wieder entdeckt (Samida/Eggert/Hahn 2014). Auch der Punkt „externe Kooperation und Vernetzung" wird – wie oben beschrieben – durch das Konzept einer Kulturschule erfasst, wobei es hierbei insbesondere um eine Kooperation mit Künstler_innen sowie mit Kultur- und kulturpädagogischen Einrichtungen geht. Unterstützt wird dieses Anliegen durch das Konzept einer kommunalen Bil-

dungslandschaft, so wie es bereits in dem Gutachten der Bildungskommission NRW (1995) angedacht war und wie es nunmehr mit dem Beschluss des Deutschen Städtetages bei seinem Aachener Bildungskongress mit einer gewissen Verbindlichkeit vorgegeben ist (vgl. Weiß 2011).

Die Gestaltung des Schullebens, die Rolle und Inszenierung besonderer schulischer Ereignisse (zum Beispiel Schulentlassungsfeiern) wird seit längerem in der Schulpädagogik diskutiert und kann mit dem Begriff einer „Kultivierung des (Schul-)Alltags" (in Anlehnung an Liebau 1992) erfasst werden. Eine weitere Dimension der hier vorgestellten Konzeption einer Kulturschule trifft die Schule als Ort sozialen Lebens. Es geht dabei um die Gestaltung des Miteinanders, wobei gerade eine ästhetisch-künstlerische Praxis vielfältige Anlässe gibt, Einfluss auf dieses Miteinander zu nehmen. Zum einen sind viele Kunstformen soziale Kunstformen, die auf das gemeinschaftliche Agieren vieler Akteure angewiesen sind. Zum anderen gehört es zur Natur dieser Praxis, immer wieder auch in öffentlichen Darbietungen das Entwickelte der (Schul-)Öffentlichkeit zu zeigen. Eine künstlerische Praxis bietet zudem die Gelegenheit, kulturpädagogische Prinzipien wie Stärkenorientierung, Fehlerfreundlichkeit, gegenseitige Anerkennung und Wertschätzung zu praktizieren.

Bei einem früheren Modellprojekt, bei dem es um die Einführung des Kompetenznachweises Kultur, einem zunächst für den außerschulischen Bereich entwickelten Bildungspass, ging (Timmerberg/Schorn 2009), hat sich gezeigt, dass eine solche ästhetisch-künstlerische Praxis eine sehr gute Gelegenheit gerade denjenigen Schüler_innen bietet, die Schwierigkeiten haben, die üblichen Leistungsanforderungen der Schule zu erfüllen (Braun 2011). Diese konnten ein neues Selbstbild entwickeln, was nachweisbare positive Folgen für die Sicht der beteiligten Lehrer_innen auf diese Schüler_innen hatte. Ein Nebenertrag dieses Modellprojekts bestand daher darin, das Instrument des Kompetenznachweises Kultur als Qualifizierungsinstrument dafür zu nutzen, dass Lehrer_innen einen anderen pädagogischen Blick – der sich an den kulturpädagogischen Arbeitsprinzipien wie den oben genannten orientiert – erlernen. Dazu gehört auch, die demokratische Gestaltung des Schullebens ernst zu nehmen.

Führung und Management

Eine ästhetisch-künstlerische Praxis in der Schule stellt neue Anforderungen an die Leitung der Schule. So geht es um eine bewusste Ressourcenplanung, da Kulturarbeit Ressourcen wie Raum, Zeit, Personal und Finanzen benötigt. Daher ist es notwendig, bei der Entscheidung für eine kulturelle Profilierung so viele Akteure wie möglich in der Schule einzubinden. Ein rein formaler Beschluss der Schulkonferenz genügt in der Praxis nicht. Zu dem Verantwortungsbereich der Schulleitung gehört insbesondere auch die Verantwortung für die Entwicklung des Personals, für die Fortbildung, für die Konzeption einer Qualitätsentwicklung von Schule. Aufgrund der bisherigen Erfahrungen hat es sich als sinnvoll erwiesen, gemeinsame Fortbildungen von Lehrer_innen auf der einen Seite und außerschulischen Kulturakteuren auf der anderen Seite durchzuführen („Tandemmodell"). Bei der Durchführung von Kulturprojekten lassen sich zudem Erfahrungen mit Projektmanagement sammeln, die auch anderen Bereichen der Schule zugutekommen.

Eine weitere Facette des Referenzrahmens Schulqualität Nordrhein-Westfalen (und der Qualitätstableaus in anderen Bundesländern) besteht in der Berücksichtigung und ggf. Reform der Lehrerausbildung. So gibt es erste Versuche, ein Modul kulturelle Bildung bzw. Veranstaltungen zu den Themen Kulturschule und kulturelle Schulentwicklung in die universitäre Ausbildung zu verankern. Es gibt zudem erste Versuche, Ähnliches in der zweiten Phase der Lehrerausbildung zu verankern. Im Zuge der wachsenden Autonomie der Einzelschule haben Schulleitungen zunehmend die Kompetenz bekommen, Lehrkräfte selber auszusuchen und einzustellen („Schulscharfes Auswahlverfahren"). In einigen Bundesländern ist es möglich, Planstellen zu kapitalisieren, sich also einen bestimmten Geldbetrag für eine nicht besetzte Lehrerstelle auszahlen zu lassen, der verwendet werden kann, um Experten, die keine Lehrerausbildung haben, in der Schule einzusetzen. Einige Schulen haben dies genutzt, um zumindest zeitweise Künstler_innen einzustellen.

Kulturelle Schulentwicklung

Mit dem Begriff der kulturellen Schulentwicklung bezeichnet man den Weg der kulturellen Profilierung von Schule. Schulentwicklung ist in Theorie und Praxis ein ausgereiftes Feld, wie man an einer größeren Zahl einschlägiger Handbücher (zum Beispiel Bohl/Helsper/Holtappels/Schelle 2010) erkennen kann. Der Begriff der kulturellen Schulentwicklung war bis vor einigen Jahren noch nicht gebräuchlich. Dies hat sich inzwischen verändert, zumal auch auf der Grundlage der oben erwähnten ambitionierten Modellprogramme inzwischen reichhaltige Erfahrungen vorliegen. Das Problem, das sich in diesem Feld stellt, besteht darin, dass man sich möglicherweise noch mehr als bei anderen konzeptionellen Ansätzen von Schulentwicklung davor scheut, Verallgemeinerungen vorzunehmen. Dies hängt möglicherweise damit zusammen, dass im Feld des Ästhetischen und der Künste das Singuläre und Konkrete gegenüber einem Allgemeinen besonders betont wird. Auf der anderen Seite gibt es jedoch die Notwendigkeit, die erwähnten zahlreichen Erfahrungen mit kulturellen Schulentwicklungsprozessen auszuwerten und so aufzuarbeiten, dass sie für zukünftige Schulentwicklungsprozesse hilfreich sein können. Dies schließt ein, dass man das Feld bloß individueller Erfahrungen verlassen muss. Im Grundsatz sollte es möglich sein, die zwölf konzeptionellen Ansätze von Schulentwicklung, wie sie etwa in Bohl u.a. (ebd.) vorgestellt werden, auf Prozesse kultureller Schulentwicklung anzuwenden. So weit sind allerdings die Theorieentwicklung und die Reflexion der Praxis noch nicht gediehen. So begegnet man einer Vielzahl unterschiedlicher Zugänge: die Hoffnung, durch verstörende Kunstprojekte Entwicklungsprozesse auszulösen; der Gedanke, dies durch Reflexion der bisherigen Praxis zu erreichen; die Idee, dass die Realisierung interessanter Kunstprojekte im Selbstlauf zu entsprechenden Entwicklungsprozessen führt; die Übertragung bekannter systematischer Methoden schulischer Organisationsentwicklung; den Ansatz, mit einem bestimmten der oben genannten Qualitätsbereiche zu beginnen (etwa durch Gestaltung des Schulhofes; durch die Beschäftigung einer Künstlerin oder eines Künstlers in der Schule; durch eine vertiefte Kooperation mit einer Kultureinrichtung; durch eine Qualifizierung von Lehrer_innen für eine Anwendung künstlerischer Methoden u.v.m.). Es ist daher eine Zukunftsaufgabe, diese unterschiedlichen Wege und Ansätze im Hinblick auf ihre Wirksamkeit zu reflektieren. Zugleich ist es notwendig, bislang vorliegende Praxiserfahrungen so aufzubereiten, dass Schulen, die den Weg kultureller Schulentwicklung gehen wollen, Arbeitshilfen und Handreichungen zur Verfügung haben.

4.   Stolpersteine und Probleme

Wie oben erwähnt, ist es eine Vorgabe vieler Förderprogramme, eine bessere Verankerung kultureller Bildung in der Schule über eine verstärkte Kooperation der Schule mit außerschulischen Kultureinrichtungen umzusetzen. Aus diesem Grund ist „Kooperation" nicht bloß zu einem zentralen Leitbegriff und Prinzip in diesem Feld geworden, man hat auch vielfältig sowohl Gelingensbedingungen als auch Ursachen für das Misslingen reflektiert. Einige Aspekte sollen hier benannt werden. Viele Handlungsempfehlungen beginnen damit, dass sich beide Seiten auf ein gemeinsames Verständnis von Bildung einigen sollen. Man stellt allerdings sehr rasch fest, dass sich die jeweiligen Vorstellungen über Kunst, Bildung, über Formen der Organisation oder über Umfang und Verbindlichkeit der Bereitstellung von Ressourcen deutlich unterscheiden. Man führt dies z.T. auf die unterschiedlichen Handlungslogiken in den Politikfeldern Jugend, Kultur und Schule zurück. Gerade im Bereich der Künste treffen zudem sehr unterschiedliche Professionalitäten aufeinander, bei denen es gerade aufgrund eines gemeinsamen Bezuges auf dieselbe Kunstsparte zu Konkurrenzen kommen kann. So trifft man etwa im Bereich der Musik, des Theaters oder der bildenden Kunst sowohl professionelle Kunstausübende, man trifft auf außerschulische (Kunst-)Pädagog_innen und man trifft auf Lehrer_innen mit dem jeweiligen Unterrichtsfach. Für jedes dieser drei Felder (professionelle Kunst, außerschulische und schulische Kunstpädagogik; „Kunst" hier als Oberbegriff für alle Sparten) gibt es spezialisierte Ausbildungseinrichtungen, es gibt Fachverbände, es gibt Publikationsorgane, die nur begrenzt die jeweiligen Nachbarfelder zur Kenntnis nehmen. Man hat es also mit unterschiedlichen Professionalitäten zu tun, so dass sich als Zukunftsaufgabe die Notwendigkeit ergibt, sehr viel genauer als bisher die jeweiligen Möglichkeiten und Grenzen der einzelnen Professionen im Rahmen einer ästhetisch-künstlerischen Praxis auszuloten (vgl. den Abschnitt Profikunst, Schulkunst, Laienkunst in Fuchs/ Braun 2016b).

Ein weiteres Problem, das mit diesem Problem eng zusammenhängt, besteht darin, dass insbesondere die Institution Schule bei nahezu allen Beteiligten hochgradig emotional besetzt ist. So herrschen vielfach im außerschulischen Bereich stark verzerrte Bilder von Schule vor, die wenig mit der Realität der 36 000 Schulen in Deutschland der knapp 700 000 Lehrer_innen zu tun haben. Als Basis für eine Kooperation ist es allerdings notwendig, über eine gewisse realitätsnahe Kenntnis des Partners zu verfügen und eine selbstkritische Haltung zu den eigenen Ressentiments zu entwickeln.

5. Implementierungsstrategien

Seit langem beschäftigt alle, die an einer Reform der Schule interessiert sind, die Frage, wie Neues in die Schule kommt. Entsprechend einer eingeführten Unterscheidung kann man diese Frage aufteilen danach,

- wie innovative Methoden umfassend auf der Ebene des Lehrens und Lernens eingeführt werden können (Mikroebene),
- wie sich die Schule als Ganzes verändern kann, wie sich also neue Konzepte von Schule verbreiten (Mesoebene),
- wie die politischen Rahmenbedingungen entsprechend der gewünschten Innovation verändert werden können und müssen (Makroebene).

Man musste feststellen, dass Modellprojekte überraschend wenig Folgen für die Praxis hatten. Das mag zum Teil daran liegen, dass man das Problem der Implementierung von Innovationen und des Transfer von Modellsituationen in die allgemeine Praxis unterschätzt: Auch gute Ideen und Konzepte werden nicht im Selbstlauf in der Praxis angenommen. Daher hat man sich bei der Konzeption der Kulturschule gefragt, wie dafür gesorgt werden kann, dass die Erfahrungen einer mehrjährigen Praxis unterschiedlicher größerer und kleinerer Modellprojekte in diesem Bereich, insbesondere aus dem Programm „Kulturagenten für kreative Schulen", in der Praxis verbreitet werden können. Einige Beispiele sollen hier gegeben werden.

Ein erster wichtiger Weg besteht darin, die gewonnenen Erfahrungen in Publikationen und Arbeitshilfen aufzubereiten und der interessierten Öffentlichkeit zur Verfügung zu stellen. Dies geschieht auf den unterschiedlichen Ebenen zwischen Praxis und theoretischer Reflexion, wobei neben klassischen Buchpublikationen die Internetauftritte der Akteure ein geeignetes Instrument sind.

So hat das Forum K&B (2015) als bundesweiter Träger des Kulturagentenprogramms am Ende dieses Programmes eine vierbändige Arbeitshilfe mit Reflexionen, Checklisten und Erfahrungsberichten bereitgestellt. Dies gilt auch für andere Programme, etwa für das hessische KulturSchul-Programm. Alle größeren Programme werden zudem wissenschaftlich begleitet und evaluiert, sodass in den entsprechenden Evaluationsberichten wichtige Hinweise für die Implementierung zu finden sind (Abs/Stecher/Hohmann/Knoll/Golsch 2013, Ackermann/Retzar/Mützlitz/Kammler 2015). Einige Länder vergeben zudem ein Gütesiegel „Kulturschule".

Ein zweiter Weg besteht darin, die Kenntnisse von Personen, die in der Betreuung der früheren Modellprogramme gesammelt worden sind, systematisch zur Verfügung zu stellen. Dies betrifft etwa die 50 Kulturagent_innen, die im Kulturagentenprogramm über vier Jahre mit 138 Schulen und zahlreichen außerschulischen Kulturpartnern quasi ein neues Berufsbild geschaffen haben. Auf der Basis dieser Kenntnisse sind Qualifizierungsmaßnahmen zu entwickeln. Beispiele sind die erwähnten Module im Bereich der ersten und zweiten Phase der Lehrerausbildung. Zudem gibt es in allen Bundesländern etablierte Strukturen der Lehrerfortbildung, die dieser Hinsicht genutzt werden können. Die Inhalte solcher Qualifizierungsmaßnahmen sollten auf den drei genannten Ebenen (Mikro, Meso, Makro) angesiedelt werden.

Der Föderalismus in Deutschland hat zur Folge, dass die Länder sehr unterschiedliche politische Strategien zur (Neu-)Gestaltung von Schule entwickeln und realisieren. Es wird oft kritisiert, dass die Kultusministerkonferenz als Arbeitsgemeinschaft der Länder nicht immer das geeignete Instrument ist, um Erfahrungen auszutauschen und gemeinsame Strategien zu entwickeln. Daher wurden bereits in der Vergangenheit Austauschforen zwischen den jeweils zuständigen Fachreferaten in den Schulministerien organisiert, in denen sich die unmittelbar Verantwortlichen Mitarbeiter_innen über die jeweiligen Strategien und Stolpersteine verständigen können. Natürlich sind die politischen Leitungen der Ministerien unverzichtbar bei jedem Innovationsprozess. Doch muss man sehen, dass es in der Geschichte der Schule weniger die Politiker_innen waren, die wichtige Reformen durchgesetzt haben, sondern es war vielmehr die Verwaltung, was in einem demokratischen Staat auch deswegen verständlich ist, weil die politische Spitze in der Regel häufiger wechselt, die Verwaltung jedoch über Jahre hin kontinuierlich weiter arbeiten kann.

Am Beispiel des Kulturagentenprogramms kann man zeigen, dass die Initiator_innen viele dieser Vorschläge im Blick haben und insbesondere die Stiftung Mercator in Zusammenarbeit mit den jeweiligen Bundesländern Konsequenzen gezogen hat. So wird nicht nur in Zusammenarbeit mit der Bundeskulturstiftung das Kulturagentenprogramm verlängert, sodass weitere Schulen aufgenommen werden können: Man hat mit einem neuen Projekt („Kreativpotenziale") mit jedem der beteiligten Länder besondere Konzepte der Implementierung entwickelt. Ein Ziel ist dabei, in den Qualitätstableaus die Dimension der kulturellen Bildung verbindlich zu verankern und geeignete Qualifizierungsmaßnahmen in den vorhandenen Fortbildungsstrukturen durchzuführen.

Zu überlegen ist zudem, wie kulturelle Bildung verbindlich in den Studiengängen der Lehrerausbildung sowie in der zweiten Phase der Lehrerbildung verankert werden kann. Da Universitäten dieser Hinsicht eine gewisse Autonomie haben, ist man darauf angewiesen, dass aus den Universitäten selbst entsprechende Initiativen ergriffen werden. Dies erscheint deshalb nicht unwahrscheinlich, weil es zahlreiche Hochschullehrer_innen gibt, die sich intensiv mit dem Thema kulturelle Bildung in der Schule befassen. Neben dem Transfer schon gewonnener praktischer und Reflexions-Erfahrungen stellen sich in wissenschaftlicher Hinsicht weitere interessante Forschungsaufgaben. Dies betrifft sowohl die theoretischen Grundlagen als auch die empirische Überprüfung der Praxis.

6. Forschungsperspektiven

In dem oben genannten Begleitprojekt „Wissenschaftliche Vertiefung der Konzepte der Kulturschule und der kulturellen Schulentwicklung" wurden mit über 50 Wissenschaftler_innen unterschiedliche Aspekte der Kulturschulkonzeption untersucht, die durch eine zukünftige Forschung vertieft und erweitert werden können. Zum einen wurden Sachstandsberichte zu unterschiedlichen Themen (ästhetisches Lernen, ästhetisches Lehren, Sozialraumorientierung, die Integration unterschiedlicher Aufgaben von Schule wie Heterogenität, Inklusion und individuelle Förderung) erstellt. Es wurden Beispiele dafür gegeben, in welcher Weise künstlerische Methoden in nicht künstlerischen Fächern curriculumkonform angewandt werden können. Es wurden unterschiedliche Aspekte aufgezeigt und reflektiert, die die ästhetische Dimension von Schule betreffen (die Rolle unterschiedlicher Ästhetikkonzepte; das Verhältnis von Profi-, Laien- und Schulkunst; vgl. Fuchs/Braun 2016a). Nicht zuletzt wurde die Frage der politischen Implementierung pädagogischer Innovationen im Kontext des neuen Ansatzes des Educational Governance aufgegriffen (Fuchs/Braun 2016b).

Aus meiner Sicht ergeben sich daraus weitere interessante Fragestellungen für die Forschung. So wurde beispielhaft gezeigt, inwieweit das Konzept der Kulturschule kompatibel ist mit anderen Schulkonzeptionen. Gabriele Weigand hat den Zusammenhang ihrer Konzeption einer „Schule der Person" mit der Kulturschule untersucht, Ludwig Duncker hat die Rolle einer kulturellen Profilierung von Schule im Hinblick auf die ganztägige Bildung studiert, Anne Sliwka hat mit Kolleginnen gezeigt, inwieweit die Kulturschulkonzeption kompatibel ist mit einer neuen, von der OECD publizierten Metastudie zum Lernen und nicht zuletzt hat Johannes Bastian nicht nur die Frage gestellt, inwieweit sich das Kulturschulkonzept auf das Kerngeschäft von Schule, die Gestaltung von Unterricht, einlässt: Er fragt auch kritisch nach, ob mit einer kulturellen Profilierung von Schule eine Verschiebung der Schülerklientel in Richtung Mittelschicht verbunden ist. Diese Ansätze können insofern weiterverfolgt werden, als auch andere Konzeptionen von Schule (demokratische Schule, Schule als just communitiy, Schule als interkulturelle Lebenswelt etc.) in Beziehung zur Kulturschule gesetzt werden können. Ebenso bedarf es weiterer Untersuchungen, in welcher Weise die unterschiedlichen konzeptionellen Ansätze von Schulentwicklung (Bohl/Helsper/Holtappels/Schelle 2010) bei einer kulturellen Profilierung von Schule verwendbar sind.

Eine weitere Frage ist die Untersuchung der Wirksamkeit einer Kulturschule als Teil einer in den letzten Jahren aufblühenden Wirkungsforschung einer ästhetischen Praxis. Es werden nämlich in meiner Wahrnehmung im Rahmen dieser Wirkungsforschung zu wenig die jeweiligen kontextuellen und institutionellen Rahmenbedingungen der ästhetischen Praxis berücksichtigt. In der Institution Schule wird man nicht alle Formen einer professionellen Kunst anwenden können (man denke etwa an mit Absicht schockierende Inszenierungen), da auch Fragen des Jugendschutzes zu berücksichtigen sind. Allerdings bietet die Schule besondere Möglichkeiten für eine ästhetische Praxis, weil sie sich ein Stück weit der kapitalistischen Marktorientierung des professionellen Kunstbetriebes entziehen kann.

Ein Problem einer Vielzahl empirischer Evaluationsprojekte – gerade im anglo-amerikanischen Bereich – besteht darin, dass eine spezifische Transferforschung betrieben wird, dass man nämlich untersucht, welche Wirkungen eine Beschäftigung mit den Künsten auf Kompetenzen in nichtkünstlerischen Gebieten (Mathematik, Naturwissenschaften) hat (zur Kritik siehe Rittelmeyer, 2012). Natürlich sind diese Untersuchungen berechtigt, doch könnte es sein, dass sich eine künstlerische Praxis sehr viel stärker auf andere Bereiche der Persönlichkeit auswirkt als auf diese kognitiven Dimensionen. Zu denken ist etwa an Bereiche wie die Entwicklung der Fähigkeit zu Gefühlen, an die Entwicklung moralischer Einstellungen, an Aspekte des Umgangs mit sich selbst. Interessanterweise werden solche Fragen im angloamerikanischen Bereich u. a. unter der Rubrik character education aufgegriffen. Auch der Begriff der Tugend, der im deutschsprachigen Bereich entweder verpönt oder sehr stark von konservativen Kräften in Anspruch genommen wird, wird dort sehr viel unbefangener verwendet. Es gibt allerdings auch erste Ansätze in der deutschen Erziehungswissenschaft, bei denen man etwa die Thematisierung von Glück in der Schule (und dies nicht in Form eines der jüngsten Zeit propagierten eigenen Unterrichtsfachs) fordert (Burow 2011). Es gibt auch interessante Ansätze, die eine erneute Auseinandersetzung mit dem Begriff der Tugend für eine aktuelle Erziehungswissenschaft für notwendig halten (Brumlik). Diese Debatten sind eng verbunden mit einem national und international wachsenden Interesse an

„Wellbeing". Im Hinblick auf die Situation der Heranwachsenden ist auf den 13. Kinder-und Jugendbericht des Bundes (Leitung: Heiner Keupp; BMFSFJ 2009) hinzuweisen, der Konzepte wie Salutogenese, Positive Entwicklung, den Capability Approach oder andere Konzepte aus der aktuellen Persönlichkeitspsychologie in den Vordergrund stellt. Aus meiner Sicht rücken damit solche Dimensionen von Schule (verstanden als Lebenswelt und gestalteter Erfahrungsraum) in das Blickfeld, bei denen traditionell einem Umgang mit den Künsten eine besondere Relevanz zugesprochen wird. Ich halte es daher für fruchtbar, bei zukünftigen Forschungen und um die Kulturschule diesen Themenbereich besonders zu berücksichtigen.

Literatur

Abs, H.-J./Stecher, L./Hohmann, J./Knoll, K./Golsch, K. (2013): Bericht zum Programmmonitoring 2012/2013 im Modellprogramm „Kulturagenten für kreative Schulen". Frankfurt/M.: DIPF.

Ackermann, H./Retzar, M./Mützlitz, S./Kammler, C. (2015): KulturSchule: Kulturelle Bildung und Schulentwicklung. Wiesbaden: Springer.

Autorengruppe Bildungsberichterstattung (Hrsg.) (2012): Bildung in Deutschland. 4. Nationaler Bildungsbericht. Bielefeld: Bertelsmann.

Bildungskommission NRW (1995): Zukunft der Bildung – Schule der Zukunft. Neuwied: Luchterhand.

BMFSFJ (Hrsg.) (Vorsitz: Keupp, H.) (2009): 13. Kinder- und Jugendbericht. Berlin: Selbstverlag.

Böhme, J. (2009): Schularchitektur im interdisziplinären Diskurs. Wiesbaden: VS.

Bohl, Th./Helsper, W./Holtappels, H.G./Schelle, C. (Hrsg.)(2010): Handbuch Schulentwicklung. Bad Heilbrunn: Klinkhardt.

Bollenbeck, G. (2007): Eine Geschichte der Kulturkritik. München: Beck.

Bollenbeck, G. (1994): Bildung und Kultur. Glanz und Elend eines deutschen Deutungsmusters. München: Insel.

Braun, T. (Hrsg.) (2011): Lebenskunst lernen in der Schule. München: Kopaed.

Braun, T./Fuchs, M./Kelb, V. (Hrsg.) (2010): Auf dem Weg zur Kulturschule. München: Kopaed.

Braun, T./Fuchs, M./Kelb, V./Schorn, B. (Hrsg.) (2013): Auf dem Weg zur Kulturschule II. München: Kopaed.

Burow, O.-A. (2011): Positive Pädagogik. Weinheim/Basel: Beltz.

Deutscher Bundestag (Hrsg.) (2007): Schlußbericht der Enquete-Kommission „Kultur in Deutschland". Regensburg: ConBrio.

Fisch, J. (1992): Zivilisation/Kultur. In: Brunner, O. u. a. (Hrsg.): Historisches Lexikon zur politisch-sozialen Sprache. Bd. 7. Stuttgart: Klett-Cotta.

Forum K & B (Hrsg.) (2015): Reflexion. Auftrag Vision. Mission Veränderung. Profil Kulturagent. Essen: Selbstverlag.

Fuchs, M. (2016a): Das starke Subjekt. Lebensführung, Widerständigkeit und ästhetische Praxis. München: Kopaed.

Fuchs, M. (2016b): Kulturelle Schulentwicklung. Eine Einführung. Weinheim/Basel: Beltz Juventa

Fuchs, M. (2012): Die Kulturschule. München: Kopaed.

Fuchs, M. (2011): Kunst als kulturelle Praxis. München: Kopaed.

Fuchs, M. (2008): Kultur macht Sinn. Wiesbaden: VS.

Fuchs, M. (2007): Kulturpolitik. Wiesbaden: VS.

Fuchs, M./Bösel-Fuchs, A. (Hrsg.) (2017). Kulturelle Schulentwicklung. Eine Einführung. Weinheim/Basel: Beltz-Juventa.

Fuchs, M./Braun, T. (Hrsg.) (2018): Kulturelle Unterrichtsentwicklung. Weinheim/Basel: Beltz Juventa.

Fuchs, M./Braun, T. (Hrsg.) (2016a): Die Kulturschule und kulturelle Schulentwicklung. Bd. 2: Zur ästhetischen Dimension von Schule. Weinheim/Basel: Beltz Juventa.

Fuchs, M./Braun, T. (Hrsg.) (2016b): Die Kulturschule und kulturelle Schulentwicklung. Bd. 3: Politische Rahmenbedingungen einer erfolgreichen Implementierung. Weinheim/Basel: Beltz Juventa.

Fuchs, M./Braun, T. (Hrsg.) (2015): Die Kulturschule und kulturelle Schulentwicklung. Bd. 1: Grundlagen, Analysen, Kritik. Weinheim/Basel: Beltz Juventa.

Glaser, H./Stahl, K. H. (1983): Bürgerrecht Kultur. Frankfurt/Berlin: Ullstein.

Göhlich, M./Wulf, C./Zirfas, J. (Hrsg.) (2007): Pädagogische Theorien des Lernens. Weinheim/Basel: Beltz.

Keim, W. (2016): Die Schule zwischen Pädagogik und Politik. Beispiel Weimar. In: Fuchs/Braun 2016b.

Kuschel, S. (2015): Ästhetisches Lernen – eine Standortbestimmung. In: Fuchs/Braun 2015, S. 26–87.

Liebau, E. (1992): Die Kultivierung des Alltags. Weinheim: Juventa.

OFSTED (Ed.) (2010): Creative Approaches that Raise Standards. Manchester.

Rittelmeyer, C. (2012): Warum und wozu kulturelle Bildung? Oberhausen: Athena.

Rittelmeyer, C. (1991): Schulbauarchitektur. Göttingen.

Samida, St./Eggert, M./Hahn, H. P. (Hrsg.) (2014): Handbuch Materielle Kultur. Stuttgart: Metzler.

Schiller, F. (1959): Gesammelte Werke, Bd. 5. München: Hanser.

Sefton-Green, J./Thomson, P./Jones, K./Bresler, L. (Eds.) (2011): The Routledge International Handbook of Creative Learning. Abingdon/New York: Routledge.

Timmerberg, V./Schorn, B. (2009): Neue Wege der Anerkennung von Kompetenzen in der kulturellen Bildung. Der Kompetenznachweis Kultur in Theorie und Praxis. München: Kopaed.

UNESCO (2006): Roadmap to Arts Education: Paris.

Weiß, W. (2011): Kommunale Bildungslandschaften: Chancen, Risiken und Perspektiven. Weinheim: Juventa.

Zirfas, J. (2015): Zur Geschichte der Kulturpädagogik. In: Braun, T./Fuchs, M./Zacharias, W. (Hrsg.): Theorien der Kulturpädagogik. Weinheim/Basel: Beltz Juventa, S. 20–43.

Zirfas, J./Klepacki, L./Lohwasser, D./Bilstein, J./Liebau, E. (2009–2016): Geschichte der ästhetischen Bildung. Bd. 1–4. Paderborn: Schöningh.

Grundschule als Erfahrungsraum für Kinder

Historische Spuren, aktuelle Tendenzen und mögliche Probleme

Heike Deckert-Peaceman

Der Beitrag intendiert eine systematische Verortung der Grundschule als Erfahrungsraum für Kinder. Grundschule ist seit der Durchsetzung der Schulpflicht ein zentraler Erfahrungsraum von Kindern. Jedoch stellt sich die Frage, welche Erfahrungen die schulische Ordnung zulässt und welche nicht und inwieweit Schule Lebenswelt von Kindern sein kann. Diese Frage lässt sich nur unter Berücksichtigung politisch-historischer und sozio-kultureller Entwicklungen beantworten, weil sowohl die Kindheit diesem Wandel unterworfen ist als auch die Institution Schule. Grundsätzlich gilt jedoch, dass Kinder in pädagogischen Situationen in einer bestimmten Art und Weise zu Kindern werden. Sie werden zum Objekt von Erziehung und damit erst zum kindlichen Subjekt. Von Interesse sind demnach Prozesse der Institutionalisierung, die jene Normativität hervorbringen und die es ermöglichen, eine Wirklichkeit als pädagogisches Phänomen zu identifizieren (Honig/Joos/Schreiber 2004, S. 33).

Aktuell ist „Bewegung in die ‚institutionelle Ordnung' des Aufwachsens von Kindern und Jugendlichen gekommen" (Rauschenbach 2012, S. 4). Ein zentraler Motor dieser Entwicklung und für diesen Beitrag von Relevanz ist der Ausbau von ganztägigen Angeboten an Schulen, der sich von ca. 5 % in den 1990er Jahren auf inzwischen mehr als die Hälfte aller deutschen Schulen gesteigert hat (Steiner 2012, S. 14). Jedoch lässt sich diese Veränderung und ihre Bedeutung für das Aufwachsen von Kindern nur verstehen, wenn ihre Einbettung in komplexe gesellschaftliche Zusammenhänge und in analoge Entwicklungen der Institutionalisierung von Kindheit beleuchtet wird. Deshalb beginnt der Beitrag mit einer historischen Spurensuche, die aber nur schlagwortartig und beispielhaft auf Veränderungen aufmerksam macht. Es folgt eine Skizze der aktuellen Situation. Der Beitrag schließt mit Hinweisen auf mögliche Probleme und formuliert Fragen an die Aufgabe und Funktion kultureller Bildung in der Grundschule. Leitend für alle drei Annäherungen ist die Diskussion über den Erfahrungsraum von Kindern in der Grundschule durch eine Verknüpfung schultheoretischer und kindheitstheoretischer Aspekte.

Historische Spuren

Ging man im 20. Jahrhundert in die Grundschule, so hielt man sich in der Regel nur zu Unterrichtszeiten und kleinen Erholungspausen dort auf. Das galt zum Teil auch für die Lehrer_innen. Am Nachmittag aß man zu Hause zu Mittag, und machte dort die Hausaufgaben. Die am Anfang des 20. Jahrhundert noch verbreitete Schule mit geteilter Unterrichtszeit am Vor- und Nachmittag mit häuslichem Mittagessen wurde als Überbürdung in den neu entstandenen Kinderwissenschaften Pädiatrie, Entwicklungspsychologie diskutiert und daran anschließend in Deutschland abgeschafft (Ausnahme: die Notzeiten des Schichtunterrichts), während zur gleichen Zeit in anderen Ländern die moderne Ganztagsschule eingeführt wurde. (Ludwig 1993; Burk/Deckert-Peaceman 2006)

Bis zur weitgehenden Durchsetzung des bürgerlichen Kindheitsmusters im Zuge der modernen Wohlstandsgesellschaften nach dem 2. Weltkrieg in allen gesellschaftlichen Milieus, war die Kindheit außerhalb der Schule geteilt. Die Kinder aus armen Verhältnissen in Stadt und Land mussten erheblich zur Familienarbeit beitragen (Hausarbeit, Heimarbeit, Beaufsichtigung jüngerer Geschwister, Ernte, Tiere hüten), hatten lange Fußwege zur Schule, und sie spielten in ihrer begrenzten freien Zeit – mangels Kinderzimmer – auf der Straße oder in der Natur.

Die bürgerlichen Kinder erlebten eine Kindheit zwischen der Salonkindheit des Großbürgertums und den reformpädagogisch inspirierten Vorstellungen des pädagogisch wertvollen und gesundheitlich förderlichen Spiels in der Natur. Dieses Spiel war Teil des Bildungsmoratoriums mit der Freistellung von Arbeit. Die Kinder standen erheblich mehr unter Aufsicht als ihre proletarischen Peers, verfügten z. T. schon über Kinderzimmer, besuchten mit Eltern oder Hauspersonal die ersten öffentlichen Spielplätze oder gingen im Park spazieren. Sie nahmen an organisierten Freizeiteinrichtungen teil, manche zu Hause (Klavierunterricht, Gesangsunterricht etc.), aber zunehmend auch in Sportvereinen und in den Organisationen der Jugendbewegung.

Sportvereine, Jugendbewegung, aber auch Chöre u.ä. waren lange nach Milieus getrennt. Dabei spielten Herkunft, Weltanschauung, Geschlecht und Religion eine bedeutende Rolle. Das heißt, spätestens mit der Weimar Republik machten auch nicht-bürgerliche Kinder erste Erfahrungen mit organisierter Freizeit, insbesondere in Freizeitlagern der politischen oder kirchlichen Jugendorganisationen. Mit der Gleichschaltung der Jugend in der NS-Zeit wurde die kindliche Freizeit weitgehend organisiert und gerade über diese Aktivitäten von der NS-Ideologie durchdrungen. Es kam zu einer militärisch und rassistisch orientierten Totalerfassung von Kindheit und Jugend (Kössler 2014), die zwar nach Geschlecht getrennt war und bestimmte Kindheiten, die nicht dem Rasseideal entsprachen oder die sich weltanschaulich unterschieden, ausschloss, die aber innerhalb der NS-Volksgemeinschaft keine ständisch orientierte Unterscheidung zuließ. Analog dazu wurden die letzten Spuren des ständischen Schulwesens erst 1936/39 mit dem Verbot der privaten Vorschulen getilgt (Götz/Sandfuchs 2011, S. 36). Auch der noch starke konfessionelle Einfluss nahm in dieser Zeit deutlich ab, lange nach der Einführung der Grundschule für alle, die aber in der Weimarer Republik viele Kompromisse eingehen musste.

Im Kontext der Reformpädagogik seit Anfang des 20. Jahrhunderts finden sich unterschiedliche Ansätze, den ganzen Tag in der Schule zu verbringen, den Tag kindgerecht zu rhythmisieren und kulturelle Angebote für Kinder zu machen – in Landschulheimen, Waldschulen u. a. Herausragendes Beispiel für öffentliche Einrichtungen sind die Hamburger Gemeinschaftsschulen nach dem 1. Weltkrieg, die in besonders innovativer Art und Weise gerade Arbeiterkindern einen kulturellen Erfahrungsraum eröffneten (Rödler 1987; Lehberger/ Schmidt 2002), wie Loki Schmidt anschaulich und aus eigener Erfahrung berichtete (Lehberger/Schmidt 2005). In Kinderrepubliken, von der sozialistischen Jugendbewegung organisiert, machten zudem tausende von Arbeiterkindern in den letzten Jahren der Weimarer Republik Erfahrungen mit demokratischer Selbstbestimmung, mit der Bedeutung von freier Meinungsäußerung, mit dem Verfassen von Zeitungen und Flugblättern und mit freier Bewegung und Spiel in Koedukation (Die sozialistische Pädagogik der Kinderfreunde in der Weimarer Republik 2006).

Man kann festhalten, dass im 20. Jahrhundert mit der Durchsetzung des Verbots der Kinderarbeit und der Schulpflicht zunehmend die Freizeitaktivitäten aller Kinder organisiert und pädagogisiert wurde – sowohl innerhalb als auch außerhalb der Schule. Neben erzieherischen Momenten, z. B. Erziehung zum Charakter, zur Gemeinschaft durch Sport und Ehrenamt, zur Solidarität, stand zunächst die Weckung von schöpferischen kindlichen Kräften im Vordergrund. Es ging also um kulturelle Bildung im klassischen Sinne als Selbstentfaltung bis hin zu Selbstbefreiung – Ziele, die in der NS-Zeit mit Gewalt unterbunden wurden.

Die unmittelbare Nachkriegskindheit war geprägt von Extremen: auf der einen Seite Flucht, Vertreibung, Hunger und Gewalt sowie engste Wohnverhältnisse, auf der anderen Seite ein unbeaufsichtigtes Kinderfreizeitparadies in der Trümmerlandschaft sowie improvisierte (Über-)Lebensgestaltung durch Kinder und Erwachsene gemeinsam. Die beiden wesentlichen Mechanismen, die unser modernes Kindheitskonzept hervorgebracht haben, Trennung von Arbeit und Familie sowie Scholarisierung, waren vorübergehend außer Kraft gesetzt (Zeiher 1995, S. 177). Kinder mussten in den chaotischen Nachkriegssituationen nicht selten Aufgaben der Erwachsenen übernehmen, waren dabei belastet, gefährdet, aber auch in gewisser Weise selbstbestimmt. Auf die Frage, ob er gerne in eine Ganztagsschule gegangen wäre, antwortete Jens Lipski, Mitarbeiter des Deutschen Jugendinstituts (DJI):

„Nein! Ich war ein Straßenkind! Wir hatten doch mit den Trümmerlandschaften im Nachkriegsdeutschland die herrlichsten Abenteuerspielplätze. Ich war immer sehr froh, dass meine Eltern auf der damaligen Situation gar keine Zeit hatten, sich um mich zu kümmern. Nach der Schule habe ich den Ranzen in die Ecke geschmissen und den ganzen langen Nachmittag draußen mit den Freunden gespielt, Streifzüge unternommen und zum Teil auch gefährliche Abenteuer überstanden." (Interview mit Jens Lipski 2005)

Mit der Rückkehr zu geordneten Lebensverhältnissen wurde Kindheit wieder in erheblichem Maße reguliert. Die Reaktion auf die nicht aufgearbeitete Vergangenheit und die Selbstverstrickung in das NS-Terrorregime war eine konservative Rückbesinnung auf vermeintlich traditionelle Werte: Privatheit der bürgerlichen Familie, Frau nur als Mutter, Heimatverbundenheit, Kirchenbindung. Erziehung sollte vor allem in der Familie stattfinden. Jede Form der Institutionalisierung von Kindheit über die Schulpflicht hinaus, Kinderkrippe, Hort, manche Jugendgruppen und z. T. auch der Kindergarten, wurde misstrauisch abgelehnt. Ganztagsschulen existierten – anders als in vergleichbaren Industrieländern – nur als Ausnahme. Kinder hatten zwar häusliche Pflichten, mussten im Garten und in der Landwirtschaft mithelfen, aber sie verfügten auch über nicht beaufsichtigte und nicht organisierte Freiräume zum Spielen mit Peers. Die Straßensozialisation auf den noch kaum befahrenen Fahrbahnen (Blinkert 2005) erreichte in der vergleichsweise egalitären Nachkriegsgesellschaft viele Milieus der Gesellschaft und verlor das ursprüngliche Stigma der besonderen Gefährdung durch die Verführungen der Erwachsenenwelt (Politik und Sexualität) vor dem die Kindheit geschützt werden müsse (Kost 1985; Zinnecker 1979).

In den 1960er Jahren kam es zu einer entscheidenden Wende in den Erfahrungsräumen von Kindern durch Funktionstrennung, Spezialisierung und Konsumorientierung (Zeiher 1995, S. 179 ff.). Man spricht auch von dem Beginn der Konsumkindheit, die sich durch das rasante Wirtschaftswachstum in der sozialen Marktwirtschaft auf alle Milieus ausdehnte. Damit verbunden ist eine deutliche Zunahme an pädagogisierten Spezialräumen nur für Kinder, während gleichzeitig Kindheit damals aber noch nicht in dem aktuellen Maße von Erwachsenen kontrolliert wurde. Der Schulweg zu Fuß und in der Gruppe war bei den Babyboomern üblich, wenngleich in vergleichsweise moderater Entfernung. Man traf sich mit Freunden privat, immer noch auf der Straße und nahm dann mit den 1970er Jahren zunehmend an organisierten Freizeitaktivitäten teil. Diese Tendenz wird auch als Scholarisierung von Freizeit bezeichnet (Fölling-Albers 2000), während man gleichzeitig von einer Entscholarisierung von Schule spricht oder auch von Entgrenzung. Damit gemeint ist, dass für Bildungsprozesse notwendige Lernarrangements zunehmend außerhalb der Schule stattfinden, während die Schule selbst nicht mehr nur Unterrichtsort ist, sondern sowohl innerhalb des Unterrichts als auch in Arbeitsgemeinschaften, Projektwochen etc. zur Individualisierung und Informalisierung von Lernen tendiert. Kinder können beispielsweise im Offenen Unterricht ihren eigenen Lerninteressen nachgehen, ihre Lernprozesse selbst gestalten und organisieren.

In der Zeit von den 1970er Jahren bis in die 1990er Jahre kann man in Familie, Schule und Öffentlichkeit von einer Phase sprechen, in der die Umgangsformen zwischen Kindern und Erwachsenen informeller geworden sind, Kindern erheblich mehr Mitspracherecht zugestanden wurde, Kinder einen großen Zuwachs an verschiedenen Erfahrungsräumen gewannen, beispielsweise durch die Pädagogisierung des Alltags, Kindermedien, erhöhte Mobilität etc., jedoch die Bildungserwartungen an das Kind und an die pädagogischen Organisationen der Kindheit vergleichsweise gering waren. Kinder sollten sich „ausspielen"; der „Ernst des Lebens" konnte und sollte später beginnen. Die deutsche Mittelschichtsgesellschaft stand wohl nach der Bildungsexpansion unter dem Eindruck, der Bildungsaufstieg der nachfolgenden Generation müsse nicht um jeden Preis forciert und gefördert werden. Nach den eher gescheiterten Versuchen einer gezielten Frühförderung (freiwilliger Kindergarten statt verpflichtender Vorschule) im Kontext der Bildungsreform sah man in der traditionellen Vorstellung einer in Ruhe reifenden Kindheit die beste Voraussetzung für eine stabile Persönlichkeit und damit für die später verlangte Leistung.

Zeiher spricht vom ökonomischen und politischen Wandel (Wohlstand und Liberalisierung) dieser Zeit, der Subjektentfaltung und Selbstbestimmung zu pädagogischen Programmen gemacht hat, die man gesamtgesellschaftlich mit einer Bildungsreform zu realisieren versuchte (Zeiher 2005, S. 216). Zudem hatten die pädagogischen Ideen der 1968er und Post-68er nachhaltig Spuren in der Pädagogik hinterlassen. Das Recht auf Glück, Freiheit und Selbstbestimmung rückte in den Vordergrund. Allerdings lässt sich inzwischen gerade in den untersuchten Milieus eine Transformation von der Selbstbestimmung zur Selbstoptimierung durch Selbstverbesserung und Leistungstechniken beobachten (Reichardt 2014, S. 38), die man in der gesamten Gesellschaft und in Auswirkung auf den Erfahrungsraum von Kindern beobachten kann. Dabei spielt die Infiltration von Konsummustern in allen Bereichen des kindlichen Alltags, auch in den pädagogischen Organisationen, eine große Rolle (Buckingham 2011/ 2012; Hengst 2013).

Die beschriebene Transformation hat viele Ursachen, die hier nicht alle ausgeführt werden können. Sie ist Teil des Umbauprozesses im eingangs erwähnten Aufwachsen von Kindern und Jugendlichen, der sich seit Ende der 1990er Jahre vollzieht und dessen zentrales Symbol die Wende durch PISA geworden ist. PISA steht für eine neue globale, ökonomische und neoliberale Steuerungsphilosophie, das Humankapital in den OECD-Staaten über Eingriffe in die Bildungslandschaften zu steigern. Dabei sollen internationale Vergleichsstudien, insbesondere von Schülerkompetenzen, einen zielgerichteten Einsatz von Investitionen in den jeweiligen nationalen Bildungssektoren ermöglichen. Ziel ist die Steigerung des Wirtschaftswachstums über effizientere Bildungsinvestitionen. Es gibt erhebliche und plausible Kritik an diesen Grundannahmen (beispielsweise Pongratz 2008). In der deutschen Bildungspolitik hat PISA durch das vermeintlich schlechte Abschneiden deutscher Schüler_innen jedoch Reformen ausgelöst, von denen der Ausbau hin zu ganztägigen Angeboten an Schulen ein zentrales Projekt darstellt.

Den ganzen Tag in der Grundschule

Die deutsche Grundschule blieb bis Ende des 20. Jahrhunderts von den Ganztagsschulüberlegungen weitgehend ausgespart, obwohl hier der Betreuungsbedarf sicherlich am höchsten ist. Das hing mit der konservativen Familienvorstellung zusammen, die beinhaltete, dass Kinder im Vor- und Grundschulalter am besten von ihrer nicht-berufstätigen Mutter betreut werden, die in Deutschland viel länger Gemeingut war als in anderen OECD-Ländern. Ausgangspunkt vor PISA war eine geringe Müttererwerbsquote, nahezu keine Betreuungsangebote von Kinder im Alter von 0 bis 3 Jahren sowie reduzierte, auf den halben Tag begrenzte pädagogische Einrichtungen als Regelfall. Mit PISA und anderen Vergleichsstudien der OECD hat sich diese Situation entscheidend verändert, insbesondere im Bereich der frühkindlichen Bildung, Betreuung und Erziehung. Seit dem Beginn des nationalen Investitionsprogramms „Zukunft Bildung und Betreuung" für Schulen im Jahre 2003 hat sich die deutsche Halbtagsschule dem Anschein nach in eine Ganztagsschule verwandelt. Tatsächlich lässt das Modell den Kern der Schule (Schulpflicht, Curriculum, Arbeitszeit der Lehrer_innen, etc.) weitgehend unangetastet. Nach (Gottschall/Hagemann (2002) ist die deutsche Halbtagsschule zentraler Bestandteil einer soziopolitischen und soziokulturellen Gesamtkonstellation und lässt sich deshalb nicht grundlegend ändern. Die Gesamtkonstellation umfasst die Trennung von Bildung und Erziehung, die Dreigliedrigkeit des Schulsystems, das Primat der Familie bei der Kindererziehung sowie die geteilte Berufsstruktur von pädagogischen Berufen (Gottschall/Hagemann 2002, S. 7 f.). Das bedeutet, dass mit den Ganztagsangeboten an Schulen diese Gesamtkonstellation in Bewegung geraten ist. Die Akteure müssen traditionelle Relationen, z. B. die Aufteilung von Erziehung und Bildung aushandeln und ggf. neu justieren. Je nach Bundesland und lokaler Bedingung begegnen sich zwei Welten an einem Ort, die in einem weiten Spektrum miteinander verzahnt sind: die Unterrichtsschule für alle und das nachmittägliche Angebot für einige bis viele. Die neuen Ganztagsschulen beziehen sich in ihrer Angebotsform weder auf schul- noch auf sozialpädagogische Ansätze einer sinnvoll rhythmisierten Pädagogik und eines pädagogisch bedeutsamen Erfahrungsraums für Kinder.

Argumentiert wird vor allem mit Bildung und zwar in der seit PISA typischen Rhetorik einer Verkoppelung der Steigerung von Bildungsqualität mit Chancengerechtigkeit. Tatsächlich handelt es sich primär um eine sozial- und wirtschaftspolitische Maßnahme. Sie erlaubt u. a. durch eine bessere Vereinbarkeit von Familie und Beruf eine Freisetzung von Arbeitskräften. Es geht hierbei um eine Neuverteilung von Sorgearbeit zwischen Familie und Schule, die Zeiher wie folgt kindheits- und gesellschaftstheoretisch verortet:

> „Die Verteilung von Sorgearbeit zwischen Familie und öffentlichen Bildungs- und Betreuungsinstanzen sind immer Verteilungen von Zeit: sowohl von gesellschaftlicher Zeit für Kinder als auch von Lebenszeit der Kinder." (Zeiher 2005, S. 202)

Nach Zeiher handelt es sich um parallele und miteinander verzahnte Entwicklungen. Veränderungen moderner Erwerbstätigkeit (z. B. Deregulierung von Arbeitszeit) und die Durchsetzung eines neuen Familienmodells mit beiden Eltern im Beruf spiegeln sich in der Zunahme an institutionalisierter Kindheit, die über die Betreuungsfrage hinausgeht. Zeiher verweist auf die Parallelität zeitökonomischer Verdichtung von Arbeitsprozessen und von schulischem Lernen, die sie in verschiedenen bildungspolitischen Reformen erkennt. Der demographische Wandel macht die Ausdehnung der Lebensarbeitszeit und damit eine Reduktion des Bildungsmoratoriums erforderlich. Die Ganztagsschule setzt aus dieser Sicht nicht nur erwachsene Arbeitskräfte (vor allem Mütter) durch eine bessere Betreuung frei, sondern sorgt gleichzeitig durch eine Verdichtung des schulischen Lernens (mehr Zeit am Tag, weniger Jahre in der Schule, beispielsweise durch Verkürzung der Schulzeit) für einen früheren Berufseinstieg der nächsten Generation.

Obwohl die bildungspolitische Rhetorik die Einführung der Ganztagsschule als Verbesserung der Situation von Kindern darstellt und sie als Akteure der Entwicklung beschreibt, zeigt die Analyse des Diskurses eine durchaus ambivalente Botschaft. Ein Beispiel hierfür ist der Slogan einer Werbekampagne der Bundesregierung aus dem Jahre 2006 (siehe Abb. 1).

Abgebildet sind lachende Kinder vor einer Schultafel im Rücken, die engagiert musizieren. Vermittelt wird, dass Schule nach der Reform vor allem Spaß macht, Kinder nun kreativ werden können und dass sich die klassische Unterrichtsordnung ändert. Auf dem Bild ist kein(e) Lehrer_in (und kein(e) Sozialpädagog_in) zu sehen. Es suggeriert, dass die Kinder die Macht in der Ganztagsschule übernommen hätten, tatsächlich wird Kindheit darüber tendenziell mehr standardisiert (Deckert-Peaceman 2005).

Auch Zeiher sieht die Interessen und Bedürfnisse von Kindern in der Neuverteilung von Sorgearbeit kaum berücksichtigt. Zum einen erscheinen Kinder primär als Störfaktor der Zeitprobleme von Erwachsenen und nicht als gesellschaftliche Gruppe mit Eigenrecht. Zum anderen wird die Alltagszeit der Kin-

Abb. 1: „Die Schulzeit ist die schönste Zeit im Leben. Jetzt auch für Eltern. Ganztagschulen. Zeit für mehr." (www.ganztagsschulen.org)

der den neuen Arbeitszeitregimes der Eltern unterworfen „[…] und zwar gegen die Kindeswohl-Vorstellungen der Eltern und ohne Einbettung in pädagogische Ziele" (Zeiher 2005, S. 221).

Pädagogisches Ziel einer Ganztagsgrundschule ist dagegen eine Veränderung des Unterrichts hin zu einem ganzheitlicheren Verständnis unter Integration kreativer und freizeitpädagogischer Angebote sowie eine sinnvolle und harmonische Rhythmisierung des Tages, das nur durch eine gebundene, d.h. Ganztagspflichtschule für alle, erreicht werden kann (Burk/Deckert-Peaceman 2006). Zentral ist das Anliegen, mehr Zeit für Kinder zu haben, um Unterricht „kindgerechter" gestalten zu können. Insgesamt soll sich die Primarstufe von der Unterrichtschule hin zu einem der Ort der Lebenswelt von Kindern verändern. Es wird aber auch bezweifelt, ob eine Ganztagsschule primär in der Hand der Schulpädagog_innen nicht letztlich nur eine Verschulung des Nachmittags bedeutet.[1]

Der hier skizzierte kritische Blick auf die Ganztagsschulreform bedeutet jedoch nicht, dass es den Schulen an pädagogischer Konzeption mangelt und dass sich Kinder in der Schule nicht wohlfühlten. Im Gegenteil, die Alltagspraxis

1 http://www.ganztagsschulen.org/de/4589.php, 21.8.2016

zeigt eine Reihe von gelungenen Konzepten und ermutigenden pädagogischen Fortentwicklungen.

Dennoch wird die Legitimation eines reformpädagogischen Ansatzes der Grundschule angesichts steigender Leistungserwartungen (Vergleichstest, verschärfte Selektion nach Klasse 4) erschwert. Die Grundschule hat wie der Kindergarten seine Nischenfunktion verloren. Die Zeiten der so genannten Kuschelpädagogik (nach Roman Herzog) sind vorbei. Die Aufteilung in eine Vor- und Nachmittagsschule verschärft diese Entwicklung, weil die Trennung den Unterricht auf bestimmte Leistungserwartungen reduziert und den Nachmittag zum Ort der Kompensation macht (Erholung, kreativer Ausdruck, Förderung der schwachen Schüler_innen). Die klassische Konfliktstruktur der Grundschule zwischen Integration und Auslese (Ehmann 2003, S. 43 ff.) findet sich nun nicht mehr ausschließlich im Unterricht und als grundschulpädagogisches Dilemma, sondern sie erfährt tendenziell eine Aufteilung in Auslesen im Unterricht am Vormittag und Fördern am Nachmittag mit möglicherweise weitreichenden Konsequenzen für das Selbstverständnis von Institution und Profession.

Heutzutage bleiben also viele Grundschulkinder bis 16 Uhr in der Schule, essen dort zu Mittag, machen ihre Hausaufgaben und nehmen an organisierten Freizeitangeboten teil. Der Schulraum ist nicht länger nur Unterrichtsraum. Was jedoch außerhalb des Unterrichts passiert, ist sehr heterogen. In Rheinland-Pfalz gab es in der Anfangsphase der Ganztagschulreform ein sehr dichtes Programm, das kaum Zeit für informelle Lernprozesse, für Entspannung, für das Träumen, mit Freunden herumhängen ließ. Sieht man sich die organisierten Freizeitangebote an, die z. T. die ministeriellen Vorgaben einer Bildungsförderung erfüllen mussten, kann man im Vergleich mit entsprechenden außerschulischen Veranstaltungen eine klare Tendenz zur Verschulung beobachten wie ich in meinen ethnographischen Beobachtungen immer wieder erkennen konnte (Deckert-Peaceman 2005; 2006; 2008; 2009). Das Fußballtraining mit einem Spieler aus dem berühmten Heimatverein entsprach beispielsweise in Struktur, Ansprache, Habitus und Leistungserwartung einer vorausgesetzten Erwartung, dem Ort Schule gerecht zu werden.

Es sind wohl schulische Muster, die sich in unser kulturelles Gedächtnis eingeschrieben haben, die hier wirken und die sich durchsetzen, auch wenn sie weder mit der Erwartung noch mit der Praxis übereinstimmen. So spielen selbst Kinder, die eine Freie Schule besuchen, immer nur eine autoritäre Schule. Es gibt bestimmte Kommunikationsmuster, Schule hat einen Zwangscharakter (Anwesenheit, Raumgestaltung, Zeitstruktur, Rollen), es gibt keine leistungsfreien Zonen und die Orientierung ist primär am Durchschnitt von Verhalten und Leistung. Deshalb scheitern ja auch viele so genannte hochbegabte Kinder in der Regelschule. Ein Kind kann anders als an anderen Orten nicht zwei Stunden lang nichts tun, träumen. In außerschulischen Freizeitangeboten kann die Leistungserwartung niedriger oder auch höher sein, beispielsweise beim Sport-

Abb. 2

Abenteuer in der Schule

Wenn die Grenzen zwischen Schule und Freizeit verschwimmen – bestens! Weil man nicht nur im Klassenzimmer schlauer wird. Und nicht nur von Lehrern etwas lernen kann. Der Stundenplan gibt Raum für Kreativität, Gemeinschaftsgefühl und Lebenserfahrungen. So werden aus Schulkindern Persönlichkeiten.

„Ich kann überhaupt nicht singen."
„Doch du kannst!"
„Nein."
„Wetten dass?"

training oder im Konservatorium. Auf keinen Fall kann man in der Schule Abenteuer erleben, wie eine weitere Werbekampagne vermittelt (siehe Abb. 2).

Probleme und Fragen

Mit dem Ausbau der Ganztagsschulen verband sich die Hoffnung auf Steigerung von Bildungsgerechtigkeit, weil nun alle Kinder ungehinderten Zugang zu non-formaler Bildung haben. Denn im Zuge des PISA-Diskurses wurde insbesondere der Befund, dass das deutsche Bildungssystem im Vergleich als hoch selektiv gilt, diskutiert. So ist die Korrelation zwischen sozialer Herkunft und Bildungsabschluss in Deutschland viel höher als in den meisten OECD-Staaten. Ferner gelingt es in anderen Bildungssystemen besser, die nachfolgenden Generationen von Einwanderern schulisch zu integrieren (Solga/Dombrowski 2009). Die Ursachen werden unterschiedlich beurteilt. Allerdings scheinen frühe und häufige Selektionsentscheidungen eine große Rolle zu spielen (Aufteilung nach Schulniveaus im weltweit frühesten Alter, viele Sonderschulüberweisungen, Sitzenbleiben etc.). Anstatt jedoch diese Strukturen zu verändern und das deutsche Bildungssystem an den Status der meisten OECD-Staaten anzuschließen, sah man in der Ganztagsschule die Lösung des Problems. Das führte sogar zu geradezu absurden Argumentationen in der Öffentlichkeit. Man argumentierte für die Ganztagsschule mit dem damaligen PISA-Weltmeister Finnland, ohne zu verstehen, dass es in Finnland zu diesem Zeitpunkt gar keine Ganztagsschule gab (Matthies 2002). Ähnliches ereignete sich bezogen auf die frühere Einschulung, die man auch als bildungsgerechter und leistungssteigernder darstellte, obwohl Finnland die Kinder vergleichsweise spät mit erst 7 Jahren einschult, aber über eine Vorschule von einem Jahr verfügt, in der die Kinder auf die Schule vorbereitet werden.

Man kann festhalten, dass die Ganztagsschulreform nur eingeschränkt die deutsche Schule bildungsgerechter machen kann, weil sie die zentralen im System verursachten Probleme gar nicht löst. Es hat nämlich nach Oelkers (2003) nicht der demokratisierende Umbau des Bildungssystems nach PISA stattgefunden, der es ermöglicht, die enge Koppelung von sozialer Herkunft und Bildungserfolg zu überwinden. Die Ganztagsschule erhöht auch nicht die Qualität des Unterrichts – ein weiterer Befund, der als Ursache für das schlechte Abschneiden deutscher Schüler_innen, gerade aus bildungsfernen Milieus, gilt – weil sie in der Regel ein Addendum zum Unterricht ist, das sich nicht an alle richtet und meistens nicht von Lehrer_innen durchgeführt wird.

Bei aller Kritik kann Ganztagsschule dennoch bestimmten Schüler_innen einen kulturellen Erfahrungsraum eröffnen, der ihnen ansonsten verschlossen geblieben wäre. Denn die privat organisierten Freizeitaktivitäten von Kindern bilden letztlich den sozio-ökomischen Status der Eltern ab. Insbesondere das

Erlernen eines Instruments war und ist oft ein Kennzeichen bildungsbürgerlicher Herkunft. Durch diese non-formalen Lernprozesse wurde kulturelles Kapital erworben, durch das sich bildungsbürgerliche Milieus klar von anderen abgrenzen und ihre Statusinteressen durchsetzen konnten. Nach Solga/Dombrowski (2009) scheint die privat organisierte außerschulische Bildung die herkunftsbedingte Benachteiligung von Kindern aus unteren sozialen Schichten und mit Migrationshintergrund zu verstärken. Die Autoren sprechen von einer doppelten Benachteiligung, die zu Chancenungleichheit und Bildungsarmut führt (ebd., S. 35). Kostenlose öffentliche Angebote am vertrauten Ort sind ein möglicherweise für benachteiligte Kinder entscheidender Zugang zur Entwicklung lebenslanger Interessen, zum beruflichen Aufstieg, wie viele Biographien veranschaulichen.

Während beispielsweise die Musikschulen und Konservatorien Geld kosten und zudem einen bestimmten Habitus voraussetzen, integrieren die Angebote in der Schule große Teile der Bevölkerung. Das ist ein zentraler Schritt in Richtung Bildungsgerechtigkeit und kultureller Partizipation. Jedoch zeigen empirische Befunde, dass weiterhin die Familie die entscheidende Ressource für die Akkumulation von kulturellem Kapital ist (Walper 2012) und dass die bildungsbürgerlichen Milieus das kulturelle Angebot der Schule gering bewerten. Es kommt gerade in diesen gesellschaftlichen Gruppen häufig zu einer Verdopplung von Freizeitaktivitäten (Soremski/Lange 2010), beispielsweise die private Geigenstunde nach der Musik-AG in der Ganztagsschule. Die Zeit in der Schule außerhalb des Unterrichts ist für diese Eltern vor allem als Beaufsichtigung während ihrer Arbeitszeiten und als Entlastung von der Hausaufgabenbetreuung relevant, aber nicht als kulturelle Bildung.

Solga/Dombrowski verweisen auf die Gefahr, dass die soziale Ungleichheit in der außerschulischen Bildung durch die Schule verstärkt wird und dass die Angebote an Ganztagsschulen in dieser Hinsicht kritisch analysiert werden müssten. Zum einen zeigen sich deutliche Qualitätsunterschiede, je nachdem an welcher Schulform das Angebot stattfindet. Zum anderen können solche Angebote dazu führen, dass die in der außerschulischen Bildung erworbenen Kompetenzen Voraussetzung für die Leistung im Unterricht werden. Sie zitieren den 12. Kinder- und Jugendbericht, der die Entgrenzung von Schule (Scholarisierung von Freizeit/Entscholarisierung von Schule) kritisch reflektiert:

„Die wachsende Bedeutung und kompetenzorientierte Verwertung außerschulischer Bildungsaktivitäten beinhaltet die Gefahr der Verschärfung bestehender Ungleichheiten sowie der Entstehung neuer Ungleichheiten, soweit der Zugang zu ihnen sozial, kulturell und ökonomisch selektiv strukturiert ist. Im Zuge der ‚Entgrenzung von Bildung‘ entstehende neue Maßstäbe für Bildungsbeteiligung und die Bewertung von Kompetenzen können deswegen dem Anspruch einer besseren ‚Bildung für alle‘ zuwiderlaufen, wenn es an sozialpolitischen und institutionellen Unterstützungsleistungen für Kinder und Jugendliche aus bildungsfernen bzw. bildungsarmen Milieus fehlt, die meist durch einen niedrigen sozialen Status und geringere finanzielle Spielräume gekennzeichnet sind." (BMFSFJ 2005, S. 68)

Betrachtet man alleine die Förderbemühungen in den pädagogischen Institutionen, erkennt man eine paradoxe Wirkung, die Förderungsstrategien begleitet und die als Matthäus-Effekt (Ehmann 2003, S. 144 ff.) bezeichnet wird. Fördert man beispielsweise im vorschulischen Bereich, so hilft das bildungsbenachteiligten Kindern, aber auch denen mit hohem kulturellem Kapital. Die Schere bleibt also, es gibt keine eindeutige Kompensation. Manchmal profitieren die ohnehin zu Hause geförderten Kinder sogar mehr als die anderen (Siray-Blatchford 2004). Die Schere wird größer. Daraus folgt, dass man wohl nur durch kompensatorische Maßnahmen den ungleichen Bildungsvoraussetzungen von Schüler_innen wirksam begegnen kann, also durch eine ungleiche Förderung.

Jedoch sei auch an dieser Stelle kritisch angemerkt, dass die Pädagogik nur begrenzt gesellschaftliche Probleme lösen kann. Sie kann also nur sehr bedingt, soziale Ungleichheit durch ihre pädagogischen Programme ausgleichen, ob im Unterricht oder durch kulturelle Bildung. Die zentrale Forderung, die sich aus dem Diskurs um Bildungsgerechtigkeit schließen lässt, ist eine bessere gesellschaftliche Umverteilung. Sind Eltern in gut bezahlte, menschenwürdige und anerkannte Arbeitsverhältnisse eingebunden, so bestehen gute Chancen, dass sie ihre Kinder gut und nachhaltig fördern möchten. Gesellschaftliche Ohnmachtserfahrungen auf allen Ebenen sind hingegen weniger förderlich.

Bildungsexpansion ist eng mit Verteilungsgerechtigkeit und Emanzipation gekoppelt. Während dieser Zusammenhang in der Zeit der Bildungsreform der 1960er Jahre offensiv diskutiert wurde, zeigt der Vergleich der beiden Reformsemantiken, Bildungsreform und PISA-Reform, dass die aktuellen Reformen zu Bedeutungsverkürzungen und dem Ausblenden der gesellschaftlichen Verteilungskämpfe tendieren (Priem 2006). Dieser Befund ist umso erstaunlicher vor dem Hintergrund einer deutlichen Zunahme an gesellschaftlicher Ungleichheit in der deutschen Gesellschaft in den letzten Jahrzehnten. Das heißt, der Abstand zwischen den Milieus wird immer größer, die Verteilung an ökonomischen, sozialen und kulturellen Kapital immer ungleicher. Parallel dazu wird der notwendige Umbau, um das Bildungssystem etwas gerechter zu machen, nicht in Angriff genommen.

Welche Perspektiven hat dann die kulturelle Bildung an Grundschulen mit Ganztagsangebot? Ist sie möglicherweise nur ein nettes Geschenk, das die tatsächliche Situation mehr verschleiert als verbessert? In welche grundschulpädagogischen Entwicklungen muss die kulturelle Bildung eingeordnet werden, um ihre Wirkungsmöglichkeiten zu erkennen? Diese etwas überspitzten Fragen können hier nicht beantwortet werden. Abschließend soll noch eine Einordnung der Frage, ob die Schule ein Erfahrungsraum von Kindern sein kann und welche Rolle die kulturelle Bildung möglicherweise spielen kann, in den Grundschuldiskurs erfolgen.

Grundschule als Lebenswelt von Kindern

Die Grundschule bewegt sich seit ihrer Gründung in dem Spannungsfeld, systematisch an Bildung heranzuführen und zu selektieren, aber gleichzeitig „geistige Kinderheimat" zu sein und „jedes Kind seinen Begabungen entsprechend zu fördern", wie es in den entsprechenden Schriften der Weimar Republik heißt. Reformpädagogisch inspiriert wird darunter verstanden, dass der Bruch zwischen der Lebenswelt der Kinder und der schulischen Ordnung mit ihrer Fachlichkeit so gering wie möglich sein sollte. Lebenswelt meint philosophisch vorwissenschaftliches und leibliches Verstehen. Lebenswelt wird jedoch in der Grundschulpädagogik häufig mit Erfahrung gleichgesetzt, wenn es heißt, dass die konkreten Raumerfahrungen unter Berücksichtigung entwicklungspsychologischer Annahmen Leitlinien beispielsweise für die Heimatkunde sein sollten. Damals ging man davon aus, dass kleine Kinder nur den Nahraum verstehen können, den sie unmittelbar erleben können. Diese Annahmen sind heutzutage nicht mehr haltbar. Lebenswelt im grundschulpädagogischen Sinne knüpft aber auch an den Begriff der „geistigen Kinderheimat" an. Es wird eine deutliche Differenz im kindlichen Wahrnehmen und Verarbeiten angenommen, beispielsweise im so genannten Märchenalter. Die Didaktik orientierte sich dann kaum an der Fachlichkeit, sondern an dem angenommen kindlichen Verstehen über Märchenfiguren (Rechnen mit Rotkäppchen). Auch wenn diese Art der Didaktik in der Regel längst überwunden ist, spielt die Unterscheidung von Lebenswelt und System immer noch eine die didaktische Diskussion prägende Rolle (Deckert-Peaceman/Scholz 2016).

Im Ganztagsschuldiskurs wird der Lebensweltbegriff immer dann bemüht, wenn es darum geht, die Kinder durch den längeren Aufenthalt in der Schule nicht zu überbürden. Ferner wird angenommen, dass Nicht-Schulpädagog_innen eher lebensweltliche Erfahrungen zulassen als Lehrer_innen. Damit wird quasi der Lebensweltbezug in seiner Bedeutung als kindlicher Erfahrungsraum professionell primär an die außerschulischen Akteure delegiert, die sich aber nun am Ort der Schule bewegen. Inwieweit ein außerschulisches Bildungsangebot an einer Ganztagsgrundschule aber eine lebensweltliche Erfahrung für Kinder darstellt, ist zu prüfen.

Die Grundschule kann nämlich nie zum Abenteuer „freier Spielkindheit" werden, wie Lipsi sie beschreibt. Es gibt im schulischen Raum eine Vielzahl notwendiger Einschränkungen (z.B. riskantes Spiel, grausame Neugierde, gewalttätiges Aushandeln von sozialen Rangordnungen) von peerkultureller Erfahrung. Die nicht verplante und nicht kontrollierte Kindheit ist kaum noch zu finden.

Heutzutage ist die Grundschule der zentrale Treffpunkt für soziale Beziehungen unter Kindern. Sie ist auch, solange sie durch Wohnsegregation und neoliberale Marktstrategien (Zunahme an Privatschulen) noch keine sozial homogene Schülerschaft umfasst, ein Ort, an dem sich verschiedene Milieus treffen, übrigens eine heftig umstrittene Errungenschaft der Weimarer Grundschule. Die bürgerlichen Schichten wollten auf keinen Fall, dass ihre Nachkommen mit den proletarischen „Schmuddelkindern" eine Schulbank teilen sollten. Halten wir fest, Schule ist ein zentraler sozialer Erfahrungsraum von Kindern.

Neben dem klassischen Unterricht, den Hausaufgaben, den Mahlzeiten und den Pausen haben Schüler_innen inzwischen Gelegenheit, eigene Interessen in vielen Bereichen zu entwickeln. Ich konzentriere mich auf die kulturelle Bildung, bei der – mehr als im Sport – das Herkunftsmilieu eine zentrale Rolle spielt. Wer in einem Haushalt mit Lesen aufwächst, früh gemeinsam mit der Familie Museen besucht, evtl. sogar Hausmusik macht, bringt einen anderen kulturellen Erfahrungsraum mit, als derjenige der vor allem kommerzielles Fernsehen, Computerspiele etc. kennt. Schon Basil Bernstein hat die Schule als Mittelschichtsinstitution erkannt und auf die Problematik hingewiesen, dass sie an die Kultur und Sprache dieser Milieus anschließt und die Erfahrungen der anderen Milieus ausschließt und unterdrückt.

Aber soll man deshalb in der Schule auf qualitativ anspruchsvolle kulturelle Bildung verzichten? Heutzutage ist die Unterscheidung in populäre Kultur und ernsthafte längst obsolet. Es gibt also die verschiedensten Möglichkeiten, an die Erfahrungen aller Kinder anzuschließen (Beispiele in diesem Band). Dennoch möchte ich vor einem Trugschluss hinsichtlich der Lebensweltorientierung warnen, den Benner (1989) in seiner Auseinandersetzung mit der „Öffnung von Unterricht" in den 1970er und 80er Jahren klar auf den Punkt bringt. Für ihn ist gerade der Bruch mit der Lebenswelt für eine demokratische Bildung von Bedeutung, weil er das pädagogische Denken aus den herkunftsbedingten Vorbestimmtheiten befreit und unbestimmte Bildungsprozesse ermöglicht.

Institutionell betont er die Bedeutung der Schule als vom Leben abgesonderten Ort, durch den etwas gelernt werden kann, „[…] das ohne schulischen Unterricht gar nicht erlernt werden könnte, seinen theoretischen und praktischen Sinn nach aber im Horizont innerschulischer Lernprozesse gar nicht aufgeht, sondern erst außerhalb der Schule seine theoretische und praktische Relevanz gewinnt." (Benner 1989, S. 52) Kritisch beurteilt er vor diesem Hintergrund, die erneute Bezugnahme auf reformpädagogische Rhetoriken einer Pädagogik vom Kinde aus, von der Einheit von Lernen und Handeln, vom Lernen mit Kopf, Herz und Hand. Für die Frage, nach welchen Kriterien die kulturelle Bildung so gestaltet werden kann, dass sie nicht sozial exklusiv ist, gilt, dass man nicht einfach die Lebenserfahrungen benachteiligter Kinder reproduzieren darf, weil sie anscheinend bessere Anschlussmöglichkeiten bieten. Es muss also ausgelotet werden, wie Kindern Anknüpfungspunkte an die Vielfalt, Komplexität und ästhetische Qualität von Kultur geschaffen werden können, ohne sie über diesen Prozess wiederum auszuschließen.

Auch in anglo-amerikanischen Erziehungsdiskursen zeigt sich eine ähnliche Sicht. Der Emanzipationsgewinn über flexible, kreative und an der konkreten Lebenswelt orientierten Lernformen („situated learning" in „communities of practice") wird hinterfragt. Kritisiert wird, dass diese Lernformen vor allem neuen sozialen und ökonomischen Prinzipien folgen, die u.a. Sennett in seinem Buch „Der flexible Mensch" (1998) beschrieben hat. Gee (2000) warnt vor einer fundamentalen Veränderung im Menschheitsbild. Menschen werden seiner Ansicht nach nicht als mehr oder minder autonome Subjekte gesehen und entsprechend erzogen, sondern als „ever changing portfolios" ohne persönlichen Kern, als fluide Sammlung von projektorientierten Kompetenzen, die in gemeinsame Praktiken eingehen und sich nach Abschluss des Projekts verflüchtigen. Dieses Wortspiel versucht den Zusammenhang zwischen individualisierten und flexiblen Lernformen mit Output-Steuerung (Lerntheken, Kompetenzraster, Portfolioarbeit, Wochenplan, etc.) und einer Veränderung des Menschenbilds deutlich zu machen.

Die New London Group (Zusammenschluss verschiedener Wissenschaftler im Bereich von Literacy und Medien) (Cope/Kalantzis 2000) demaskiert dabei die scheinbar freieren, individuelleren und durch die Situation gesteuerten Lernformen als rein funktionell im Sinne einer veränderten Arbeitswelt und insbesondere über die Reduzierung des Bruches zwischen Leben und Lernen als hoch selektiv zum Nachteil weniger privilegierter Milieus. Denn ähnlich wie Benner sieht diese Gruppe nur in der Distanz der Schule zum Leben die Chance, herkunftsbedingte Nachteile zu kompensieren, wie am Beispiel des Gebrauchs von Alltags- und Wissenschaftssprache deutlich gemacht wird. Wenn auch im Unterricht nur Alltagssprache gesprochen wird, haben Kinder aus benachteiligten Milieus nie die Chance, ihre Sprachfähigkeit zu verbessern. „Communities of practice", die das Lernen an authentischen Situationen ausrichten, verstärken demnach das Gefälle zwischen Kindern bildungsnaher und bildungsferner Milieus.

In England wird der Grundschuldiskurs in dieser Hinsicht schon viel länger und pointierter befragt. Wie die Schrift „Excellence and enjoyment: a strategy for primary schools" (2003) dokumentiert, soll mehr Autonomie für Lehrer_innen und Schulen einhergehen mit einem stärkeren Focus auf den individuellen Lerner, auf Kreativität und ICT. Leitend ist die Idee, dass man das Humankapital über Effizienzgewinne im Unterricht steigern kann, wenn Kinder individuell, flexibel und kreativ lernen. Es geht also vor allem um die ökonomische Verwertbarkeit von Grundschulpädagogik und von Grundschüler_innen (Brehony 2005, S. 39) und weniger um Fragen nach Gleichheit und Gerechtigkeit. Es geht auch um den Wettbewerb der Schulen und Bildungseinrichtungen untereinander. Bildung wird hier weniger als Recht angesehen, sondern als eine

Dienstleistung, die von jedem einzelnen als Kunde zu seinem Vorteil effektiv genutzt werden soll.

Die Ganztagsschulentwicklung zeigt, dass dies auch bei uns zutrifft. Schule wird mehr und mehr auf einem Markt platziert. Das kulturelle Profil ist dann möglicherweise ein Wettbewerbsvorteil. Insofern muss man die Verbindung von selbstbestimmten Angeboten und Kultur als Teil der Schulentwicklung kritisch begleiten. Das gilt sowohl für die Freizeitangebote als auch für die musischen Unterrichtsfächer. Dieser Wettbewerb ist im Rahmen neuer Steuerungsphilosophien hin zur vermehrten Autonomie der Einzelschule, zur Profilbildung und Output-Orientierung erwünscht. Aus meiner Sicht garantiert die neoliberale Bildungssteuerung jedoch keine Bildungsqualität. Sie verstärkt aber direkt und indirekt Bildungsungleichheiten, die im System Schule, sowohl im Unterricht als auch in den außerschulischen Angeboten, dann zunehmend mit verursacht werden. Das kann jedoch nicht Ziel eines demokratischen Wohlfahrtsstaates sein.

Ferner verändert sie langfristig unsere gesellschaftliche Vorstellung vom Kind. Lange (2010) sieht hierin ein hegemoniales Bildungsdispositiv. Behaupten kann sich das Kind mit der besten Ausstattung an kulturellem, sozialem und ökonomischen Kapital. Besonders wirksam wird diese neue Vorstellung im Kind, das sich selbst als Akteur begreifend auch selbst optimiert, das agiert wie der flexible Arbeitnehmer. Zentrale Ressourcen für den Erfolg sind dabei Spiel und Kreativität, das heißt, bedeutsame Dimensionen kultureller Bildung. Es besteht die Gefahr, dass das Kind durch die vielen Förderangebote in eine ganzheitliche Totalerfassung gerät.

Dann doch besser keine kulturelle Bildung in Ganztagsgrundschulen? Das wäre sicher die falsche Schlussfolgerung. Auf keinen Fall ist kulturelle Bildung ein Allheilmittel gegen Chancenungleichheit und Bildungsarmut. Sie muss in ihrer komplexen Verwobenheit mit bildungspolitischen Entscheidungen kritisch reflektiert werden. Sie wird aus meiner Sicht dann eine Bereicherung, wenn sich die Verzahnung von schulischer und außerschulischer Bildung an Ganztagsgrundschulen an den Kriterien Gleichheit, Gerechtigkeit, Emanzipation und Solidarität orientiert und die Versuche, Kinder auf Humankapital zu reduzieren, abwehrt. Die Pädagog_innen und Künstler_innen vor Ort leisten hier oft unter schwierigen Bedingungen eine hervorragende Arbeit, die eine Entsprechung in der Bildungspolitik haben müsste.

Literatur

Benner, D. (1989): Auf dem Weg zur Öffnung von Unterricht und Schule. Theoretische Grundlagen zur Weiterentwicklung der Schulpädagogik. In: Die Grundschulzeitschrift 27/1989, S. 46–55.

Blinkert, B. (2005): Aktionsräume von Kindern in der Stadt. Eine Untersuchung im Auftrag der Stadt Freiburg. Herbolzheim: Centaurus, S. 5–36.

Brehony, K. J. (2005): Primary Schooling under New Labour: the irresolvable contradiction of excellence and enjoyment. In: Oxford Review of Education 31, H. 1, S. 29–46.

Buckingham, D. (2011, Reprint 2012): The Material Child. Growing Up in Consumer Culture. Cambridge: Polity Press.

Burk, K.-H./Deckert-Peaceman, H. (Hrsg.) (2006): Auf dem Weg zur Ganztag-Grundschule. Frankfurt: Grundschulverband.

Cope, B./Kalantzis, M. (Hrsg.) (2000): Multiliteracies. Literacy learning and the design of social future. London/New York: Routledge.

Deckert-Peaceman, H. (2005): Paradoxien im Umgang mit Raum und Zeit. Hausaufgaben in der Ganztagsgrundschule aus der Perspektive von Kindern im Spannungsfeld zwischen Individualisierung und Standardisierung. In: Götz, M./Müller, K. (Hrsg.), Grundschule zwischen den Ansprüchen der Standardisierung und Individualisierung. Jahrbuch Grundschulforschung 9. Opladen 2005, S. 77–83.

Deckert-Peaceman, H. (2006): Ganztagsschule aus der Perspektive von Kindern. In: Burk, K./ Deckert-Peaceman, H. (Hrsg.), Auf dem Weg zur Ganztag-Grundschule. Frankfurt: Grundschulverband. S. 114–125.

Deckert-Peaceman, H. (2008): Mehr Zeit in der Schule. Aktuelle Reformbaustellen der Grundschule in ihrer Auswirkung auf Institution und Kindheit. In: Widersprüche 28, H. 110, S. 55–66.

Deckert-Peaceman, H. (2009): Zwischen Unterricht, Hausaufgaben und Freizeit. Über das Verhältnis von Peerkultur und schulischer Ordnung in der Ganztagsschule. In: de Boer, H./ Deckert-Peaceman, H. (Hrsg.), Kinder in der Schule. Zwischen Gleichaltrigenkultur und schulischer Ordnung. Wiesbaden: VS Verlag, S. 85–102.

Deckert-Peaceman, H./Scholz, G. (2016): Vom Kind zum Schüler. Diskurs-Praxis-Formationen zum Schulanfang und ihre Bedeutung für die Theorie der Grundschule. Opladen: Budrich.

Die sozialistische Pädagogik der Kinderfreunde in der Weimarer Republik. Ausstellungskatalog der Bildungsgeschichtlichen Bibliothek Berlin. Berlin 2006. (http://bbf.dipf.de/publikationen/ausstellungskataloge/pdf/kindersolidaritaet.pdf., 11.8.2016).

Ehmann, C. (2003²): Bildungsfinanzierung und soziale Gerechtigkeit. Vom Kindergarten bis zur Weiterbildung. Hg. vom Deutschen Institut für Erwachsenbildung Bonn. (http://www.die-bonn.de/doks/ehmann0302.pdf, 10.8.2016).

Fölling-Albers, M. (2000): Entscholarisierung von Schule und Scholarisierung von Freizeit? Überlegungen zu Formen der Entgrenzung von Schule und Kindheit. In: ZSE: Zeitschrift für Soziologie der Erziehung und Sozialisation 20 (2000) 2, S. 118–131.

Gee, J. P. (2000): New people in the new worlds: networks, the new capitalism and schools. In: Cope, B./Kalantzis, M. (Hg.), Multiliteracies. Literacy learning and the design of social future. London/New York: Routledge, S. 43–68.

Götz, M./Sandfuchs, U. (2011³): Geschichte der Grundschule. In: Einsiedler, W. u. a. (Hrsg.): Handbuch Grundschulpädagogik und Grundschuldidaktik. Bad Heilbrunn: Klinkhardt, S. 32–44.

Gottschall, K./Hagemann, K. (2002): Die Halbtagsschule in Deutschland – ein Sonderfall für Europa? In: Aus Politik und Zeitgeschichte. B 41/2002, 14. 10. 2002, S. 12–22.

Hengst, H. (2013): Kindheit im 21. Jahrhundert. Differenzielle Zeitgenossenschaft. Weinheim/Basel: Beltz Juventa.

Honig, M.-S./Joos, M./Schreiber, N. (2004): Was ist ein guter Kindergarten? Theoretische und empirische Analysen zum Qualitätsbegriff in der Pädagogik. Weinheim/München: Juventa.

Kost, F. (1985): Volksschule und Disziplin. Die Disziplinierung des inner- und ausserschulischen Lebens durch die Volksschule, am Beispiel der Züricher Schulgeschichte zwischen 1830 und 1930. Zürich: Limmat Verlag Genossenschaft.

Kössler, T. (2014) Die faschistische Kindheit. In: Baader, M./Eßer, F./Schröer, W. (Hrsg.), Kindheiten in der Moderne. Eine Geschichte der Sorge. Frankfurt/New York: Campus., S. 284–318.

Lange, A. (2010): Bildung ist für alle da oder die Kolonialisierung des Kinder- und Familienlebens durch ein ambivalentes Dispositiv. In: Bühler-Niederberger, D./Mierendorff, J./ Lange, A. (Hrsg.): Kindheit zwischen fürsorglichem Zugriff und gesellschaftlicher Teilhabe. Wiesbaden: VS Verlag, S. 89–116.

Lehberger, R./Schmidt, L. (2002): Früchte der Reformpädagogik. Bilder einer neuen Schule. Hamburg: Amt für Schule.

Lehberger, R./Schmidt, L. (2005): Mein Leben für die Schule. Hamburg: Hoffmann und Campe.

Jens Lipski im Interview zum Thema Ganztagsschule und neue Lernkultur DJI Online Mai/ 2005. Zugriff am 24. 2. 2016 unter http://www.dji.de/index.php?id=40590&L=0.

Ludwig, H. (1993): Entstehung und Entwicklung der modernen Ganztagsschule in Deutschland. Bd. 1. Köln/Weimar/Wien: Böhlau Verlag.

Matthies, A.-L.: Finnisches Bildungswesen und Familienpolitik: ein „leuchtendes" Beispiel? Aus Politik und Zeitgeschichte B41/2002. Zugriff am 10. 8. 2016 unter http://www.bpb.de/ apuz/26689/finnisches-bildungswesen-und-familienpolitik-ein-leuchtendes-beispiel.

Oelkers, J.: Der Matthäus-Effekt. Braucht Deutschland eine Gesamtschule? In: SZ 4. 6. 2003. Zugriff am 10. 8. 2016 unter http://www.sueddeutsche.de/karriere/nach-pisa-der-matthaeus-effekt-1.568571.

Priem, K. (2006): Diskurse über Bildungskarrieren. Zur Politik von Begriffen. In: ZpH 12/ 2006/2, S. 79–85.

Pongratz, L. A. (2008) Freiwillige Selbstkontrolle. Schule zwischen Disziplinar- und Kontrollgesellschaft. In: Ricken, N./Rieger-Ladich, M. (Hrsg.), Michel Foucault. Pädagogische Lektüren. Wiesbaden: VS Verlag , S. 243–259.

Rauschenbach, T. (2012): Ein anderer Blick auf Bildung. In: DJI Impulse 4/2012, S. 4–6. Zugriff am 9. 8. 2016 unter http://www.dji.de/fileadmin/user_upload/bulletin/d_bull_d/ bull100_d/DJIB_100.pdf.

Reichardt, S. (2014): Authentizität und Gemeinschaft. Linksalternatives Leben in den siebziger und frühen achtziger Jahren. Berlin: Suhrkamp.

Rödler, K. (1987): Vergessene Alternativschulen. Geschichte und Praxis der Hamburger Gemeinschaftsschulen. Weinheim/München: Juventa.

Sennett, Richard (1998): Der flexible Mensch. Die Kultur des neuen Kapitalismus. Berlin: Berlin Verlag

Siraj-Blatchford, I. (2004): Soziale Gerechtigkeit und Lernen in der frühen Kindheit. In: Fthenakis, W. E./Oberhuemer, P. (Hrsg.): Frühpädagogik international. Bildungsqualität im Blickpunkt. Wiesbaden: VS Verlag, S. 57–70.

Solga, H./Dombrowski, R.: Soziale Ungleichheiten in schulischer und außerschulischer Bildung. Stand der Forschung und Forschungsbedarf. Hans-Böckler-Stiftung Arbeitspapier 171. Düsseldorf 2009. Zugriff am 10.8.2016 unter http://www.boeckler.de/pdf/p_arbp_171.pdf.

Soremski, R./Lange, A. (2010): Bildungsprozesse zwischen Familie und Ganztagsschule. Projektbericht. Deutsches Jugendinstitut München. Zugriff am 21.8.2016 unter http://www.dji.de/fileadmin/user_upload/bibs/6_GTS-Familie%20und%20Ganztagsschule-Abschlussbericht.pdf.

Steiner, C. (2012): Mehr als Schule. In: DJI Impulse 4/2012, S. 14–16. Zugriff am 9.8.2016 unter http://www.dji.de/fileadmin/user_upload/bulletin/d_bull_d/bull100_d/DJIB_100.pdf.

Walper, S. (2012): Vom Einfluss der Eltern. In: DJI Impulse 4/2012, S. 10–13. Zugriff am 9.8.2016 unter http://www.dji.de/fileadmin/user_upload/bulletin/d_bull_d/bull100_d/DJIB_100.pdf.

Zeiher, H. (1995, 4. Auflage): Die vielen Räume der Kinder. Zum Wandel räumlicher Lebensbedingungen seit 1945. In: Preuss-Lausitz, U. u.a.: Kriegskinder Konsumkinder Krisenkinder. Zur Sozialisationsgeschichte seit dem Zweiten Weltkrieg. Weinheim und Basel: Beltz, S. 176–195.

Zeiher, H. (2005): Der Machtgewinn der Arbeitswelt über die Zeit der Kinder. In: Hengst, H./Zeiher, H. (Hrsg.): Kindheit soziologisch. Wiesbaden: VS Verlag, S. 201–226.

Zinnecker, J. (1979): Straßensozialisation. In: Zeitschrift für Pädagogik, 5/1979, S. 727–746.

Klang, Körper, Kooperation

Profilbildung im Zwischenraum

Thomas Gläßer

Nie ist genug Zeit. Das Schulleiterbüro ist ein Knotenpunkt zahlloser Ansprüche, Interessen, Kommunikationen und der täglichen Überraschungen, denen eine Schule eben so ausgesetzt ist. Ich bin froh, dass wir dieser Schule wichtig sind und dennoch geht es mir immer wieder an die Nerven, aus welcher Position ich als Projektleiter diese herausfordernde aber auch wundervolle Kooperation gestalte. Ohne Anstellung, immer wieder auf der aufreibenden Suche nach Fördermitteln, die in ihrer Patchwork-Kombination der ohnehin überlasteten Schule weitere Anforderungen, allen Beteiligten kurze Planungsvorläufe und dem Projekt Formatvorgaben hinzufügen, die die Gestaltung eines kohärenten und auf die individuellen Bedürfnisse dieser Schule zugeschnittenen Schulprofils nur ansatzweise ermöglichen.

Klang Körper Kunterbunt – ein neues Schulprofil entsteht

Die Schule Kunterbunt ist eine Gemeinschaftsgrundschule in Köln-Bocklemünd mit sozial heterogenem Einzugsgebiet, Schwerpunkt Inklusion und einem mutigen, alle Jahrgänge umfassenden Familienklassenkonzept. Die Förderer und Förderprogramme fordern Alleinstellungsmerkmale, Neuheit, Außerunterrichtlichkeit, Projektumfänge, Einheitslängen, Gruppengrößen, Anwesenheitslisten, Sachberichte, Verwendungsnachweise, Aufführungen – die Probleme sind allen klar, aber angesichts der Kleinteiligkeit der Förderlandschaft und bei dem derzeitigen Mangel an schuleigenen Budgets für kulturelle Bildung sind sie nur im virtuosen Ausloten der Grauzonen zu lösen, wenn sinnvolle und individuell angepasste Projektstrukturen höher bewertet werden als die Richtlinien von Stiftungen oder Förderprogrammen. Immerhin: Oft geschieht das in gegenseitigem Einverständnis mit den Förderern, einem pragmatischen Vertrauen, das sich günstigenfalls über Jahre entwickeln kann. Und „KlangKörper" hatte das Glück, in der *RheinEnergieStiftung Kultur*, der *Sparkassen-Kulturstiftung Rheinland* und dem Programm „JeKits – Jedem Kind Instrumente, Tanzen, Singen" drei Förderer zu finden, die das Projekt längerfristig unterstützen (oder unterstützt haben) und immer wieder große Flexibilität und Verständnis für idiosynkratische Lösungen und Ideen zeigen.

Das Projekt „KlangKörper" entsteht als eine Art zweieiiger Zwilling zum Modellprojekt „Grundschule mit Musikprofil Neue und Improvisierte Musik", das die *Offene Jazz Haus Schule* im Rahmen des Förderprogramms „Netzwerk Neue Musik" der *Kulturstiftung des Bundes* 2008 mit der *Gemeinschaftsgrundschule Manderscheider Platz* im Köln-Sülz ins Leben ruft. Musikalisches Forschen und Gestalten mit Musikern aus Jazz, improvisierter und neuer Musik auf verschiedenen Ebenen stehen dort im Zentrum und das Projekt hat sich seit seiner Gründung zu einem interessanten Labor für musikpädagogische Konzepte entwickelt. Als die Bundesförderung – und damit auch die Förderung durch die Kulturstiftung des regionalen Energieversorgers *RheinEnergie* – 2011 endet, wird das Projekt mit einem Fördererpatchwork, das substantiell von freiwilligen Elternspenden an den Förderverein der Schule mitgetragen wird, weitergeführt und die Offene Jazz Haus Schule beschließt, ein weiteres ähnlich gelagertes Projekt zu starten, mit einigen wesentlichen Unterschieden:

- das soziale Milieu ist heterogener, der Anteil von Kindern „mit Migrationshintergrund" ist hoch, der Anteil von Familien, die auf staatliche Transferleistungen angewiesen sind, ist noch höher[1]
- die Schule ist mit ihrem Inklusionsschwerpunkt und der damit verbundenen Entscheidung für altersheterogene Familienklassen, in denen jeweils alle vier Jahrgangsstufen gemeinsam unterrichtet werden, unkonventionell strukturiert
- die Entscheidung für die Verbindung von Tanz und Musik zu einem hybrid-transdisziplinären Profil bringt viele zusätzliche Möglichkeiten und Herausforderungen und erzeugt zwischen den oft gemeinsam unterrichtenden Musiker_innen und Tänzer_innen Verständigungs- und Abstimmungsbedarfe, stößt sie auf „Unselbstverständlichkeiten" und Gewohnheiten, lässt sie Zwischenräume ausloten, in denen sich Musik und Tanz, Klang, Körper und Bewegung begegnen, berühren und durchdringen können, wie klein- und großräumige Rhythmen, Bewegungsklänge, räumliche Qualitäten von Musik etc.

Zwischenräumlichkeit ist von Anfang ein generatives Prinzip dieses Projekts, das auch nach beinahe sechs Jahren der kontinuierlichen Arbeit immer noch auf dem Weg dazu ist, Formen der Zusammenarbeit zu finden und die Arbeit mit externen Künstler_innen und ästhetische Prozesse, Erfahrungen und Prinzipien als einen festen Bestandteil der Schule und ihrer Entwicklung zu etablieren.

---

1 Als das ARD-Magazin „Monitor" 2006 einen Bericht über milieuabhängige „Schulungerechtigkeit" dreht, wählt es die GGS Manderscheider Platz als Beispiel für eine privilegierte, die Schule Kunterbunt bzw. GGS Görlinger Zentrum als Beispiel für eine benachteiligte Schule.

Motivationen, Interessen, Konflikte

Oft beginnen Projekte kultureller Bildung an Schule, zumindest habe ich das in der Praxis der Offenen Jazz Haus Schule und anderer kulturpädagogischer Träger und Projektzusammenhänge so kennengelernt, mit der Initiative des schulexternen Partners, der – mit Fachexpertise und mit eigenen Zielen und Interessen – Projekte anschiebt, Mittel akquiriert, eigene Ressourcen bündelt und dann auf die Suche nach Schulpartnern geht, in deren institutionellem Rahmen diese Fördermittel verausgabt und Projekte umgesetzt werden können. Der externe Partner kommt dann mit bereits definierten Zielen und Vorgaben, hat interne Prozesse durchlaufen und bringt mit den finanziellen Mitteln auch Rahmenbedingungen für die Zusammenarbeit mit, die nur noch teilweise verhandelbar sind – und hofft dennoch auf eine umfassende Unterstützung durch den schulischen Partner. Eine asymmetrische Beziehung in vielerlei Hinsicht, bei der keineswegs vorauszusetzen ist, dass die Agenden der Partner synergetisch verschmelzen, bei der genaugenommen nicht einmal vorauszusetzen ist, dass die Ziele, Interessen und Handlungsvoraussetzungen der beiden Partner wechselseitig transparent werden.

Auch wenn bei „KlangKörper" Prämissen der Zusammenarbeit, Ziele des kulturellen Schulentwicklungsprozesses und Inhalte von Angeboten zwischen den Partnern offen ausgehandelt werden, bleiben die Asymmetrien bestehen. Das Vorantreiben des Projekts kommt oft von Außen, wo sich in der Funktion des Projektleiters die Gestaltungsinteressen des externen Partners bündeln, bei dem auch die Interessen aller anderen Akteure zusammenlaufen.

Das Programm „Kulturagenten für kreative Schulen", das die Mercator-Stiftung in Zusammenarbeit mit der Kulturstiftung des Bundes und mehreren Bundesländern zum Schuljahr 2011/2012 auf den Weg gebracht hat, hat das Rollenbild einer_s Vermittler_in im Dreieck Schule – Schüler_innen – Kulturschaffende/Kulturinstitutionen differenziert entwickelt, Aufgabenbereiche entfaltet und in einem recht elaborierten Weiterbildungsmodell „Kulturagenten" ausgebildet. Der „Kulturagent" – nach meinem Kenntnisstand sehr viel häufiger: die Kulturagentin – soll die Schule in einem kulturellen Schulentwicklungsprozess auf dem „Weg zur Kulturschule" begleiten, im Dialog ein Kulturprofil entwickeln, Projekte konzipieren helfen und managen, kulturelle Bildung fächerübergreifend in der Schule verankern, Kooperationen und Netzwerkstrukturen aufbauen, Öffentlichkeitsarbeit machen. Bei allen Gemeinsamkeiten springen einige markante Unterschiede zu der Rolle, wie sie mir aus der Arbeit als Projektleiter im Auftrag der Offenen Jazz Haus Schule vertraut ist, dabei sofort ins Auge. Das wichtigste davon ist vielleicht der Auftraggeber:

Zündfunken für „KlangKörper" war nicht das Interesse von Schüler_innen, Lehrenden, Schulleitungen oder Kollegien, der Politik oder eines Programmes. Zündfunken für „KlangKörper" waren – im Spannungs- und Motivationsfeld von Fördermöglichkeiten und gesellschaftlichen und pädagogischen Trends – meine individuellen Interessen und Einschätzungen als langjähriger Projektleiter des bereits genannten Modellprojekts „MuProMandi", das seinerseits aus einer Begegnung konvergierender Interessen eines Förderers, der Stadt Köln, der Offenen Jazz Haus Schule und einer Kölner Grundschule entstand.[2] Auch „KlangKörper" geht auf eine Gemengelage an Motivationen, biographischen Prägungen, Spezialinteressen, pädagogischen Erfahrungen, Vermutungen und Fördergelegenheiten zurück. Vier Interessen erscheinen mir dabei im Rückblick wesentlich:

1. Das Interesse an Musik und Tanz, Lauschen und Visualität
2. Seit inzwischen beinahe 20 Jahren begleitet mich ein Interesse an Tanz und Körperarbeit (und an den Menschen, die ihr Leben diesen Selbst- und Weltbegegnungs- und Gestaltungsregistern widmen), an kuratorisch-dramaturgisch-choreographischen Settings und Rahmungen sowie an der künstlerischen Arbeit im Zwischenraum von Musik und Tanz, das immer wieder in künstlerischen und künstlerisch-pädagogischen Projekten zum Tragen kommt, an denen ich in verschiedenen Formen beteiligt bin. Mich interessiert dabei unter anderem besonders das Verhältnis von Freiheit, Emanzipation und (Selbst-)Disziplinierung, von Scores und Settings als spezifischen Möglichkeitsräumen und Kommunikationsformen, die Freilegung natürlicher Prinzipien, Instinkte und Kräfte in Körper und Bewegung, ihr oft spannungsvolles Verhältnis zu geistigen und kognitiven Prozessen, ihre konstruktive und fantasievolle Durchdringung und Überschreitung, die Entdeckung ihrer teilweisen Kontingenz und Gestaltbarkeit, die Erforschung von Wahrnehmung und der Dynamik zwischen Körper und Geist, das Verhältnis von sichtbaren und unsichtbaren Faktoren. Diese Auseinanderset-

---

2   „MuProMandi" begann 2007 mit der Ausschreibung des Förderprogramms „Netzwerk Neue Musik" der *Kulturstiftung des Bundes,* das sich die Förderung der Vermittlung neuer und zeitgenössischer Musik (als einem in dieser Dichte und Tradition herausragenden Merkmal der Kulturlandschaft in Darmstadt, Donaueschingen und Deutschland) auf die Fahnen geschrieben hatte. Die *Offene Jazz Haus Schule* reagierte auf die Aufforderung der Stadt Köln an Institutionen und „freie Szene", Ideen für eine gemeinsame Bewerbung einzureichen, mit einem vielschichtigen Konzept für eine „Grundschule mit Musikprofil Improvisierte und Neue Musik", das ein projektfinanziertes experimentelles Klassenmusizieren im Vormittag für alle Schüler_innen und Jahrgangsstufen mit einem vielfältigen elternfinanzierten Differenzierungsangebot am Nachmittag verbindet. Dieses Konzept wurde dann zusammen mit der *Gemeinschaftsgrundschule Manderscheider Platz* in Köln-Sülz entwickelt, die ihrerseits auf der Suche nach einem Partner zur Entwicklung eines Musikprofils auf die *Offene Jazz Haus Schule* zugekommen war. Seitdem hat sich dort ein nachhaltig erfolgreiches Musikprofil entwickelt und über die Jahre weiter ausdifferenziert, das inzwischen zu einem wesentlichen Teil von freiwilligen Spenden der Eltern getragen wird, die allen Kindern gleichermaßen zugutekommen.

zung eröffnet ein Feld, in dem kulturelle Prämissen, Prägungen und Paradigmen anders reflektierbar und subvertierbar werden, Begegnungen mit anderen kulturellen und individuellen Prägungen offener, das Selbstverhältnis kritischer und bewusster. Bei aller berechtigten Ambivalenz gegenüber der poststrukturalistisch geprägten Euphorie für die Abschaffung des Subjekts, der Emanzipation des Körpers und der subversiven Kraft der Auseinandersetzung mit außereuropäischen kulturellen Praktiken, liegt für mich hier ein besonderer Reiz der Arbeit mit Tanz, Körper und Bewegung in einer Einrichtung wie Schule, die als staatliche Institution die in ihr möglichen Bewegungen oft enger reglementiert, als ihr bewusst wird.[3]

Ohne demokratisierende und emanzipierende Aspekte von Schule in Abrede stellen zu wollen, liegen in den Zwischenräumen und Dissonanzen interessante mikropolitische Spielräume. Künstlerisches Handeln und ästhetisches Erleben stellen hier andere Mittel zur Verfügung, um Erfahrenes zu interpretieren und zu beurteilen, als der „Konsum und die Mimetisierung von vorgefertigten […] Ansichten", so Suely Rolnik (2016). Die in Brasilien lehrende Psychoanalytikerin verortet in der „Erfahrung des ‚Außerhalb des Subjekts' […] – durch die wir uns aus den Auswirkungen der Welt auf unseren Körper zusammensetzen und uns diese Auswirkungen sagen, was geschaffen werden muss, um gemeinschaftliches Leben wieder in Gang zu bringen" (ebd.) eine wesentliche Quelle für widerständiges Verhalten und Emanzipation, die anderen Pfaden folgt als die von einer Loslösung vom Wissen des Körpers geprägte bürgerliche Subjektivität, in der subjektive Erfahrung als etwas dem Individuum Zugehöriges erlebt und erfahren wird. Rolnik schlägt zur Befreiung von dieser Art von Subjektivierung ein „Revolutionär-Werden" vor, das – „angestoßen von Affektregungen, die uns über das Körperwissen erreichen, und uns zur Neu-Erfindung der individuellen und kollektiven Realität zwingen, – […] mit ‚der' totalen Revolution in Großbuchstaben nicht das Geringste zu tun hat" (ebd.). Eine so verstandene Bereitschaft, sich den „unvermeidlichen Turbulenzen" des Lebens zu stellen, „die uns aus der Komfortzone reißen und permanente Transformationsarbeit abverlangen" (ebd.) sieht sie als eine „Voraussetzung für die Erhaltung des Lebens an sich" (ebd.). Die Massivität mit der Körperarbeit, Wellness, Yoga usw. derzeit benötigt oder benutzt werden, um vom Scheitern bedrohte Anpassungsprozesse an eine hyperkapitalistische Dienst(Leis-

---

3 Außerdem ist Schule – auch wenn das nichts mit dem für kulturelle Bildung aus meiner Sicht unverzichtbaren künstlerischen Aspekt von Tanz zu tun hat – nach wie vor eine ziemliche Sitzveranstaltung, was zumindest in der Wahrnehmung vieler Beobachter_innen, der Körper- und Bewegungsentwicklung jener Kinder, die sich auch außerhalb der Schule wenig bewegen, sicher nicht optimal gerecht wird

tungs-)Gesellschaft zu unterstützen, scheint diese Lesart zu stützen. Und die Kapazität der Kunst, im Bewusstsein von Kontingenz idiosynkratische Kohärenzen zu finden oder inkommensurabel erscheinende Moment zu vereinen, scheint sich für mich auch aus solcher Art geschärften Bewusstsein, das nicht allein auf die Gleise der Sprache angewiesen ist, zu speisen. Unter anderem auch daher rührt mein Interesse, daran mitzuwirken, dem Körper als „KlangKörper" in Schule zu einem eigenen Raum zu verhelfen.

3. Dieser tief wurzelnden politisch-pädagogischen Motivation stand bei der Initiierung von „KlangKörper" das Interesse zur Seite, die in einem relativ privilegierten Milieu gemachten Erfahrungen von kreativer musikalischer Arbeit mit Kindern und kultureller Profilbildung und Schulentwicklung an der Kölner *Gemeinschaftsgrundschule Manderscheider Platz* in ein weniger ressourcenstarkes soziales Milieu zu transponieren, die dort bewährten Ansätze unter anderen Voraussetzungen zu erproben und mit der Dimension Tanz, Bewegung und Körper zusammenzubringen. So günstig die Bedingungen am Manderscheider Platz waren – von den Räumen über die Konzentrations- und Kommunikationsfähigkeit sowie „Kulturaffinität" der Kinder bis zu der erstaunlichen Anzahl von Musikfachlehrer_innen –, erschien uns die Konzentration von Bundesfördermitteln an einem ohnehin privilegierten Standort als ein gewisser Makel des Projekts. „KlangKörper" sollte dementgegen ein ähnlich vielschichtiges Konzept kultureller Schulentwicklung an einen Standort bringen, der im populären Diskurs gerne als „sozialer Brennpunkt" bezeichnet wird und sich durch „bildungsbenachteiligte Kinder", hohe Quoten sozialleistungsberechtigter Eltern, einen hohen Anteil von „Kindern mit Migrationshintergrund" auszeichnet. Es ging bei „KlangKörper" also von Anfang auch um „Bildungsgerechtigkeit" und „kulturelle Teilhabe".

4. Und schließlich waren da die Vorgaben der Förderlandschaft, strategische Überlegungen und persönliche Kooperationswünsche. Das Modellprojekt „MuProMandi" am Manderscheider Platz wurde von 2008 bis 2011 wesentlich über das „Netzwerk Neue Musik" der *Kulturstiftung des Bundes* und in diesem Kontext auch über die Stadt Köln und die Kulturstiftung des kommunalen Energieversorgers *RheinEnergie* gefördert. Als das Förderprogramm „Netzwerk Neue Musik" nach vier Jahren planmäßig beendet wurde, konnte aufgrund der Förderregularien, die die Projektförderungen auf vier Jahre begrenzen, auch die *RheinEnergieStiftung Kultur* (trotz großer Sympathien) das Projekt nicht weiterfördern. Die Förderung eines Transferprojekts mit neuen Gesichtspunkten und zu erwartenden Multiplikationseffekten an weiteren Schulen war hingegen förderfähig. Hinzu kam schließlich als weiteres Argument die für die Offene Jazz Haus Schule aus fachlichen Gründen ohnehin interessante Kooperation mit dem auch politisch sehr erfolgreichen Projekt „Tanz in Schulen" des *nrw landesbuero tanz*, das sich

durch grundlegende Maßnahmen um eine Verankerung von zeitgenössisch-künstlerisch orientiertem Tanz in Schulen enorm verdient gemacht hat.

Soweit also zu meinen persönlichen Interessen und Motivationen, die in die Genese dieses Projekts eingeflossen sind. Schon im ersten Schritt, der Abstimmung der Antragstellung mit dem formalen Projektträger *Offene Jazz Haus Schule e. V.*, addieren sich weitere Interessen, tauchen erste Hindernisse und Vorbehalte auf: Tanz gehört nicht zu den Kernkompetenzen dieser innovationsfreudigen freien Musikschule, die als überregional anerkannte kulturpädagogische Facheinrichtung zu einem veritablen Betrieb herangewachsen ist, mit all den Sachzwängen, die damit einhergehen und die in immer wieder neu auszuhandelnden Kompromissen mit den zahlreichen pädagogischen und gesellschaftspolitischen Motivationen der Einrichtung zusammengedacht werden müssen. Zu diesen Sachzwängen gehört auch die Überlegung, wie dieser Betrieb trotz geringer Subventionsquote wirtschaftlich nachhaltig gestaltet werden kann. Während an dem bereits genannten Modellprojekt am Manderscheider Platz mehr als die Hälfte der über 300 Schüler_innen nachmittags elternfinanzierte Musikunterrichtsangebote wahrnehmen und das experimentelle Klassenmusizieren am Vormittag durch jährlich ca. 10 000 € freiwillige Elternspenden solidarisch gestützt wird, waren ähnliche Effekte im Rahmen von „KlangKörper" nicht zu erwarten. Das „Brennpunkt-Profil" des gesuchten Schulpartners war in dieser Hinsicht wenig vielversprechend. Aber auch wenn Ziele, Ausrichtung und Zuschnitt von „KlangKörper" nicht mit allen strategischen Prioritäten der Offenen Jazz Haus Schule zur Deckung kommen, bleibt festzuhalten, dass die Trägerschaft einer eingeführten Einrichtung, die Expertise und Ressourcen einbringt, für eine solche Kooperation von hohem Wert ist, auch weil sie den Zugang zu Fördermitteln erleichtert, die Einbindung in einen komplexen, von verschiedenen Expertisen und Professionalitäten getragenen Kontext mit sich bringt und in vielerlei Hinsicht Synergien und Nachhaltigkeitseffekte begünstigt.

Sobald die Entscheidung über die ersten Antragstellungen gefallen war, waren mit meiner Position als Projektleiter und der *Offenen Jazz Haus Schule* als Institution und Betrieb also schon zwei distinkte Interessenlagen in Spiel. Dritter Partner wurde der Bundesverband *Tanz in Schulen/nrw landesbuero tanz*, der unter anderem Kompromisse zwischen dem Honorargefüge der *Offenen Jazz Haus Schule* und den Honorarempfehlungen des Bundesverbandes „Tanz in Schulen" für an Schulen tätige Tänzer_innen erforderte.

Ausschreibung und Auswahl

Um eine möglichst gute Passung unserer ohnehin sehr offenen konzeptionellen Vorstellungen, die gemeinsam mit der von *Tanz in Schulen/nrw landesbuero tanz* als Co-Projektleiterin benannten Tänzerin Benedetta Reuter entwickelt wurden, mit dem zu findenden Schulpartner zu befördern, entschieden wir uns für eine Ausschreibung des Projekts als langfristig angelegtes Projekt kultureller Schulentwicklung mit dem Fokus auf der Verbindung von Musik und Tanz an alle Kölner Grundschulen. Zentrale Erfordernisse waren dabei ein langfristiges Interesse an der gemeinsamen Erarbeitung eines künstlerisch-kulturellen Schulprofils mit dem Schwerpunkt Musik & Tanz sowie eine Schüler_innenschaft, die zu einem substantiellen Teil aus benachteiligten Kindern besteht. 13 Interessenten füllten einen Fragebogen mit Fragen nach bestehenden kulturellen Angeboten, den eigenen Schulentwicklungsinteressen und -motivationen und ggf. zur Verfügung stehenden Ressourcen (Personal/finanzielle Mittel etc.) aus, der erstaunlich aussagekräftige Ergebnisse erbrachte und persönliche und konstruktive Sondierungsgespräche an 6 dieser 13 Schulen nach sich zog. Mit drei favorisierten Schulpartnern – der *KGS Langemaß* in Köln-Mülheim, der *GGS Zwirnerstraße* in der Kölner Südstadt und der schlussendlich ausgewählten *GGS Görlinger Zentrum* in Köln-Bocklemünd – wurden dann zehnwöchige Pilotprojekte umgesetzt, um den Beteiligten ein gegenseitiges Kennenlernen zu ermöglichen und dabei Kommunikation, Kooperationsvorstellungen und konkrete Arbeitsweisen zu erproben.

Die Entscheidung zwischen den drei Schulen war am Ende erstaunlich einfach: Während sich Kommunikation und Abstimmungen mit einer der drei Schulen bereits im Pilotprojekt als problematisch entpuppten, fehlte an der anderen die Perspektive einer langfristigen gemeinsamen Entwicklung eines umfassenden Schulprofils, da die Schulleitung einerseits nur kommissarisch besetzt war und in dieser Hinsicht alle Aktivitäten unter Vorbehalt gestanden hätten, und die Schule andererseits bereits über ein vielschichtiges künstlerisch-pädagogisches Angebot verfügte, dass sie in eigener Regie weiterentwickeln wollte.

Die ausgewählte Schule Kunterbunt wirkte dagegen auf den ersten Blick wie eine nahezu optimale Mischung aus Herausforderung, Motivation und freiem Feld für neue Ideen. Zwar bedeuteten die alle vier Grundschuljahrgänge umfassenden Familienklassen den Abschied von der nach Jahrgängen geordneten Angebotsstruktur des ursprünglichen Konzepts, aber sie wiesen auf eine Schule hin, die sich eigene Gedanken nicht nur macht, sondern diese auch eigenständig umsetzt, und eine vielschichtig heterogene Zusammensetzung der Klassen dabei offensiv als inklusionsbegünstigendes Moment begreift. Die Schulleiterin fasst kulturelle und ästhetische Bildung, Kreativität und Gestaltung und vor allem auch Tanz und Bewegung mit konsequentem Engagement als essentiell unterstützende Faktoren für die Erfahrung von Selbstwirksamkeit, Persönlichkeitsentwicklung und eine emanzipierte Verankerung in Körper und Sinnen auf. Schule gefunden. Es kann losgehen.

Zwischenbilanz

Auch nach sechs Jahren intensiver Zusammenarbeit ist das Projekt noch nicht am Ziel, hat trotz durchaus erfolgreicher Bemühungen und engagierter Partner weder eine wirklich verlässliche Finanzierung noch eine vollständig klare inhaltliche Struktur und Form gefunden[4]. Hinter uns liegen zahllose große und kleine Klärungen, gescheiterte und erfolgreiche Experimente und viele wertvolle Stunden, die Künstler_innen, Kinder, Lehrende, Ganztagsmitarbeiter_innen miteinander verbracht, in denen sie Dinge ausprobiert, musiziert oder getanzt, geübt und trainiert, geredet und reflektiert haben. Trotz der aktiven Unterstützung durch mehrere höchst engagierte Lehrer_innen laboriert das Projekt teilweise immer noch daran, dass es von Teilen des Kollegiums als eine zusätzliche Anforderung wahrgenommen wird, die den Druck im System erhöht, statt zu entlasten, weil mit den zusätzlichen Ressourcen an Geld und Personen eben auch zusätzliche Anforderungen, Rollenbilder, unvertraute Situationen, fremdbestimmte Ziele einhergehen. Dort wo es funktioniert, passiert das meist, weil ein Sinn von Abenteuer entsteht, eine Bewegung hinaus aus der vertrauten Zone in den Raum zwischen bekannten Prämissen und Routinen und ebenso bekannten Erwartungen und Zielen, an denen sonst Erfolge gemessen werden[5].

---

4   Stand Sommer 2018 strukturiert sich das Projekt „KlangKörper" in unterschiedlich ausgerichteten Angebotsebenen: 1) Schnupperangebote, die für erste Begegnungen oder neue Zugänge sorgen wie der unten beschriebene Aktionstag oder Exkursionen, bei denen Künstler an ihren Arbeitsplätzen besucht werden; 2) Grundlagenangebote, bei denen es in der Regel im Klassenverband darum geht, in spielerisch-kreativen Prozessen Grundfertigkeiten zu fördern und individuelle und kollektive Handlungsmöglichkeiten zu erweitern; 3) Differenzierungsangebote, die den Kindern ermöglichen, sich im Nachmittagsbereich in bestimmte musikalische oder tänzerische Interessengebiete zu vertiefen und 4) prozess- oder produktionsorientierte Projekte, die die kollaborative Exploration und Kreation in den Mittelpunkt stellen.

5   In seiner Studie „Engaged Passions. Searches for Quality in Community Contexts" versucht Peter Renshaw in Gesprächen mit Künstler_innen, Kulturmanager_innen und Pädagog_innen Gelingenskriterien von kultureller Bildung zu erfassen, die kulturelle, soziale oder institutionelle Grenzen überschreitet, und macht dabei als Schlüsselmoment die klare, ehrliche, direkte und offene Kommunikation aus, die vertrauensvolle Beziehungen und gemeinsame Lernprozesse ermöglicht: „Any dyanmic open partnership is unlikely to be afraid of extending its practice by taking risks, of being innovative and fostering different forms of creative learning. The synergy arising from this kind of imaginative collaborative practice is further strengthened by all participants evolving a shared ethos, shared values, shared vision, shared aims and shared passions. [...] As artists and practitioners in schools and the community begin working effectively together, as respective managements start developing a shared approach towards responsibility each person gradually comes to understand and support each other's agendas, respecting possible differences and common ground. This becomes the basis of a healthy partnership that can be sustained, leaving behind a legacy of reflection and questioning that is central to a process of developmental learning." (Renshaw 2010, S. 52 f.)

Plötzlich haben alle Zeit.

Der Zug, der zwischen Hannover und Berlin auf freier Strecke in eine Kuhherde gerast ist, verwandelt sich in ein Dorf reicher Möglichkeiten und Begegnungen, als den Fahrgästen klar wird, dass nicht klar ist, wann es hier weitergeht. Immer neue Ansagen des Zugpersonals untergraben Stück für Stück die Erwartung, dass es hier vor allem darum geht, sich geordnet von A nach B zu bewegen, unterwegs vielleicht noch möglichst viel zu erledigen oder sich diese Zeit möglichst schnell zu vertreiben. Mit jeder Durchsage, die klar macht, dass keiner weiß, wann es weitergehen wird, ob der Zug überhaupt noch fahrtüchtig ist, wie lange der Einsatz von Staatsanwalt und Polizei zur Klärung des Unfallhergangs dauern wird, ob es eines Ersatzzuges bedarf und ob ein Umsteigen der Fahrgäste auf freier Strecke möglich sein wird usw. – mit jeder Durchsage, die also das Gefühl unterbricht, auf berechenbare Weise auf Gleisen zu fahren, weitet sich der Raum, entstehen neue Gespräche und intensive Kontakte, treten Gemeinsamkeiten und Unterschiede zwischen den Menschen und ein Gefühl von „We are in this together" deutlicher hervor. Als alle Fahrgäste nach mehreren Stunden über kleine Brücken in einen Ersatzzug umgestiegen und wieder auf dem Weg nach Berlin sind, löst sich diese aufkeimende Gemeinschaft und der mit ihr verbundene Sinn für ihre spezifischen Möglichkeiten langsam wieder auf. Den Moment aber, als ich mich in einer Runde von Menschen verschiedenen Alters zwischen zwei Großraumabteilen auf dem Boden sitzen sehe und ein Mathematikprofessor Wein für alle aus dem Zugrestaurant bringt, bleibt mir als schlummerndes Potential im Gedächtnis. Es ist ein Moment, der resoniert mit dem Stadtgefühl, das ich aus dem Berlin der 1990er Jahre kenne, als die Stadt nicht nur ungeahnte und unmarkierte Räume bedeutete, sondern sich viele Menschen, die einem geringeren Erwerbs- und Wettbewerbsdruck ausgesetzt waren, auch freier und offener darin bewegten. Er resoniert auch mit den Momenten an der Schule Kunterbunt, in denen sich das Projekt ins Offene bewegt, Prämissen verhandelbar werden, sich gemeinsame Fantasie entwickelt.

Tanz der Selbstverständlichkeiten

Wenn sich in der *Schule Kunterbunt* Räume für „KlangKörper" weiter öffnen und die Prämissen zu tanzen beginnen, geschieht das häufig in klar gerahmten Situationen, wie dem großen künstlerischen Aktionstag, der gemeinsame organisatorische Verantwortung mit einer großen Zahl unbekannter Elemente und einer größeren Beweglichkeit und Bewegungsfreiheit verbindet. Schon morgens, wenn die Kinder in die Schule kommen, ist etwas anders. Im Treppenaufgang steht ein Kontrabassist mit Sonnenbrille, der zwischen Groove und Geräusch die Luft zum Schwingen bringt. Auf der Treppe zum Keller vermisst eine Tänzerin verschiedene Dimensionen des Raums mit ihrem expressiven

Körper, ein Trompeter, der eine silberne Schüssel über dem Kopf trägt, scheint in seinen hypnotischen Loops die Zeit anzuhalten. Je weiter die Kinder in das Schulhaus vordringen, desto mehr solcher Interventionen entdecken sie. Der normale Rhythmus ist unterbrochen, die Sinne geschärft, vielleicht sogar das eigene Rollenbild für diesen Tag nicht nur bei den Kindern, sondern auch bei Künstler_innen und Lehrer_innen gelockert. Hier und da entstehen kleine Jams, an denen sich die Kinder beteiligen. Als sich die Kinder etwa 30 Minuten später zu Frühstück und Morgenkreis in den Klassen versammeln, hat sich der Rahmen für diesen Schultag längst verschoben. Statt Unterricht folgt dann um 8.30 Uhr eine Strecke mit Workshops, die nicht nur von den Musiker_innen und Tänzer_innen des „KlangKörper"-Teams, sondern auch von vielen Lehrer_innen und Ganztagsmitarbeiter_innen angeboten werden. Erstaunlich viele Mitarbeiter_innen der Schule kramen dabei von der Luftgitarre über brasilianischen Tanz bis zur persischen Trommel Daf Dinge hervor, die sonst in ihrer Arbeit für die Schule meistens unsichtbar bleiben. Sie gestalten diesen Tag, der vorher in allen Teams – Kollegium, Ganztag, Künstler_innen – jeweils gemeinsam vorbereitet wurde. Nach der Pause schwingt das Pendel vom aktiven zum rezeptiven Modus zurück, können alle Kinder an sogenannten „Bustouren" teilnehmen, die sich durch einen Parcours von 8- bis 10-minütigen Performances bewegen, die die Künstler_innen für verschiedene Räume der Schule vorbereitet haben. Schon beim ersten Aktionstag fällt dabei auf, wie absorbiert und aufmerksam die Kinder sind, die sich plötzlich in einem System bewegen, in dem diese Performances Sinn ergeben und Wert haben, in denen Künstler_innen Entscheidungen und Unterscheidungen in einem Medium treffen, das den Kindern an diesem Tag schon ein Stück geläufig geworden ist. Der Tag schließt schließlich mit zwei Phasen, die ins Offene weisen. Für eine halbe Stunde wird die Situation weitgehend geöffnet: Nur die Künstler_innen bleiben an den festen Plätzen, an denen sie ihre jeweilige Performance angesiedelt hatten, alle Kinder und Lehrer_innen können „floaten", sich frei bewegen, Instrumente ausprobieren, zusammen spielen, Fragen stellen. Und, nach dem Abschluss in den Klassen kommen sie auf dem Weg zum Bus noch an einer offenen Jamsession vorbei, in der viele eine eigene Rolle finden, ob als Zuhörer_innen, rhythmisch unterstützend oder tanzend. Der Tag hinterlässt bei allen Beteiligten eine große Begeisterung. Und die teilweise etwas ratlose Frage, ob und wie sich die dabei entfesselte Energie und Begeisterung in den schulischen Alltag transportieren lässt. Der Aktionstag ist der „Wow-Faktor"[6] (Bamford 2006) von „KlangKörper", ein wichtiger und öffnender Orientierungspunkt und gleichzeitig eine Lat-

---

6   Die viel beachtete Studie von Anne Bamford (2006) „The Wow Factor: Global research compendium on the impact of the arts in education" setzt sich mit der Bedeutung künstlerische Bildung auseinander und nimmt dabei auch Ziele, Qualitäts- und Nachhaltigkeitsfragen in den Blick.

te, unter der der Alltag oft hindurchtigert. Es ist ein Tag, an dem sich das Magnetfeld oder Koordinatensystem der Schule verschiebt und sich andere Räume öffnen, weil andere Akteure und Ideen den gemeinsamen Raum weitgehend bestimmen dürfen.

Das ganze Projekt und seine Versuchsanordnungen lassen sich im Grunde als ein Experiment mit solchen Verschiebungen lesen, in denen die Anforderungen, Erwartungen, Ziele und Choreographien, die den Raum und die Zeit der Schule und die Modi künstlerischer Arbeit bestimmen, verhandelbar werden:

- bei der „Grundlagen"-Arbeit mit den Kindern der 1. und 2. Jahrgangsstufe, in der die Tänzer_innen und ihre Lehrer-Tandempartner das Spannungsfeld zwischen Unterricht, Spiel und kreativer Exploration (finanziert durch das Landesprogramm „Jedem Kind Instrumente, Tanzen, Singen") ausloten
- beim Exkursionsformat „Aktionstag geht raus", in dessen Rahmen Kinder Künstler_innen an ihren Arbeitsplätzen und in ihrem Koordinatensystem und Magnetfeld besuchen, vom *Zentrum für Zeitgenössischen Tanz* der Hochschule über die Orchesterprobe in der Philharmonie bis zur Schmiede- und Probewerkstatt des Percussionisten Andreas Molino
- bei der Zusammenarbeit von Tänzer_innen und Musiker_innen, die sich in der gemeinsamen Projektarbeit mit den Kindern auf die Suche nach produktiven Schnittstellen ihrer beiden Disziplinen machen
- am zeitweise erprobten „Kunsttag", an dem zwei Klassen sich an einem Schultag in der Woche ganz Musik und Tanz widmen und mit einem anderen „Mindset" in die Schule kommen können sollten
- in den offenen Angeboten „Geigenraum" und „Jazzkeller", in denen die Kinder sich relativ frei Instrumenten widmen, ausprobieren und üben können und die erwachsenen Musiker_innen vor allem als Ratgebende und Wissensquellen sowie als Anregende und Katalysatoren gemeinsamer Situationen in Erscheinung treten
- in einer Projektwoche, in der gleich vier erwachsene Künstler_innen mit einer Gruppe von ca. 15 Kindern zusammenarbeiten und die Kinder so an dem Kraftfeld, den Intensitäten, Auseinandersetzungen und Selbstverständlichkeiten partizipieren können, die zwischen den Künstler_innen entstehen

So ist eine ganze Reihe von Settings entstanden, die mit der Verschiebung von Spielregeln und unterschiedlichen Rahmungen experimentieren, aber doch fällt auf, dass sich die Schule als Ganzes nur in Ausnahmesituationen unter den Vorzeichen der künstlerisch-ästhetischen Säule ihres Schulprogramms bewegt. Verblüffend ist dabei, wie gut und zu welch allseitiger Begeisterung dies beispielsweise am Aktionstag gelingt, während es großen Teilen des Kollegiums Rätsel aufzugeben scheint, wie sich diese Art von Offenheit und Energie in den Schulalltag transponieren lassen könnte.

Es ist mitten in der Nacht. Ich sitze immer noch im Büro und wälze To-Do-Listen vor mir her oder weiche aus, fühle mich überfordert, flüchte in wenig zielgerichtete Internetrecherchen. Kein „Schluss für heute" bevor die Liste nicht um ein paar entscheidende Elemente geschrumpft ist. Mit Musik, meinem Studium, meiner manchmal noch köchelnden Leidenschaft, hat diese Tätigkeit wenig zu tun. Management, Koordination, Verbindungen herstellen, Entscheidungen fällen, Mittel akquirieren, Prozesse vorantreiben, zahllose pragmatische, ergebnisorientierte Kommunikationen per Email und Telefon, ganze Tage am Bildschirm. Ich sitze in einer Musikschule, die Regale über mir voll mit Instrumenten. Zum ersten Mal in meinem Leben spiele ich auf einer Geige. Der volle Ton der leeren Saiten, die schwebende Leichtigkeit des Strichs, die unmittelbare physische Nähe zum aus dem Resonanzkörper aufblühenden Ton beruhigen mich sofort, öffnen die Sinne. Eine ganz andere Erfahrung als die Indirektheit der Klangerzeugung am Klavier oder der physischen Anstrengung an der Trompete. Als Axel Lindner, ein Geiger und kreativer Musikvermittler mit langjähriger Erfahrung, im Rahmen des Aktionstages an der Schule Kunterbunt einen offenen Geigenraum anbietet und zig Kinder danach leuchtend davon berichten, dass sie jetzt Geige spielen, muss ich an diese Erfahrung denken. Ein Raum mit Geigen, die offen im Kasten liegen, und einfach darauf warten, gespielt zu werden. Ein Musiker der dezent Hinweise gibt, wie das funktionieren und klingen könnte. Kein Druck, keine Etüden, faszinierte Kinder, auch Jahre später noch, jede Woche freitags.

Perspektiven kultureller Schulentwicklung

Immer wieder landen wir in den Perspektivdiskussionen der Steuergruppe bei der Frage, wie unsere gemeinsame künstlerisch-ästhetische Arbeit zu einem wirklich integralen und expansiven Moment des Schulgeschehens werden kann. Mehr als ein inspirierendes Strohfeuer wie der Aktionstag, mehr als ein strukturell letztlich doch unterrichtsnahes Steckmodul im 45 Minuten-Format.

Dieser Herausforderung versuchen wir derzeit mit folgenden Überlegungen zu begegnen:

- Wie kann in der Schule ein Blick auf die künstlerisch-ästhetische Arbeit *mit* den Kindern kultiviert werden, der ihre Synergien mit anderen Schulentwicklungszielen wie Inklusion herausstellt, ohne dass wir diese künstlerische Auseinandersetzung für sekundäre Ziele instrumentalisieren?
- (Wie) Können und wollen sich die Lehrer_innen der Schule die künstlerisch-ästhetischen Ziele von „KlangKörper" zu eigen machen (oder sich ihnen zumindest annähern)? Wie würden sich dabei Rollenbilder verschieben, welche eigenen Bedürfnisse könnten dabei ins Spiel kommen, welche Räume müssten dafür geschaffen werden?

- Wie können Inseln einer kreativen Zusammenarbeit von Schule und externem Partner, Künstler_innen und Lehrer_innen, entstehen, in dem unterschiedliche Haltungen und Ziele transparent, ggf. zugunsten von gemeinsamen Zielen aufgegeben oder bewusst in produktive Dissonanz gebracht werden? U. a. versuchen wir zur Zeit Projektwochenformate zu ermöglichen, die von Lehrer_innen initiiert und gemeinsam mit den Künstler_innen durchdacht und entwickelt werden.

Seit einiger Zeit ist zudem der Vorschlag im Umlauf, die Künstler_innen für eine Phase des Schuljahres fest ins Kollegium aufzunehmen und ganztägig an der Schule aktiv werden zu lassen, um die Rahmung von Schule in dieser Zeit gemeinsam mit ihnen zu gestalten, Setzungen, Inhalte und Ziele gemeinsam zu hinterfragen und neue Ideen zu erproben.

Während sich im Rahmen des Modellprojekts „Grundschule mit Musikprofil Improvisierte und Neue Musik" an der *Gemeinschaftsgrundschule Manderscheider Platz* ein elaboriertes Konzept mit unterschiedlichen Jahrgangsschwerpunkten und einem ausdifferenzierten elternfinanzierten Nachmittagsangebot entwickelt hat, das zur Verfügung stehende Räume weitgehend ausreizt (und sich dennoch weiterentwickelt), ist „KlangKörper Kunterbunt" immer noch im Fluss, verworrener, offener, auf der herausfordernden Suche nach Räumen und Möglichkeiten, die nur gemeinsam entdeckt und geschaffen werden können.

Austausch und Auseinandersetzung

Ein Schlüssel für eine kulturelle Schulentwicklung im Zeichen des *Dazwischen* ist dabei genug Raum für Austausch und Auseinandersetzung im Team, für Ideen und Entwicklungen in den Köpfen, für Experiment und Scheitern im Schulalltag. Die Zeit reicht dabei nie, aber immerhin gelingt es uns bei „Klang-Körper" in verschiedenen Formaten „institutionalisierter Kommunikation" in der Steuergruppe, dem Dozent_innenteam, dem Ganztagsteam, dem Kollegium und den Tandems im Gespräch zu bleiben und „wunde Punkte" immer wieder zum Motor von Veränderungen zu machen. Wenn solche Kooperationen allerdings zu einem festeren Bestandteil der Schullandschaft werden sollen, wird es andere Werkzeuge brauchen. Das *Kulturagenten-Programm* hat hier mit der Rolle des „Kulturagenten", der Einführung eines den Schulen zur Verfügung stehenden „Kunstgeld"-Budgets und dem Entwurf partizipativer Schulentwicklungsprozesse sinnvolle Vorschläge gemacht, auch wenn sich in der Praxis dieses gründlich entwickelten Programms manches nur bedingt umgesetzt hat.

Die Schulen brauchen zur Gestaltung von Kooperationen mit externen Partnern, vor allem wenn diese aktiv am Schulentwicklungsprozess beteiligt werden sollen, Ressourcen, um Kooperation proaktiv vorantreiben und auch mit den schulinternen Akteuren abstimmen und entwickeln zu können. Dazu gehören nicht nur geeignetes Personal und ggf. Stundenfreistellungen, sondern auch eigene finanzielle Ressourcen für kulturelle Bildung, u. a. weil dies schulinterne Auseinandersetzungen und Klärungsprozesse um den sinnvollen Einsatz solcher Mittel in Gang setzen, zu einem Teil der Aufgabe von Schule machen und damit den Dialog mit externen Partnern fundamental verändern würde. Andererseits ist es durchaus von Vorteil, dass für Künstler_innen und schulexterne Bildungsträger eigene Zugangswege zur Finanzierung kultureller Bildung im schulischen Rahmen bestehen, weil sie eigenständige Zielstellungen externer Kooperationspartner befördern und sie über die Rolle eines Dienstleisters des Schulsystems erheben.

Dennoch: Trotz aller möglichen Hilfestellungen, Leitfäden, Evaluationsinstrumente oder formalen Rahmungen, trotz der Managementfantasien von operationalisierbaren Zielen oder wissenschaftlich gestützter Qualitätsentwicklung bleibt kulturelle Schulentwicklung vor allem ein höchst individueller Vorgang, der auf der Kommunikation zwischen Menschen beruht und auf dem Respekt vor individuellen Interessen und Möglichkeiten, der den Eigensinn des Schönen und schöpferischer Prozesse gegenüber den Anforderungen gesellschaftlicher Funktionssysteme wie der Schule behauptet, ohne sich über ihre Macht hinwegzutäuschen.

Literatur

Bamford, A. (2006): The Wow Factor. Global research compendium on the impact of the arts in education. Münster u. a.: Waxmann.

Renshaw, P. (2010): Engaged Passions. Searches for Quality in Community Contexts. Delft: Eburon.

Rolnik, S. (2015): Die Stunde der Mikropolitik. Ein Interview von Auroroa Fernández Polancos mit Suely Rolnik. Zugriff auf die überarbeitete Fassung eines Interviewausschnitts aus der Zeitschrift „Re-visiones" (Nr. 5, Madrid 2015) in der Übersetzung von Michael Kegler am 25. 6. 2018: https://www.goethe.de/ins/bo/de/kul/fok/dei/20790860.html

Teil 2
Selbstbestimmung im Unterricht

Theoretische und empirische Perspektiven auf Selbstbestimmung im Musikunterricht

Anne Niessen

Wozu eigentlich kulturelle Bildung in der Schule, wozu Kunst, wozu Musik? Diese Frage wird leidenschaftlich diskutiert, in den Fachdidaktiken der so genannten ästhetischen Fächer ebenso wie in der Bildungspolitik und in den Medien. Es lassen sich mehrere Argumentationsstränge ausmachen:

1. Einer von ihnen ist geprägt von einem Negativbild von Schule, das vor allem in den Medien transportiert wird: Schule als Ort von Fremdbestimmtheit sowie von Lern- und Leistungsdruck, als Ort, an dem alles Mögliche stattfindet, nur nicht das Leben und auch keine sinnvolle Vorbereitung darauf – dieser Topos wird vor allem in journalistischen Beiträgen über Schule in verschiedenen Variationen entfaltet (z. B. Hurrelmann 2008). Ein besonders eindrucksvolles Bild dafür entwirft der Erziehungswissenschaftler Johannes Bilstein. Mit Bezug auf die antike Sagengestalt des Midas, der alles, was er berührte, zu Gold verwandelte, äußert er den „Verdacht, dass auch die Schule … alles, was sie berührt und in sich aufnimmt, verwandelt: freilich nicht zu Gold, sondern zu Schule" (Bilstein 2015, S. 46):

   „Da man einen echten Wald nicht so recht ins Klassenzimmer holen kann, nimmt man einen Modell-Wald oder zeigt ein Video vom Walde. Und hier geschieht die Verwandlung: Das Modell vom Wald ist kein Wald mehr, aus einem höchst vielfältigen Lebensraum ist ein Schul-Exponat geworden. Und so geht es auch mit allen anderen Gegenständen, die in der Schule zum Thema werden – am Ende wird aus allem Schule. Ganz gleich, ob man Politik, Sexualität, Rock-Musik oder Bergwiesen zum Gegenstand des Unterrichts macht – die Schüler sind immer nur mit Schul-Politik, Schul-Sexualität, Schul-Rock oder Schul-Natur konfrontiert. Wir alle kennen diese Enttäuschung, wenn die Schule das ‚echte Leben' versprach und sich dann doch wieder nur Schule ereignete – einschließlich Klassenarbeit." (Bilstein 2015, S. 46)

   ‚Kultur' – was auch immer genau damit gemeint sein mag – und Musik versprechen in dieser Argumentation, ganz andere Facetten des Menschlichen sichtbar und die Freiheit von Kunst in Schule erlebbar zu machen. Dass das gelingt, wird als besonders aussichtsreich angesehen, wenn ‚echte' Künstler_innen diese Situationen gestalten; dafür wird in zahlreichen Initiativen geworben.[1] Lehrkräften, so könnte man aus der Menge der Projekte und deren Selbstdarstellung schließen, wird in diesem Kontext nicht sehr viel künstlerisches Potential zugetraut.

2. Daneben findet sich nicht nur in Texten zur kulturellen Bildung noch ein anders akzentuiertes Bild von Schule. Wie die oben skizzierte Denkfigur auch spielte es auf der Tagung, die Anlass für die Erstellung des vorliegenden Bandes war, eine prominente Rolle[2]: Schule steht dabei in dem Verdacht, ‚eigentlich‘ und in erster Linie die Ziele eines neoliberalen Wirtschaftssystems zu unterstützen. Die Einführung der Ganztagsschule wird dann nicht etwa als ein Versuch verstanden, mehr Bildungsgerechtigkeit herbeizuführen, sondern als Ausdruck des Bestrebens, Heranwachsende möglichst viele Stunden im Einflussbereich von Schule zu halten, um die so genannten ‚High-Potentials‘ zu erkennen und sie im Interesse der Wirtschaft bestmöglich ‚nutzbar‘ zu machen; die Kappung der Schulzeit im Gymnasium auf acht Jahre wird als Maßnahme betrachtet, Schüler_innen möglichst frühzeitig dem Arbeitsmarkt zuzuführen – um nur die Deutung zweier prominenter bildungspolitischer Entscheidungen zu benennen (vgl. u. a. Türcke 2016). Der Verdacht der neoliberalen Vereinnahmung von Schule beschränkt sich aber nicht auf institutionelle Strukturveränderungen, sondern betrifft auch die Ebene didaktischer Orientierungen: Die Diskussion um die Einführung der Kompetenzorientierung, die nicht nur in der Musikpädagogik hitzig und leidenschaftlich geführt wurde[3], offenbart ebenfalls die Sorge, es gehe dabei in erster Linie um den Versuch der Kontrolle und ‚Zurichtung‘ von Schüler_innen. Als Gegensatz dazu und ‚Heilmittel‘ gleichermaßen wird häufig kulturelle Bildung im Allgemeinen und musikalische Bildung im Besonderen proklamiert. Sie verspricht, (auch) in Schule ganz andere Formen von Lernen und gemeinsamem Tun stark zu machen (vgl. Krönig 2013).

3. Mit einer anderen Akzentuierung lässt sich noch eine weitere prominente Begründung insbesondere für musikalisches Lernen in der Schule ausmachen: Im Anschluss an den so genannten Mozart-Effekt schien schon vor etlichen Jahren die ‚Bastian-Studie‘ die vermeintlich positiven Wirkungen von

---

1 Vgl. u. a. die Internetauftritte der Initiativen ‚Künstler in die Schulen‘ (http://www.ts-rlp.de/?page_id=35 [19. 2. 2019]), ‚Künstler für Schüler‘ (http://www.kuenstler-fuer-schueler.de/aktuelles.html [19. 2. 2019]) oder ‚Künstler in die Schulen‘ (http://kuenstler-an-die-schulen.de/ [19. 2. 2019]).

2 Vgl. den Beitrag von Deckert-Peaceman in diesem Band.

3 Vgl. u. a. Richter 2009 und die Sonderedition 2 (2008) der Zeitschrift für kritische Musikpädagogik (ZfKM): Bildungsstandards und Kompetenzmodelle für das Fach Musik? http://www.zfkm.org/?page_id=317 [Stand: 19. 2. 2019].

musikalischer Betätigung zu belegen (Bastian 2000). In ihrem Gefolge hält sich hartnäckig der Mythos von der Bedeutsamkeit und Wirksamkeit der Beschäftigung mit Musik im Hinblick auf Schulerfolg, Persönlichkeitsbildung und Sozialverhalten von Kindern und Jugendlichen.[4] Diese Begründung zielt auf etwas anderes ab: nicht auf die ‚Heilkraft‘ kultureller Bildung für die depravierte (1) oder neoliberal vereinnahmte (2) Schule, sondern ganz im Gegenteil auf eine Unterstützung schulischen Lernens durch Transfereffekte, die mit musikalischer Betätigung einhergehen.

Ungeachtet ihrer grundsätzlich verschiedenen Intentionen werden Motive der hier skizzierten Argumentationen häufig vermischt und tauchen nebeneinander auf Homepages und in Texten auf, die für musikalische Betätigung in Schule werben. Vermutlich wegen des hohen emotionalen Gehalts dieser Debatte wird dabei eine andere und in meinen Augen sehr viel bedeutsamere Frage zwar von Musikpädagog_innen, aber kaum öffentlich diskutiert: *Wie* sollten eigentlich Angebote musikalischer Bildung bzw. *wie* sollte Musikunterricht gestaltet sein, damit Schüler_innen künstlerisch-ästhetische Erfahrungen machen können? Unter anderem weil Beschäftigung mit Kunst nicht auskommt ohne das Moment der Freiheit, scheint mir in Bezug auf die Qualität der Angebote der Aspekt der Selbstbestimmung zentral zu sein. Er spielt darüber hinaus vor allem in den ersten beiden Argumentationen eine wichtige Rolle: Wenn Schule so gesehen wird wie dort, dann kann wahre Selbstbestimmung in Schule vor allem in Angeboten kultureller bzw. musikalischer Bildung stattfinden. Aber was ist denn ‚wahre Selbstbestimmung‘?

Um dieser Frage näher zu kommen, wird der Begriff der Selbstbestimmung im Folgenden in den Mittelpunkt gestellt; gleichzeitig möchte ich ihn einer kritischen Sichtung unterziehen: Nach einem Blick auf die Verwendung dieses und verwandter Begriffe in der Pädagogik werde ich auf eine Theorie aus der pädagogischen Psychologie verweisen, die m.E. interessante Hinweise zur Förderung von Selbstbestimmung im Unterricht gibt, dann berichten über Forschung zu diesem Phänomen in musikpädagogischen Angeboten und im Fazit beziehe ich die Ergebnisse dieser beiden Abschnitte auf die Frage, welches Potential Selbstbestimmung in Angeboten musikalischer Bildung entfalten kann. Dabei stoße ich immer wieder auf einen Umstand, der oben bereits anklang: Nicht erst seit Michel Foucault seine differenzierten Analysen der Macht entfaltet hat (u.a. Foucault 1999), sollte aufmerksam beobachtet werden, was eigentlich mit Selbständigkeit an einem zutiefst fremdbestimmten Ort wie in der für

---

4   Welche Zweifel an diesem Befund angemeldet werden müssen, wurde in der wissenschaftlichen Musikpädagogik intensiv diskutiert – was hier aus Platzgründen nicht nachgezeichnet werden kann (vgl. Knigge 2007 und Schumacher 2009).

alle Kinder und Jugendlichen pflichtmäßig zu besuchenden Schule gemeint sein könnte: Handelt es sich in Wahrheit nur um den schlecht getarnten Versuch, eine der Anforderungen, die Schüler_innen später im Berufsleben zu erfüllen haben, nämlich selbständiges Arbeiten, schon in der Schule einzuüben? Oder steckt – ganz im Gegenteil – dahinter das Bestreben, Schüler_innen in eben dieser fremdbestimmten Situation möglichst viel Eigenständigkeit zurückzugeben?

1. Begriffe und Theorien

Nähert man sich dem Begriff der Selbstbestimmung pädagogisch, gerät man gleich in ein grundlegendes Dilemma, das dieses Mal weniger etwas mit dem Verdacht neoliberaler Vereinnahmung als mit der Zirkularität von pädagogischem Handeln zu tun hat: Wie kommt man aus dem heraus, was Hans Werner Heymann als „Zielkonflikt" bei der Erziehung zur Selbständigkeit bezeichnet (Heymann 2015, S. 6; vgl. Bilstein 2017)? Schule hat einen klaren gesellschaftlichen Auftrag: Sie soll qualifizieren, integrieren und selektieren (Hintz 1993, S. 118) und gleichzeitig die Selbständigkeit von Schüler_innen fördern. Der Erziehungswissenschaftler Ewald Terhart spricht hier von der „Grundparadoxie jeder freisetzenden pädagogischen Ambition …: Aufforderung zur Selbsttätigkeit." (Terhart 2011, S. 206) Gerade wenn Lehrende ihren Schüler_innen eine erfolgreiche Schullaufbahn wünschen, können sie sich in dieser Hinsicht in unlösbare Widersprüche verstricken – was in eine versteckte, aber enge Führung von Unterricht münden kann: Im Alltag haben sie schon vorgedacht und etwas als wünschenswertes Lernergebnis benannt, was dann die Schüler_innen möglichst freiwillig und selbstständig erreichen sollen. Lässt sich überhaupt noch von Selbstbestimmung sprechen, wenn so viel Lenkung durch andere im Spiel ist – angesichts des gesellschaftlichen Auftrags von Schule vielleicht: im Spiel sein muss?

Will man am pädagogischen Nachdenken über den Begriff der Selbstbestimmung dennoch festhalten, drängt sich die Frage auf, ob es in diesem Spannungsfeld angemessen ist, nur in Extremen zu denken. Vielversprechender könnte ein Blick auf den Raum ‚dazwischen' sein. Im Folgenden wird versucht, solche Abstufungen und Facetten des Begriffs der Selbstbestimmung genauer zu erschließen, um seinem Potential für die Gestaltung von (Musik-)Unterricht auf die Spur zu kommen.

1.1 Selbstbestimmung in der Pädagogik

In einem Beitrag zu den der Selbstbestimmung verwandten Begriffen der Selbständigkeit und Selbsttätigkeit im Unterricht betont der Erziehungswissenschaftler Hans-Werner Heymann in Bezug auf den Begriff der Selbständigkeit dessen Relativität – und zwar in zweierlei Hinsicht:

> „Zum einen ist Selbständigkeit keine allgemeine Eigenschaft, über die ein Mensch verfügt oder nicht verfügt. Und zum anderen ist Selbständigkeit immer auf einen Kontext, einen Rahmen bezogen, innerhalb dessen sie sich verorten und von (relativer) Unselbständigkeit unterscheiden lässt." (Heymann 2015, S. 7)

Beide Relativierungen helfen beim pädagogischen Nachdenken: Selbständigkeit kann sich auf verschiedene Aspekte, Dimensionen oder Merkmale beziehen. Und für Schule noch wichtiger: Sie muss nicht als eine Eigenschaft gedacht werden, die vorhanden oder nicht vorhanden ist, sondern sie kann verschieden stark ausgeprägt sein. Heymann verweist darauf, dass Selbständigkeit „kein genuiner Begriff der pädagogischen Fachsprache" sei (Heymann 2015, S. 7). Viel häufiger tauche stattdessen der Begriff der Selbsttätigkeit auf, was Heymann mit dessen Bedeutung in der Geschichte der Pädagogik erklärt. Er schließt sich letztendlich der Idee an, „unter Selbstständigkeit das angestrebte Ziel zu verstehen, die Selbsttätigkeit hingegen als didaktisches, unterrichtliches Mittel, das sich einsetzen lässt, um diesem Ziel näher zu kommen" (Heymann 2015, S. 7). Zur Selbsttätigkeit liefert Heymann folgende Begriffsdefinition: „Unter selbsttätigem Lernen versteht man, dass die Lernenden ihre Lernprozesse aktiv gestalten, sich also nicht nur passiv-rezipierend verhalten, dass sie eigene Erfahrungen aus ihrem geistigen und manuellen Tun gewinnen und ihr Lernen zunehmend eigenverantwortlich mitgestalten." (Heymann 2015, S. 7)

Betrachtet man diese Definition von Selbsttätigkeit, drängt sich die Frage auf, ob die beiden Begriffe Selbsttätigkeit und Selbstbestimmung nicht deckungsgleich sind: Ist nicht genau das mit Selbstbestimmung gemeint: aktive Gestaltung des Lernens, Erfahrungen machen, Eigenverantwortung? In einem alltagssprachlichen Verständnis trifft das sicherlich zu, in den Erziehungswissenschaften aber wird der Begriff der Selbstbestimmung eher in der pädagogischen Psychologie verwendet und wurde in den letzten 20 Jahren vor allem im Kontext einer Theorie rezipiert, die für die hier verhandelten Fragen interessant ist: Die US-amerikanischen Psychologen Edward L. Deci und Richard M. Ryan (1993) haben die so genannte Selbstbestimmungstheorie (self-determination theory) entwickelt, die in Teilen der deutschsprachigen Pädagogik positiv rezipiert worden ist, stellt sie doch Zusammenhänge her zwischen Selbstbestimmung, Motivation und Lernen und das mit einem engen Bezug zu Schule.[5] Weil diese Theorie wichtig ist für das Folgende, sei sie hier in aller Kürze skizziert.

---

5   An anderer Stelle (Niessen 2011) habe ich diese Theorie schon einmal auf empirische Daten zu Musikunterricht bezogen (s. u.).

1.2 Die Selbstbestimmungstheorie von Deci und Ryan

Deci und Ryan gehen von der wohl allgemein geteilten Annahme aus, dass es eine Verbindung zwischen Motivation und Intentionalität gibt: „Menschen gelten dann als motiviert, wenn sie etwas erreichen wollen – wenn sie mit dem Verhalten einen bestimmten Zweck verfolgen" (Deci/Ryan 1993, S. 224). Intrinsisch motivierte Handlungen seien „frei von äußerem Druck und inneren Zwängen" (Deci/Ryan 1993, S. 226), was für extrinsisch motivierte Verhaltensweisen nicht gilt. Nun kommt ein entscheidender Punkt: Deci und Ryan beschreiben verschiedene Abstufungen extrinsischer Motivation und zwar nach dem jeweiligen Grad der Selbstbestimmung bzw. Kontrolliertheit von außen. Auf diese Weise heben sie die Vorstellung einer Unvereinbarkeit von intrinsischer und extrinsischer Motivation auf und konstruieren ein Kontinuum zwischen intrinsischer Motivation auf der einen und stark extrinsischer Motivation auf der anderen Seite. Dazwischen angesiedelt sind weitere drei Typen extrinsischer Motivation. Am weitesten von der intrinsischen Motivation entfernt befindet sich (1) der Typus der „externalen Regulation": Gemeint ist ein Verhalten, das Belohnung anstrebt oder Strafe vermeidet und weder autonom noch freiwillig erfolgt (Deci/Ryan 1993, S. 227). Es fällt nicht schwer, sich eine Reihe von Situationen in Schule vorzustellen, in denen Handlungen von dieser externalen Regulation gesteuert sind: Wenn Schüler_innen in ihren Augen sinnlose Hausaufgaben machen, nur um keine schlechte Note zu bekommen, handeln sie beispielsweise genau so. (2) Die „introjizierte Regulation" ist dagegen bestimmt von verinnerlichten Normen (Deci/Ryan 1993, S. 227–228): Wenn Schüler_innen zwar keine Lust haben, sich am Klassenmusizieren zu beteiligen, es aber dennoch tun, weil sie sich der Klassengemeinschaft zugehörig und verpflichtet fühlen, ist ihre Handlung auf diese Weise reguliert. (3) Bei der „identifizierten Regulation" handeln sie so, wie es ihnen selbst richtig und gut erscheint, wenn Schüler_innen zum Beispiel kein Interesse am Erlernen der musikalischen Notation haben, sich aber dennoch darum bemühen, weil es ihrer Meinung nach zum Fach Musik ‚dazugehört'. (4) Die höchste Stufe, die „integrierte Regulation" ist dann erreicht, wenn ein Individuum die „Ziele, Normen und Handlungsstrategien" seines Handelns in sein Selbst integriert hat. Von der (5) intrinsischen Motivation ist diese Form der Regulation nur noch dadurch zu unterscheiden, dass sie eine „instrumentelle Funktion" besitzt, also nicht komplett selbstzweckhaft erfolgt (Deci/Ryan 1993, S. 228). Eine Situation, in der Schülerhandeln von der integrierten Regulation bestimmt ist, könnte man sich zum Beispiel als intensive und ernsthafte Arbeit an einer musikalischen Gestaltung im Unterricht vorstellen.

Warum ist diese Theorie nun für die Pädagogik so bedeutsam? Entscheidend sind die eben beschriebenen Abstufungen: Schule ist ja „eine Institution, zu deren Funktionen es gehört, dass sie die Schüler diszipliniert, maßregelt und benotet, diagnostiziert, prüft und selektiert" (Heymann 2015, S. 6). Lernen hat dort immer auch instrumentelle Funktionen, weil es permanent beobachtet und bewertet wird. Wenn man nur zwischen intrinsischer und extrinsischer Verhaltensregulation unterscheiden und nur selbstzweckhaftes, intrinsisch motiviertes Tun als wertvoll ansehen würde, bliebe für die Schule nur die extrinsische Motivation übrig. Wie könnte dann dort die Förderung von Selbstständigkeit stattfinden? Wenn man aber feinere Unterscheidungen zur Verfügung hat, lohnt es sich genauer hinzuschauen, welche Formen der Handlungsregulation in Schule möglich sind und ob nicht sehr viel erreicht wäre, wenn Handeln von Schüler_innen in Schule von einer integrierten Regulation bestimmt ist.

Die Autoren verweisen noch auf ein weiteres Ergebnis ihrer Forschung, das für den vorliegenden Zusammenhang wichtig zu sein scheint:

> „Wir gehen also davon aus, dass der Mensch die angeborene motivationale Tendenz hat, sich mit anderen Personen in einem sozialen Milieu verbunden zu fühlen, in diesem Milieu effektiv zu wirken … und sich dabei persönlich autonom und initiativ zu erfahren. Intrinsisch motivierte Verhaltensweisen sind in erster Linie mit den Bedürfnissen nach Kompetenz und Selbstbestimmung verbunden" (Deci/Ryan 1993, S. 229).

Wenn diese Annahme zutrifft, könnten Lehrkräfte in Schule genau diese „motivationale Tendenz" ihrer Schüler_innen versuchen aufzugreifen und fruchtbar werden zu lassen. Es wäre dann sinnvoll, Situationen zu schaffen, in denen die Schüler_innen „Kompetenz und Selbstbestimmung" erleben können. Entscheidend – so Deci und Ryan – ist dabei die „soziale Umgebung". Sie „… fördert … das Auftreten intrinsischer Motivation insoweit, als sie die Bedürfnisse nach Kompetenz und Autonomie unterstützt" (Deci/Ryan 1993, S. 230). Nun stellt sich die Frage, wie eine solche Umgebung konkret aussehen kann. Deci und Ryan gingen dieser Frage mit Hilfe empirischer Untersuchungen nach und identifizierten einige Faktoren als förderliche Rahmenbedingungen für die „Entwicklung einer auf Selbstbestimmung beruhenden Motivation":

- wichtige, Anteil nehmende Bezugspersonen,
- Befriedigung der Bedürfnisse „Kompetenzerleben", „Autonomie" bzw. „Selbstbestimmung" und „soziale Eingebundenheit" (Deci/Ryan 1993, S. 229),
- Unterstützung von „Autonomiebestrebungen" durch ein „autonomieförderndes" „positives Feedback"[6],

---

6 Gemeint ist damit, dass „… sich das Feedback auf Sachverhalte bezieht, die aus einer selbstbestimmten Handlung resultieren und … es darüber hinaus nicht kontrollierend wirkt …" (Deci/Ryan 1993, S. 231).

- Ermöglichung der „Erfahrung individueller Kompetenz" zum Beispiel durch Aufgaben mit einem optimalen Anforderungsniveau,
- die „Erfahrung, eigene Handlungen frei wählen zu können", und
- „die eigene Wertschätzung des Handlungsziels auf der Basis intrinsischer oder integrierter extrinsischer Motivation" (Deci/Ryan 1993, S. 236)

Diese sehr konkreten Hinweise liefern durchaus Anregungen für die Gestaltung von Unterricht. Was ebenfalls deutlich wird: Es sind Zeit und Geduld nötig bei einer behutsamen Unterstützung der Entwicklung hin zu mehr Selbstbestimmung. Eine Anmerkung noch zur Begriffsverwendung: Während Hans Werner Heymann (s. o.) unterschieden hatte zwischen der Selbsttätigkeit als Weg und der Selbstständigkeit von Schüler_innen als Ziel von Schule, taucht in der Theorie von Deci und Ryan der Begriff der Selbstbestimmung nun als Mittel *und* als Zweck auf in Form einer auf Selbstbestimmung beruhenden Motivation. Das wiederum scheint zunächst zurückzuführen in das eingangs erwähnte Dilemma von Schule, die Selbstbestimmung in einem nicht selbstbestimmten Kontext ermöglichen soll. Genau in diesem Punkt aber hält die Theorie von Deci und Ryan eine Denkhilfe bereit: Die Differenzierung zwischen verschiedenen Arten von Motivation erlaubt einen genaueren Blick auf den jeweiligen Stand und auf die gezielte Förderung einer Motivation, die möglichst mit den Handlungszielen der Schüler_innen übereinstimmt.

Wenigstens erwähnt sei an dieser Stelle allerdings auch ein leichtes Unbehagen: Ethische Fragen und auch Fragen von Macht und Herrschaft stehen bei diesem pädagogisch-psychologischen Zugriff nicht im Vordergrund. Welche Kriterien gibt es für die Bewertung der Handlungsziele von selbstbestimmtem Schülerhandeln? Wie ist es ethisch zu bewerten, wenn eine Selbstbestimmung gefördert wird, die sich schließlich als Farce erweist, wenn das, was gelernt, gemacht, bewertet wird, doch letzten Endes die Lehrenden verantworten? Diese Dimension kann hier nicht diskutiert, die Frage danach sollte aber wachgehalten werden.

2. Empirische Forschungsergebnisse zu Selbstbestimmung in musikpädagogischen Lernsituationen

Um der Bedeutung von Selbstbestimmung im Musikunterricht auf die Spur zu kommen, beziehe ich mich im Folgenden nun auf Interviewstudien mit Schüler_innen, in denen das Thema Selbstbestimmung eine wichtige Rolle spielte.

Vor einigen Jahren analysierte ich im Rahmen einer Einzelfallstudie Schülerinterviews zu einer Unterrichtsstunde, in deren Rahmen eine 10. Klasse einen selbstgewählten Song erarbeitete (Niessen 2011). Die Interviews wurden daraufhin untersucht, wie die Schüler_innen das Thema Selbstbestimmung sowie die Rolle des Lehrers beschrieben und ob bzw. in welcher Weise sie über ästhetische Erfahrungen sprachen. Es stellte sich heraus, dass die Schüler_innen die Selbstbestimmung, die ihnen im Musikunterricht eingeräumt wurde, wertschätzten, dass sie die Beteiligung an den Unterrichtsentscheidungen positiv beurteilten und dass sie ernsthaft und hoch motiviert an ihren Aufgaben arbeiteten. Erkennbar waren auch Spuren ästhetischer Erfahrungen (nach Jank/Meyer/Ott 1986), wenn die Schüler_innen über die Qualität der von ihnen erstellten Version sprachen. Dem Lehrer rechneten die Schüler_innen hoch an, dass er ihnen sogar gegen seinen Rat ermöglicht hatte, das von ihnen gewünschte Stück im Unterricht zu realisieren, und dass er ihnen auch im Prozess möglichst viel Selbstbestimmung einräumte. Das führte damals zu folgendem Fazit: „Selbstbestimmung kann im Musikunterricht positiv, sogar sehr positiv wahrgenommen werden und offensichtlich zu hoch motiviertem Lernen und zum Sammeln ästhetischer Erfahrungen beitragen" (Niessen 2011, S. 215). Diese Interviews waren mit Schüler_innen geführt worden, die schon fast am Ende der Sekundarstufe I angekommen waren.

Ergänzend beziehe ich mich im Folgenden auf eine Studie, in der Michael Göllner und ich u.a. Interviews mit Sechstklässler_innen auswerteten.[7] Den Prozess der Öffnung von Instrumentalklassenunterricht, der im Spiegel von qualitativen Lehrer- und Schülerinterviews beobachtet werden konnte, haben wir bereits an anderer Stelle ausführlich dargestellt (Göllner/Niessen 2015). Die Ergebnisse der Interviewauswertung können und sollen hier nicht in allen Einzelheiten nachgezeichnet werden; vielmehr möchte ich den Prozess der Öffnung hier noch einmal neu in Bezug auf das Thema Selbstbestimmung und vor dem Hintergrund der Studie von Deci und Ryan betrachten. Zum Verständnis des Folgenden muss aber der Rahmen der Untersuchung und der Hergang der Geschichte noch einmal knapp skizziert werden: Wir befragten in einer Grounded-Theory-Studie[8] Schüler_innen einer Instrumentalklasse des Jahrgangs 6 zu Beginn, in der Mitte und am Ende eines Schuljahres. Die Klasse war einen sehr eng geführten, stark binnendifferenzierten Unterricht gewöhnt; der am Unterricht im Teamteaching beteiligte Instrumentallehrer schrieb Instrumentalsätze, deren Stimmen einen je unterschiedlichen Schwierigkeitsgrad aufwiesen. Diese Stimmen wurden den einzelnen Schüler_innen je nach individuellem Können zugeteilt. Konstatieren lässt sich also für dieses Setting im Hinblick auf die Selbstbestimmungstheorie der Motivation ein hohes Maß an Angemessenheit

---

7   Im vom BMBF geförderten Projekts AdaptiMus, das im Verbund mit der Technischen Universität Dortmund durchgeführt wurde, stand die Adaptivität musikpädagogischer Angebote für ehemalige JeKi-Schüler_innen im Mittelpunkt: https://www.musik.tu-dortmund.de/forschung/musikpaedagogische-forschungsstelle/forschungsprojekte/adaptimus/ [Stand 19.2.2019].

8   In der Variante von Corbin und Strauss (2015).

der Aufgabenschwierigkeit, aber praktisch keine Mitbestimmungsmöglichkeit. Nun ereignete sich genau in der Mitte des Schuljahres eine starke Veränderung: Der bisherige Instrumentallehrer wechselte die Arbeitsstelle und sein Nachfolger brachte ganz andere Vorstellungen von Unterricht mit, die er mit den Schüler_innen umzusetzen versuchte: Er verzichtete darauf, die Instrumentalstimmen zuzuteilen und ließ die Schüler_innen selbst aussuchen, welche Stimme sie spielen wollten. Zudem erfand er mit ihnen ein freies improvisatorisches Intro zu einem Song und legte auch den Songablauf gemeinsam mit den Schüler_innen fest. Auch wenn diese Veränderungen bei Lichte betrachtet nicht spektakulär wirken: Die Schüler_innen und auch der Musiklehrer erlebten sie als umwälzend.

Für die Fragestellung dieses Beitrags bedeutsam ist vor allem die Reaktion der Schüler_innen: Sie waren anfangs nämlich nicht nur begeistert von den neuen Möglichkeiten der Mitbestimmung, ganz im Gegenteil: Einige von ihnen bewerteten die Elemente der Öffnung zwar positiv, u. a. wegen der Ermöglichung von Kreativität und des damit verbundenen Lernzuwachses; andere befürchteten aber, dass diese Neuerungen das Einstudieren des Stückes verzögern könnten und beklagten die fehlende Effektivität dieser Phasen. Die Schüler_innen verglichen die neuen Unterrichtselemente mit den ihnen bekannten Abläufen und bewerteten sie vor diesem Hintergrund unterschiedlich: Die Ermöglichung von Freiheit und Kreativität wurden zwar positiv wahrgenommen und es wurden manche Aspekte von Lernen thematisiert, aber vor allem sorgten die selbstbestimmteren Unterrichtsbausteine bei einigen Schüler_innen für Verwirrung und wurden als Verlangsamung der gewohnten Abläufe empfunden. Wirklich interessant aber wurde es, als wir die Schüler_innen am Ende des Schuljahres erneut befragten. Zu diesem Zeitpunkt, das muss mit bedacht werden, wussten sie schon, dass sie trotz der neuen Unterrichtselemente gut auf das Abschlusskonzert vorbereitet waren. Zudem lag gerade eine längere Phase des Übens hinter ihnen, die sie tendenziell als langweilig wahrgenommen hatten. Und jetzt beschrieben sie die Elemente der Öffnung durchweg erheblich positiver. An ihren Äußerungen ist regelrecht Stolz auf „ihren Song" abzulesen (vgl. Göllner/Niessen 2015, S. 13).

Betrachtet man diesen ‚Shift' in den Bewertungen im Licht der Theorie von Deci und Ryan, erscheinen zwei Deutungen möglich, die einander durchaus ergänzen könnten:

Zunächst einmal lässt sich konstatieren, dass die Schüler_innen erst dann zu einer positiven Bewertung kamen, als sie sicher sein konnten, dass sie auch in der neuen Situation keine Einbußen im Kompetenzerleben hinnehmen mussten. Ihre Sorge, dass die neuen Unterrichtselemente das Einstudieren der Stücke für den Auftritt so stark verzögern könnten, dass es keinen befriedigenden Auftritt geben würde, verrät eine Unsicherheit in diesem Punkt. Sie schwand, als ihnen klar war, dass sie gut vorbereitet waren und der Auftritt trotz der neuen Herangehensweise gelingen konnte.

Ein zweiter Aspekt muss mit mehr Vorsicht formuliert werden: ein stärkeres Hervortreten der Anzeichen für eine Handlungsmotivation der integrierten Regulation in den Interviews am Schuljahresende. Schon zum ersten Befragungszeitpunkt benannten die Schüler_innen als Ziele ihrer Teilnahme an der Instrumentalklasse das Musizieren und das Instrumentlernen als für sie persönlich bedeutsam. Auf die Frage ihrer Interviewerin, „Gibt es irgendwas, was du in Musik gerne besser können möchtest?", antwortete eine Schülerin: „Besser, schneller lernen, also dann auch besser [das Instrument; AN] spielen, auf jeden Fall." (S 1, 1. Befragungszeitpunkt). Eine andere Schülerin benannte als Motivation für ihre Teilnahme an der Instrumentalklasse: *„Ich ... habe immer gesehen, dass Menschen so gut [das Instrument; AN] spielen ... und ich wollte das dann auch mal versuchen zu spielen."* (S 2, 1. Befragungszeitpunkt). Bei diesen beiden Schülerinnen lassen sich recht deutlich Spuren von identifizierter Regulation ausmachen, weil es beiden vor allem um das Ergebnis ging, das sie für wertvoll hielten, nämlich ihr Instrument (gut) spielen zu können. An einer Reihe von Schüleräußerungen lässt sich zudem ablesen, dass es auch schon in der ersten Hälfte des Schuljahres eine hohe Akzeptanz der von den Lehrenden gewählten Stücke gab. Beim dritten Befragungszeitpunkt kommt aber eine Facette hinzu, die m. E. noch näher an der Handlungsmotivation der integrierten Regulation liegt, was mit der Tatsache zu tun hat, dass hier in besonderer Weise die Autonomie der Schüler_innen gestärkt wurde. So beschreibt eine Schülerin sehr deutlich den Stolz auf ihre eigene Leistung, die durch das Zulassen von Selbstbestimmung durch den Lehrer erst möglich wurde:

> *„Also das hat [der Instrumentallehrer; MG/AN] richtig gut mit uns gemacht. Also er hat gefragt, ob irgendjemand Ideen hatte. Dann kam ich ja auch mal und hab gesagt: ‚Dann können wir das ja vielleicht so und so machen!‘ Hat er auch sofort die Vorschläge angenommen und hat darüber gegrübelt und ja: Das hört man dann ja auch heute, was da rausgekommen ist."* (S 3, 3. Befragungszeitpunkt)

In diesem Interviewausschnitt spiegelt sich deutlich das Erleben von Autonomie und Kompetenz in sozialer Eingebundenheit – hier: in einer pädagogischen Situation, in der der Lehrende die Vorschläge der Schülerin aufgegriffen, ernst genommen und deren Umsetzung ermöglicht hat, obwohl ihr sein ‚Grübeln‘ verrät, dass das gar nicht so einfach war. Eine weitere Schülerin stellt den Zusammenhang zwischen Selbstbestimmung und Motivation sogar ausdrücklich her – und bezieht ihre Mitschüler_innen ein: *„Also ich find's eigentlich besser, wenn man selbst mitentscheiden kann. Weil wenn andere, wenn der Lehrer jetzt z. B. nur entscheidet, dann finden die meisten das ja auch vielleicht blöd und dann haben die keinen Spaß am [Instrument; AN] spielen."* (S 4, 3. Befragungszeitpunkt)
Betrachtet man die positiven Äußerungen der soeben zitierten Schülerinnen, könnte sich der Eindruck aufdrängen, Selbst- oder zumindest Mitbestim-

mungsmöglichkeiten wären ein Garant für gelingenden Unterricht. Gezeigt werden sollte aber lediglich, dass die befragten Schüler_innen auf deren Ermöglichung zumindest nach einiger Zeit positiv reagierten und eine Nähe ihrer Motivation zur integrierten Handlungsrelation aufscheint. Bei einer genaueren Analyse der Interviews offenbaren sich in dem beschriebenen Fall aber außer der oben bereits erwähnten zumindest anfänglichen Verunsicherung der Schüler_innen auch Konflikte zwischen den Beteiligten und eine starke Ernüchterung beim Instrumentallehrer in Bezug auf die Bereitschaft der Schüler_innen zur Mit- und Selbstbestimmung (Göllner/Niessen 2015, S. 17). Daran erweist sich erneut, dass das Einräumen von Selbstbestimmung ein pädagogisch hoch anspruchsvoller und riskanter Prozess ist, der gut reflektiert und an dessen Qualität permanent gearbeitet werden muss. Dieser Prozess kann Umwege, Rückschläge und Schwierigkeiten bergen, was nicht zuletzt damit zusammenhängt, dass Schüler_innen in Bezug auf vieles, unter anderem auch in Bezug auf ihre Fähigkeit zur Selbstbestimmung und ihr Verantwortungsbewusstsein an sehr unterschiedlichen Punkten stehen: Was für die einen eine herausfordernde, aber bewältigbare Aufgabe sein mag, bedeutet für andere schlicht eine Überforderung. Wenn die einen mit einem hohen Maß an Verantwortung für die Klassengemeinschaft arbeiten, stellt das für andere eine Unmöglichkeit dar, so dass es immer Schüler_innen geben wird, für die Selbständigkeit eine Befreiung, und andere, für die sie in bestimmten Situationen eine Überforderung darstellt. Die hier nur angedeutete Heterogenität der Schüler_innen in diesem Punkt bedeutet gerade im Hinblick auf Ermöglichung und Begleitung von Selbstbestimmung eine große Herausforderung für Lehrkräfte.

3.   Fazit und Ausblick

Was bei dem knappen Blick in die Interviewstudien deutlich geworden sein dürfte: Wenn Schüler_innen Möglichkeiten zur Selbstbestimmung eingeräumt werden, verstärkt das ihre Identifikation mit dem, was im Unterricht geschieht. Dieser Umstand trat in den Interviewausschnitten hervor und lässt sich mit der Theorie von Deci und Ryan in Verbindung bringen. Laut deren Selbstbestimmungstheorie der Motivation wird mit der Förderung von Kompetenzerleben und Autonomie eine zunehmend integrierte Handlungsregulation befördert. Versteht man diese Relation ausschließlich im Sinne einer Zweckhaftigkeit – Einräumen von Selbstbestimmungsmöglichkeiten (nur) zur Steigerung der Motivation – wird der eingangs nachgezeichnete Verdacht zweifelhafter Vereinnahmung wieder wach. Selbstbestimmung zu ermöglichen, ist aber nicht allein deshalb sinnvoll, damit Schüler_innen motiviert lernen; vielmehr stellt sie darüber hinaus ein ethisch und pädagogisch bedeutsames Ziel dar. Ähnlich wie Deci und Ryan eine strikte Entgegensetzung von intrinsischer und extrinsischer Motivation aufgeben zugunsten einer differenzierten Betrachtung des ‚Dazwischen‘, möchte ich dafür plädieren, im (musik)pädagogischen Alltag genau hinzuschauen auf das, was im Spannungsfeld zwischen Freiheit und Zwang in Schule möglich und nicht zuletzt: was für die beteiligten Menschen ‚gut‘ ist.

Am Schluss soll noch einmal explizit der Blick auf musikpädagogische Zusammenhänge gerichtet werden. Dazu möchte ich an das eingangs zitierte Bild von Johannes Bilstein vom „Midas-Touch der Schule" anknüpfen: Ist es zwangsläufig das Schicksal kultureller Gegenstände, dass sie, einmal in den Klassenraum gesperrt, ihren eigentlichen Charakter aufgeben, zur Schul-Musik werden, zum Schul-Tanz, zur Schul-Kunst? Bilstein betrachtet diese Verwandlung nicht als zwangsläufig und begründet seine Hoffnung mit der Freiheit der Kunst:

> „Doch genau darin hat die Kunst große Erfahrung: sich in fremden Systemzwängen zu bewegen und zu behaupten. Seit langem sind Künstler es gewohnt, sich gegen allzu starke Vereinnahmungsversuche zu wehren und stattdessen ihr Eigenes zu machen. Nur wenn sie sich nicht von Schule erfassen lassen, stattdessen ihre Kunst machen, können sie der Schule wirklich nutzen, ihre eigenen Gegenstände retten und dem Schicksal des Midas entgehen." (Bilstein 2015, S. 46)

Bei aller Begeisterung für das Bild, das Bilstein entwirft, scheint mir doch eine Formulierung unnötig zugespitzt: „Nur wenn sie [die Künstler; AN] sich nicht von Schule erfassen lassen …" Diese Formulierung klingt so, als wäre es in Schule schlicht nicht möglich, künstlerisch tätig zu sein – jedenfalls nicht, wenn Schüler_innen mit ihren Lehrkräften alleingelassen werden. Nicht die Frage, ob es sich um Lehrkräfte handelt oder um freie Musiker_innen, entscheidet aber über die Qualität der gemeinsamen Arbeit. Hermann J. Kaiser behauptete vor etlichen Jahrzehnten in Bezug auf schulischen Musikunterricht:

> „1. Musikunterricht muss, wenn er einen aufklärenden und befreienden, und das heißt humanen Anspruch geltend machen will, in wesentlichen Aspekten dysfunktional sein.
> 2. Dysfunktionalität von Musikunterricht aber zeigt sich als Querständigkeit gegenüber systemimmanenten Anpassungsforderungen, die auch die Bereiche der Kreativität und Spontaneität einer Reglementierung unterwerfen wollen, wodurch diese – ursprünglich einer linearen Zweck-Mittel-Relation entzogen – wieder in einen linearen Verwertungszusammenhang instrumenteller Vernunft einbezogen würden.
> 3. Funktionalität und Dysfunktionalität von Musikunterricht bilden ein dialektisches Begriffspaar: Damit Musikunterricht im Hinblick auf eine herrschaftsfreie Gesellschaft überhaupt funktional werden kann, muss er heute in wesentlichen Aspekten zwangsläufig dysfunktional sein." (Kaiser 1982, S. 199)

In dieser schon über dreißig Jahre alten Forderung steckt ein großes Zutrauen gegenüber der Möglichkeit, auch in Schule gegen Vereinnahmungstendenzen zu handeln. Der entscheidende Unterschied scheint mir – mal wieder – in der Qualität der jeweiligen Situation zu liegen. Und was spräche denn dagegen, dass auch Musiklehrer_innen mit ihren Schüler_innen ernsthaft künstlerisch arbeiten? Die problematischen Zwänge von Schule können zumindest zeitweise durchaus in den Hintergrund treten. Die in der momentanen Diskussion um kulturelle Bildung häufig aufblitzende Polarisierung in der Gegenüberstellung von schulischen Lehrkräften, die für Enge, Zwang und Disziplinierung stehen, und den freien Künstler_innen, die mit allen Heilserwartungen belastet sind, die an kulturelle Bildung gerichtet werden[9], scheint mir unzutreffend und zudem fatal: Die vereinfachende Vorstellung, dass Künstler_innen aus der freien Szene jederzeit aufgrund des künstlerischen Nimbus, der sie vermeintlich umgibt, in Schule Wunder wirken können, ist m.E. genauso falsch wie die Idee, Lehrpersonen könnten nicht auch als Künstler_innen mit Schüler_innen in Schule arbeiten. Nicht der Status der Person entscheidet über die Qualität ihrer Arbeit, sondern das, was sie in der jeweiligen Situation zu tun in der Lage ist.

Aber zurück zum Kern dessen, was Bilstein zum Ausdruck bringen wollte: Wenn Musik als Kunst praktiziert wird, dann besteht die Hoffnung, dass sie in sich den Keim von etwas trägt, das mehr anbietet als Fremdbestimmung und Anpassung. Wenn Spuren der viel beschworenen Freiheit der Kunst in tatsächlichen künstlerischen Vollzügen spürbar und erlebbar würden, wäre schon viel gewonnen. Beide Varianten kommen ja im pädagogischen Alltag vor: Umgangsweisen mit Musik in der Schule, denen alles Künstlerische ausgetrieben ist, und auch Augenblicke, in denen die Genauigkeit beeindruckt, mit der Schüler_innen an etwas Klingendem feilen und versuchen, genau das musikalische Ergebnis zu erzielen, das sie sich vorstellen, in denen sie vollkommen versunken in musikalische Vollzüge oder mit wachen Ohren einander Rückmeldungen gebend die Freiheit der Kunst von einem abstrakten Begriff zu einem Ereignis machen. Das scheint mir eine wichtige Facette zu sein: Selbstbestimmung im Unterricht ist dann möglich, wenn Kunst mit einem hohen Anspruch von den Anwesenden gestaltet wird, wobei der Anspruch nicht zu verwechseln ist mit technischer Virtuosität. Wie das geht, habe ich schon in Situationen erlebt, die von Musiklehrenden gestaltet wurden, wie auch in solchen, bei denen nicht als Lehrkräfte ausgebildete Künstler_innen beteiligt waren. Die Musikpädagogik nähert sich diesem Phänomen mit der Idee der Ermöglichung von ästhetischen Erfahrungen, die seit Jahrzehnten intensiv durchdacht wird und nach wie

---

9   Vgl. zum Beispiel die sehr unterschiedliche Darstellung von Künstler_innen und Lehrkräften in dem Film „Rhythm is it".

vor einen zentralen theoretischen Bezugspunkt für musikpädagogisches Nachdenken darstellt.[10]

Mehrfach klang schon an, dass Selbstbestimmung, wenn sie ernst gemeint
ist, immer auch ‚Risiken‘ birgt: Ggf. müssen Lehrende auch akzeptieren, dass
Schüler_innen andere Lernergebnisse als die gewünschten erzielen. In diesem
Punkt allerdings verfügt kulturelle Bildung, verfügt auch das Fach Musik über
besondere Möglichkeiten: Hier sind wirklich ergebnisoffene Aufgabenstellungen nicht nur möglich, sondern unabdingbar. Unter anderem Neue und improvisierte, aber auch populäre Musik erweisen sich in diesem Punkt als besonders
chancenreich, weil sie freie Ausdrucksformen ermöglichen. Allerdings würde es
sich um ein Missverständnis handeln, wenn Kunst dafür vereinnahmt werden
sollte, dass Schüler selbstbestimmt tätig sein können. Werner Jank, Hilbert
Meyer und Thomas Ott haben in ihren Ausführungen zum offenen Musikunterricht 1986 vielmehr auf die „Strukturgleichheit" schülerorientierten Unterrichts und ästhetischer Erfahrung verwiesen, die nicht verwechselt werden
darf mit einer Zweck-Mittel-Relation: „Zwischen der Offenheit, Unplanbarkeit
und Unverfügbarkeit ästhetischer Erfahrungen und der Offenheit eines schülerorientierten Unterrichts besteht eine Wechselwirkung" (Jank, Meyer, Ott
1986, S. 110). Wenn Schüler_innen ernsthaft und selbstbestimmt an für sie bedeutsamen künstlerischen Projekten arbeiten können, stellt das einen hohen
Wert dar und ein Ziel musikalischer Praxis in Schule, über das sicherlich Einigkeit zu erzielen wäre.

Literaturverzeichnis

Bastian, H. G. (2000): Musik(erziehung) und ihre Wirkung. Eine Langzeitstudie an Berliner
  Grundschulen. Mainz: Schott.
Bilstein, J. (2015): Der Midas-Touch der Schule. In: Rat für kulturelle Bildung (Hrsg.), Zur
  Sache. Kulturelle Bildung: Gegenstände, Praktiken und Felder (S. 46). Essen. Zugriff am
  19. 2. 2019 unter http://www.rat-kulturelle-bildung.de/fileadmin/user_upload/pdf/RFKB_
  ZurSache_ES_final.pdf
Bilstein, J. (2017): Ästhetische – musische – kulturelle Bildung: Erziehungswissenschaftliche
  Reflexionstraditionen. In J. Knigge/A. Niessen (Hrsg.), Musikpädagogik und Erziehungs-
  wissenschaft. Münster: Waxmann.
Corbin, J./Strauss, A. L. (2015): Basics of qualitative Research. Techniques and Procedures for
  Developing Grounded Theory (Fourth Edition). Thousand Oaks: SAGE.
Deci, E. L./Ryan, R. M. (1993): Die Selbstbestimmungstheorie der Motivation und ihre Bedeu-
  tung für die Pädagogik. Zeitschrift für Pädagogik, 39(2), 223–238.

---

10 Vgl. stellvertretend für die Diskussion Rolle (1999). In jüngster Zeit sind verstärkt Versuche zu verzeichnen, ästhetische Erfahrungen auch empirisch zu erfassen. Elias Zill (2015)
   versuchte das in Interviews mit Schüler_innen; Silke Schmid (2014) wandte sich dem
   Musikerleben von Grundschulkindern als Forschungsgegenstand zu.

Foucault, M. (Hrsg.) (1999): Botschaften der Macht: Der Foucault-Reader Diskurs und Medien. Stuttgart: Deutsche Verlags-Anstalt.

Göllner, M./Niessen, A. (2015): Ansätze von Öffnung im Musikklassenunterricht in der Wahrnehmung von Lehrenden und Schülern: Eine Fallstudie auf Basis qualitativer Interviews. Beiträge empirischer Musikpädagogik. Zugriff am 19. 2. 2019 unter http://www.b-em.info/index.php?journal=ojs&page=article&op=view&path=124

Heymann, H. W. (2015): Selbständigkeit erwächst aus Selbsttätigkeit und Selbstvertrauen. Was Lehrer im Unterricht dafür tun können. Pädagogik, 67(2), 6–9.

Hintz, D. (1993): Funktionen der Schule. In: D. Hintz/K. G. Pöppel/J. Rekus, Neues schulpädagogisches Wörterbuch (S. 118–123). Weinheim: Juventa.

Hurrelmann, K. (2008): Schülerinnen und Schüler unter Leistungsdruck. Wie kann die Schule wieder Spaß machen? https://www.lwl.org/wjt-download/Zeitungsartikel/Referat_Professor_Hurrelmann.pdf [19. 2. 2019]

Jank, W./Meyer, H./Ott, T. (1986): Zur Person des Lehrers im Musikunterricht. Methodische Probleme und Perspektiven zu einem Konzept offenen Musikunterrichts. In: H. J. Kaiser (Hrsg.), Unterrichtsforschung (Musikpädagogische Forschung, S. 87–131). Laaber: Laaber.

Kaiser, H. J. (1982): Nachwort. Die Frage nach der Begründbarkeit des Musikunterrichts. In: H. J. Kaiser (Hrsg.), Musik in der Schule? (S. 190–199). Paderborn: Schöningh.

Knigge, J. (2007): Intelligenzsteigerung und gute Schulleistungen durch Musikerziehung. Die Bastian-Studie im öffentlichen Diskurs. Saarbrücken: Müller.

Krönig, F. K. (2013): Populäre Musik in der kulturellen Bildung. Pädagogik. Perspektiven und Theorien: Bd. 26. Oberhausen: Athena.

Niessen, A. (2011): Die Bedeutung von Selbstbestimmung aus Schülersicht im Musikunterricht. In A. Eichhorn/R. Schneider (Hrsg.), Musik – Pädagogik – Dialoge. Festschrift für Thomas Ott (S. 204–216). München: Allitera-Verlag.

Richter, C. (2009): Musikunterricht am Scheideweg. Kompetenzlernen oder verstehende Auseinandersetzung mit Musik. Diskussion Musikpädagogik (42), S. 7–9.

Rolle, C. (1999): Musikalisch-ästhetische Bildung. Über die Bedeutung ästhetischer Erfahrung für musikalische Bildungsprozesse. Kassel: Bosse.

Schmid, S. (2014): Dimensionen des Musikerlebens von Kindern. Theoretische und empirische Studie im Rahmen eines Opernvermittlungsprojektes. Augsburger Schriften: Bd. 124. Augsburg: Wißner.

Schumacher, R. (2009): Pauken mit Trompeten. Lassen sich Lernstrategien, Lernmotivation und soziale Kompetenzen durch Musikunterricht fördern? BMBF. Bildungsforschung: 32. Zugriff am 19. 2. 2019 unter https://www.ethz.ch/content/dam/ethz/special-interest/dual/educeth-dam/documents/forschung-und-literatur/literatur-zur-lehr-und-lernforschung/aeltere-beitraege/2010_97_bildungsforschung_bd_zweiunddreissig.pdf

Terhart, E. (2011): Lehrerberuf und Professionalität. Gewandeltes Begriffsverständnis – neue Herausforderungen. In: W. Helsper/R. Tippelt (Hrsg.), Pädagogische Professionalität (57. Beiheft der Zeitschrift für Pädagogik, S. 202–224). Weinheim: Beltz.

Türcke, C. (2016): Lehrerdämmerung. Was die neue Lernkultur in den Schulen anrichtet. München: Beck.

Zill, E. (2015): Zu einer qualitativen Empirie ästhetischer Erfahrungen: Grundlagentheoretische Überlegungen und forschungsmethodische Perspektiven am Beispiel kultureller Bildungsforschung. Forum Qualitative Sozialforschung. Zugriff am 19. 2. 2019 unter http://nbn-resolving.de/urn:nbn:de:0114-fqs1503252

Selbstorganisation als Grundbegriff und Experimentierfeld einer kritischen Kulturpädagogik

Franz Kasper Krönig

1. Vom renitenten Subjekt zum ‚lernenden' Selbst. Individualisierung, Psychologisierung und Responsibilisierung in der Kulturellen Bildung.

Mehr noch als in der allgemeinen Pädagogik steht das individuelle Subjekt im Fokus der Kulturellen Bildung. Das hat unter anderem damit zu tun, dass Kunstproduktion und -rezeption klassischerweise individualistisch gedacht werden und nicht zuletzt damit, dass ästhetischen Medien mit guten Gründen ganz besondere Potenziale der Auslotung und letztlich sogar Ausdifferenzierung von Individualität zugesprochen werden (vgl. Wienbruch 1985, S. 34f.). Wer ästhetisch erlebt, handelt oder kommuniziert, lässt sich auf Unterscheidungen ein, deren Wahrnehmung, Imagination, Symbolisierung und Kommunikation eine besondere Differenzierungsfähigkeit voraussetzen und – scheinbar[1] paradoxerweise – dadurch (aus)bilden. Die Kulturelle Bildung schreckt unter anderem aus genau diesem Grunde noch davor zurück[2], die entsprechenden Fähigkeiten als Kompetenzen zu fassen: Die genannten Differenzierungsfähigkeiten werden nämlich als gleichsam ontogenetisch gedacht. Das heißt, ein Subjekt *hat* nicht diese Fähigkeiten, sondern *ist*[3] sie bzw. *wird* sie im Prozess deren Aneignung und Anwendung. Wer differenzieren *kann, ist* also differenziert – und das mit-

---

1 Nicht, wenn man dialektische oder systemische Prozesse denkt.
2 Der Begriff der Kompetenz wird vor allem in der Musikpädagogik sehr kritisch diskutiert. Vor allem die grundsätzliche Frage, in welcher Weise der Kompetenzbegriff sich vom Bildungsbegriff abhebt (Leistungsorientierung, Ent-Subjektivierung, Verlust empanzipatorischer und kritischer Dimensionen, d.h.: inwieweit er als neoliberale Überwindung des Bildungsbegriff gesehen werden kann) steht dabei im Vordergrund, bevor es um konkretere Fragen der praktischen Ausgestaltung von Kompetenzmodellen in der Musikpädagogik geht (vgl. Peschel 2008).
3 Diese lässt sich in der Tat genauso wenig konstruktivistisch formulieren wie der Subjektbegriff ontologiefrei gedacht werden kann, sei es auch in der Form einer sozialen Ontologie (vgl. Knigge 2014). Wohlgemerkt bedeutet Ontologie gerade nicht die naive Setzung von Realität als beobachtungsunabhängig, sondern bezeichnet vielmehr die wissenschaftliche Auseinandersetzung und Überwindung solcher Positionen.

tels der hochauflösenden ästhetischen Medien, die derart ‚feinkörnig' sind, dass es in ihnen bzw. durch sie zu einer Individualisierung kommen kann.

Dass hier ganz nonchalant von ‚dem Subjekt' gesprochen wird, als sei es nicht schon zehnmal abgeschafft, dezentriert, diskursiviert, dekonstruiert, wiederentdeckt und wieder abgeschafft, muss irritieren, ist es doch gerade die Kulturpädagogik, die die entsprechenden, durchaus betagten, Theorieoptionen gleichsam als aktuelle durchexerziert.[4] Die oben hingeworfenen ontologischen Formulierungen kultureller Subjektbildung schließen allerdings nicht bloß an die nicht-wissenschaftlichen Semantiken des Feldes an. Vielmehr ist die Idee eines bildsamen und widerständigen Subjekts, das meinen Zuschreibungen und seiner „Unterwerfung" (Butler 2001, S. 8) durch mich vorausgeht und somit in gewisser Weise entgeht, für die Pädagogik konstitutiv: ohne die These der Subjektbildung im oben skizzierten ontologischen Sinn keine Kulturelle Bildung. Dass diese, hier als notwendig dargestellte, Ontologie des Subjekts gleichwohl erkenntnistheoretisch in Aporien und Paradoxien hineinführt, kann nicht bestritten werden (vgl. Frank 1991, S. 588 ff.). Das Subjekt ist aber nicht nur philosophisch zugleich problematisch und notwendig, sondern auch pädagogisch. In pädagogischen Settings ist die angestrebte Subjektbildung nämlich grundsätzlich prekär (vgl. Krönig 2015). Sind die, die in einer institutionalisierten, organisierten und professionalisierten Situation aufeinandertreffen, überhaupt in vollem Sinne als Subjekte zu bezeichnen? Tritt die Subjektivität nicht hinter den Rollen zurück und kann nur in sozusagen grenzwertigen Momenten aufblitzen? Dass Organisation, und das heißt: Verwaltung auch Subjekte verwaltet und damit entsubjektiviert, ist nicht nur philosophisch und gesellschaftstheoretisch eindrucksvoll formuliert (Adorno 1979b; Schiller 2014; Adorno 1979a, Adorno/ Horkheimer/Kogon 1987), sondern auch erziehungswissenschaftlich untersucht.[5] Damit ist bislang nur die Spannung zwischen Subjektivität und Organisation angesprochen und noch nicht die zwischen Subjektivität und Pädagogik, die schließlich hinzutritt und die Freiheit des Subjekts einschränkt, wenn auch mit der hehren Absicht deren Kultivierung[6], die schließlich zu einer sozialisierten Autonomie führen soll.

Die hier angesprochenen philosophischen und pädagogischen Probleme sind derart verworren, dass sie nicht mehr für die pädagogische bzw. kulturpäd-

---

4 „Natürlich müssen auch alle postmodernen, poststrukturalistischen und dekonstruktivistischen Thesen vom Ende des Subjekts, der großen Metaerzählungen etc. in den nunmehr zahlreich entstehenden Dissertationen auch im Felde der Kulturpädagogik erprobt werden" (Fuchs 2007, S. 7).

5 So spricht z. B. (Böttcher 2005, S. 224) von der „Inkompatibilität der dem Individuum gegenüber relativ gleichgültigen Organisation und dem Persönlichen der pädagogischen Interaktion".

6 Oft im Sinne einer Moralisierung (vgl. Giesinger 2011).

agogische Praxis aufbereitet, geschweige denn in ihr oder durch sie reflektiert und bearbeitet werden können. Eine ‚Lösung' ist es, die gesamte Problematik zu psychologisieren, indem man sie sozusagen in das einzelne Kind hineinkopiert. Dieses ist konsequenterweise nicht mehr als Subjekt zu bezeichnen – wodurch die großen philosophischen Fragen z. B. nach dessen In-der-Welt-Sein, dessen Auf-andere-verwiesen-Sein und dessen Leiblichkeit aufgerufen werden würden –, sondern als ‚Selbst'[7]. Aus der prinzipiellen und sozial[8] gedachten pädagogischen *Paradoxie der Erziehung* (= Zwang) zur Freiheit wird dann die *Aufgabe der Selbstbildung*. Die Paradoxie ist nun von einer sozialen zu einer individuellen Lage geworden und kann dort, d. h. im Selbst, diesem *aufgegeben*, durch Zeit entparadoxiert werden. Dieser Vorgang wird *Lernen* genannt und ist dann als eine Anpassungsleistung durch Internalisierung sozialer Zwänge bzw. Faktizitäten zu verstehen. Hierbei ist natürlich mit Motivationsproblemen zu rechnen, die wiederum nicht als sozialer Konflikt vorgestellt werden, sondern als psychisches (motivationales, volitionales, dispositionales) Problem des Selbst, das es eigenständig bearbeiten kann und soll. Die (psychologisierte) Pädagogik kann das Selbst dabei unterstützen, indem es seine Bedürfnisse nach Zugehörigkeit und Kompetenz bzw. Anerkennung gezielt ausbeutet[9], um die Internalisierung der gesellschaftlich vorgegebenen Erziehungsziele als eigene, selbstbestimmte Leistung anzunehmen.[10] Die Steuerungsabsicht der psychologischen Selbstbestimmungstheorie wird dabei nicht einmal verhüllt:

„Whenever a person (be it a parent, teacher, boss, coach, or therapist) attempts to foster certain behaviors in others, the others' motivation for the behavior can range from amotivation or unwillingness, to passive compliance, to active personal commitment. According to SDT [Self Determination Theory, fk], these different motivations reflect differing degrees to which the value and regulation of the requested behavior have been internalized and integrated. Internalization refers to people's

---

7   Die folgenden Ausführungen zum Selbstbestimmungsbegriff sind eine Erweiterung von Krönig 2018b.

8   Hier geht es um die Erziehung von A durch B in Funktionserfüllung für C (die Gesellschaft).

9   „Thus, its [Self Determination Theory, fk] arena is the investigation of people's inherent growth tendencies and innate psychological needs that are the basis for their self-motivation and personality integration, as well as for the conditions that foster those positive processes" (vgl. Thonhauser 2013). Insbesondere der letzte Halbsatz ist hier aufschlussreich: Zur Förderung der positiven Motivationsprozesse (wer entscheidet, was ‚positiv' ist?) sind die psychologischen Grundbedürfnisse die Grundlage.

10 In der Aufklärung, etwa bei Rousseau oder bei Kant wird nur scheinbar ähnlich konstruiert. Freiheit als autonome Entscheidung der Unterordnung unter Sittengesetze, bzw. den Gesellschaftsvertrag ist deshalb ein anderes Problem, da das Sittengesetz oder der Gesellschaftsvertrag nicht als historisch und kontingent gedacht werden, sondern als apriorisch, bzw. auf der Basis des Freiheitsbegriffs denknotwendig.

‚taking in' a value or regulation, and integration refers to the further transformation of that regulation into their own so that, subsequently, it will emanate from their sense of self." (Ryan/Deci 2000, S. 71)

Dass die Selbstbestimmungstheorie Führung immer nur als Selbstführung begreift und systematisch bei der Freiheit der Individuen ansetzt, um eine Selbstführung zu ermöglichen, macht sie zu einem mustergültigen Beispiel gouvernementaler Regierungskunst und Disziplinartechnik (vgl. Foucault 2006; Lemke 2000; Mayer/Thompson/Wimmer 2013; Ntemiris 2011). Die konkreten Techniken, mittels derer die Bedürfnisse nach Kompetenz, Autonomie und Zugehörigkeit so ausgenutzt werden, dass vorgegebene Werte in das Selbstkonzept der Kinder eingeführt und dort internalisiert werden, werden durch die positive und humanistische Psychologie verfügbar gemacht und von der Pädagogik zur Anwendung gebracht. Wertschätzung, Anerkennung und Dialog beispielsweise werden zu Techniken, die Dissens und Widerstand auf Seiten von Schüler_innen nahezu unmöglich machen und dazu auffordern, Konflikte und Widersprüche intern (wie gesagt als Entwicklungs- oder Lernaufgabe) zu verarbeiten. Die Anerkennung und Wertschätzung für die Übernahme der ‚guten' Werte, gegen die man kaum mehr sinnvoll opponieren kann, erzwingen nachgerade *compliance*. Wer nicht beim wertschätzenden, anerkennenden Miteinander dabei sein will, stellt sich auf eine moralisch abgewertete Außenseite – und das dann auch noch *freiwillig*. Die sozialen Konflikte pädagogischer Situationen werden dadurch nicht nur individualisiert und psychologisiert und denen im System Schwächsten zur internen Bearbeitung aufgegeben – für den ‚Erfolg' der Bearbeitung als ‚Lernen' können dann auch noch die Schüler_innen die volle Verantwortung übernehmen (Responsibilisierung). Selbstbestimmung geht schließlich einher mit Eigenverantwortung. Die Responsibilisierung in der Pädagogik geht mittlerweile so weit, dass in den Bildungsgrundsätzen des Landes NRW sogar darauf aufmerksam gemacht wird, „dass die Bildungsverantwortung nicht alleine beim Kind liegt, sondern alle Akteure in der Verantwortung stehen, die Aneignung von Fähigkeiten bestmöglich zu unterstützen" (MFKJKS 2011, S. 25). Die kulturgeschichtliche Unwahrscheinlichkeit einer derartigen Aussage ist immens und wird von späteren Generationen vermutlich mit Irritation aufgenommen werden.

2.   Von der Anpassung an zur Formung von Gesellschaft

Wir haben es in der breiten Praxis Kultureller Bildung vor allem mit Angeboten in Gruppen zu tun. Angesichts dieser Realität verliert die Frage der individuellen Selbstbestimmung ihren zentralen Stellenwert. In einem Klassenraum mit 10, 15 oder 30 Kindern wird die Vorstellung, man solle eine entsprechend große Anzahl von ‚Selbsten' dazu motivieren, lernen zu wollen, sich selbst zu dem zu motivieren, was die Pädagogik von ihnen will, einigermaßen abwegig. Die psychologische oder jedenfalls individuelle Bearbeitung der enormen Komplexität sozialer Situationen ist theoretisch und praktisch verfehlt. Ein Interaktionssystem (Unterricht, Musikangebot, Ensemble, Gruppe) ist nicht als die Summe oder als Container von Individuen und deren Interessen, Handlungen und Kommunikationen beschreibbar, sondern als ein eigener, nämlich sozialer Systemtyp (vgl. Luhmann 2002, S. 102–110), der entsprechend analysiert werden muss.

Ignoriert man diese Einsicht, kann man die Idee aufrecht erhalten, eine Gruppe ließe sich über Anweisungen und Regeln managen und so gestalten, dass die Bedürfnisse und Interessen der Einzelnen gewahrt werden bzw. zur Geltung kommen. Man stellt sich das dann wohl als ein Spiel vor, dessen ausgeklügelte Regeln so beschaffen sein sollen, dass die Spielräume und Operationen der einzelnen Figuren aufeinander abgestimmt und dadurch maximiert werden. Die Steuerung bzw. das Management besteht darin, die entsprechenden Regeln einzuführen und deren Geltung zu überwachen und eventuelle Verstöße so zu sanktionieren, dass die Befolgung zugleich wahrscheinlicher gemacht wird. Selbstverständlich sucht man nach Möglichkeiten, diese Regeln, vielleicht sogar die Sanktionen, partizipativ zu legitimieren. Regeln werden beispielsweise mit der Gruppe *besprochen,* bevor alle Schüler_innen dem mitgebrachten Regelkatalog *zustimmen.* Mehrere Studien belegen eindrucksvoll, wie deutlich die Schüler_innen diese Form von Schein-Partizipation als solche erkennen und empfinden (vgl. Derecik/Kaufmann/Neuber 2013, S. 16 ff.). Die radikale Unterkomplexität dieser Management-Perspektive kann man erahnen, wenn man die prinzipielle Nicht-Steuerbarkeit und Intransparenz schon einer intersubjektiven Situation bedenkt. Weder weiß ich, was der oder die andere denkt, noch weiß ich, was ich als nächstes sagen werde, geschweige denn, welche Bedeutung das für den anderen oder die andere haben wird (vgl. Vanderstraeten 2004). Hat man es mit Gruppen zu tun, ist jede Idee einer zentralen Steuerung abwegig. Die Illusion, man hätte eine Gruppe ‚im Griff', beispielsweise, indem alle ‚im Kreis sitzen' und ‚nicht reinreden', besteht unter anderem in der Verwechslung einer Gruppe mit einer Anzahl von Körpern. Was die nicht ganz unerheblichen Psychen tun und wie die Beziehungen unter denen, deren Körper da sitzen, beschaffen ist, bleibt im Dunkeln und unverfügbar.

3. Ein Gesellschaftsvertrag für Gruppen? Die Zuständigkeit der Kulturellen Bildung für eine klassische Frage

Natürlich kann man auch in Gruppensituationen die Perspektive auf das oder die Individuen richten. Was allerdings keinen Sinn ergibt, ist, daraus die soziale

Situation ableiten zu wollen bzw. sie über den Ansatz bei den Individuen zu verstehen und zu gestalten. Das Bezugsproblem für kulturpädagogische Arbeit in und mit Gruppen ist daher nicht die Selbstbestimmung der Einzelnen, sondern die Konstituierung der Gruppe. Die zentrale Frage ist: Wie kann es möglich bzw. wahrscheinlich werden, dass eine soziale Situation (wie Unterricht oder ein Musikangebot) so verfasst ist, dass sie die Autonomie der Einzelnen nicht kompromittiert. Auf die Gesellschaft bezogen stellte Rousseau die Frage so:

> „Wie findet man eine Form der Gesellschaft, welche die Person und die Habe jedes Gesellschaftsgliedes mit der ganzen gemeinschaftlichen Kraft vertheidigt und schützt und wobei Jeder, indem er sich mit Allen vereinigt, gleichwohl nur sich selbst gehorcht und so frei bleibt, als er war?" (Rousseau 1843, S. 13)

In einer psychologischen Perspektive – und man muss heute sagen: auch in einer pädagogischen – würde man eher auf das *Erleben* von Autonomie abheben: Wie, würde man also fragen, kann das Autonomie*empfinden* aufrecht erhalten bzw. gesteigert werden:

> „In dem Ausmaß, in dem eine motivierte Handlung als frei gewählt erlebt wird, gilt sie als selbstbestimmt oder autonom. In dem Ausmaß, in dem sie als aufgezwungen erlebt wird, gilt sie als kontrolliert." (Deci/Ryan 1993, S. 225)

Naheliegende Antworten auf diese Frage findet die Pädagogik im Bereich der Methodik. Kann man das, was man ‚aufzwingen' will oder zu müssen meint (Curriculum) z.B. spielerisch so einbetten, dass die Schüler_innen dem keinen Widerstand entgegenbringen? Kann man Wahlfreiheiten in weniger relevanten und daher weniger riskanten Bereichen unterbringen (Freie Reihenfolge des zu Bearbeitenden in der Lerntheke etc.) und so ein Autonomie*gefühl* erzeugen?

Rousseau meint genau das nicht. Die Freiheit, die er im Sinn hat, ist keine Empfindung, kein Autonomiegefühl, sondern Resultat eines Vertrags, der transformatorische Kraft hat. Die Freiheit, die Bedürfnisse, die Grundsätze des Handelns – nach Übergang vom Naturzustand mit individueller Freiheit und physischen bzw. instinktiven Bedürfnissen und egoistischen Handlungsmaximen ändert sich alles: Gerade die individuellen psychischen Bedürfnisse werden überwunden, „denn der Trieb der bloßen Begierde ist Sklaverei, und der Gehorsam gegen das Gesetz, das man sich selbst vorschrieb, ist Freiheit" (Rousseau 1843, S. 19). Rousseau richtet sich hier also explizit gegen ein Verständnis von Freiheit, das aus dem Individuum (z.B. als Grundbedürfnis nach Autonomie) hervorginge. Der Vertrag, den Rousseau vorschlägt, ist schließlich in keiner Weise beliebig, in dem er etwa davon abhinge, wie die Einzelnen ihn verstehen, sehen oder empfinden. Ganz im Gegenteil bezieht er Freiheit auf Vernunft bzw. auf die vernunftgemäß begründete *volonté générale* – eine immer noch aktuelle Konstruktion, vor allem, wenn man Habermas' Idee der verallgemeinerungsfähigen Interessen als deren Weiterführung begreifen darf (vgl. Habermas 1973, S. 153 ff.).

Im Gemeinwillen löst Rousseau den scheinbaren Widerspruch aus individueller Freiheit und gemeinschaftlicher bzw. gesellschaftlicher Beschränkung in radikaler Weise auf. Die Vorstellung einer Gesellschaft als Quasi-Subjekt führt zu einem Demokratieverständnis in einem unvermittelten, identitären Sinne: Der Wille des Volkes wird dabei nicht irgendwie mittelbar durch Repräsentanzmodelle[11] berücksichtigt, sondern tatsächlich konstituiert:

> „Von dem Augenblick an bildet dieser Gesellschaftsakt statt der einzelnen Person jedes Kontrahierenden einen moralischen und zusammengesetzten Körper, der aus so viel Gliedern besteht, als die Versammlung Stimmen zählt, und der durch eben diesen Akt seine Einheit, sein gemeinschaftliches Ich, sein Leben und seinen Willen erhält." (Rousseau 1843, S. 14)

Historisch ist ein Gesellschaftsvertrag dieser Art bekanntermaßen zu keiner Zeit in Kraft getreten. Bei Rousseau bleibt auch völlig offen, wie es zu der Verwandlung des in Partikularinteressen gefangenen Individuums in eines, das den Gemeinwillen als Eigeninteresse erkennt, kommen kann (vgl. Zehnpfennig 2013, S. 203). Die Diskussion, ob es dazu zu einer totalitären Unterordnung des Individuums kommen muss bzw. zu einer zwangsweisen Umerziehung, hält jedenfalls immer noch an (vgl. Hildebrand 2013), obgleich die gründliche Lektüre Cassirers zu dieser Frage die oft behaupteten Widersprüche im Freiheitsbegriff plausibel auflösen kann (vgl. Cassirer 1989).

Es gibt jedenfalls drei Gründe, weshalb wir uns mit dieser klassischen Frage heute gerade aus der Perspektive der Kulturellen Bildung theoretisch und praktisch-experimentell beschäftigen sollten: Erstens, bietet die Kulturelle Bildung bzw. das non-formale Setting, in dem typischerweise entsprechende Angebote gemacht werden, besonderes Potential für demokratische Experimente. Während die Schule auch in dem negativen Sinne eine „embryonic society" (Dewey 1907, S. 32) ist, dass in ihr sozusagen die zukünftige Gesellschaft schon angelegt ist (aus einem menschlichen Embryo kann sich keine Katze entwickeln; aus einem Selektionssystem keine inklusive Gesellschaft), weist die Kulturelle Bildung, sofern sie in informellen oder non-formalen Settings stattfindet, viel geringe Strukturdeterminiertheit auf. Man hat es mit Gruppen zu tun, die sich

---

11 Repräsentationsmodelle, bei denen man davon ausgehen kann, dass „the preferences of the average American appear to have only a minuscule, near-zero, statistically non-significant impact upon public policy" (Gilens/Page 2014, S. 575).

selbst konstituieren und strukturieren können, v.a. wenn die Teilnahme nicht verpflichtend oder verbindlich ist. Es wäre also möglich, radikal demokratisch im Rousseau'schen Sinne vorzugehen, indem keine der beteiligten Personen Vorrechte vor einer anderen hat. Dabei darf es nicht allein um Entscheidungen gehen, sondern – als deren Möglichkeitsbedingung – auch um die symmetrische Verteilung von Kommunikations- und Interaktionschancen. Dies ist, zweitens, nicht allein aufgrund der Möglichkeit im Non-formalen geboten, sondern zudem inhaltlich zwingend, da Partizipation und Demokratisierung in der Kulturellen Bildung als ein zentraler Wert der Selbstbeschreibung fungieren.[12] Drittens kann man noch hinzusetzen, dass eine gewisse Kompensationsfunktion im Hinblick auf die anti-demokratische Verfasstheit (vgl. Peschel 2008) der Organisation Schule zu leisten ist. Nachdem die Schüler_innen im Vormittagsbereich ohnmächtig einem Selektionsapparat ausgesetzt waren, kann die Kulturelle Bildung am Nachmittag (eine vorherrschende, wenn auch zu überwindende Trennung) diesen Sachverhalt nicht ignorieren, sondern steht in der besonderen Verantwortung für die experimentelle Entwicklung demokratischer Formen.

Das Experiment dreht sich, vor allem in Projekten musikalischer Bildung in Gruppen, zentral um die Frage, wie Form bzw. Ordnung ermöglicht werden kann, ohne ‚von oben‘, d.h. von einer Person über viele Personen gesteuert zu werden. Die Suche danach ist alles andere als neu und bezieht sich nicht zuletzt auf die „alte im Sozialismus wohlbekannte Unterscheidung: Es ist durchaus nicht richtig, dass jede Ordnung Herrschaft, Unterdrückung sein muss" (Marcuse 2008 [1976], o.S.). Unter dem Schlagwort der Selbstorganisation scheinen sich genau in dieser Frage allerdings neue Möglichkeiten bzw. Hoffnungen zu ergeben. Wenn wir an musikpädagogische Handlungsfelder denken, wäre schließlich Selbstorganisation als „die Ausbildung von Ordnung ‚von selbst‘" (Gerdes 2013, S. 39) ein Traum. Dessen Realisierbarkeit könnte allerdings im Rückgriff auf systemtheoretische, u.a. naturwissenschaftliche und mathematische Konzepte von Selbstorganisation neu durchdacht werden. Auch wenn man kaum behaupten kann, dass die natur- und sozialwissenschaftlichen Selbstorganisationsbegriffe konvergieren oder sogar eine Super- oder Universaltheorie bilden könnten (vgl. Freund, Hütt et al. 2004), sind etliche Begriffe im Umfeld der Selbstorganisationstheorie in die Sozialwissenschaften eingedrungen und erweitern dadurch Denkspielräume. In jedem Fall ist es sowohl durch die na-

---

12 In ihrem Dossier ‚Kulturelle Bildung‘ weist die Bundeszentrale für politische Bildung auf die zunehmende Verknüpfung politischer und kultureller Bildung hin: „Immer stärker im Fokus steht auch die Verbindung von kultureller mit politischer Bildung. Die Ansätze der kulturellen Bildung bieten eine Plattform, um gesellschaftspolitische Inhalte und demokratische Praxis mit Kindern und Jugendlichen gemeinsam zu erarbeiten und dank der kreativen Bearbeitungsform sinnlich begreifbar zu machen" (http://www.bpb.de/gesellschaft/kultur/kulturelle-bildung/).

turwissenschaftlichen Forschungen als auch durch die wissenschaftstheoretisch elaborierte Systemtheorie der Gesellschaft (Bielefelder Schule) möglich geworden, Gruppen als Quasi-Subjekte für die Emergenz von Ordnung zu betrachten. Vor der Verfügbarkeit eines sozialen Systembegriffs war es schließlich kaum nachvollziehbar, dass *agency*, Spontaneität, Kreativität oder Formentwicklung auf eine Gruppe (als Interaktionssystem) zurückgeführt werden können. Diesbezügliche Formulierungen, wie das in der Frankfurter Schule oft wiederholte ‚Umschlagen von Quantität in Qualität‘, um die spontane Entstehung von Neuem zu bezeichnen, blieben jedenfalls unterbestimmt oder spekulativ bzw. höchstens im Rückgriff auf eine wissenschaftstheoretisch nicht verallgemeinerbare oder auch nur einigermaßen anschlussfähige dialektische Theorie erläuterbar.

Leadership

Der ehemalige musikalische Leiter des Concerto Köln, Werner Erhardt, kommt nach dem zwanzigjährigen Versuch einer Demokratisierung des renommierten Orchesters zu der Einschätzung, dass „Musik und Demokratie doch nicht vereinbar [seien, fk] – weil ästhetische Organisation anderen Kriterien folgt als politischen" (Schwering 2005, o.S.). Die Geschichte der demokratischen bzw. dirigentenlosen Orchester kann an dieser Stelle nicht zum Gegenstand gemacht werden. Interessant, aber gleichwohl auf den nächsten Blick sehr naheliegend ist, wie eng diese Geschichte mit jeweils aktuellen politischen Ideen verknüpft ist. Das erste dirigentenlose Orchester in den 1920er Jahren in der Sowjetunion hat sich entsprechend darauf verlegt, das Orchester wie eine politische Körperschaft, z.B. mit Kommitees, auszudifferenzieren. Das New Yorker Orpheus Chamber Orchester hingegen stellt sich – ganz zeitgemäß – als ideologiefern dar (vgl. Chater 2016, o.S.). Die praktizierte Rotation von Leitung bzw. Konzertmeisterrollen (vgl. Seifter 2001, o.S.) ist sicher kein radikales Konzept, da es die traditionelle These einer zentralen Steuerungsbedürftigkeit des Orchesters affirmiert.

Auf Selbstorganisation zu setzen, bedeutet viel mehr als die demokratische, möglicherweise konsensuelle Organisation von Führung. Die Ordnung, die auf diese Weise entsteht, geht schließlich nicht auf die Gruppe als Subjekt, sondern die aktuell steuernden Individuen zurück. Selbstorganisation kann also nicht hergestellt, gemanagt oder angeleitet werden. Der Trend zur Akademisierung von *artistic leadership* (vgl. de la Harpe/Mason 2014) – ein Beispiel aus dem Musikbereich wäre das Masterstudium ‚Leadership‘ an der Guildhall School of Music & Drama – ist also ein ganz anderer Weg, den die Kulturelle Bildung einschlagen kann. Dass in formalen Bildungseinrichtungen, d.h. Schulen und Hochschulen Öffnung und Demokratisierung in der Regel als ein Mittelweg zwischen Selbstorganisation und leadership verstanden wird, liegt in der Natur der Sache. Es handelt sich schließlich um formalisierte und selektive Bildungsgänge, die – um staatlich anerkannt zu bleiben – derart hoch strukturiert (verwaltet, verrechtlicht und kontrollierbar) sind, dass kein nennenswerter Spielraum für selbstorganisierte Strukturbildung besteht. Versuche, die Rahmenbedingungen so weit wie möglich zu öffnen, sind sowohl für die Organisation als auch die Pädagog_innen strapazierend. Jede Abweichung vom Vorgesehenen und scheinbar Bewährten setzt sich einem Erfolgsdruck aus. Experimente, die funktionieren müssen, können im Grunde nicht funktionieren. Die notwendige Möglichkeit des Scheiterns kann aber nicht gewährt werden – man denke nur an die Konsequenzen für die Schüler_innen und Student_innen im Selektionssystem. Personen, die diese extreme Spannung aushalten können und wollen, sind selten und werden gleichsam heroisiert (vgl. Tenenbaum 1959). Paradoxerweise führt das zu der Vermutung, Ansätze, die auf Selbstorganisation hinauswollen, also gerade nicht lehrerzentriert sind, seien ganz besonders stark an die Lehrpersonen bzw. deren leadership, gebunden. Diese Probleme stellen sich der Kulturellen Bildung in non-formalen Settings in viel geringerem Ausmaß. Was hat die Kulturelle Bildung bislang dazu vorgelegt? Anstatt ihre besonderen Möglichkeiten zum Experiment mit Selbstorganisation von Gruppen zu nutzen, scheint sie sich mit einer viel niederen Form von Demokratisierung zu bescheiden: der Partizipation.

Partizipation

Der Begriff von Partizipation verschiebt sich radikal, je nach, welchen Gegenbegriff man ihm entgegensetzen möchte. Während im aktuellen (verwalteten) pädagogischen Diskurs (vgl. Krönig 2016) Partizipation der Nicht-Partizipation als ‚besser‘ und im Einklang mit den Kinderrechten gesehen wird, gibt es eine Begriffsgeschichte, die Partizipation von Emanzipation abhebt. Hier wird Partizipation von einem Ziel und zugleich einem Weg zu einem Problem:

> „Ende der 60er Jahre, in denen die politische Diskussion geprägt war von der Suche nach Gegenkonzepten mit dem Anspruch auf Machtumkehrung, war Partizipation ein eher schwieriger Begriff, da er im Sinne von Teilhabe ein sehr moderates Konzept von Mitbestimmung bezeichnete." (Moser 2010, S. 71)

Falko Peschel aktualisiert diese Perspektive noch einmal, wenn er auch Partizipation durch ‚Selbstbestimmung‘ überwinden will, was allerdings – wie oben gezeigt – durch die Psychologisierung und Individualisierung eine Responsibilisierung des Einzelnen erlaubt:

> „Partizipation drückt nicht nur das Positive aus, dass ein ‚Mächtiger‘ einen ‚Abhängigen‘ an bestimmten Prozessen beteiligen will, sondern zementiert diese Hierarchie in der Regel noch: der Bestimmende organisiert die Partizipation, lässt die, über die bestimmt wird, teilhaben an Entscheidungen in von ihm ausgewählten Bereichen." (Peschel 2008, S. 89)

Dass Peschel hier nicht imaginäre, sondern vielmehr wesentliche Positionen zum Partizipationsbegriff angreift, zeigt Artikel 12 der UN-Kinderrechtskonvention von 1989/90, die von sämtlichen Staaten der Welt mit Ausnahme der USA ratifiziert wurde. Artikel 12 bezieht sich im ersten Absatz unmittelbar auf die Partizipationsrechte von Kindern:

> „Die Vertragsstaaten sichern dem Kind, das fähig ist, sich eine eigene Meinung zu bilden, das Recht zu, diese Meinung in allen das Kind berührenden Angelegenheiten frei zu äußern, und berücksichtigen die Meinung des Kindes angemessen und entsprechend seinem Alter und seiner Reife."

Hier sichert ein Mächtiger (Staat) einem Abhängigen (Kind) Rechte unter ganz gravierenden Einschränkungen zu. Wer entscheidet, ob sich ein Kind eine Meinung bilden kann? Wer entscheidet, was „angemessen und entsprechend seinem Alter und seiner Reife" ist? An diesen Entscheidungen ist das Kind nicht einmal beteiligt, geschweige denn kommt ihm hierbei das Recht einer Selbstbestimmung im Sinne einer echten Souveränität zu. Ausgerechnet die Frage, was für das Kind angemessen ist, gehört nicht zu den es berührenden Angelegenheiten, über die es in jedem Fall mitentscheiden darf. Davon unabhängig wäre eine Berücksichtigung der *Meinung* ohnehin ein sehr geringes demokratisches Niveau. Diese Einschränkungen öffnen der pädagogischen Beschränkung von Partizipation Tür und Tor. So kann gerade das Ziel der Partizipation deren eigene Aushebelung pädagogisch rechtfertigen (was für die Pädagogik ein Standardvorgehen ist):

> „Zwar wird gesehen, dass Freiwilligkeit der Partizipation zugute kommt, andererseits fehlt der erzieherische Aspekt, v.a. die Möglichkeit demokratisches Handeln in der Gruppe zu vermitteln." (Derecik/Kaufmann/Neuber, S. 220)

So wird für Derecik et al. (Derecik/Kaufmann/Neuber 2013) auch die „*Etablierung von gemeinsamen Regeln*" eine zentrale Voraussetzung für die Förderung von Partizipation" (S. 106), wodurch die Praxis des Verabschiedens der von den Pädagog_innen mitgebrachten Regeln legitimiert wird. Die „[h]öchste Stufe der Partizipation als Selbstbestimmung unter selbstverwalteten Rahmenbedingungen" (Schröder 1995, S. 16) wird so weit verfehlt.

Eine Optimierung von Partizipation wäre in non-formalen Settings (wie dem Ganztag) sicherlich leichter möglich als in formalen (Unterricht) (vgl. Derecik/Kaufmann/Neuber 2013, S. 17). Es bliebe aber dabei, dass es sich bei Partizipation prinzipiell um eine struktur- und machtstabilisierende Idee handelt, die zudem sehr leicht als Regierungskunst missbraucht bzw. in Scheinpartizipation (vgl. Hart 1992) gewendet werden kann.

4. Grundlagen experimenteller Zugänge zu Selbstorganisation in der Kulturellen Bildung

Im Folgenden sollen drei ganz basale Bedingungen der Möglichkeit von Selbstorganisation skizziert werden, um sich der Frage anzunähern, wie in Interaktionssystemen der Kulturellen Bildung mit Selbstorganisation experimentiert werden könnte. Das System muss (1.) eine hinreichende Komplexität aufweisen, (2.) die medialen Voraussetzungen für Rekursivität bieten und (3.) nicht-beliebig asymmetrisiert sein.

1. Komplexität des Systems: eine hinreichend große Zahl von Elementen, die hinreichend viele Zustände einnehmen bzw. realisieren können. In den systemtheoretischen und mathematischen Modellierungen von Emergenz[13] zeigt sich, dass ein Mindestmaß an Rekursionen[14] zur Emergenz von Eigenformen (vgl. Luhmann 1992, S. 113) führen kann. D. h., wenn die Operationen eines Systems immer wieder auf sich selbst angewendet werden, es sich also um ein dynamisches und notwendigerweise komplexes System handelt, kann sich spontane Formbildung einstellen. Beispiele aus der Biologie, der Physik, der Chemie und der Mathematik zeigen durchweg, dass dies erst nach einer hohen – natürlich von jedem System abhängigen – Anzahl von Rekursionen möglich wird. Für die Kulturelle Bildung könnte das heißen: Egal, ob man auf künstlerische Selbstorganisation (spontane Entstehung ästhetischer Formen ohne zentrale Steuerung des Prozesses) hinauswill oder auf Selbstorganisation im Sinne einer kommunikativen und interaktionalen Selbstkonstitution des Interaktionssystems als Gruppe: Die jeweiligen Prozesse brauchen sehr viel Zeit, damit überhaupt eine Chance besteht, dass es zu einer wie oben beschriebenen Dynamik kommen kann. Diese bringt in jedem Fall Zustände hervor, die für Beobachter chaotisch erscheinen. Komplexe Systeme operieren „at the ‚edge of chaos'" (Ziemelis 2001, S. 241). Hat man es mit einem scheinbar nicht-chaotischen System zu tun, kann dieser Eindruck im Falle einer Kindergruppe nur auf der Basis einer erheblichen Selbst-Trivialisierung aller Beteiligten aufrecht erhalten wer-

---

13 „Als Emergenz wird allgemein der Vorgang der Entstehung nichtreduktionistisch erklärbar neuer Eigenschaften von Systemen aus Vorzuständen bezeichnet" (Völcker 1998, S. 2).

14 Der Rekursionsbegriff ganz einfach definiert: „Auf einen Wert wird eine Funktion angewandt, so daß sich wieder ein neuer Wert ergibt. Dieser Wert wird nun wieder in die Funktion gesteckt und so weiter" (Porr 2002, S. 13). Sowohl in der Mathematik und den Naturwissenschaften als auch in der Evolutions-, Kommunikations- und Gesellschaftstheorie Luhmanns wird die Entstehung von Formen (Ordnung, Struktur) aus rekursiver Operativität beschrieben. Ausgehend von der allgemeinen Systemtheorie macht Luhmann deutlich, „daß sich im rekursiven Prozeß des Beobachtens von Beobachtungen stabile Eigenzustände (etwa sprachliche Formen) ergeben" (Luhmann 1992, S. 95).

den (vgl. von Foerster 1993, S. 208; vgl. Luhmann 2002, S. 77 f.). Das heißt, die Verhaltens- und Kommunikationsmöglichkeiten müssen derart extrem reduziert werden, dass die Eigenkomplexität der Einzelnen sozial nahezu unsichtbar wird. Selbstorganisation ist ausgehend von solch einem Zustand natürlich keine Option. Will man diese ermöglichen, müsste man das scheinbare Chaos aushalten und laufen lassen, bevor abgesehen werden kann, ob die Dynamik zu Ordnung, d. h. Formentwicklung tendiert oder nicht. In den systemtheoretischen Modellen emergiert diese Form zwar spontan, stabilisiert sich aber nicht schon notwendigerweise. Die ersten Entstehungen von Formen müssten also aufmerksam beobachtet werden. Eine (nicht-formenbildende) Rekursion im ästhetischen Bereich könnte so aussehen: Eine Kindergruppe drischt ungeregelt auf zur Verfügung stehende Instrumente ein und produziert entsprechende Klänge. Der Systemzustand, der sich so einstellt, wirkt unmittelbar auf dieses zurück, v. a. indem nun die Möglichkeit für anschließbare (rekursionsfähige, weil überhaupt hörbare) leise Klangproduktionen extrem reduziert ist. Das System kann in diesem Zustand zu wenige (relevante, d. h. bedeutungsunterscheidende, somit kommunikativ anschlussfähige) Zustände für die Emergenz von Form ermöglichen. Die Wahrscheinlichkeit einer Emergenz von Form ist sehr gering.

2. Medialität: Rekursivität muss hinreichend wahrscheinlich sein. Damit eine Gruppe sozusagen ein lernendes System werden kann, das Formen entwickelt, diese zur Kenntnis nimmt und daran anschließt (wie auch immer), muss eine allgemeine Wahrnehmbarkeit der Operationen gewährleistet sein. Das, was oben schon im Hinblick auf ästhetische Formentstehung skizziert wurde, gilt in gleicher Weise für interaktionale Strukturen wie Erwartungen, Normen, Regeln oder Rituale. Wird das Erleben der Situation Einzelner nicht kommunikativ in die Situation zurückgespielt, sind diese nicht nur vom Selbstorganisationsprozess ausgeschlossen (Exklusion), sondern entziehen dem System die – wie oben beschrieben – notwendige Komplexität. Das könnte man nun so verstehen, als habe man also doch für Ruhe zu sorgen. Eher das Gegenteil ist der Fall: Die „Ruhe" ist das Problem, zumindest wenn man sie abstrakt versteht als mediale Reduktion von Kommunikationschancen. Ob das Medium (hier das auditive Wahrnehmungsmedium) aufgrund einer Ruheregel nicht ausgenutzt wird oder wegen permanenten Lautstärkepegels für differenzierte Kommunikation nicht verwendbar ist, ist im Grund gleichgültig. Das System bleibt – auch wenn das vom Wortverständnis paradox klingt: zu ruhig. Wie viele gleichzeitige Kommunikationen in einem Raum möglich sind, welche kommunikativen (Mikro-)Räume ggf. entstehen, wie es gelingen kann, und unter welchen Bedingungen es zumutbar ist, Wahrnehmbarkeit und Aufmerksamkeit für an mehrere Personen gerichtete Kommunikationsofferten herzustellen, sind alles Fragen, die experimentell in der Kulturellen Bildung bearbeitet werden können.

3. **Nichtbeliebigkeit kulturpädagogischer Irritation.** Kommt es zur selbstorganisierten Emergenz von Strukturen bzw. Formen oder Ordnung in einem kulturpädagogischen Interaktionssystem, kann es sich um solche handeln, die pädagogisch nicht erwünscht oder nicht einmal akzeptabel sind. Wahrscheinlich sind beispielsweise aufgrund ihrer unmittelbaren Selbstverstärkung Konflikte als interaktionale Strukturen. Diese können sich typischerweise so erfolgreich stabilisieren, dass man von Konfliktsystemen sprechen kann (vgl. Bonacker 2005). Auch wenn Konflikte sicherlich pädagogisch wertvoll sein können und nicht mehr als prinzipiell dysfunktional betrachtet werden[15], muss die Kulturelle Bildung doch nach Möglichkeiten suchen, wie interaktionale oder kommunikative Formen entstehen können, die ästhetische Kommunikation und Interaktion nicht verhindern, sondern sogar begünstigen. Sind aber, wenn man auf Selbstorganisation setzen möchte, nicht schon alle Möglichkeiten dahin, Einfluss irgendeiner Art auf die Wahrscheinlichkeit und die Art von Strukturbildung zu nehmen? Insbesondere in der Frühpädagogik gibt es verschiedene Ansätze, Erziehung ohne Instruktion zu konzipieren. Ludwig Liegle fasst diese Versuche im Begriff der ‚indirekten Erziehung' zusammen:

> „Sie betont die Rolle der Erzieherin als Regisseurin einer anregenden Umwelt und setzt auf die Wirksamkeit jener Bildungsprozesse, die aus den vielfältigen Formen der Selbsttätigkeit der Kinder (Spiel, ‚Arbeit', Malen, Musik, Tanz, Experimente etc.) hervorgehen." (Liegle 2009, S. 59)

Dieser Ansatz führt uns wieder auf das oben schon als mit Selbstorganisation unvereinbar dargestellte Modell des Leadership zurück. Die Regierolle, die als ‚facilitator' oder als Moderator ausgelegt werden kann, mag sich war deutlich von einer instruktiven Lehrerrolle unterscheiden, bleibt aber dem zentralen und personalen Steuerungstyp verhaftet. Wenn die Indirektheit der Erziehung überhaupt glaubhaft ist – sie ließe sich in vielen Fällen auch als gouvernementale Führung darstellen (vgl. Ntemiris 2011) – bleibt sie eine Steuerung der Individuen über deren Umwelt.[16] Wenn die Erzieher indirekte Erziehung so einsetzen, dass „die Kinder die Absicht des Erziehens *nicht* bemerken und sich dessen *nicht* bewusst sind, dass und was sie in bestimmten Situationen lernen" (Liegle 2009, S. 143), ist es schon eigenartig, ausgerechnet diesen Sachverhalt mit Selbstbestimmung (anstatt z. B. Manipulation bzw. Fremdbestimmung) in Ver-

---

15 Für einen Überblick über frühe funktionale Perspektiven auf Konflikte (vgl. Nollmann 1997, S. 45 ff.).

16 Im Übrigen wäre diese Steuerung über positive Umweltanreize ironischerweise ja als behavioristisch zu bezeichnen. Die reformpädagogischen und progressiveren Ansätze, die sich – wie natürlich auch Liegle – genau davon scharf abzugrenzen trachten, tun das in der Regel damit, dass sie ein Zerrbild des Behaviorismus zeichnen (vgl. Krönig 2018).

bindung zu bringen. Indirekte Beeinflussung kann sich allerdings auch auf Systeme beziehen – hierfür verwendet man natürlich nicht den Begriff der Erziehung, sondern den der Kontextsteuerung:

> „Möglich ist aber, daß Akteure und Systeme in der Umwelt eines Systems Kontextbedingungen so setzen, daß das betreffende (fokale) System seine Optionen nach dem Gesichtspunkt höchstmöglicher Umweltverträglichkeit und Kompatibilität auswählt." (Willke 1998, S. 124)

Ist ein Interaktionssystem und nicht eine Summe von Individuen der Steuerungsgegenstand, hat man es mit einem gänzlich anderen Sachverhalt zu tun. In den Vordergrund tritt die Frage nach der Möglichkeit einer derartigen Steuerung. Schließlich lässt sich ein Interaktionssystem nicht einmal adressieren. Man kann ihm nicht drohen und es nicht belohnen. Man kann ihm aber Ressourcen zur Verfügung stellen und sein Medium mitbenutzen. Nun ist es natürlich der Fall, dass jede Kontextsteuerung grundsätzlich nicht nur das entsprechende System betrifft, sondern auch andere Systeme, deren Umwelt(en) sie gestaltet. Ob man das Interaktionssystem bzw. die Gruppe oder die einzelnen Kinder über die Kontextsteuerung beeinflussen will, ist allerdings mehr als nur eine Spitzfindigkeit oder eine Benennungsfrage. Wie schon gezeigt, nimmt man tatsächlich ganz andere Fragen und andere Zielsetzungen in den Blick. Die Erhöhung der Komplexität des Systems, die Bemühung, Rekursivität (auch medial) zu ermöglichen, ergäbe im Bezug auf die indirekt-erzieherische Steuerung gar keinen Sinn bzw. wäre sogar zu erwarten, dass dann eher die gegenteiligen Steuerungsabsichten vorherrschten (Komplexitätsreduktion, Unternutzung des Mediums, Unterbindung von Rekursion, z.B. durch warten, Stillarbeit und ‚melden').

Die Kontextsteuerung, die sich auf das Interaktionssystem bezieht mit der Absicht, dessen Fähigkeit zu Selbstorganisation und die Wahrscheinlichkeit kulturpädagogisch wünschenswerter Formenbildung zu erhöhen (ästhetische Formenbildung und Rezeption, Sozialformen, die diese Prozesse ermöglichen), könnte auch nicht-beliebige, absichtsvolle Irritation genannt werden. Wenn wir hier mit den Überlegungen einsetzen, haben wir allerdings schon eine ganze Reihe prägender Strukturen sozusagen akzeptiert. Nicht nur die Umwelt des Systems ist von Faktizitäten bestimmt, d.h. nicht-notwendigen, aber wirklichen Gegebenheiten, die so sind, wie sie sind. Auch das System selbst ist strukturdeterminiert: die Anzahl und Persönlichkeit der Kinder und der Erwachsenen (z.B. Alter, Gender, Vorkenntnisse, Sprachvermögen, Interessen…). Auf dieser Grundlage (die natürlich im Vorfeld der Systemkonstitution veränderbar wäre), wenn also eine Reihe von Kindern sich in einem konkreten Raum mit Kulturpädagog_innen treffen, gibt es durchaus Möglichkeiten, das, was dann geschieht, zu beeinflussen, ohne erzieherische, d.h. individualbezogene Steuerung einzusetzen. Beispielsweise steuere ich nicht in erster Linie Individuen, wenn ich Instrumente inmitten des Raums lege, erhöhe gleichwohl die Wahrscheinlichkeit dafür, dass Musik gemacht wird in dem Maße, wie die Instrumente als attraktiv angesehen werden. Wenn ich mich zu einer Kleingruppe begebe, und deren Klangexplorationen, die zu Formbildung tendieren, z. B. also Perioden aufweisen, musikalisch verstärke, d. h. ganz einfach: mitmache, ist das auch weniger als erzieherische oder pädagogische Intervention zu verstehen als ein Stabilisierungsversuch systemischer Selbstorganisationsprozesse. Sich klar als Künstler_innen verstehende Musiker_innen, die kulturpädagogisch arbeiten, tendieren mit großem Erfolg (vgl. Cleveland 2011) dazu, Kindergruppen künstlerisch zu „nutzen", womit sie sozusagen auch am Interaktionssystem arbeiten und nicht – wie man so unschön sagt: am Kind. Es geht dann um die konkreten Operationen des Systems, d. h. in diesem Beispiel die Hervorbringungen und Rezeption von Klängen in einem kommunikativen, rekursiven Prozess und viel weniger darum, welches Kind was ‚kann' oder noch weniger ‚könnte' (Kompetenz) und noch weniger ‚können wollen sollte' (Disposition). Selbst das ‚Lernen' der Einzelnen ist nur insofern von Belang, wie es die konkrete Voraussetzung für Performanz im Prozesszusammenhang ist. Man sieht daran immerhin, dass die Perspektive auf die Gruppe und der Fokus auf Selbstorganisation die praktischen Zielsetzungen und Handlungsoptionen gegenüber pädagogischen Perspektiven, seien sie auch noch so indirekt oder offen, verschieben. Hier zu experimentieren, die Möglichkeiten von Selbstorganisation in Gruppen auszuloten und dabei auch gegen (individual-)pädagogische Werte und Zielsetzungen die besonderen Freiräume non-formaler Settings auszunutzen, könnte eine kulturpädagogische Aufgabe mit höchster gesellschaftlicher Relevanz sein. Mit dem aktuellen Trend, den Status Quo zu optimieren bzw. die ‚Qualität' zu sichern oder zu verbessern, hätte das allerdings nichts zu tun.

Literaturverzeichnis

Adorno, T. W. (1979a): Individuum und Organisation. Einleitungsvortrag zum Darmstädter Gespräch 1953. In: Tiedemann, R. (Hrsg.): Theodor W. Adorno. Soziologische Schriften I. Frankfurt a. M.: Suhrkamp, S. 440–456.
Adorno, T. W. (1979b): Kultur und Verwaltung. In: Tiedemann, Rolf (Hrsg.): Theodor W. Adorno. Soziologische Schriften I. Frankfurt a. M.: Suhrkamp, S. 122–146.
Adorno, T. W./Horkheimer, M./Kogon, E. (1987): Die verwaltete Welt oder: Die Krisis des Individuums. In: Schmidt, A./Schmidt Noerr, G. (Hrsg.): Max Horkheimer. Gesammelte Schriften. Band 13: Nachgelassene Schriften 1949–1972. Frankfurt a. M.: S. Fischer, S. 121–142.
Bonacker, T. (2005): Die Konflikttheorie der autopoietischen Systemtheorie. In: Bonacker, T. (Hrsg.): Sozialwissenschaftliche Konflikttheorien. Eine Einführung. 3. Auflage. Wiesbaden: VS, S. 267–291.

Böttcher, W. (2005): Pädagogik in Organisationen – Potenziale eines ökonomischen Programms der Bildungsreform. In: Göhlich, M./Hopf, C./Sausele, I. (Hrsg.): Pädagogische Organisationsforschung. Wiesbaden: VS, S. 217–231.

Butler, J. (2001): Psyche der Macht. Das Subjekt der Unterwerfung. Frankfurt a. M.: Suhrkamp.

Cassirer, E. (1989): Das Problem Jean Jacques Rousseau. Ernst Cassirer, Jean Starobinski, Robert Darnton. Drei Vorschläge, Rousseau zu lesen. Frankfurt a. M.: Fischer, S. 7–78.

Chater, J. (2016): A renaissance of conductorless orchestras reveals the limits of traditional leadership. New Statesman. Zugriff am 26.7.2016 unter www.newstatesman.com/print/node/303499.

Cleveland, W. (2011): Arts-based Community Development: Mapping the Terrain. Zugriff am 26.7.2016 unter www.animatingdemocracy.org [Online].

de la Harpe, B./Mason, T. (2014): Leadership of learning and teaching in the creative arts. In: Higher Education Research & Development 33, S. 129–143.

Deci, E. L./Ryan, R. M. (1993): Die Selbstbestimmungstheorie der Motivation und ihre Bedeutung für die Pädagogik. In: Zeitschrift für Pädagogik 39, S. 223–238.

Derecik, A./Kaufmann, N./Neuber, N. (2013): Partizipation in der offenen Ganztagsschule. Pädagogische Grundlagen und empirische Befunde zu Bewegungs-, Spiel- und Sportangeboten. Wiesbaden: Springer VS.

Dewey, J. (1907): The School and the Social Process. In: ders. (Hrsg.): The School and Society. Chicago: University of Chicago Press, S. 19–44.

Foucault, M. (2006): Sicherheit, Territorium, Bevölkerung. Geschichte der Gouvernementalität I. Vorlesung am Collège de France 1977–1978. Frankfurt a. M.: Suhrkamp.

Frank, M. (1991): Selbstbewußtseinstheorien von Fichte bis Sartre. Frankfurt a. M.: Suhrkamp.

Freund, A. M./Hütt, M.-T./Vec, M. (2004): Selbstorganisation: Aspekte eines Begriffs- und Methodentransfers. In: systeme 18, S. 3–20.

Gerdes, A. (2013): Die Selbstorganisation dynamischer Systeme. Whiteheads Beitrag zur Philosophie des Geistes. Berlin: Logos-Verlag.

Giesinger, J. (2011): „Wie kultiviere ich die Freiheit bei dem Zwange?" Zu Kants Pädagogik. In: Pädagogische Rundschau 65, S. 259–270.

Gilens, M./Page, B. I. (2014): Testing Theories of American Politics: Elites, Interest Groups, and Average Citizens. Perspectives on Politics, 12, S. 565–581.

Habermas, J. (1973): Legitimationsprobleme im Spätkapitalismus. Frankfurt a. M.: Suhrkamp.

Hart, R. (1992): Children's Participation. From Tokenism to Citizenship. Florence, Italy: UNICEF International Child Development Centre.

Hildebrand, D. (2013): Die volonté générale: Funktionale Harmonisierung von Staat und Demokratie? In: Hidalgo, O. (Hrsg.): Der lange Schatten des Contrat social. Demokratie und Volkssouveränität bei Jean-Jacques Rousseau. Wiesbaden: Springer VS, S. 53–65.

Knigge, J. (2014): Der Kompetenzbegriff in der Musikpädagogik: Verwendung, Kritik, Perspektiven. In: Vogt, J./Heß, F./Brenk, M. (Hrsg.): (Grund-)Begriffe musikpädagogischen Nachdenkens. Entstehung, Bedeutung, Gebrauch. Sitzungsbericht 2013 der Wissenschaftlichen Sozietät Musikpädagogik. Berlin: LIT, S. 105–136.

Krönig, F. K. (2015): Das Subjekt und die Schule. Kulturelle Bildung in einem Spannungsfeld. In: Praxis Schule 5–10 2015, S. 6–9.

Krönig, F. K. (2016): Inklusive Musikpädagogik in der verwalteten Welt. Vom „Umgang mit" Vielfalt. In: Bradler, Katharina (Hrsg.): Vielfalt im Musizierunterricht: Theoretische Zugänge und praktische Anregungen. Lehrbuch. Mainz: Schott, S. 121–133.

Krönig, F. K. (2018a): Arrangement von Lernwelten. In: ders.: Kritisches Glossar Kindheitspädagogik. Weinheim: Beltz Juventa, S. 20–23.

Krönig, F. K. (2018b): Selbstbestimmung. In: ders.: Kritisches Glossar Kindheitspädagogik. Weinheim: Beltz Juventa, S. 182–186.

Lemke, T. (2000): Foucault, Governmentality, and Critique. Rethinking Marxism Conference, University of Amherst (MA).

Liegle, L. (2009): Wir brauchen eine Didaktik der indirekten Erziehung. In: Betrifft Kinder 2009, S. 6–13.

Luhmann, N. (1992): Die Wissenschaft der Gesellschaft. Frankfurt am Main: Suhrkamp.

Luhmann, N. (2002): Das Erziehungssystem der Gesellschaft. Frankfurt a. M.: Suhrkamp.

Marcuse, H. (2008 [1976]): Gespräch mit Herbert Marcuse. In: Rundfunk, Bayerischer (Hrsg.): Theodor W. Adorno, Max Horkheimer, Herbert Marcuse. Die Frankfurter Schule. Originalvorträge, MP3-CD. München: Quartino.

Mayer, R./Thompson, C./Wimmer, M. (Hrsg.): (2013): Inszenierung und Optimierung des Selbst. Zur Analyse gegenwärtiger Selbsttechnologien, Wiesbaden: Springer VS.

MFKJKS (2011): Kinder. Mehr Chancen durch Bildung von Anfang an – Entwurf. Grundsätze zur Bildungsförderung für Kinder von 0 bis 10 Jahren in Kindertageseinrichtungen und Schulen im Primarbereich in Nordrhein-Westfalen. Düsseldorf.

Moser, S. (2010): Beteiligt sein. Partizipation aus der Sicht von Jugendlichen. Wiesbaden: VS.

Nollmann, G. (1997): Konflikte in Interaktion, Gruppe und Organisation. Opladen: Westdeutscher Verlag.

Ntemiris, N. (2011): Gouvernementalität der Kindheit. Transformationen generationaler Ordnung in Diskursen und in der Praxis. Wiesbaden: VS Research.

Peschel, F. (2008): Demokratische Schule. Von der Partizipation zur Selbstbestimmung in der Gemeinschaft. In: Backhaus, Axel/Knorre, Simone (Hrsg.): Demokratische Grundschule – Mitbestimmung von Kindern über ihr Leben und Lernen. Siegen: Arbeitsgruppe Primarstufe/FB2. Universität Siegen, S. 88–100.

Porr, B. (2002): Systemtheorie und Naturwissenschaft. Eine interdisziplinäre Analyse von Niklas Luhmanns Werk. Wiesbaden: DUV.

Rousseau, J.-J. (1843): Ueber den Gesellschaftsvertrag oder grundzüge des Staatsrechts. Leipzig: Otto Wigand.

Ryan, R. M./Deci, E. L. (2000): Self-Determination Theory and the Facilitation of Intrinsic Motivation, Social Development, and Well-Being. In: American Psychologist 55, S. 68–78.

Schiller, H.-E. (2014): Erfassen, berechnen, beherrschen: Die verwaltete Welt. In: Ruschig, U./Schiller, H.-E. (Hrsg.): Staat und Politik bei Horkheimer und Adorno. Baden-Baden: Nomos, S. 129–149.

Schröder, R. (1995): Kinder reden mit! Beteiligung an Politik, Stadtplanung und Stadtgestaltung. Weinheim; Basel: Beltz.

Schwering, M. (2005): Das demokratische Orchester. Kölner Stadt-Anzeiger. Zugriff am 22. 8. 2005 unter www.ksta.de/das-demokratische-orchester-13720696.

Seifter, H. (2001): The Conductor-less Orchestra. In: Leader to Leader 21.

Tenenbaum, S. (1959): Carl R. Rogers and Non-Directive Teaching. In: Educational Leadership 1959, S. 296–328.

Thonhauser, G. (2013): Butler's social ontology of the subject and its agency. In: D'Angelo, Diego/Gourdaine, Sylvaine/Keiling, Tobias/Mirkovic, Nicola (Hrsg.): Frei sein, frei handeln. Freiheit zwischen theoretischer und praktischer Philosophie. Freiburg: Alber, S. 144–157.

Vanderstraeten, R. (2004): Erziehung als Kommunikation. Doppelte Kontingenz als systemtheoretischer Grundbegriff. In: Lenzen, Dieter (Hrsg.): Irritationen des Erziehungssystems. Pädagogische Resonanzen auf Niklas Luhmann. Frankfurt a. M.: Suhrkamp, S. 37–64.

Völcker, W. (1998): Emergenz und komplexe Dynamik in dissipativen Marktsystemen. Hamburg: Dr. Kovac.

von Foerster, H. (1993): Wissen und Gewissen: Versuch einer Brücke. Hrsg. v. Siegfried J. Schmidt. Frankfurt a. M.: Suhrkamp.

Wienbruch, U. (1985): Die Eigenart des Ästhetischen Erlebens. Überlegungen zum Problem der Geltung ästhetischer Urteile. In: Zeitschrift für Ästhetik und Allgemeine Kunstwissenschaft 30, S. 23–35.

Willke, H. (1998): Sytemtheorie III. Steuerungstheorie. 2. Auflage. Stuttgart: Lucius & Lucius.

Zehnpfennig, B. (2013): Rousseau und Marx oder: Das Ende der Entfremdung. In: Hidalgo, O. (Hrsg.): Der lange Schatten des Contrat social. Demokratie und Volkssouveränität bei Jean-Jacques Rousseau. Wiesbaden: Springer VS, S. 177–209.

Ziemelis, K. (2001): Complex systems. In: Nature insight 410, S. 241.

„Schinkenbaguette!"

Musik Erfinden in der Grundschule

Matthias Schlothfeldt

1. Musikunterricht in der Grundschule

Dass Musik in der Grundschule und Musikunterricht mit Schüler_innen im Grundschulalter in letzter Zeit stärker im Fokus der Aufmerksamkeit stehen, ist sehr zu begrüßen. Schließlich hat die Weise, wie Schüler_innen in diesem Alter mit Musik in Berührung kommen, großen Einfluss auf ihre spätere Entwicklung. Hier hat sich ein Forschungsfeld eröffnet, das insbesondere im Zusammenhang mit JeKi (Kranefeld 2013/2015/2016) (und in der Folge mit JeKits) bestellt wird und die Frage bearbeitet, wie sich musikalische Bildungsverläufe insgesamt gestalten. Im Sinne einer Transitionsforschung geraten dabei auch die Übergänge von der Grundschule zu weiterführenden Schulen – generell und in musikpädagogischer Perspektive – in den Blick.

Mit ihren Standorten in Essen, Duisburg, Bochum und Dortmund befindet sich die Folkwang Universität der Künste mitten im Ruhrgebiet – und damit in der Heimat von JeKi. Studierende musikpädagogischer Studiengänge auf die berufliche Tätigkeit in diesem Rahmen angemessen vorzubereiten, war eine der großen Herausforderungen der letzten Jahren. Vor allem aber ist die Folkwang Universität der Künste eine der wenigen Kunst- und Musikhochschulen im Bundesgebiet und die einzige in Nordrhein-Westfalen, die den Studiengang Lehramt Musik an Grundschulen anbietet. Sofern die Bewerber_innen die künstlerische und pädagogische Eignungsprüfung bestehen und in den Bachelorstudiengang aufgenommen werden, werden sie zu Musiklehrer_innen für diese Schulform ausgebildet und verlassen mit dem Masterabschluss als kompetente Fachlehrkräfte die Hochschule, um neben anderen Fächern Musik zu unterrichten. Den Wert solchen Fachunterrichts und der Kompetenzen dieser engagierten Lehrkräfte kann man kaum hoch genug einschätzen. Um die Anzahl an Studienbewerber_innen weiter zu erhöhen, bräuchte es indessen Anreize – und der Tagespresse ließ sich zuletzt die gute Nachricht entnehmen, dass eine Erhöhung der Bezüge für Grundschullehrkräfte erwogen wird.

2. Praxis im Musikunterricht

Kooperative und außerschulische Angebote, die an Grundschulen angesiedelt sind, können den Musikunterricht hervorragend ergänzen – ersetzen können sie ihn nicht. Dies ist u. a. auch in den JeKits-Statuten nachzulesen.[1] Dennoch weisen der Unterricht innerhalb und jener außerhalb der Grundschule Gemeinsamkeiten auf: Beide verfolgen das Ziel, Musiklernen und den Erwerb musikalischer Bildung zu ermöglichen, also dafür zu sorgen, dass Schüler_innen ihre musikbezogenen Kenntnisse und Fertigkeiten erweitern und sich so musikalisch bilden können. Und für beide Situationen gilt, dass dem Erreichen dieser Ziele musikalische Praxis zuträglich ist.

Als geeignete musikalisch-praktische Tätigkeit sei allem voran das Singen genannt. Um dem angemessen Rechnung zu tragen, hat die Folkwang Universität der Künste beim Singen mit Kindern einen Schwerpunkt gebildet, von dem gerade diejenigen Studierenden profitieren, die Elementare Musikpädagogik oder Musik auf Lehramt an Grundschulen studieren. Singen mit Kindern und Jugendlichen sowie Kinder- und Jugendchorleitung werden an der Hochschule nicht nur als Studienrichtungen im Masterstudiengang Leitung vokaler Ensembles und als – in dieser Konzeption einmaliger – Teilzeitstudiengang angeboten, sondern es wird auch jährlich ein Studientag „Singen mit Kindern" durchgeführt, den zahlreiche Interessierte besuchen, die außerhalb der Hochschule in dem Berufsfeld tätig sind.

Tanzen bzw. Bewegung sind unverzichtbare Bestandteile des (Musik-)Unterrichts mit Schüler_innen im Vor- und Grundschulalter; das wird auch an der Folkwang Universität der Künste, deren „Markenname" landläufig stark mit Tanz in Verbindung gebracht wird, nicht anders gesehen. Und selbstverständlich ist ein Instrument zu lernen und zu spielen eine dritte, hervorragende Option. Und damit sind die drei Profile benannt, die zur Abkürzung „JeKits" führen. Allerdings sind Schulen aufgefordert sich für i wie Instrumente, t wie Tanzen oder s wie Singen zu entscheiden, während hier weniger an die Trennung als vielmehr an einen wechselnden Einsatz musikalisch-praktischer Tätigkeiten innerhalb des Musikunterrichts gedacht war, der erforderlich ist, schon um die Aufmerksamkeit der am Unterricht beteiligten Kinder nicht zu verlieren. Aber es ist nicht ausgeschlossen, dass solche integrativen, methodisch vielfältigen Konzepte im Rahmen des JeKits-Programms entwickelt und realisiert werden, zumal die drei Optionen Instrumente, Singen und Tanzen in der Beschreibung des Programms stets als Schwerpunkte ausgewiesen werden.

---

1 Vgl. die *Grundlagen des JeKits-Programms* von August 2015, https://www.jekits.de/app/uploads/2015/08/Grundlagen-für-JeKits.pdf (zuletzt aufgerufen am 24. 8. 2016).

3. Komponieren und Improvisieren

Den geeigneten Formen musikalischer Praxis im Unterricht sind außerdem noch das Improvisieren und das Komponieren hinzuzufügen. Beides zusammenfassend kann vom Erfinden von Musik gesprochen werden. Gerade im Zusammenhang mit der Arbeit mit Vor- und Grundschulkindern ist der Begriff des Musik Erfindens dem des Komponierens vorzuziehen (Reitinger 2008; Schlothfeldt/Vandré 2018), denn dieser Begriff umfasst die ganze Bandbreite der Handlungsweisen, die hier sinnvoll zum Einsatz kommen können. Im Unterricht in höheren Klassenstufen hat das Komponieren insofern Vorteile gegenüber dem Improvisieren, als ein eigenes Vorhaben geplant, Entscheidungen reflektiert und korrigiert werden können. Zumindest in den ersten Grundschulklassen mag das dafür erforderliche Reflexions- und Abstraktionsvermögen nicht in ausreichendem Maße zu erwarten sein. Andererseits lassen Berichte über erfolgreiche Versuche mit Schüler_innen an Grundschulen Musik zu komponieren – sei es mit Hilfe von Tablets oder Smartphones, sei es ausgehend von Übungen, wie sie von verschiedenen Autor_innen vorgeschlagen werden (u. a. Schlothdeldt 2009) – die Skepsis, ob die Vorteile des Komponierens im Unterricht dort überhaupt zum Tragen kommen können, weitgehend in den Hintergrund treten.

Wenn aber, und das ist entscheidend, im Unterricht von Anfang an das Angebot besteht Musik zu erfinden und zu gestalten, dann lernen Schüler_innen und Schüler Musik als etwas kennen, das von Menschen für Menschen gemacht wird. Sie sind gleichsam von vornherein eingeladen, am kulturellen Leben teilzunehmen – auch über den schulischen Rahmen hinaus –, so dass ein Weg sichtbar wird, wie die wohlbegründete Forderung nach Partizipation (innerhalb und außerhalb des Unterrichts) tendenziell eingelöst werden kann. Von einem solchen Unterricht kann mit Recht behauptet werden, dass in ihm Selbstbestimmung realisiert wird. Vor allem aber lässt sich aufgrund der Erfahrungen aus kompositionspädagogischer Arbeit Folgendes feststellen: Wenn Schüler_innen und Schüler sich wie Komponist_innen verhalten, kann (zumindest auf längere Sicht) bei ihnen Interesse an Musik, ja Neugierde auf noch unbekannte Musik geweckt werden (z. B. Louven/Ritter 2012). Zum einen ist stets die Frage im Raum, wie Musik entsteht und wie jemand anderes beim Komponieren ähnliche Fragen beantwortet, Anliegen verfolgt oder Probleme gelöst hat. Zum anderen sind Schüler_innen oft überrascht von den von ihnen erarbeiteten Ergebnissen und zeigen sich dazu bereit, etwas ästhetisch gelten zu lassen, dem sie vorher die Geltung als Musik abgesprochen hätten.

4. Aktuelles aus der Kompositionspädagogik

Gerade in der einschlägigen Literatur aus England wird die Ansicht vertreten, dass bereits Vorschulkinder komponieren, und zwar von sich aus, sofern sie nicht daran gehindert werden (z. B. Glover 2000). Wiewohl im Vergleich zu Großbritannien die Kompositionspädagogik im deutschsprachigen Raum eine eher junge Disziplin ist, sind in den letzten Jahren zunehmend Angebote für das Komponieren mit Schüler_innen im Vor- und Grundschulalter entstanden. Renate Reitinger schlägt in ihrem Buch einige Themen und Bilder wie Fabelwesen und Weltraummusik als Ausgangspunkte vor, die Kinder in der Musikalischen Früherziehung zum Musik Erfinden animieren (Reitinger 2008; Dartsch 2004; Kotzian 2004; Kotzian 2015). Von anderen Autor_innen wird der explorative Ansatz des Erkundens von Instrumenten ebenso empfohlen wie das Bauen (und anschließende Ausprobieren) von Instrumenten (vgl. u. a. Roszak 2015). Bilder, Texte und Musikstücke – aber auch schlicht Klänge, z. B. jene, die einen umgeben (vgl. u. a. de la Motte 2004; Schlothfeldt 2009; Schmeling/Kaul 2011) – können Ausgangspunkte für Erfindungen und musikalische Gestaltung sein.

Die Folkwang Universität der Künste ist geprägt vom Folkwang Gedanken, d. h. der Vereinigung der Künste unter einem Dach zum Zweck der interdisziplinären Zusammenarbeit. Daher ist es kaum verwunderlich, dass eine Studentin dort, die einen kompositionspädagogischen Schwerpunkt gebildet hat und inzwischen über einige Praxiserfahrung im Komponieren an verschiedenen Institutionen und mit Kindern und Jugendlichen unterschiedlicher Altersstufen verfügt, unlängst ein interdisziplinäres Projekt mit Grundschulkindern mit durchgeführt hat. Dabei haben die Kinder sich mit einem Werk von Benjamin Britten beschäftigt, dazu hat eine Gruppe von Kindern Tänze entwickelt und eine andere Gruppe Bilder gemalt, die für wieder andere Kinder den Anreiz zum Komponieren bildeten (Senker 2015). Dass eine weitere Gruppe Texte erfunden hat, die wiederum von anderen Kindern „vertont" wurden, zeigt, dass es sich um ein recht verwickeltes, komplex konzipiertes Projekt gehandelt hat. Die Ergebnisse, die am 7. Juni 2015 im Rahmen des Welterbetages auf Zeche Zollverein in Essen präsentiert wurden, waren beachtlich hinsichtlich ihrer musiksprachlichen Vielfalt und der engagierten Darbietung. Interdisziplinäre kunstpädagogische Projekte dürften für die Zukunft noch einiges Potenzial bieten.

KOMPÄD ist der Name eines vom BMBF geförderten Projekts, bei dem die Universität zu Köln, die Jeunesses Musicales Deutschland, die Hochschule für Musik Saar und die Folkwang Universität der Künste kooperieren. In dem Projekt führt ein Team von Dozent_innen eine pädagogische Weiterbildung durch, die sich an Komponist_innen richtet.[2] Bei einem Drittel der Projekte, welche

---

2   Die oben erwähnte Studentin hat die Weiterbildung besucht. Sie bietet auch komposi-

die Teilnehmer_innen des ersten Durchgangs in ihrer Praxisphase durchgeführt haben, handelte es sich um Schulprojekte, die zum Teil auch an Grundschulen stattfanden. Thomas Taxus Beck war als Dozent zur vorbereitenden Akademiephase eingeladen, um von seinen Erfahrungen mit dem Komponieren an Grundschulen zu berichten, die er in Köln bei Response-Projekten und bei MuProMandi gesammelt hat, einem von der Offenen Jazz Haus Schule an der Grundschule Manderscheider Platz durchgeführten „Modellprojekt Grundschule mit Musikprofil Improvisierte und Neue Musik".[3] Nachhaltigen Eindruck hat die Aufführung einer Klasse eben jener Grundschule hinterlassen, die unter Becks Leitung eine von Rhythmus geprägte Sprachkomposition mit favorisierten Nahrungsmitteln erarbeitet hatte: „Schin-ken – Ba-guette!", skandierten die Schüler_innen leidenschaftlich im Refrain. Dass die kompositionspädagogische Arbeit gelungen war, war daran zu erkennen, dass in der Aufführung alle Schüler_innen beteiligt, aufmerksam und engagiert bei der Sache, bei *ihrer* Sache waren. Und es war zu beobachten, dass Lernen stattgefunden hatte, elementares Lernen in dem Sinne, dass die Beteiligten Fähigkeiten im gemeinsamen rhythmischen Musizieren erworben haben.

5. Gutes Gelingen

Improvisations- und kompositionspädagogische Angebote und Aktivitäten nehmen also auch im Zusammenhang mit Musikunterricht an Grundschulen stetig zu, so dass sich bereits vielfältige Erfahrungen auswerten lassen. Aufgrund von Erfahrungen mit und Beobachtungen von kompositionspädagogischer Tätigkeit lassen sich einige Bedingungen und Merkmale des Gelingens solcherart konzipierten Musikunterrichts in fünf Punkten bündeln:

a) Beim Komponieren und beim Improvisieren mit Schüler_innen handelt es sich meistens um Gruppenprozesse. Dabei ist von Belang, dass Lehrende nicht bloß das Ergebnis des Gestaltungsprozesses im Blick haben, sondern allen Lernenden zugewandt sind und die einzelnen Schüler_innen nicht aus den Augen verlieren. Auf diese Weise kann Achtsamkeit auf andere und anderes gefördert werden.

b) Während des Gestaltungsprozesses bzw. des Musik Erfindens ist ein vorschnelles und allzu direktives Eingreifen nicht ratsam. Derlei ist schon deshalb zu vermeiden, weil Kinder und Jugendliche sehr sensibel reagieren,

---

tionspädagogische Fortbildungen an, die sich u. a. auf den Einsatz bei JeKits-Orchestern beziehen, ist also gewissermaßen bereits als Multiplikatorin aktiv.

3 http://www.jazzhausschule.de/Jazz/MuProMandi/Projekt (zuletzt aufgerufen am 24.8.2016).

wenn sie den Eindruck haben, dass ihnen etwas aus der Hand oder gar weggenommen wird. Dadurch würde die Selbstbestimmung im Unterricht stark eingeschränkt.

c) Weitaus eher angebracht ist ein gewisser Stilpluralismus, so dass weder beim Erfinden stilistische Vorgaben gemacht oder Vorbilder hingestellt werden noch ein allzu enges Repertoire an Musik zur Kenntnis gebracht wird. Im Grundschulalter zeitgenössische Musik zu hören ist erfahrungsgemäß nicht problematisch. Neue Musik zum Ziel musikalischer Gestaltung zu erklären ist dort aber nur bedingt sinnvoll. Und damit, dass man im Unterrichtszusammenhang entstehende musikalische Äußerungen lediglich aufgrund ihrer ungewohnten Klanglichkeit der Neuen Musik zuordnet, erweist man dem zeitgenössischen Musikschaffen sicher einen Bärendienst.

d) Es empfiehlt sich darauf zu achten, ob Lernen stattfindet – und Lernen hat mit Veränderung zu tun – oder ob das Improvisieren und Komponieren ein Hantieren mit Bekanntem, mit bereits vorhandenem Repertoire bleibt. Denn schließlich sollen die Schüler_innen nicht beschäftigt werden – dazu sind sie auch selbst und ohne Unterricht in der Lage –, sondern die Möglichkeit bekommen, ihren Schatz an Erfahrungen, Kenntnissen und Fähigkeiten, an Hörweisen und an Handlungsweisen zu erweitern.

e) Beim Komponieren und Improvisieren mit Schüler_innen an Grundschulen wird es sich um ein elementares Arbeiten und Lernen handeln. Das war auch bei dem oben erwähnten „Schinkenbaguette!" der Fall, mit dem ein Sprechchorstück erfunden und dabei Rhythmus gelernt wurde. Dieses elementare Lernen kann sich aber dadurch, dass die Lernenden engagiert an ihrer Sache arbeiten, höchst intensiv und wirkungsvoll gestalten.

Schließlich sei noch darauf hingewiesen, dass improvisations- und kompositionspädagogische Ansätze Interkulturalität und soziale Integration fördern können sowie Inklusion in vielfacher Hinsicht ermöglichen (Ziegenmeyer 2016). Das Erfinden von Musik im Musikunterricht lässt sich so konzipieren, dass die Schüler_innen keine besonderen Vorkenntnisse mitbringen und kaum Voraussetzungen erfüllen müssen, sondern vielmehr in der Situation sind sich gegenseitig unterstützen und gemeinsam etwas für sie Neues, Eigenes entwickeln zu können. Insofern wäre es zu begrüßen, wenn das Musik Erfinden im Rahmen des Unterrichts an Grundschulen – einschließlich kooperativer Lehrveranstaltungen – im Fokus musikpädagogischer Aufmerksamkeit bliebe und improvisations- und kompositionspädagogische Angebote weiterentwickelt würden.[4]

---

4 Darauf, dass dies der Fall ist, lässt die Publikation „Komponieren im Musikunterricht der Grundschule" von Joana Grow (2018) schließen, die zum Zeitpunkt der Entstehung dieses Textes noch nicht vorlag.

Literaturverzeichnis

Glover, J. (2000). Children Composing 4–14, London: Routledge.

Grow, J. (2018). Komponieren im Musikunterricht der Grundschule. Münster: LIT.

Kotzian, R. (2015). Musik erfinden mit Kindern. Elementares Improvisieren, Arrangieren und Komponieren. Mainz: Schott.

Kranefeld, U. (Hrsg.) (2013). Empirische Bildungsforschung zu Jedem Kind ein Instrument. Ergebnisse des BMBF-Forschungsschwerpunkts zu den Aspekten Kooperation, Teilhabe und Teilnahme, Wirkung und Unterrichtsqualität. Bielefeld: Universität Bielefeld. (Broschüre zur Tagung „Perspektiven der Forschung zur Kulturellen Bildung" des BMBF)

Kranefeld, U. (Hrsg.) (2015). Instrumentalunterricht in der Grundschule. Prozess- und Wirkungsanalysen zum Programm Jedem Kind ein Instrument. (Reihe Empirische Bildungsforschung). Berlin: BMBF. (Abschlussband des BMBF-Forschungsschwerpunkts)

Kranefeld, U. (Hrsg.) (2016). Musikalische Bildungsverläufe nach der Grundschulzeit. Ausgewählte Ergebnisse des BMBF-Forschungsschwerpunkts zu den Aspekten Adaptivität, Teilhabe und Wirkung. Dortmund: Musikpädagogische Forschungsstelle.

Louven, C./Ritter, A. (2012). Hargreaves' Offenohrigkeit. Ein neues, softwarebasiertes Forschungsdesign. In: Knigge, J./Niessen, A. (Hrsg.), Musikpädagogisches Handeln. Begriffe, Erscheinungsformen, politische Dimensionen (Musikpädagogische Forschung 33), Essen 2012, S. 275–299.

de la Motte, D. (2001). Wege zum Komponieren. Ermutigung und Hilfestellung, Kassel: Bärenreiter.

Reitinger, R. (2008). Musik erfinden: Kompositionen von Kindern als Ausdruck ihres musikalischen Vorstellungsvermögens. Regensburg: ConBrio.

Ribke, J./Dartsch, M. (Hrsg.) (2004). Gestaltungsprozesse erfahren – lernen – lehren: Texte und Materialien zur Elementaren Musikpädagogik. Regensburg: ConBrio.

Roszak, Stefan (2015). Elementares Komponieren. Ein kompositionsdidaktisches Modell zum Erfinden experimenteller Musik. In: Zeitschrift ästhetische Bildung 6 (2), 2015.

Schlothfeldt, M. (2009). Komponieren im Unterricht, Hildesheim: Olms.

Schmeling, A./Kaul, M. (2011). Musikerfindung in Beziehung zur Welt. Die Kompositionsklasse für Kinder und Jugendliche in Winsen. In: Vandré, P./Lang, B. (Hrsg.). Komponieren mit Schülern, Regensburg: ConBrio

Schlothfeldt, M./Vandré, P. (Hrsg.) (2018). Weikersheimer Gespräche zur Kompositionspädagogik. Regensburg: ConBrio.

Senker, M. (2015). „Wir durften sogar eigene Stücke komponieren". Drei Konzepte für das Komponieren im Grundschulalter: http://www.ensembleruhr.de/projekte/2015/kidz/ (zuletzt aufgerufen am 24. 8. 2016).

Ziegenmeyer, A. (2016). Komponieren – eine Chance für den inklusiven Unterricht?, In: Diskussion Musikpädagogik 70, 2/2016, S. 36–47.

Im Spannungsfeld von Selbstbestimmung und Musikunterricht

Experimentelles Klassenmusizieren – konzeptionelle Ansätze und praktische Beispiele

Achim Tang

Das allgemeine Ziel der Förderung des gemeinsamen Musizierens, Singens oder Tanzens lässt weitgehend offen, wie diese gemeinsame Praxis im Unterricht konkret gestaltet werden soll. Im Sinne einer ernst gemeinten kulturellen Schulentwicklung sind deswegen auch pädagogisch didaktische Konzepte und Unterrichtssettings kritisch zu diskutieren. Das Hauptaugenmerk des Workshops gilt dabei Formen von Selbstbestimmung im Musikunterricht. Folgende Fragen sollen am Beispiel improvisierenden Klassenmusizierens verfolgt werden: Welche Formen des Lehrens und selbstbestimmten Musizierens und Musik-Lernens lassen sich im Rahmen des schulischen Unterrichts verwirklichen? Wie ist dieser Unterricht zu gestalten, damit das Ziel, ein nachhaltiges Interesse am aktiven Musizieren [...] zu wecken, erreicht wird? Wie sehen Ansätze populärer, improvisierter und zeitgenössischer Musik in der Praxis aus und wie zeigen sich in der Praxis die anvisierten pädagogischen Qualitäten wie Schülerorientierung, Demokratisierung, Selbstbestimmung und Partizipation? Soweit die Ankündigung zu einem Workshop, in dem Christina Keune und ich im Rahmen der Tagung „Kultur der Schule – Schule der Kultur" eingeladen waren, schülerorientierte Ansätze aus unserer praktischen Arbeit vorzustellen. In folgendem Text möchte ich den oben formulierten Fragen Fragen weiter nachgehen, den Ansatz eines experimentierenden Klassenmusizierens vorstellen und dabei die Balance zwischen Selbstorganisation und Anleitung in den Mittelpunkt der Aufmerksamkeit stellen.

Musikunterricht

Die hier vorgestellten konzeptionellen Gedanken und praktischen Vorschläge zum musikalischen Zusammenspiel mit Kindern im Rahmen des Schulunterrichtes sind aus dem Bedürfnis heraus entstanden, gemeinsam mit den Kindern in kreativen Prozessen eine Musik zu erarbeiten, die für alle Beteiligten – also auch für mich – gleichermaßen interessant ist. Dementsprechend lasse ich mich auch bei der Vorbereitung meiner „*Schulstunden*" vor allem von musikalischen

Überlegungen leiten. Als improvisierender Musiker gehe ich zudem mit einer suchenden und forschenden, nicht mit einer erklärenden Haltung ans Werk: es sind die Fragen nach dem Klang als Ausgangspunkt für musikalische Gestaltung, nach den vielfältigen Möglichkeiten musikalischer Kommunikation oder nach der, von konventionellen Kategorien oder stilistischen Vorgaben unabhängigen ästhetischen Qualität von Musik, die mich beschäftigen. Diese Fragen in die Schule mitzunehmen und mit den Kindern gemeinsam immer wieder aufs Neue nach für uns stimmigen Antworten zu suchen ist für mich zugleich Herausforderung und Motivation in der (musik)pädagogischen Arbeit. Ob die oben formulierte Zielsetzung, bei den Kindern ein *„nachhaltiges Interesse am aktiven Musizieren und Tanzen zu wecken"* auf diese Weise erreicht werden kann, steht zur Diskussion.

Im Duden wird Unterricht als *„planmäßige, regelmäßige Unterweisung Lernender durch eine[n] Lehrende[n]"* definiert. Das hier implizit formulierte Rollenbild des *„Lehrenden"* empfinde ich für meine Arbeit als unangemessen, weshalb ich meist versuche, den Begriff *„Unterricht"* in diesem Zusammenhang zu vermeiden. Auch die formale Struktur, in der *„Unterricht"* in der Schule stattfindet (wechselnde Fächer in einem 45 Minuten Takt, wenig inhaltliche und/oder strukturelle Mitbestimmungsmöglichkeiten für die Kinder, *„leistungsorientierte"* Benotung) ist einer gleichberechtigten musikalischen Zusammenarbeit nicht eben förderlich. Schule und Unterricht sind aber mit ihren formalen Rahmenbedingungen, ein Teil unserer Gesellschaft und sollen hier auch gar nicht in Frage gestellt werden. Vielmehr geht es mir darum, die Spannungen, die zwischen einem ästhetisch/musikalischen Ansatz und dem institutionell/pädagogischen Arbeitsumfeld entstehen, wahrzunehmen und sie als Teil der Herausforderung künstlerischer Arbeit in der Schule zu begreifen.

In der praktischen Arbeit gehe ich bewusst über eine didaktische Reduktion der Musik hinaus, durch welche diese unter dem Stichwort der *„Kompetenzorientierung"* immer wieder auf handwerkliche Aspekte oder die abstrakte Vermittlung der abendländischen Regelsysteme beschränkt wird. Im Gegensatz dazu möchte ich das Phänomen Musik zusammen mit den Kindern so ganzheitlich wie eben möglich erforschen und ihnen dabei meinen Erfahrungsvorsprung als Musiker zur Verfügung stellen. Die musikalischen Notwendigkeiten, die wir bei diesen Forschungen entdecken, werden uns vielfach wieder zu den *„konventionellen"* musikalischen Regeln (wie Rhythmik, Harmonik, Dynamik) führen. Diese gelten für uns aber nicht a priori, sie ergeben sich aus dem schöpferischen Zusammenspiel und stehen uns neben anderen Möglichkeiten in der musikalischen Gestaltung zur Verfügung.

Selbstbestimmung

Der Begriff der „*Selbstbestimmung*" bedarf, ebenso wie der Begriff „*Unterricht*", in unserem Zusammenhang einer kurzen Betrachtung und Reflexion. „*Selbstbestimmung*" geht in ihrer Definition von einem Selbst aus, welches eigene Interessen und Bedürfnisse möglichst unbeeinflusst von äußeren Einflüssen empfindet, artikuliert und gegenüber anderen durchsetzt oder verhandelt. Dabei ist das soziale Umfeld natürlich von zentraler Bedeutung: „*Autonom sind wir nie allein. Erst im sozialen Kontext können wir unsere Autonomie erproben*", sagt Beate Rössler (2011) in einem Interview. „*Wir müssen das sichere Gefühl haben, dass wir wirklich unser eigenes Leben leben und nicht eines, das andere von uns erwarten, (…) zum Beispiel (…) die Familie oder auch allgemeine gesellschaftliche Konventionen*". Wenn wir also im Zusammenhang von Schule und Unterricht von Selbstbestimmung sprechen, sind die spezifischen, oben bereits angedeuteten Rahmenbedingungen des Schulsystems, die Gruppendynamik in einem (willkürlich zusammengesetzten) Klassenverband und die Gestaltung der Beziehungen zwischen Kindern und Erwachsenen mit zu berücksichtigen. „*Die Freiheit des einen endet da, wo die Freiheit des anderen anfängt*". In diesem Sinne ist die Auseinandersetzung mit Selbstbestimmung und sozialer Interaktion immer auch Teil der musikalischen Zusammenarbeit in einer Schulklasse (wie wahrscheinlich jeder Form von Unterricht).

Das Diktat einer individuellen „*Selbstbestimmung*" wird aktuell in unserer Gesellschaft nicht zuletzt von der Werbung gebetsmühlenartig betont („*Unterm Strich zähl ich – Postbank*"). Das kann eine auf die Gruppe bezogene, solidarische Zusammenarbeit verhindern oder erschweren, da jede_r nur darauf schaut, ob die eigenen „*Bedürfnisse*" auch adäquat berücksichtigt werden. Für eine musikalische Zusammenarbeit, wie wir sie anstreben, gilt viel eher der Satz des Aristoteles, dass das Ganze mehr ist als die Summe seiner Teile. Mit diesem wird eine Haltung beschrieben, in der persönliche Erfüllung durch die Beteiligung an einer gemeinsamen Aktion erreicht wird und die eigene musikalische Geste erst im Kontext des Ensembleklangs ihre Bedeutung erlangt.

In diesem Zusammenhang steht auch der bereits weiter oben zitierte Begriff der „*Notwendigkeit*", welcher insbesondere in künstlerisch/musikalischen Zusammenhängen eine wichtige Rolle spielt. Der Maler Willi Baumeister spricht in seinem Buch „*Über das Unbekannte in der Kunst*" (erstmalig erschienen 1960) von den „*Formkräften*" in einer bildlichen Komposition, denen er als Maler folgt und dazu die eigene Vision davon, wie das Bild aussehen sollte, im Prozess des Malens zumindest ein Stück weit aufgibt. Das gilt aus meiner Sicht auch für die Musik, die unabhängig von den Absichten eines Komponisten (oder auch eines improvisierenden Musikers) eigene „*Notwendigkeiten*" in sich trägt, die berücksichtigt werden wollen.

Ausgehend von solchen Überlegungen und in dem Wunsch, die musikalische Zusammenarbeit mit den Kindern als künstlerische Arbeit wertschätzen und ernst zu nehmen, achte ich bei der Planung und Inszenierung von *„Unterricht"* unter anderem darauf:

- Musik nicht von außen in eine Gruppe hineinzutragen, sondern gemeinsam mit den Kindern in einem kreativen Prozess die musikalischen Formen zu entwickeln, die der jeweiligen Gruppe angemessenen sind. Dieser Ansatz beinhaltet unter anderem die Schwierigkeit, mit ganz unterschiedlichen Dimensionen musikalischer Gestaltung gleichzeitig umgehen zu müssen: klangliche, rhythmische, instrumentaltechnische, formale und dramaturgische Fragen stehen zur Debatte und es ist mir ein Anliegen, diese Fragen auf einem möglichst hohen künstlerischen Niveau zu diskutieren und in der Entwicklung der Musik zu berücksichtigen.
- innerhalb des kreativen Prozesses unterschiedliche Möglichkeiten der Mitarbeit anzubieten, so dass sich jedes Kind auf seine eigene Art und Weise an dem gemeinsamen Projekt beteiligen kann. Wenn jemand zum Beispiel nicht gerne auf der Bühne steht, könnte die Rolle des Regisseurs eine Möglichkeit sein, aber auch eine visuelle Umsetzung des musikalischen Geschehens (die entweder als Partitur genutzt werden kann oder die Performance durch eine Ausstellung bereichert) ist denkbar. Hier sind wir als Gruppenleiter_innen gefordert, die Kinder genau zu beobachten und die entsprechenden Freiräume zu erfinden und anzubieten.

Interaktion/Komposition/Improvisation

Der im Folgenden beschriebene Ansatz besteht aus zwei Phasen: zum Einstieg in die Zusammenarbeit mit einer ersten Klasse einer Kölner Grundschule habe ich eine Stunde konzipiert, in der zum einen eine Reihe von Instrumenten vorgestellt werden und die Kinder zum anderen bereits eine musikalisch ästhetische Erfahrung im Zusammenspiel machen können. In dieser ersten Phase (Instrumentenkreis) ist der Gestaltungsspielraum der Kinder eher gering, die Vorgaben sind sehr strikt und lassen schöpferische Ideen nur in einem klar definierten Rahmen zu. In der zweiten Phase (Gruppenarbeiten) kehrt sich das Verhältnis von Vorgabe und Gestaltungsspielraum um: die Kinder sind jetzt aufgerufen, eigene Ideen zu formulieren und in kleinen Gruppen auszuarbeiten, die dann zu Ausgangspunkt einer konzeptionell kompositorischen Arbeit werden.

In der Schule standen uns verschiedene Instrumente zur Verfügung. Meine Entscheidung, in diesem Projekt mit Gitarren, Bongo Trommeln, Becken, Xylophonen und Schlauchtrompeten zu arbeiten war vor allem durch meine Einschätzung begründet, mit diesem Instrumentarium sowohl im Tutti der ganzen Klasse als auch in kleinen Gruppen ein interessantes Klangbild erreichen zu können.

Der Instrumentenkreis

Die Klasse versammelt sich für die erste Stunde im Sitzkreis, in der Mitte des Kreises liegen jeweils zwei der beschriebenen Instrumente. Nach einer kurzen Begrüßung beginne ich mit dem Vorstellen des ersten Instrumentes, in etwa so: *„Das ist eine Gitarre, sie hat sechs Saiten und gehört zu den Zupfinstrumenten. Man kann lange und kurze Töne darauf spielen, diese können laut und leise sein. Man kann alle Saiten gleichzeitig anschlagen, oder nur eine einzelne Saite. Wenn man mit dem Finger der linken Hand die Saite zwischen den Bundstäben herunterdrückt, verändert sich der Ton.“* Alle Möglichkeiten stelle ich den Kindern ich während ich spreche praktisch vor. Nach diesen Erklärungen gebe ich die Gitarre einem der Kinder im Kreis und fordere es auf, einen kurzen Ton zu spielen. Dabei wird neben dem Zupfen (*„…mit dem Daumen, mit dem Zeigefinger: macht das einen klanglichen Unterschied?“*) auch direkt die Technik des Abstoppens (mit der Handfläche der rechten Hand) in die Übung einbezogen. Nachdem das erste Kind seinen Ton gespielt hat, gibt es das Instrument an das nächste Kind weiter, welches ebenfalls einen kurzen Ton spielt. Dieser zweite Ton soll möglichst anders klingen als der erste. Dabei stellen sich einige Fragen, zum Beispiel:

- *Worin könnten sich die beiden Töne unterscheiden (Tonhöhe, Dynamik, Klangfarbe)?*
- *Wie viel Spielraum bietet die Spielanweisung „kurzer Ton“, wann ist ein Ton nicht mehr kurz?*

Diese und andere Fragen werden im Verlauf des Spiels erörtert, ohne viel Aufmerksamkeit zu beanspruchen.

Nachdem die ersten zwei oder drei Kinder je einen kurzen Ton gespielt und wir dabei mögliche Unterschiede zwischen den einzelnen Tönen thematisiert haben, kommt eine zweite Gitarre ins Spiel, die beiden Kinder, die jetzt die Gitarren spielen, sollten sich im Kreis in etwa gegenübersitzen. Die Aufgabe bleibt für beide Spieler_innen die gleiche, nur dass die Kinder nun zusätzlich aufgefordert werden, ihre beiden Töne hintereinander zu spielen und dazwischen eine kleine Pause zu lassen. Das erfordert neben dem Zupfen und dem Abstoppen zusätzlich ein aufeinander bezogenes, koordiniertes Spiel. Wie sie diese Aufgabe lösen können, finden sie selbst heraus, wobei Tipps der anderen Kinder natürlich willkommen sind (*„Wer beginnt? Wie lang ist die Pause?“*). Die

Kinder geben ihre Instrumente an die jeweils nächsten Kinder weiter, wobei die beiden Aktionen *spielen* und *weitergeben* klar voneinander getrennt sind, so dass nicht ein Kind sein Instrument schon weiterreicht, während das andere noch spielt oder noch gar nicht gespielt hat! Ständig wechselnde SpielerInnen wiederholen also folgenden Ablauf:

– Git 1 (kurz) – Pause (ad lib) – Git 2 (kurz) –

Nach ein paar Wiederholungen führe ich analog zum Vorstellen der Gitarre ein zweites Instrument ein, in etwa so: *„Das ist eine Schlauchtrompete. Ich habe sie selbst gebaut und sie ist einer echten Trompete nachempfunden. Trompete spielt man, indem man die Lippen spannt und die Luft dann so hindurchbläst, dass ein Ton entsteht. Wenn Dir das gelingt, kannst Du das Mundstück ansetzen und den Ton auf der Trompete spielen. Du brauchst dazu nicht viel Kraft, aber viel Spannung auf Deinen Lippen".* Nun bekommt ein Kind die Trompete und die Aufgabe, im Anschluss an die beiden kurzen Gitarrentöne einen möglichst langen Ton zu spielen. Unser *„Musikstück"* besteht also jetzt aus drei Elementen:

– Git 1 (kurz) – Pause (ad lib) – Git 2 (kurz) – Pause (ad lib) – Tp (lang) –

Wiederum geben die Kinder ihre Instrumente erst *nachdem* alle gespielt haben an ihre Nachbar_innen weiter (beim Verwenden von Trompeten oder anderen Blasinstrumenten unbedingt daran denken, eine Möglichkeit zum Putzen des Mundstückes anzubieten). Nach ein paar Versuchen kommt eine zweite Schlauchtrompete dazu, die der ersten Trompete in etwa gegenübersitzt: die Trompeten spielen ihren langen Ton nun genau zusammen *(„gemeinsamer Anfang, eventuell unterschiedlicher Schluss: wer hat den längeren Atem?").* Auch hier müssen die Kinder also Wege finden, sich zu koordinieren, unser Stück hat sich einmal mehr verändert:

– Git 1 (kurz) – Pause (ad lib) – Git 2 (kurz) – Pause (ad lib) – Tp 1/Tp 2 (lang) –

Es ist wichtig, das Weitergeben der Instrumente im Spiel bewusst mit zu inszenieren: *„Das Musikstück muss zu Ende sein, bevor die Instrumente weitergegeben werden".* Dadurch wird der Stückcharakter im Spiel betont und zwischen den einzelnen Versionen desselben Stücks entsteht Raum für kurze Reflexionen.

Auf die gleiche Art und Weise kommen nun nach und nach die anderen Instrumente dazu, die jeweils spezifische Spielaufträge erhalten, wodurch die basale Komposition immer komplexer wird. Jedes neue Instrument wird kurz vorgestellt und spielt dann unmittelbar eine Rolle im Kontext des Stückes. So bekommen im Verlauf der Übung die Kinder in der Klasse alle Instrumente mehrfach zum Probieren in die Hand und sind dabei gleichzeitig immer Teil einer gemeinsamen musikalischen Aktion. Die Spielaufträge können von dem jeweiligen Leiter_in der Gruppe in seinem/ihrem Sinne formuliert werden und auf unterschiedliche Parameter, instrumentale Spieltechniken oder rhythmische Muster eingehen. Sie sollten aber in der aufeinander bezogenen Abfolge einen musikalischen Sinn ergeben, um dem formalen Rahmen des Zusammenspiels eine ästhetische Qualität zu geben. Die Auseinandersetzung mit der Frage nach dem *„musikalischen Sinn"* und der *„ästhetischen Qualität"* ist also bereits Teil der *„Unterrichtsvorbereitung"*.

Der Stückcharakter, der sich wie oben beschrieben durch die spezifischen Spielanweisungen und die Wiederholungen der einzelnen Aktionen ergibt, wird von den unterschiedlichen Spieler_innen in seiner klanglichen Dimension ständig verändert, bleibt in seiner formalen Struktur aber gleich. Dabei werden einmal mehr verschiedene musikalische Fragen am praktischen Beispiel erörtert, etwa:

- *Wie lang können die Pausen zwischen den Einsätzen sein, ohne dass die Spannung verloren geht?).*
- *Welche musikalischen Parameter sind durch den Spielauftrag determiniert? Welcher Gestaltungsspielraum bleibt mir als Spieler_in?*

Durch das ständige Rotieren der Instrumente im Kreis sind alle Kinder permanent involviert, die Kinder, die gerade nicht spielen, sind als Zuhörende immer aktiv und an den Reflexionen über die entstandene Musik beteiligt. Am Ende der Stunde hatte ich in meiner Klasse fünf Instrumente vorgestellt, bis zu zehn Kinder hatten jeweils gleichzeitig eine kleine, auf den einfachen Spielanweisungen beruhende Komposition gespielt und in dem gegebenen Rahmen mitgestaltet und dabei unter anderem folgende Aspekte geübt:

- Spielen des Instrumentes, (Er-)Finden unterschiedlicher Klänge
- Differenzierung zwischen langen und kurzen Tönen
- Koordination von musikalischen Aktionen (gleichzeitig – nacheinander)
- Variation der Klänge in einem gleichbleibenden, formalen Schema
- Anfang und Ende eines Musikstücks (Stille!)

Dieser *Instrumentenkreis* ist eine Übung. Neben dem Einführen von verschiedenen Instrumenten, die den Kindern in der Folge für eigene musikalische Experimente zur Verfügung stehen, können in dieser Übung vielfältige musikalische Parameter thematisiert werden (in diesem Beispiel: kurz und lang). Außerdem werden durch das aufeinander bezogene und formal klar strukturierte Zusammenspiel Möglichkeiten aufgezeigt, wie musikalische Aktionen zu einem sinnvollen Ganzen komponiert werden können. Auch wenn der Begriff *„Komposition"* für die an dieser Stelle verwendete einfache Strukturierung von Klangereignissen und Pausen etwas unangemessen erscheinen mag, ist es mir wichtig, die durch die Spielanweisungen entstehende Musik tatsächlich als formales Stück zu verstehen und auch erlebbar zu machen, um so weitere Impulse für die nun folgenden eigenen musikalischen Versuche anzubieten.

Gruppenarbeiten 1

Im Anschluss an diese Übung habe ich die Kinder unmittelbar eingeladen, selbstständig in kleinen Gruppen spontan Musikstücke zu erfinden und diese den anderen Kindern der Klasse vorzuspielen. Dazu haben wir die Klasse in vier Gruppen geteilt: während die erste Gruppe kurz Zeit hatte, miteinander zu klären, wer welches Instrument spielen wird und gegebenenfalls weitere Absprachen über die Musik zu treffen (etwa Anfang, Reihenfolge und/oder Schluss), gestalteten die anderen den Raum so, dass ein Platz als Bühne definiert wurde und wir uns, wie das Publikum in einem Theater, vor dieser Bühne platzieren konnten.

Um den Musikstücken die nötige Ruhe und Würdigung zu geben, haben wir die *Drei Sekunden* Regel erfunden: *„Jedes Stück Musik beginnt und endet in Stille. Damit wir den Anfang nicht verpassen sind wir alle vor Beginn des Stückes genau drei Sekunden lang still. Ich zeige die drei Sekunden mit drei Fingern einer Hand an (drei – zwei – eins – los), beginne aber erst zu zählen, wenn es wirklich still geworden ist".* So starr diese Regel klingt, war sie für die Kinder doch völlig einleuchtend und wurde von allen akzeptiert. Das lag vor allem daran, dass die Kinder das Anzeigen der Sekunden bald selbst übernehmen konnten, was schnell eine beliebte Aufgabe wurde und nebenbei zu einer impliziten Auseinandersetzung mit dem Thema Stille führte (*„wie streng will/muss ich sein um die drei Sekunden sinnvoll zu gestalten? Wie nehme ich die Geräusche wahr, die um mich herum entstehen?"*)

Die Improvisationen, die die Kinder dann in den kleinen Ensembles spielten, waren von erstaunlicher Ruhe und Konzentration geprägt, sowohl auf Seiten der Musiker_innen als auch im Publikum. Die in der vorausgegangenen Übung erlebten Spielformen (gleichzeitig, nacheinander, kurz und lang) tauchten spontan in fast allen Stücken wieder auf, einige Gruppen hatten bereits rudimentäre Absprachen über den Verlauf der Stücke getroffen, die sich zumeist auf Anfang und Ende bezogen.

Gruppenarbeiten 2

Die Kooperation mit der Klasse ging im wöchentlichen Rhythmus weiter, und war nun eine zeitlang auf die Arbeit in kleineren Gruppen konzentriert. Wir haben fünf Gruppen gebildet, jeder Gruppe standen die fünf, im Tutti vorgestellten Instrumente für ihre musikalischen Experimente zur Verfügung, alle Gruppen waren also mit Gitarre, Schlauchtrompete, Becken, Xylophon und Bongotrommel gleich besetzt. Die Gruppen bekamen den Auftrag, mit diesen Instrumenten ein Musikstück zu entwerfen und sich dabei auf einen bestimmten, von mir vorgegebenen Begriff zu beziehen. Die verwendeten Begriffe waren:

- Rund – Eckig – Grau – Groß – Warm.

Diese Begriffe sollten den Kindern eine Orientierung und einen assoziativen Ausgangspunkt anbieten, ohne dabei allzu sehr in den kreativen Prozess einzugreifen. Sie sind also nicht als Vorgabe gedacht, welche die Kinder umzusetzen haben sondern als Hilfestellung beim Einstieg in die musikalische Gestaltung. Dementsprechend habe ich mich bei der Wahl der Begriffe darum bemüht Worte zu finden, die keine eindeutigen klanglichen Assoziationen hervorrufen und die dennoch für die Kinder greifbar sind. Die entstehende Musik sollte aus sich selbst heraus funktionieren und nicht nur in Beziehung mit dem vorgegebenen Begriff verstanden werden. Außerdem ist es beinahe ausgeschlossen, zu den verwendeten Begriffen *„falsche"* oder *„richtige"* musikalische Interpretationen zu entwickeln.

In allen Gruppen sind unmittelbar klanglich differenzierte, mehrteilige Stücke entstanden, die wir uns gegenseitig vorgespielt haben. Beim Anhören der Musikstücke habe ich ganz bewusst darauf verzichtet, die Musik in Beziehung zu den verwendeten Begriffen zu setzen *(„War das Grau wirklich zu hören?")*. Stattdessen habe ich versucht, die in den Gruppen entstandene Musik gemeinsam mit den Kindern unabhängig von gestellten Aufgabe zu reflektieren und die ästhetischen Qualitäten, die zu hören waren, zu benennen und zu betonen. Dabei war auch die Suche nach angemessenen Begriffen für die Beschreibung solcher Qualitäten Teil der Reflexion.

Im Verlauf dieser Gruppenarbeiten, die sich über mehrere Wochen erstreckte, haben alle fünf Gruppen intensiv an eigenen Ideen gearbeitet. Dabei haben die Begriffe, die ich der Arbeit vorangestellt hatte, trotz allem immer eine Rolle gespielt:

- die *runde* Gruppe entwickelte beispielsweise Spieltechniken, die alle auf Kreisbewegungen beruhten (kreisende Bewegungen auf der Gitarre und dem Xylophon, das Becken drehen und einen Stick darauf halten, die Bongotrommel mit einer Murmel präparieren und drehen). Konsequenterweise haben die Kinder dieser Gruppe die Schlauchtrompete gegen eine zweite Trommel ausgetauscht da es ihnen nicht möglich war, eine kreisende Bewegung für dieses Instrument zu finden.
- die *warme* Gruppe war stark klanglich inspiriert und hat insbesondere leise und weiche Klänge zur Gestaltung verwendet

- die *große* Gruppe hat sich mit Dynamik beschäftigt: ihr Stück bestand im Wesentlichen aus einem allmählichen Crescendo

Alle Stücke fanden im Lauf des Projektes zu einer eigenen Identität, sie waren in ihrem klanglichen Charakter sehr spezifisch und konnten von den Kindern eindeutig wiederholt und voneinander unterschieden werden. Für das abschließende Klassenkonzert haben wir die entstandenen fünf Stücke miteinander kombiniert und in einer grafisch organisierten Gesamtkomposition aufgeführt. Dabei war es wichtig, dass jede Gruppe ihr kleines Stück mehrfach spielen konnte: durch die Wiederholung des gleichen Materials im Kontext der Gesamtkomposition wurde die Klarheit in der musikalischen Gestaltung auch für das Publikum deutlich. Die Suche nach einer guten der Reihenfolge hat wieder zu einer komplexen musikalischen Diskussion geführt:

- Welche Stücke passen gut hintereinander, und warum?
- Wie können die Übergänge zwischen den einzelnen Stücken sinnvoll gestaltet werden (allmählicher Übergang, Pause, abrupter Bruch)?

Coda

Experimentelles Klassenmusizieren kann – wenn es in seinen künstlerisch/musikalischen Aspekten ernst genommen wird – wertvolle Möglichkeiten explorierenden Arbeitens mit vielfältigen musikalischen Ausdrucksformen bieten. Es schafft zudem einen Raum, der eine stärkere Orientierung an den Lernprozessen der Musizierenden ermöglicht, weil er von den Musizierenden selbst praktisch hervorgebracht wird. Es fordert aber auch Kinder und Erwachsene gleichermaßen dazu auf, ihre Hörgewohnheiten zu erweitern und für die klanglichen Differenzierungen, die sich in der praktischen Arbeit entwickeln, sensibel zu werden. Nicht zuletzt bietet es darüber hinaus Gelegenheiten für kooperatives Arbeiten, das allen Beteiligten die Möglichkeit gibt, sich mit ihrer spezifischen Erfahrung einzubringen.

Literaturverzeichnis

Baumeister, W. (1988). Über das Unbekannte in der Kunst. Köln: DuMont.
Rössler, B. (2011). Autonomie ist eine abhängige Freiheit. https://www.tagesspiegel.de/wissen/philosophin-beate-roessler-autonomie-ist-eine-abhaengige-freiheit/5733014.html, letzter Zugriff 01. 05. 2018.

„Musik von Anfang an" als Aufforderung zum kulturpädagogischen Experiment

Franz Kasper Krönig

Im Folgenden soll ein Vorschlag für eine kulturpädagogische Begründung des Zieles, Musik von Anfang an mit allen Kindern zu machen, vorgestellt werden. Wenn man sagt „Musik von Anfang an", sagt man schließlich: lieber früher als später, lieber alle Kinder als nur manche, lieber Musikpraxis als Musiktheorie, lieber ästhetisches Handeln und Erleben als vorbereitendes, sozusagen „trockenes" Lernen und Üben. Die Realisierung dieser Präferenzen in „echter" Praxis ist derart herausfordernd, dass eine akzeptable, vielleicht sogar inspirierende Begründung der Notwendigkeit bzw. mindestens des Sinns dieser „Strapaze", unerlässlich ist. Im Folgenden soll ein solcher Begründungsversuch skizziert werden.

„Musik von Anfang an" und Subjektbildung

An Schulen, Musikschulen und am Ganztag bekommen wir es mit Schüler_innen zu tun. „Schüler" ist die Bezeichnung einer Rolle in diesen Bildungssystemen, an die sich ganz bestimmte Erwartungen richten bzw., die erst durch diese Erwartungen hergestellt wird. Bildung und Erziehung von Schüler_innen heißt, Kinder an diese nicht verhandelbaren Erwartungen anzupassen und den jeweiligen Grad der Anpassung als „Leistung" zu bewerten und damit wahrscheinlicher zu machen. Wer als Schüler erfolgreich ist, ist also zu Anpassungsleistungen, man könnte auch sagen: Selbst-Trivialisierung (vgl. Luhmann, 2002, S. 77 f.; vgl. von Foerster, 1993, S. 208) in besonderer Weise geneigt und geeignet.

Ganz anders wäre Bildung von Subjekten zu verstehen. Zeigt jemand in der Schule oder Musikschule unerwartetes, eigenartiges Verhalten, ist nicht kategorisierbar, nicht beurteil- und bewertbar und nimmt vielleicht sogar – ganz im Gegenteil – selbst Beurteilungen und Bewertungen vor und möchte über die Rahmenbedingungen der je gegebenen Situation verhandeln, zeigt sich er oder sie als Subjekt und wird dadurch für die Schule zu einem Problem. Subjekte sind sozusagen für Schule nicht zu bewältigen. Man kann sie nicht einschätzen, nicht vorhersehen, nicht steuern und nicht beurteilen. Nicht nur die Schule, sondern „die Gesellschaft setzt im allgemeinen heute auf Nichtindividuation eine Prämie; darauf, daß man mitmacht" (Adorno, 1969, S. 122), was Adorno zu der Einschätzung führt, dass das Individuum „heute nur als Kraftzentrum des Widerstandes" (Adorno, 1969, S. 123) überlebe. Kulturpädagogisch müssen wir aber zunächst danach fragen, wie es überhaupt zur Bildung von Subjekten und deren Individualität kommen kann. Geht man von einem klassischen Begriff des Individuums aus, in dessen Zentrum die Unvertretbarkeit, Unauslotbarkeit und Unteilbarkeit steht, wird deutlich, welchen enormen Stellenwert die ästhetische Bildung dabei einnimmt. Man könnte das an allen drei genannten negativen Kennzeichen durchspielen. An dieser Stelle soll nur kurz skizziert werden, dass ästhetische Bildung eine notwendige Bedingung der Idee einer Unauslotbarkeit des individuellen Subjekts darstellt, wobei sich daraus unmittelbar die Begründung der Unvertretbarkeit ableiten lässt:

Wenn sich ein Subjekt nicht von anderen in relevanter Weise unterscheiden könnte, stünde der vollen Funktionalisierung nichts im Wege: es wäre ersetzbar durch andere. Die Unterscheidungen, um die es hier geht, können keine aus dem Bereich der Faktizität sein, d.h. dem, was dem Subjekt sozusagen zugefallen ist. So kann ich meine Individualität nicht dadurch ausweisen, dass ich meinen individuellen Fingerabdruck oder sonstige körperliche Merkmale vorzeige. Auch wird es mir nicht gelingen, sprachlich auszudrücken, was mich ausmacht, was mich von anderen unterscheidet und welche Sicht auf die Welt die spezifisch meinige ist. Oder doch? Die Bedingung dafür wäre, dass ich meine eigene Sprache forme, Ausdruck entwickle, feine Differenzierungen vornehmen kann, kurz: Sprache als ästhetisches Medium entdecke, mir aneigne und gebrauche. Man könnte also sagen, dass es eine wesentliche, vielleicht sogar die vorrangige Bedeutung kultureller Bedeutung ist, ausgehend von der prinzipiellen Nicht-Feststellbarkeit und Unsagbarkeit (vgl. Jannidis, 2004) der eigenen (unterstellten, vielleicht geahnten) Individualität, die nicht abschließbare Suche nach der Erfahrung und Mitteilbarkeit des wesentlich Eigenen nicht als Scheitern zu begreifen, sondern als Aufruf, die Medien und Formen der Suche zu verfeinern, gleichzeitig die zu entdeckenden Differenzen (v.a.: Ich/Andere; Ich/Gesellschaft; Ich/potentielles Ich (z.B. früheres, zukünftiges)) zu vertiefen und Formen zu entwickeln und auszuprobieren, das Geahnte, aber auch scheinbare Scheiternserfahrungen auf der Suche danach, ausdrück- und mitteilbar zu machen.

„Musik von Anfang an" bezeichnet dann genau diesen Prozess der Selbstbildung im Medium der Musik. In Anbetracht der gesellschaftlichen und vor allem schulischen Situation, die – wie oben skizziert – Subjektbildung erschwert, wird Subjektbildung zu einer dringlichen, unverzichtbaren Aufgabe für Kulturpädagog_innen. Diese Aufgabe ist nicht nur aufgrund ihrer Relevanz inspirierend, sondern vor allem deshalb für Musikpädagog_innen akzeptabel, da sie nicht in Widerspruch mit originär musikpädagogischen Zielen gerät. Geht es um die Bildung von Ausdrucksfähigkeit im Medium Musik, übersetzt sich das musikpädagogisch ganz konkret auch in instrumentalpädagogische Zielsetzungen. Werden diese aber in den Zusammenhang der Subjektbildung gestellt, verschieben sich Prioritäten, wie im Folgenden zu zeigen sein wird.

Traditionelle musikdidaktische Antworten auf ein „problematisches Problem"

Musikpädagogik kann sich selbst in einem Spannungsfeld verorten, das durch den scheinbaren Gegensatz zwischen pädagogischer Niedrigschwelligkeit auf der einen Seite („für alle") und der Hochschwelligkeit ihres Mediums Musik auf der anderen Seite gekennzeichnet ist. Tut sie dies, verfehlt sie grundsätzlich ihr Ziel. Strukturell wird dann nämlich Barrierefreiheit genauso zu einem *Problem* wie ein Insistieren auf Musik als ästhetischem und damit voraussetzungsvollem Medium. Die zwei Hauptlösungen, die sich für dieses (Schein-)Problem entwickelt haben, sind die kleinschrittige, methodisch ausdifferenzierte und systematisch angelegte Musikdidaktik zum einen und die reformerische Wendung vom Ästhetischen zum Aisthetischen zum anderen. Während die aisthetische Didaktik gefahrläuft, sich mit Wahrnehmungsschulungen und spielerischen Zugängen schlichtweg ein handhabbareres Ziel anstelle des hochschwelligen ästhetischen Handelns und Erlebens zu geben, droht die klassische Musikdidaktik dieses Ziel zwar im Blick, aber immer nur in der Zukunft zu halten.

Die klassische kleinschrittige, aufbauende Musikdidaktik

Spätestens seit Pestalozzi gibt es systematisierte und ausdifferenzierte didaktische Ansätze, die vom Einfachen zum Komplexen führen und dieses Vorgehen bildungstheoretisch begründen (vgl. Pestalozzi, 1801, 1976). Auf dieser Grundlage entstehen nicht nur allgemeine, sondern auch fachspezifische Elementardidaktiken, die das Elementare als das zugleich Einfache und Signifikante sowie Notwendige für ihren Bereich ausbuchstabieren. Man spricht also von dem Elementaren, wenn man etwas „Einfaches" (im Unterschied zu dem Komplexen) zugleich als bedeutend und im Sinne einer systematisch aufeinander aufbauenden Bildungsarbeit für eine unverzichtbare Stufe (bzw. einen Schritt oder Baustein) hält, d. h. für ein Minimum, das nicht unterschritten oder übersprungen werden darf, um die Solidität des *Gebäudes* nicht zu gefährden. Gleichgültig, ob man das Elementare als *Baustein* innerhalb einer Gebäudemetapher, als *Schritt* in einer Wegemetapher oder als *Stufe* in einem psychologischen Entwicklungsmodell versteht: in allen Fällen macht das entsprechende Denken eine Plausibilität geltend, die sich aus dem Alltagsverständnis der genannten Metaphern bzw. Modelle speist. Schon John Dewey hat vor einhundert Jahren massive

Einwände gegen diese kleinschrittige, vorbereitende, vorausplanende Didaktik und deren zugrundeliegende bildungs- und lerntheoretische Annahmen vorgebracht (vgl. Dewey, 1916). Eine Richtung der Instrumentaldidaktik scheint von den dadurch angestoßenen Diskursen vergleichsweise unberührt zu sein und basiert nach wie vor auf der Idee *kleinschrittigen Fortschritts bzw. soliden Aufbaus.* Eine Mauer baut man von unten mit dem ersten Stein auf. Sind die ersten Steine nicht solide und sicher gesetzt, lässt sich schließlich nichts Gewichtiges aufbauen. Diese Mauer wird aus einer inklusionspädagogischen Perspektive allerdings als Barriere sichtbar. Der Erfolg dieses Ansatzes muss hinterfragt werden, wenn man die Kinder in den Blick nimmt, die auf dem langen kleinschrittigen Weg verloren gehen bzw. – um im Bild zu bleiben: die den ein oder anderen Stein gesetzt, ohne je erfahren zu haben, welche Bedeutung dieser in einem für sie nicht einmal imaginären[1], sondern schlichtweg inexistenten Gebäude haben könnte.

Die aisthetische Musikdidaktik

Die Praxis, ein Kind den ersten Stein legen zu lassen mit der Verheißung, dass daraus irgendwann ein schönes Gebäude entstehen wird, übersieht also, dass für das Kind erst einmal nichts Beeindruckendes und dann irgendwann, vielleicht, eine Mauer zu sehen ist. Ein – dann auch noch – eigenes Gebäude entstehen zu sehen, ist nur ganz wenigen vorbehalten. Was ist nun die Konsequenz für eine inklusive Elementardidaktik der Musik? Im Zuge einer pädagogischen Niedrigschwelligkeit und unserer leicht von Lippen gehenden Parole „Musik von Anfang an" scheint – um wiederum im Bild zu bleiben – die *Aufbauarbeit* am Gebäude zugunsten eines unmittelbar möglichen und kriterienlosen Spiels mit den Bausteinen preisgegeben zu werden. Die Steine können beliebig und nach Lust und Laune gehandhabt werden, um der Mühsal solider Vermittlungsarbeit – an die in Gruppensituationen ohnehin oft nicht geglaubt wird – zu entgehen. Kulturpädagogisch begründen lässt sich diese entlastende Praxis mit Verweisen auf das Spielerische und das Sinnliche sowie Leibliche bzw. mit der Betonung des Werts des Aisthetischen. Das hingebende, bewusste Hinhören, das unmittelbare Erspüren und frei Explorieren an und mit Instrumenten wird dann zur pädagogisch und kulturpädagogisch aufgewerteten inklusiven Alternative zum exklusiven Ästhetischen. Man kann also hier von einer *aisthetischen Musikdidaktik* sprechen. Entledigt sich die inklusive Musikdidaktik des

---

1 Die Vorstellung, man könne Kindern den zukünftigen Sinnzusammenhang des aktuell für sie Sinnlosen verbal mitteilen, ist von einer Mehrebenenabsurdität. Selbst wenn das gelänge, würde der begriffene zukünftige Sinn die Kinder doch nicht für den aktuell erlebten Unsinn entschädigen können.

strukturellen Problems der Unwahrscheinlichkeit (vgl. Luhmann, 2001; Ortega y Gasset, 1964; Parmentier, 2004) (und damit der Exklusivität) ästhetischen Handelns, Erlebens und Kommunizierens, an dem sich die *kleinschrittige, aufbauende Musikdidaktik* (wie skizziert: nicht-inklusiv) abarbeitet, verfehlt sie grundsätzlich die in sie gesteckten Erwartungen. Anstelle eines möglichen Beitrags zur Erschließung von Musik als Medium künstlerischen Erlebens und Handelns für alle Menschen, werden für die Vielen, die aus finanziellen Gründen „nur" Gruppenangebote in Anspruch nehmen können, stillschweigend andere, niedrigschwelligere Ziele anvisiert und dann vor allem die Transfereffekte betont, wo die Primäreffekte nicht sichtbar bzw. hörbar werden.

Eine inklusive Musikdidaktik, die sich mit dem *Aisthetischen* begnügt, ist genauso zum Scheitern verurteilt, wie eine, die sich mit dem Versuch *systematischer Kleinschrittigkeit* in einem Spannungsfeld zwischen pädagogischer Niedrigschwelligkeit und künstlerischer Hochschwelligkeit positioniert:

Im gleichen Maße, wie der niedrigschwellige Weg zum hochschwelligen gemeinsamen Musikmachen zu weit ist, verfehlt der zum niedrigschwelligen Musizieren zu deutlich das Ziel. Im Grunde scheinen hier *das Kind* und *die Musik* nicht recht zusammenzupassen.

„Musik von Anfang an" als Aufforderung zum Experiment

Sowohl die kleinschrittig und systematisch aufbauenden als auch die aisthetischen Ansätze haben sehr viele Methoden für das gemeinsame Musikmachen von Anfang an zu bieten. Übungen sind besser effektiv als ineffektiv anzuleiten; Instrumentaltechnik besser korrekt als inkorrekt zu vermitteln; Lernprozesse besser spielerisch und ganzheitlich als langweilig, trocken und isoliert; das, was im Setting organisiert werden muss, organisiert man besser effizient als ineffizient. Die Suche nach einem eigenen Weg zur „Musik von Anfang an", die sich der Erfahrung der etablierten Ansätze nicht bedient, macht es sich unnötig wenn nicht gar zu schwer. Didaktik wird dann aber zu Methodik herabgestuft. D.h. ich suche mir keine Ansätze, die ich im Ganzen umsetzen möchte und deren Systematik ich beibehalte, sondern vielmehr einzelne Ideen, Anregungen, Tricks, Werkzeuge, Instrumente, Verfahren, die ich dann teilweise verfremde, neu kompiliere, schlichtweg ausprobiere und mir bestenfalls aneigne im vollen Sinne des Wortes. Zu dieser Aneignung gehört schließlich, nach einem vielleicht langen Prozess, der Aufbau einer eigenen Systematik bzw. einer eigenen Didaktik, sei diese auch noch so offen.

Hat man die Sichtweise angenommen, dass es keine von Situation, Person und Gruppe unabhängig zu beschreibenden Ansätze zur Musikmachen „von Anfang an" gibt, folgt daraus nicht nur die Aufforderung zum Experiment und zur Entwicklung eigener didaktischer Ansätze. Gleichzeitig mit dieser – ohne jede Frage überwältigenden – Aufgabe, fällt eine andere Weg: die planmäßige und professionelle „Herstellung" eines gelingenden Unterrichts. Sieht man sich eher in der Entwicklung eigener Antworten auf eine ungelöste, besser: prinzipiell unlösbare Herausforderung als in der Bewältigung einer scheinbar klaren Aufgabe, verschiebt sich die Vorstellung von Gelingen und Scheitern. Etwas ausprobiert und reflektiert zu haben, kann durchaus sinnvoll und befriedigend sein, selbst wenn die vorher gesteckten Ziele nicht erreicht wurden. Entscheidender noch ist der Perspektivwechsel im Hinblick auf die Temporalität kultureller Bildungsprozesse. Vielleicht geht es gar nicht darum, „gute Stunden" zu gestalten. Vielleicht ist ein ganz besonderer Moment, der möglicherweise gerade im Chaos einer scheinbar misslingenden Stunde entstehen konnte, für ästhetische Bildung bedeutender. Kann es nicht sein, dass es – andererseits – der Aufmerksamkeit auf viel längeren Zeitstrecken bedarf, um beurteilen zu können, ob eine Stunde gelungen oder misslungen war? Ansätze, die „Musik von Anfang an" ganz anders denken, findet man beispielsweise in der Community Music.

Die praktischen Ansätze der Community Arts bzw. der Community Music, die in Großbritannien weit verbreitet und institutionell gefestigt sind, basieren primär nicht auf Bildung und Lernen, sondern auf dem aktuellen gemeinsamen musikalischen Handeln. Die Perspektive ist hier ganz deutlich von Zukunft auf Gegenwart verschoben. Im Grunde kann man fast sagen, dass das, was irgendwann einmal nach vielen Zwischenschritten möglich sein soll, irrelevant ist. Daher tritt auch Kompetenz völlig hinter Performanz zurück. Man könnte das bildungstheoretisch radikal finden. Tatsächlich ist es überhaupt nicht bildungstheoretisch. Es handelt sich nämlich in dieser hier überspitzten Darstellung (tatsächlich gibt es im Community Musik Bereich auch pädagogische und ganz stark sogar therapeutische Ansätze) nicht um eine pädagogische, sondern eine künstlerische Praxis. In einer Band interessiert mich wenig, was jemand können kann oder was jemand spielen kann, wenn die Probe vorbei ist. Das Ziel ist es, unter den gegebenen Umständen mit den aktuell Teilnehmenden möglichst überzeugende Musik zu machen. Kann ein Kind nur zwei Töne hervorbringen, wird die oder der Community Musician von dem Kind höchste Präzision und Prägnanz verlangen. Es ist in keiner Weise beliebig, wann und wie das Kind seinen *Part* performt.

Das ist auch „Musik von Anfang an". Daran, wie anders dieser Ansatz gedacht ist und wie weit er sich von etablierter Musikpädagogik entfernt, kann man ermessen, welche Spielräume für die Suche nach eigenen Herangehensweisen bestehen.

Literaturverzeichnis

Adorno, T. W. (1969). Erziehung – wozu? In: G. Kadelbach (Hrsg.), Th. W. Adorno: Erziehung zur Mündigkeit. Vorträge und Gespräche mit Hellmuth Becker 1959–1969 (S. 110–125). Frankfurt a. M.: Suhrkamp.

Dewey, J. (1916). Democracy and Education. An Introduction to the Philosophy of Education. New York: Macmillan.

Fuchs, M. (2014). Kulturelle Bildung als neoliberale Formung des Subjekts? Eine Nachfrage. kubi-online. Abfragedatum: 20. 05. 2018

Gembris, H. (2003). Musische Bildung und Persönlichkeitsentwicklung. Zur Relevanz kultureller Bildung in allgemeinbildenden Schulen. Paper präsentiert auf der Tagung „Kultur macht schlau – musische Erziehung in den Schulen stärken", Landtag NRW.

Jannidis, F. (2004). Individuum est ineffabile. Zur Veränderung der Individualitätssemantik im 18. Jahrhundert und ihrer Auswirkung auf die Figurenkonzeption im Roman. Goethezeitportal http://www.goethezeitportal.de/db/wiss/epoche/jannidis_individuum.pdf

Luhmann, N. (2001). Das Medium der Kunst. In: O. Jahraus (Hrsg.), Niklas Luhmann. Aufsätze und Reden (S. 198–217). Stuttgart: Reclam.

Luhmann, N. (2002). Das Erziehungssystem der Gesellschaft. Frankfurt a. M.: Suhrkamp.

Ortega y Gasset, J. (1964). Die Vertreibung des Menschen aus der Kunst. München: dtv.

Parmentier, M. (2004). Protoästhetik oder Mangel an Ironie. Eine etwas umständliche Erläuterung der These, dass Kinder zu ästhetischen Erfahrungen im strengen Sinne nicht fähig sind. In: G. Mattenklott & C. Rora (Hrsg.), Ästhetische Erfahrungen in der Kindheit. Theoretische Grundlagen und empirische Forschung (S. 99–109). Weinheim; München: Juventa.

Pestalozzi, J. H. (1801). Anweisung zum Buchstabieren- und Leselehren. Bern: National-Buchdruckerei.

Pestalozzi, J. H. (1976). Über die Idee der Elementarbildung. Lenzburger Rede 1809. In: H. Roth (Hrsg.), Johann Heinrich Pestalozzi. Texte für die Gegenwart. Band 1: Menschenbildung und Menschenbild (S. 52–59). Zug (CH): Klett & Balmer.

von Foerster, H. (1993). Wissen und Gewissen: Versuch einer Brücke. Hrsg. v. Siegfried J. Schmidt. Frankfurt a. M.: Suhrkamp.

Anderssehen

Körper und Künste im Zeichen von Lernen und Lehren

Ulaş Aktaş & Maximilian Waldmann

Einleitung

Die Frage, wie Menschen zu sich selbst kommen, ebenso wie die Frage nach der sinnlichen Erfahrung und der Bedeutung von Bildern für diese, sind Fragen, die für die Reflexion des Verhältnisses von Kunst und Pädagogik auch mit Blick auf den schulischen Kunstunterricht ins Auge zu fassen sind.

Im ersten Schritt wenden wir uns dem Verhältnis von Kunst und Wahrnehmungsordnungen zu, in denen das Konzept des *Anderssehens* entfaltet und kritische Perspektiven für die Reflexion des Kunstunterrichts sichtbar gemacht werden. Im zweiten Schritt wenden wir uns dann dem Verhältnis von Kunst und Pädagogik von Seiten der Pädagogik zu und diskutieren Lern- und Bildungsbegriffe. Dabei wird ein kritischer Blick auf Subjektivationsverhältnisse und die Ambivalenzen des Selbstbestimmungsbegriffs entfaltet. Im dritten Schritt wird ein kunstpädagogisches Lehrverständnis skizziert, wobei die lern- und bildungstheoretischen Überlegungen weiterverfolgt werden. Viertens und abschließend werden die Überlegungen an einem konkreten Beispiel aus dem Kunstunterricht veranschaulicht.

Anderssehen

Künste und Pädagogik eint ihr Bezug zu den Sinnen, d.h. sowohl Ästhetik als auch Lernen sind ohne den Bezug zur sinnlichen Erfahrung nicht zu denken. Damit ist vorausgesetzt, dass sinnliche Erfahrung nicht eine natürlich gegebene sensorische Mannigfaltigkeit darstellt. Differenzen wie die zwischen Rot und Blau, zwischen laut und leise, zwischen Farbe und Klang, Bild und Lied stellen, wie Bernhard Waldenfels (2010, S. 11) bemerkt, keine bloßen Fakten dar. Von einem einfach so und so Gegebenen auszugehen, hieße die ordnungsstiftenden Unterscheidungsprozesse zu unterschlagen (vgl. ebd.), die in der sinnlichen Erfahrung immer bereits am Werk sind. Es ist eben nicht so, dass die Wahrnehmung wie ein physikalisches Messinstrument aufgebaut ist, mit dem Werte gesammelt und verglichen werden können. Die sinnliche Erfahrung, so wird in der Anthropologie allgemein vorausgesetzt, ist als solche bereits artikuliert, gestaltet und organisiert. Schon in einem einfachen Blick liegt immer mehr als nur eine Information.

Indem eine Malerin oder ein Maler einen Gegenstand malt, so ist noch in der gegenstandsgetreuesten Wiedergabe des gesehenen Gegenstands nicht mehr nur der Gegenstand zu sehen, sondern hat auch schon ein Prozess der *Sichtbarmachung* statt, d.h. vollzieht sich eine Stilisierung, die zu gegebenen Blick- und Sehweisen einlädt und sich wiederum zu anderen in Verhältnis setzt. Im Malen kann sich dementsprechend nicht nur ein *Sichtbarwerden*, sondern auch ein Prozess des *Sichtbarmachens* vollziehen. In der Bestimmung des Verhältnisses von Gesehenem als einfachem in der Wahrnehmung *Sichtbarwerden* und dem *Sichtbarmachen* in der bildenden Kunst, so die These, sind wichtige Orientierungsmarkierungen für eine kunstpädagogische Perspektive auf Lernen und Lehren zusammenzutragen.

Hierfür hängt vieles davon ab, die Möglichkeiten und Herausforderungen der Künste für die Pädagogik zu erkennen, d.h. gerade das Fremde und den Fremdanspruch der Künste nicht allzu leichtfertig in ein schon bereitgestelltes Bezugssystem zu zwängen und damit die Künste ihrer Wirkkraft zu berauben, wie es der Fall ist, wenn die Künste bloß *schlau* machen sollen. Es ist mehr als nur fragwürdig, wenn es in den Künsten darum gehen soll, schlau zu machen (Bastian 2002) oder wenn durch die Künste *emotionale Kompetenzen* gefördert werden sollen (wie z.B. bei Brenne 2016). In den Künsten lassen sich keine Hinweise finden, dass die Künste in der Absicht eines funktionalistischen Transfers betrieben würden. Van Gogh hat bestimmt nicht gemalt, um besser rechnen zu können oder anderen rechnen beizubringen. Den Künsten kann in historischer Perspektive im Gegenteil geradezu eine Unnützlichkeit unterstellt werden. Die Malenden und Betrachtenden versetzen sich durch die Künste in eine Distanz zu dem, was als funktional gilt. Die Künste suspendieren geradezu das bloß Funktionale. Stellen die Künste dadurch nicht immer auch eine Kritik am Vorherrschenden und Selbstverständlichen dar? Ist es nicht diese Distanz, die die Künste schaffen, die sie für heutige Optimierungs- und Anpassungsabsichten unnütz macht?

Mit anderen Worten, für die Frage nach Lernen und Lehren im kunstpädagogischen Sinne scheint es wenig hilfreich, den Beweis der Nützlichkeit künstlerischer Betätigungen zu führen. Es ist paradox, aber gerade der Fremdanspruch der Künste, d.h. ihre Ungeeignetheit für Instrumentalisierungen, scheint als maßgeblicher Wert für die Pädagogik behauptet werden zu müssen und gerade deswegen ist in der Möglichkeit zur Distanznahme gegenüber dem vorherrschenden Sehen der Bedeutung der Künste für die Pädagogik auf die Spur zu kommen. Wenn wir also berücksichtigen, dass die Künste nicht nur Dinge abbilden, sondern auch in Form von Bildsprache oder Stil die Möglichkeit mithervorbringen sichtbar zu machen, was sie zu sehen geben (vgl. Stenger 2003,

S. 173), dann ist auf das spezifische Sehen *durch* die Künste aufmerksam zu werden, durch das ein Anderssehen auf den Weg gebracht wird, das sich auch nicht von einer Innovationsdynamik instrumentalisieren lassen sollte.

Auf die kunstpädagogische Lehre bezogen bedeutet dies, darauf aufmerksam zu werden, dass das weitaus größere Problem kunstpädagogischer Lehre nicht darin liegt, „*dass wir nicht wissen, was* [auf einem Bild sichtbar wird und was] *es bedeutet, sondern, dass wir glauben zu wissen was etwas bedeutet*" (ebd.) und uns so die mögliche Fragwürdigkeit eines Bildes entgeht. Die Herausforderung kunstpädagogischer Lehre bestünde dann darin, Gelegenheiten für „Erfahrungszumutungen" (ebd.) zu schaffen, Fraglichkeiten aufzuwerfen und nicht durch bereitgestellte Erklärungen zu verhindern.[1] Nicht das fehlende Wissen, kann man sagen, sondern die fehlende Frage, was das Sehen zu sehen gibt und was es bedeutet, zu sehen, was man sieht, bilden die Herausforderung der Arbeit am Sehen im Kunstunterricht.

Jenseits der Sprache, so lässt sich mit Gottfried Boehm (2007) zuspitzen, liegen ungeahnte Räume von Sinn. Im Sehen, wie im Hören, in der Geste, Mimik und Bewegung formt sich Sinn, der deswegen nicht jenseits des Logos zu situieren ist. Die fortwährende Produktivität des Sehens, die mit den Bildern zugleich entspringt, hat ihre Regeln, die nur zu gut funktionieren, d.h. Fremdansprüche erst gar nicht aufkommen lassen. Es bedarf deswegen schon einer Erschütterung der Regeln, um auf die Kraft eines Sehens bzw. eines Bildes aufmerksam zu werden. Ein Beispiel hierfür ist sicher das Bild „Les Demoiselles d'Avignon" von Pablo Picasso. 1907 hat dieses Bild Empörung hervorgerufen, nicht weil es nackte Frauen zeigt, sondern weil die Art und Weise wie Picasso sie malte, mit bestehenden Konventionen brach (vgl. Stenger 2003).

Mit Bezug auf das Verhältnis von Sichtbarwerden und Sichtbarmachen ist insofern auf zwei verschiedene Sehweisen von und durch Bilder hinzuweisen. Vor dem Hintergrund Gottfried Böhms Kritik an Erwin Panofskys ikonographisch-ikonologischer Interpretationsmethode lassen sich mit Max Imdahl (1980) diese Sehweisen als Unterschied zwischen der Möglichkeit, *Neues zu sehen,* und der Möglichkeit, *auf neuartige Weise zu sehen,* ausweisen (vgl. Waldenfels 1999, S. 106).

Die erste Sehweise, *Neues zu sehen,* entspricht ziemlich exakt dem, was Imdahl (1980) das *wiedererkennende Sehen* nennt. Das Neue zeigt sich als ein *Was,* das durchaus facettenreich komponiert sein kann. Allerdings bleiben die Regeln der Bildebene von diesem Sehen unberührt. Das Bild als Bild verlässt die vorgegebene Ordnung des Sehenden, in der sein Sehen verbürgt ist, nicht. Vorikoni-

---

1   Mit Christoph Wulf (1990) lässt sich darauf hinweisen, dass der alleinige Bezug auf das Wissen das Bild zum Gegenstand macht und damit die Verschränkung der_s Sehenden mit dem Bild übergeht.

sche, ikonographische und ikonologische Bezüge ermöglichen Verweisungs-strukturen, die die Grenzen des Wiedererkennens ausloten, ohne sie aber zu überschreiten.

Die zweite Sehweise, das *auf neuartige Weise zu sehen,* hingegen formiert sich als ein *neuartiges Wie.* Dieses *Wie* ist aber nicht bloße Idee, sondern kommt in Form einer neuen Struktur, einer Gestalt oder Regel in den Blick, d. h. bleibt gebunden an ein *wiedererkennendes Sehen,* aber macht innerhalb des Bekannten etwas Fremdes geltend, das im Bekannten nicht aufgehen kann. Die vorgegebene Ordnung des Sichtbaren wird durchbrochen und Kontingenz und Möglichkeitsräume des Sehens werden zur Grundlage des Sehens, bevor sich das Sehen wieder zu einer neuen Ordnung zusammenfügt. Max Imdahl nennt dieses Sehen *sehendes Sehen,* weil das Sehen selbst sichtbar wird. Die Ordnung des Sehens wird als Selbstverständlichkeit eines Präferenzrahmens augen-scheinlich und insofern eben kontingent. Wir wollen dieses Sehen mit Bern-hard Waldenfels (1999) *Anderssehen* nennen, um den Fremdanspruch deutli-cher zu markieren.

Erst in dieser Perspektive, in der das *Anderssehen* als Element der Künste ins Auge gefasst und postuliert wird, so ist zu resümieren, ist der Fremdanspruch der bildenden Künste vor simplifizierenden Vereinnahmungen zu bewahren. Die Aufgabe der Kunst wäre dann nicht, wie Ursula Stenger hinweist, *„etwas Abwesendes anwesend zu machen, eine scheinbare Welt neben der eigentlichen zu entwerfen, sondern die Erfahrungsmöglichkeiten, Sensibilitäten und Sichtwei-sen des Menschen zu erweitern, sich selbst neu und anders erfahren zu können"* (2003, S. 176).

Im Folgenden soll das Verhältnis von Pädagogik und diesem Anspruch des *Anderssehens* der Künste ins Auge gefasst werden.

Lernen als Umlernen und Bildung als Erfahrung

Wenn wir uns nun der Frage nach der Verbindung von Kunst und Pädagogik von Seiten der Pädagogik zuwenden, also der Frage, wie Menschen zu sich selbst kommen, so treten unweigerlich Fragen nach Autonomie und Hetero-nomie auf den Plan und sind insbesondere die Verwicklungen von Selbst, Welt und Anderen auch in den aisthetischen Verhältnissen genauer zu betrachten und zu thematisieren.

Bildungstheorien sind Fragenkomplexe, in denen, um eine Formulierung von Michel Foucault aufzugreifen, nach einer *„Analyse der Bedingungen* [ge-fragt wird], *unter denen es möglich ist, dass ein Individuum* […] *frei und selbst-bestimmt in seinem Handeln und Denken ist"* (2001, S. 1038). Indem Bildungs-theorien so den gesellschaftlichen und kulturellen Anspruch der sozialen Welt gegenüber dem Subjekt zu klären suchen, erheben sie, wie Käte Meyer-Drawe schreibt, immer Einspruch gegen vorherrschende Welt- und Selbstdeutungen. Humboldt, so resümiert Meyer-Drawe in historischer Perspektive, opponierte gegen den Trend des Utilitaristischen. „*H.-J. Heydorn und Th. W. Adorno versuchten, Widerstand gegen die Verdinglichung des Menschen zu üben*" (1999, S. 334).

Was ist aber unter Bildung zu verstehen? Bildung ist zunächst einfach ein gesellschaftliches Ziel. Durch Bildung soll heute insbesondere soziale Ungleichheit bekämpft werden. Gerade in der wirkmächtigen begrifflichen Verknüpfung von Bildung, Kunst und Freiheit, wie sie von Schiller abgeleitet wird, werden den Künsten emanzipative Potentiale zugerechnet. Über künstlerische Betätigung seien die in ihrer Autonomie ernst genommenen Subjekte in der Lage ihre habituellen Dispositionen zu verändern. In diesen Betätigungen findet das Subjekt selbst Mittel, denn diese können ihm nicht beigebracht werden. Mit diesen Mitteln vermag es dann sein Leben selbstverantwortlich zu gestalten. Überspitzt gesagt, die Hoffnung, Kinder bräuchten nur ein bisschen Kunst zu machen und schon klappt es mit „dem" Leben. Leben heißt hier vor allem Sicherung ökonomischer Lebensgrundlagen. In dieser simplifizierenden Vorstellung von Bildung und Pädagogik werden die sozialen Bedingungen des Lernens und der Subjektivationsmechanismen grundlegend verkannt.

Dass Menschen durch die Beschäftigung mit den Künsten ihren in ihnen angelegten Bildungstrieb selbst entfalten und dieser ihnen zudem in drängenden Lebenssituationen dazu verhilft, ihr Leben zu gestalten, so wie sie es wünschen, ist mehr als nur fraglich.

Käte Meyer-Drawe bemerkt in diesem Zusammenhang, dass „*der Zweifel an der Tauglichkeit bloß technischer Optimierungsverfahren von Lernprozessen erst in dem Moment möglich wurde, als die Nachfrage nach solchen Wissensproduktionen zurückging, als sich gleichzeitig zeigte, daß eine einseitige Technisierung und Verwissenschaftlichung zu einer Pathologisierung schulischen Lernens führte*" (1989, S. 923). Es ist deutlich, dass im weitesten Sinne reformpädagogische Ansätze und Ästhetisierungsprozesse der Gesellschaft eben nicht unabhängig voneinander auftreten. Die aktivierungspädagogische Logik oder wie es Johannes Bilstein (2016) ausdrückt, die ‚vulgär liberalistische Anthropologie' dieses Bildungsverständnisses und seines Menschenbildes tritt noch deutlicher in der Kritik einer neo-sozialen Transformation des Sozialstaats, wie sie im Rahmen kritischer Diskurse Sozialer Arbeit, z.B. von Fabian Kessl (2007), schon länger hervorgehoben wird. Die Rede von der „neuen Unterschicht" wird hier in Zusammenhang mit einer Umwandlung der „*wohlfahrtsstaatlichen Formation des Sozialen*" (ebd.) gestellt. Redistributive Politiken, also die von Staatsseite betriebene soziale Umverteilung von Gütern, werden in der neo-sozialen Perspektive als „fürsorgliche Vernachlässigung" (wie bei Nolte 2005) gebrandmarkt und damit die Schuld der Betroffenen an ihrer Lage postuliert. Der Wohlfahrtsstaat, der diese Schuld nicht erkenne, mache sich in neo-sozialer Perspektive deswegen seinerseits schuldig an der Entstehung der Unterschicht, weil er die Bürger nicht ausreichend fordere und so soziale Lethargie, fehlenden Aufstiegswillen und mangelnde Leistungsbereitschaft subventioniere. Durch redistributive Politiken unterminiere der Wohlfahrtsstaat die persönliche Verantwortung der von Armut betroffenen, ihre prekäre Lage selbst zu überwinden und erzeuge so die Unterschicht als „passive Fürsorgeklasse".

Vor diesem Hintergrund hat eine kunstpädagogische Bildungstheorie handfesten Einspruch gegenüber dem zugrundeliegenden Menschenbild zu erheben. Auszugehen hat diese Kritik vor allem von einer Kritik der Idee der *Selbst-Bewirtschaftung des Selbst,* die mit diesem Bildungsverständnis einhergeht. Im Verständnis von Menschen als „Unternehmer ihrer selbst" (Bröckling 2007) und der Idee der Selbstbestimmung ist *„der Zusammenhang von menschlicher Vervollkommnung und Steigerbarkeit bei gleichzeitiger Nutzbarmachung",* wie Michael Wimmer (2014, S. 138) deutlich macht, kein zufälliger, sondern der bestimmende.

Es bedarf also einer Bildungstheorie, die dem herausfordernden Anspruch einer Kritik des unternehmerischen Selbst- und Weltverhältnisses Rechnung trägt. Käte Meyer-Drawe entwirft eine solche, indem sie aus phänomenologischer Perspektive die *Fraglichkeit und Fremdheit des Selbst* hervorhebt. Bildung vollziehe sich, so Meyer-Drawe, in und durch Erfahrung. Erfahrung meint hier eine Veränderung des Selbst durch Fremdansprüche, aber auch Veränderung auf Fremdes hin. Bildung sei deswegen gerade nicht als Bei-sich-Sein zu verstehen, in dem die Erfahrenden letztlich immer nur die bleiben, die sie waren, auch nicht Selbst-Verwirklichung oder Überwindung von Entfremdung, sondern die Auseinandersetzung mit „prekäre[n] Selbst-Erfindungen" und einem „Sich-Versuchen mit ungewissem Ausgang" (Meyer-Drawe 2015, S. 127). Es geht gerade um eine Aussetzung der souveränen Selbstbehauptung und ein Losreißen von sich selbst.

Bildung, so schreibt Käte Meyer-Drawe, *„bedeutet als Erfahrung [...] gerade nicht Selbstfindung, Selbsterhaltung oder Selbstverwirklichung auf dem Grunde einer Überfülle an Möglichkeiten, die nur noch zu verwirklichen sind, sondern eine konflikthafte Lebensführung, einen spezifischen Prozess der Subjektivation, der eingespannt bleibt zwischen reiner Autonomie und bloßer Heteronomie"* (ebd.).

Bildung als Erfahrung eignet sich kaum, um nicht zu sagen, gar nicht, um (irgendwie oder irgendwo) *„mitzumachen".* Im Gegenteil, Bildung ist bestenfalls geeignet, das Selbst und seine Absichten infrage zu stellen. Bildung ist so auch wenig geeignet, in drängenden Lebenssituationen Auswege zu finden. Dies könne, so Meyer-Drawe, nur im Sinne eines *Lernens als Umlernen* geschehen. Bildung als Erfahrung wende sich vielmehr gegen den „kalifornischen Kult des Selbst" (Foucault 2005) und die in ihm angelegte *„westliche Selbstzentrierung".* Ihr Wert liegt also gerade darin, jenen Raum des Fragens offenzuhalten,

„die Fraglichkeit der Selbst-, Welt- und Fremdbezüge nicht zu überwinden und dem ‚zeitgenössische[n] Optimierungsfieber' Kontra zu geben." (Meyer-Drawe 2015, S. 127).

Nicht durch Bildung also, sondern durch Lernen seien schwierige Lebenssituationen zu bewältigen. Es ist klar, dass Meyer-Drawe unter Lernen nicht an informationstheoretische Lernbegriffe, wie z. B. den von Hans-Christoph Koller (vgl. Koller 2012, S. 15) anschließt. Lernen als Umlernen setzt ebenfalls Erfahrungsvollzüge voraus, in denen der Lernende selbst, *„als Wissender und als derjenige, der sich heimisch in seinem Wissen fühlt"* (Meyer-Drawe 2015, S. 124), zur Disposition steht. Lernen als Umlernen ist nicht die schlichte Akkumulation von Wissen und Können, sondern setzt einen Erfahrungsprozess voraus, in dem die Lernenden einem Fremdanspruch ausgesetzt sind, durch den das Alte und Selbstverständliche brüchig wird. Das Neue liegt nicht auf der Hand bzw. ist noch nicht greifbar. Unstimmigkeit, Irritation, Auswegslosigkeit, Staunen, Wundern, Stutzen, Ratlosigkeit, Verwirrung und Benommenheit sind Hinweise auf solche Brüche in der vertrauten Ordnung und Anzeichen für Anfänge des Lernens (vgl. Waldenfels 2009). Lernprozesse setzen mit den Versuchen ein, auf das Brüchige zu reagieren bzw. zu antworten, wobei die Antworten zunächst entzogen bleiben. Auch beim Lernen bleiben die Lernenden nicht sie selbst. Im Gegensatz zu Bildungsprozessen unterwerfen sich die Lernenden unter Bedingungen, die nicht von ihnen gestellt wurden und geben Antworten. Indem sich so der Möglichkeitsraum ihres Antwortens erweitert und verändert, bleiben sie nicht die, die sie waren. Das Kleinkind wird zu einem Schulkind, der Jugendliche zum Erwachsenen. Damit sind nicht nur äußerliche oder gesellschaftliche Veränderungen markiert.

Eingreifendes Lehren und pädagogische Professionalität

Ich möchte nun zu den Überlegungen zum Lehr-Lern-Geschehen kommen und diese ausgehend von einem Beispiel aus dem Kunstunterricht entfalten. Und zwar ziehe ich hierzu eine Situation heran, in der ein Lehrer mit den Grenzen seines Lehrens konfrontiert wird. Ich versuche damit der Frage auf die Spur zu kommen, was wir tun, wenn wir uns in der Praxis damit konfrontieren, dass wir Schülerinnen und Schüler nur indirekt erziehen können, d. h. dass wir nie wissen können, wo sie sich befinden und sie deswegen auch nie dort abholen können, also immer herausgefordert sind, mit einzubeziehen, dass sich das zu Lernende erst im Lehren erweisen muss. In dieser dialogischen Situation erweist sich das Lehren selbst als Kunst des Anderssehens.

Es ist klar, dass man zwar Wissen weitergeben kann, aber dass sich der *‚Wunsch zu wissen'* kaum weitergeben lässt (vgl. Meyer-Drawe 2012). Die Aufgabe ist also unvergleichlich schwerer. Wissen ohne ein *Begehren nach* diesem

Wissen ist bestenfalls ein mühsames Geschäft, im schlechtesten Fall bloßes Abrichten. Wie kann Neugierde geweckt werden?

Die Herausforderung des Lehrens ist, dass wir von einer Unplanbarkeit und Unverfügbarkeit schon auf der Ebene des Lernens ausgehen müssen und dass sich diese für das Lehren potenziert. *„Allein vom Lehren aus ist Lernen* [eben] *nicht zu verstehen"*, wie Käte Meyer-Drawe (2013a, S. 15) lapidar feststellt. Der Entzug des Lernens beim Lehren ist kein Sonderfall des Lehrens, sondern sein Ausgangspunkt. Als Lehrende legen wir, so muss zur Kenntnis genommen werden, *„das Gelingen des eigenen Tuns* [unvermeidlich], *in fremde Hand"* (Waldenfels 2009, S. 32).

Vor dem Hintergrund, dass heute Erziehen, Lehren und Bilden entweder zu einer Frage von Organisation und Management unter Gesichtspunkten ökonomischer Effizienz gemacht oder pädagogische Einflussnahmen gänzlich als obsolet betrachtet werden, möchten wir mit Meyer-Drawe eine dritte Position behaupten, die den Fremdanspruch des Lehrens und Lernens gegenüber der Alternative von Autonomie und Heteronomie verteidigt. Die Herausforderung eines solchen dritten Ansatzes ist eine Denkbewegung, die *„gängige Alternativen wie passives Gewährenlassen und aktives Herstellen, Wachsenlassen und Führen, natürliche Entfaltung und künstliche Zurichtung, selbstherrliche Innerlichkeit und Außensteuerung systematisch unterläuft"* (ebd., S. 30). Käte Meyer-Drawe nennt diese Form des Lehrens gelegentlich *„eingreifendes Lehren"*. Ihr *eingreifendes Lehren* setzt dabei recht unspektakulär, weder auf die Hoffnung einer Selbst-Erziehung, noch auf ein Diktat oder Programm, sondern auf eine, wie sie sie nennt, *„Wechsel-Erziehung"*. Lehrende greifen verändernd in einen Prozess ein, *„der schon im Gange ist, ohne ihn bloß laufen zu lassen, aber auch ohne ihn in eine eindeutige Richtung zu drängen oder ihn gleich einer Flugbahn zu berechnen"* (Waldenfels 2009, S. 23). Sie treten dazwischen, aber wiederum nicht indem sie ihre Position gegen die Position der Lernenden behaupten. Die eingreifende Intervention ähnelt eher der Interaktion (ebd.). Ihre Aufgabe ist es, Erfahrungshintergründe aufzustören, damit sie sich zur Wehr setzen (vgl. Meyer-Drawe 2012).

Meyer-Drawe verkennt deswegen aber nicht den machtvollen Charakter ihres Eingreifens, denn als Lehrende, die Fremdansprüche geltend machen, lenken wir die Blicke, wecken wir das *Begehren nach Wissen* und blenden anderes aus (vgl. Meyer-Drawe 2013b). Auch wenn den Lernenden also Spielräume eingeräumt werden, ihrerseits in das Geschehen einzugreifen, so wird keineswegs auf eine normative Positionierung der Lehrenden verzichtet. Diese Positionierung muss sogar allgemein als Voraussetzung gelten, damit das Lehr-Lern-Geschehen als pädagogisch verstanden werden kann. Ein Lehr-Lern-Geschehen, das nicht normativ zu kritisieren ist, das nicht fehlschlagen kann, ist keines.

Pädagogischer Blick und Lehren als Kunst des Anderssehens

An der Reflexion einer Erinnerung eines Kunstlehrers soll gezeigt werden, wie in der Interaktion mit einem Schüler das Sehen des Lehrers, d. h. sein pädagogischer Blick bedeutsam wird und sich das *Anderssehen* der Künste in der Kunst des Lehrens wiederholt.

„Während meiner Zeit als Lehrer an einer Hannoveraner Gesamtschule", so schreibt Manfred Blohm, *„gab ich den SchülerInnen […] einer 8. Klasse die Aufgabe, sich einen alltäglichen Gegenstand auszusuchen, ihn mit in die Schule zu bringen und sich zu überlegen, inwiefern man diesen Gegenstand durch gestalterische Eingriffe verfremden, mit einer neuen und ungewohnten Bedeutung versehen oder in einen neuen Kontext stellen könnte.*

Ich erinnere mich, dass ein Schüler […] einen kleinen Blumentopf in Form eines Schaukelpferdes mitbrachte. Er […] begann, diesen Blumentopf anzumalen. Dabei wählte er die gleichen Farben, mit denen dieser Blumentopf bereits angemalt war. Ich war sehr irritiert und fragte den Schüler, ob er meine Aufgabe nicht verstanden hätte […]. Er erklärte mir, dass es ihm exakt darum gehen würde: von diesem Blumentopf waren die Farben zum Teil abgeplatzt […] und er wollte die Farben wieder herstellen, damit der Blumentopf wieder schön aussehen würde. […]

Dieser Schüler […] wollte nicht irritiert werden (mein Kunstunterricht hatte ihn viel zu häufig irritiert und befremdet),[2] sondern er wollte eine Form der Ordnung sichtbar machen, die ihm aufgrund seiner ihn ohnehin schon irritierenden Lebensbedingungen wichtig und erstrebenswert war. […] Er hatte aber mich als Lehrer irritiert und aus dieser Irritation entstand glücklicherweise die Möglichkeit eines Dialoges zwischen dem Schüler und mir." (Blohm 2000, S. 23)

Diese erinnerte Situation illustriert recht deutlich, die Herausforderung des Lehrens, dass das kunstpädagogische Ziel der Hervorbringung eines *Anderssehens,* das in der Aufgabenstellung des Lehrers durchaus enthalten ist, in der unterrichtlichen Situation aber nicht direkt angesteuert werden kann. Der schulische Erfahrungsraum ist bei weitem nicht der lebensweltliche Erfahrungsraum, sondern er überzeichnet und überbietet diesen vielfach. Der *Fremdanspruch der Dinge,* den der Lehrer in seiner Aufgabenstellung nutzen will, um den Gang der Wahrnehmung zu durchbrechen und damit ein Sichtbarmachen der Sichtbarkeit anzustreben, wird von dem Schüler, so will ich behaupten,

---

2 An dieser Stelle kann hervorgehoben werden, dass es einen Unterschied für das Verständnis von Lehren macht, ob Lehrende von den Lernenden eine andere Perspektive einfordern oder ob die Lehrenden selbst, indem sie die Lernenden anders sehen als diese sich selbst, ein Anderssehen der Lernenden anbahnen.

kreativ und für den Lehrer offensichtlich unerwartet umgesetzt, indem der Schüler einfach die alten Farben wiederherstellt.

Wenn der Lehrer sich erinnert, dass der Schüler *nicht irritiert werden wollte,* dann handelt es sich dabei zunächst um eine Interpretation des Verhaltens des Schülers durch den Lehrer, die nicht gleichzeitig der Erfahrung des Schülers entsprechen muss. In der Reparatur des Blumentopfs kann ja durchaus auch eine geniale Auseinandersetzung erkannt werden. Viele Jahre lang war im MMK in Frankfurt am Main eine exakte und minutiöse Nachbildung einer Hausmeisterkammer und zwar war unter einer Treppe durch das Fenster einer Tür zu sehen. Es wurden ganz alltägliche Dinge, ein Stuhl, ein Tisch, auf dem verschiedene Gegenstände zu sehen sind, wie ein Aschenbecher, ein Telefon, verschiedene Arbeitsutensilien ausgestellt. Das Überraschende war, das rechts ein Schild hing mit der Aufschrift, Fischli & Weiss „Raum unter der Treppe".

Abbildung 1: Fischli & Weiss „Raum unter der Treppe" (1993)

Mit anderen Worten, vielleicht überraschte der Schüler seinen Lehrer ebenso wie Fischli & Weiss uns im Museum überrascht. Macht der Schüler den Kunstunterricht nicht auch zum *Nicht-Kunstunterricht,* wie Fischli & Weiss das Museum zum *Nicht-Museum?* Und wird so nicht gerade die Erwartung durchbrochen und der Blick auf das Alltägliche verfremdet? Wäre es nicht gerade die Aufgabe des Lehrers auf eben dieses Verfremdungspotential, das in dem angefertigten Gegenstand steckt, hinzuweisen?

Deutlich ist, der Lehrer im Beispiel glaubt zu wissen, dass der Schüler die Aufgabe nicht versteht. Er führt das Unverständnis des Schülers auf seine *irritierenden Lebensverhältnisse* zurück. Er sieht in der Arbeit des Schülers nicht eine kreative Lösung der Aufgabe, sondern eine Abwehrhaltung. Auch Jahre später als er sich an die Situation erinnert, geht er noch davon aus, dass *der Schüler die Aufgabe nicht verstanden hat.* Damit aber übersieht der Lehrer gerade sein eigenes Eingreifen und mit ihm: Die Macht des pädagogischen Blicks.

Die Perspektive des Schülers bleibt uns verschlossen und das ist wohl kein Zufall. Die Perspektive der Schülerinnen und Schüler kommt in aller Regel zu kurz. Aber trotzdem ist die Frage entscheidend: Wie nimmt der Schüler im Beispiel das Interesse des Lehrers wahr?

Das klingt alles ganz wie in einem Film. Da ist ein Schüler, der aus schwierigen Verhältnissen kommt und da ist ein Kunstlehrer, der sich um den Schüler bemüht und sich fragt, wie er den Schüler erreichen kann. Im Beispiel weiß er allerdings nicht, was der Schüler braucht. Er wendet sich sogar dem Schüler zu und angesichts der „Lebensschwierigkeiten" des Schülers erkennt der Lehrer die Arbeit des Schülers als Ausdruck seiner schwierigen Lebenssituation an. Im Film, davon ist auszugehen, wird der Lehrer über seine unkonventionellen Methoden den Schüler letztlich erreichen und der Schüler wird mit Hilfe des Lehrers seine Lebensschwierigkeiten meistern. Beiläufig ist zu fragen, geht es im Film nicht eigentlich um Anpassungsfähigkeit und gar nicht um Kunst oder Lernen? Die wichtige Frage aber ist: Sieht der Lehrer *so* auf den Schüler? Sieht er den Schüler als Benachteiligten, dem er sich als engagierter, und das ist ebenfalls nicht zu übersehen, etablierter Kunstlehrer mildtätig zuwendet? Und was macht dieser Blick mit dem Schüler? Fühlt der Schüler sich wirklich verstanden? Oder empfindet er in diesem Blick auch ein Unrecht? Schämt er sich vielleicht nicht zu sein, wie die anderen bzw. einer zu sein, dem man sich verstehend zuwenden muss, der unter irritierenden Lebensbedingungen steht?

Fazit

Wenn es darum geht, ein Anderssehen zu begünstigen, dann ist es die Aufgabe des Lehrers, in der Kommunikation mit dem Schüler auf das Potential seiner Arbeit aufmerksam zu machen, um das Moment des Anderssehens anbahnen zu können.

In der Bildlichkeit des Beispiels gesprochen, indem die Reparatur eines Blumentopfs in den Kunstunterricht verlegt wird, wird diese Handlung exponiert und in einen anderen verfremdenden Zusammenhang gestellt. Der Kunstunterricht unterwandert die Praxis und gibt der flüchtigen alltäglichen Handlung eine Dauer, die sie braucht, um sichtbar zu werden. Das ist der pädagogische Handlungsraum des Lehrers im Beispiel, wodurch ein anderes Verständnis des Schülers für sich selbst anbahnen kann.

Neben einem differenzierten Blick auf die Gleichzeitigkeit von Autonomie und Heteronomie darf in der Reflexion von Lehr- und Lern-Prozessen deswegen nicht übersehen werden, dass damit nicht alle Fragen an den Kunstunterricht abgedeckt sind. Die anthropologische Dimension des Anderssehens umfasst die pädagogische Aufgabe von Lehrenden für Gelegenheiten sensibilisiert zu sein, die ein Anderssehen bei den Schülerinnen und Schülern initiieren können. Der pädagogische Blick kann Prozesse des Anderssehens begünstigen, aber eben auch verhindern.

Literaturverzeichnis

Bastian, H. G. (2002). Musik(erziehung) und ihre Wirkung. Eine Langzeitstudie an Berliner Grundschulen. Mainz: Schott Music.

Bilstein, J. (2016). Ästhetische – musische – kulturelle Bildung: Erziehungswissenschaftliche Reflexionstraditionen. In: Niessen, A.; Rolle, C. (Hrsg.). Musikpädagogik und Erziehungswissenschaft. Essen: Die Blaue Eule, S. 15–29.

Blohm, M. (2000). Leerstellen. Perspektiven für ästhetisches Lernen in Schule und Hochschule. In: Blohm, M. (Hrsg.). Leerstellen. Perspektiven für ästhetisches Lernen in Schule und Hochschule. Salon-Verlag, S. 24–25.

Brenne, A. (2016). Emotionale Kompetenz im Wirkungsbereich kunstpädagogischen Handelns – Eine explorative Studie zur Wirksamkeit von Kunstunterricht hinsichtlich der Herausbildung emotionaler Kompetenzen mittels quantitativer und qualitativer Empirie. Bewilligtes DFG-Forschungsprojekt: http://gepris.dfg.de/gepris/projekt/322951187

Bröckling, U. (2007): Das unternehmerische Selbst. Soziologie einer Subjektivierungsform. Frankfurt: SV

Boehm, G. (1994). Was ist ein Bild? In: Boehm, Gottfried (Hrsg.). Was ist ein Bild? München: Fink.

Foucault, M. (2001): Was ist ein Autor? In: Ders.: Schriften in vier Bänden. Dits et Ecrits. Band I. 1954–1969. Hrsg. von Daniel Defert und Francois Ewald unter Mitarbeit von Jacques Lagrange. Frankfurt: Suhrkamp, S. 1003–1041.

lmdahl, M. (1980). Giotto, Arenafresken. Ikonographie, Ikonologie, Ikonik. München: Fink.

Kessl, F./Reutlinger, C./Ziegler, H. (2007). Erziehung zur Armut? Soziale Arbeit und die ‚neue Unterschicht'. In: Kessl, F./Reutlinger, C./Ziegler, H. (Hrsg.). Erziehung zur Armut? Soziale Arbeit und die ‚neue Unterschicht'. Wiesbaden: VS, S. 7–17.

Koller, H.-C. (2012). Bildung anders denken. Einführung in die Theorie transformatorischer Bildungsprozesse. Stuttgart: Kohlhammer.

Meyer-Drawe, K. (1989): Lebenswelt. In: Lenzen, D. (Hrsg.). Pädagogische Grundbegriffe, Bd. 2, Reinbek bei Hamburg: Rowohlt, S. 923–930.

Meyer-Drawe, K. (1999). Herausforderung durch die Dinge. Das Andere im Bildungsprozeß. Zeitschrift für Pädagogik 45/3, S. 329–336.

Meyer-Drawe, K. (2012). Feuer und Flamme. Von der Liebe zum Wissen. In: Däschler-Seiler, S. (Hrsg.). Hermeneutik, Ästhetik, Anthropologie. Beiträge zur philosophischen Pädagogik. Baltmannsweiler, S. 35–50.

Meyer-Drawe, K. (2013a). Treffpunkte oder über die Täuschung, Schülerinnen und Schüler dort abholen zu können, wo sie sind. In: Christof, E./Schwarz, J. F. (Hrsg.). Lernseits des Geschehens. Über das Verhältnis von Lernen, Lehren und Leiten. Innsbruck: S. 15–19.

Meyer-Drawe, K. (2013b). Im grellen Licht des Scheinwerfers. Aufmerksamkeit als Strafe. Respondenz zu Johanna F. Schwarz „Lehren und Lernen im Wirkungsfeld von Zuschreibung, Anerkennung und Aufmerksamkeit". In: Christof, E./Schwarz, J. F. (Hrsg.): Lernseits des Geschehens. Über das Verhältnis von Lernen, Lehren und Leiten. Innsbruck 2013, S. 55–57.

Meyer-Drawe, K. (2015). Lernen und Bildung als Erfahrung. Zur Rolle der Herkunft in Subjektivationsvollzügen. In: Christof, E./Ribolits, E. (Hrsg.). Bildung und Macht. Eine kritische Bestandsaufnahme. Wien: Löcker, S. 115–132.

Nolte, P. (2005): Verantwortung übernehmen. Warum die Bürgergesellschaft ökonomisch handeln muss. In: Körber Stiftung (Hrsg.): Reflexion und Initiative. Band 5: Impulse für gesellschaftliche Verantwortung. Hamburg.

Stenger, U. (2003). Bild-Erfahrungen. In: Fröhlich, V./Stenger, U. (Hrsg). Das Unsichtbare sichtbar machen Bildungsprozesse und Subjektgenese durch Bilder und Geschichten. Weinheim: Beltz Juventa, S. 173–193.

Waldenfels, B. (1999). Sinnesschwellen. Studien zur Phänomenologie des Fremden. Bd. 3, Frankfurt: SV.

Waldenfels, B. (2009). Lehren und Lernen im Wirkungsfeld der Aufmerksamkeit. In: Lehren und Lernen im Wirkungsfeld der Aufmerksamkeit, in: N. Ricken u. a. (Hrsg.). Umlernen. FS für Käte Meyer-Drawe, München: Fink, S. 23–33.

Waldenfels, B. (2010). Sinne und Künste im Wechselspiel. Frankfurt: SV.

Wimmer, M. (2014). Pädagogik als Wissenschaft des Unmöglichen. Bildungsphilosophische Interventionen. Paderborn: Schöningh.

Wulf, C. (1990). Kunst und Pädagogik als Alphabetisierungsaufgabe. Eine Dokumentation der Diskussion über den Beitrag von Klaus Mollenhauer. In: Lenzen, Dieter (Hrsg.). Kunst und Pädagogik. Erziehungswissenschaft auf dem Weg zur Ästhetik? Darmstadt: Wiss. Buchgesellschaft, S. 189–211.

Abbildungsverzeichnis

Kooperation im Kontext Kultureller Bildung

Antinomische Strukturen und Praktiken der Differenzerzeugung und -bearbeitung

Leopold Klepacki & Tanja Klepacki

Das Phänomen der Kooperation ist in Kontexten der Kulturellen Bildung beileibe keine neue Erscheinung bzw. kein neues Thema. Allerdings ist – analog zum Präsenzzuwachs Kultureller Bildung in der pädagogischen Praxis, der Bildungspolitik, der Lobbyarbeit und der Wissenschaft – seit etlichen Jahren ein deutlich intensiviertes Nachdenken über Sinn, Zweck, Möglichkeiten, Ziele und Probleme von Kooperationsprozessen und -strukturen zu konstatieren, sprich: nicht nur die Praxis dessen, was als Kooperation bezeichnet werden kann, sondern insbesondere auch der Diskurs über Kooperation hat im Bereich der Kulturellen Bildung eine Intensivierung erfahren.

Rein quantitativ lässt sich diese diskursive und feldbezogene Präsenz der Kooperationsthematik bzw. der Kooperationspraxis beispielsweise daran erkennen, dass in den letzten Jahren nicht nur unzählige Kooperationsprojekte durchgeführt wurden, sondern gerade auch eine beinahe unüberschaubare Fülle an theoretischen Reflexionen, empirischen Untersuchungen, Praxisleitfäden und politischen Papieren zu Fragen der Kooperation – zumeist bezogen auf Fragen der Kooperation von Schulen und außerschulischen Bildungsanbietern bzw. Künstler_innen – publiziert wurde.

Kooperation wird dadurch – so eine erste These – diskursiv auf verschiedenen Ebenen in theoretischer, pragmatischer und politischer Hinsicht promoviert und in der Wahrnehmung der unterschiedlichen Akteure als für das Feld bedeutungshaftes Phänomen bzw. als produktives Prinzip verankert und platziert. Somit werden spezifische Vorstellungen über, bestimmte Perspektiven auf sowie signifikante Zuschreibungen an Kooperation – so eine zweite These – diskursiv erzeugt und in den mit den Fachdiskursen verbundenen wissenschaftlichen, praktischen und politischen Feldern in denk-, kommunikations- und handlungsstrukturierende Logiken, die ihrerseits Wirklichkeiten konstituieren, transformiert.

Diskurstheoretisch gesehen ist es diese unauflösliche Verflechtung diskursiv, also sprachlich, erzeugter Wirklichkeiten mit handlungspraktisch erzeugten Wirklichkeiten, in denen sich die ordnende Macht eines Diskurses äußert: Der Diskurs als „bestimmende Kraft der Gegebenheit und der Entwicklung gesellschaftlicher Wirklichkeit" (vgl. Jäger 2009, S. 148) generiert und transportiert dasjenige Wissen, das die gesellschaftliche Praxis organisiert; gleichzeitig sind die diskursiven Praxen selbst aber auch Bestandteil ebendieser Wirklichkeiten. Diskursive Praxen stehen somit nicht außerhalb anderer wirklichkeitskonstituierender Praxen, da sie ebenfalls Teil gesamtgesellschaftlicher Praxen sind – jedoch strukturieren sie andere Praxen in einer je bestimmten Art und Weise (vgl. Jäger 2009, S. 142 ff.).

Bezogen auf den Zusammenhang des wissenschaftlichen, praktischen und politischen Kooperationsdiskurses im Kontext Kultureller Bildung mit der Generierung denk-, kommunikations- und handlungsstrukturierender Logiken in den dementsprechenden Praxisfeldern der Kulturellen Bildung würde das nun heißen, dass die Ordnungen der durchaus vielfältigen und unterschiedlichen Kooperationspraxen – und dies wäre die dritte These – eben nicht unabhängig von den Strukturen, Modalitäten und den Inhalten der Kooperationsdiskurse zu verstehen sind.

Nun können diese hier thesenhaft eröffneten Zusammenhänge einsichtiger Weise nicht an *dem* Diskurs über Kooperation in der Kulturellen Bildung aufzeigt werden, da Diskurse zunächst einmal als „abstrakte Konzepte" aufzufassen und handzuhaben sind, die „zu Erhebungszwecken vor der Rekonstruktion operationalisiert" und „in kleinere empirisch zugängliche Einheiten gegliedert werden" müssen (Ullrich 2008, S. 24).

Der originäre Untersuchungsgegenstand von Diskursanalysen ist der Zusammenhang von Ordnung, Wissen und Macht und die zentrale Perspektive diejenige nach dem *Wie* dieses Zusammenhangs (vgl. z.B. Ullrich 2008). Die reine Frage nach den Inhalten der Diskurse ist dabei eher sekundär. Dennoch kann ein Blick auf die inhaltliche Ebene von Diskursen erste Hinweise darauf geben, wie die „Regeln der Hervorbringung, Verbreitung und Verwendung" von Wissen funktionieren und wie die „Genese dieses Wissens im Kontext jeweiliger historischer und gegenwärtiger Machtverhältnisse" (Koller/Lüders 2004, S. 70) vonstatten geht. Im Folgenden soll daher der Versuch unternommen werden, die wirklichkeitskonstituierende und ordnungs- bzw. wissenserzeugende Funktion von Diskursen exemplarisch durch einen strukturierten inhaltsanalytischen Blick auf Texte zu untersuchen, die in der Publikationsreihe *Kulturelle Bildung* der Bundesvereinigung Kulturelle Kinder- und Jugendbildung – eines für den Diskurs über Kulturelle Bildung in Deutschland zentralen Diskursmediums – erschienen sind. Damit wird natürlich die Frage nach dem *Wie* der Erzeugung von Ordnung, Wissen und Macht nicht bzw. nur sehr begrenzt und mittelbar in den Blick genommen. Dennoch besteht die Möglichkeit, inhaltslogische Strukturierungen, argumentativ-thematische Dominanzbildungen sowie spezifische Gegenstandsartikulationen bzw. Gegenstandsordnungen sichtbar zu machen.

Auf Basis dieser Ergebnisse soll Kooperation sodann zweitens theoretisch-systematisch als spezifische organisationale und individuelle Praxis gefasst werden, die – speziell im Bereich der Kulturellen Bildung – als antinomisch strukturiertes Phänomen sowie als Praxis der Differenzerzeugung (vgl. Cloos 2014) bzw. genauer gesagt der Bearbeitung von Differenzerzeugungen und damit schließlich auch als sowohl organisationales wie auch individuelles Lernsetting zu beschreiben und zu verstehen ist. Der Fokus der folgenden Ausführungen liegt daher nicht auf den Lern- und Bildungsmöglichkeiten, die sich für die Adressaten (Kinder, Jugendliche, Erwachsene, usw.) solcher Kooperationsangebote ergeben[1], sondern vielmehr darauf, Kooperation[2] in einer theoretischen Art und Weise auf spezifische Lernmöglichkeiten hin zu untersuchen, die aus den, überhaupt erst durch eine Kooperation entstehenden, Struktur- und Praxismustern auf organisationaler und personaler bzw. individueller Ebene resultieren (können).

1. Inhaltsbezogene Analyse des Diskurses über Kooperation im Kontext Kultureller Bildung in der Publikationsreihe *Kulturelle Bildung*

Unterzieht man diejenigen Texte der Reihe, die sich explizit und signifikant, d. h. nicht nur in einem Satz oder einem Absatz oder nur allgemein auf die Thematik verweisend, mit Fragen der Kooperation auseinandersetzen (es konnten 24 Texte identifiziert werden; siehe Literaturverzeichnis „Primärtexte") einer induktiven, zusammenfassenden qualitativen Inhaltsanalyse (vgl. Mayring 2015, S. 69 ff.), dann zeigen sich nach systematischer Kodierung folgende zentrale Kategorien, die sodann in ihrer Zusammenschau eine bestimmte theoretisch-diskursive Vorstellung davon transportieren, was Kooperation im Bereich Kultureller Bildung ist bzw. sein soll, welche Perspektiven und Erwartungen damit verknüpft werden und welche Probleme gesehen werden:

A) Spezifische begriffliche Fassungen, Postulierungen und Perspektivierungen von Kooperation bzw. Ideen von Kooperation: Die Bearbeitung der Kooperationsthematik wird zunächst einmal immer wieder ganz elementar als

---

1 Auch dies stellt sicherlich ein lohnendes Feld für theoretische und empirische Untersuchungen dar, das im Folgenden aber kein zentraler Fokus der Ausführungen sein wird.

2 Unter Kooperation soll hier zunächst im Allgemeinen eine Zusammenarbeit von Organisationen und/oder Individuen verstanden werden, die ansonsten nicht in einem gemeinsamen Tätigkeits- bzw. Praxiskontext stehen. Was genau im tatsächlichen Einzelfall als Kooperation bezeichnet wird und wie das Kooperationsverhältnis zwischen den Partnern konkret ausgestaltet wird und auf welchen Selbst- und Fremdverständnissen, Zielen und Perspektiven der beteiligten Partner die Kooperation aufbaut, muss jeweils im empirischen Einzelfall geklärt werden (vgl. hierzu z. B. Valentin 2013).

eine Arbeit am Begriff(-sverständnis) erachtet. Dementsprechend erscheint die Konstituierung eines handhabbaren und adäquaten Kooperationsbegriffes als zentrale Voraussetzung zur Weiterentwicklung kooperativer Praxen. Kooperation – insbesondere zwischen außerschulischen kulturellen Bildungsanbietern und Schulen – erscheint sodann als spezifisch gerahmte, (professionelle) soziale bzw. interaktionale Handlungsweise sowie als Schlüsselmechanismus der personellen, institutionellen und inhaltlichen Vernetzung und damit tendenziell auch als ein strategisches Instrument, beispielsweise zur Begründung kommunaler Bildungslandschaften. Kooperation(en) wird demnach oftmals ein systemisches Potential zugesprochen, das insbesondere sowohl die Mängel schulischer Bildung als auch die (Adressaten-)Probleme außerschulischer kultureller Bildungseinrichtungen zu kompensieren vermag.

B) (Zuschreibungen an die) Möglichkeiten und Wirkungen von Kooperation: Kooperation wird in diesem Sinne als bedeutsamer Mechanismus sowohl der kulturellen Teilhabeermöglichung als auch der Entwicklung von Bildungsangebotsstrukturen beschrieben und konzipiert, der insbesondere eine Erweiterung schulischer Bildungs- und Erfahrungsräume darüber gewährleisten soll, dass außerschulische kulturelle Bildungsangebote in ihrer Differenzhaftigkeit zu Schule produktiv gemacht werden. Organisationale und strukturelle Wirkungen von Kooperation werden dementsprechend ebenso fokussiert, wie die bereichernde Wirkung von Kooperationen auf die lernenden Kinder und Jugendlichen. Kooperation erscheint damit zugleich als ein Entwicklungswerkzeug für Lern- und Bildungsangebote als auch als legitimatorisches Prinzip der Betonung der inhaltlichen, formalen und methodischen Relevanz außerschulischer kultureller Bildungsangebote.

C) Gelingensbedingungen von Kooperation: In dem Maße, wie Kooperation in ihren (tatsächlichen und postulierten) Potenzialen stark gemacht wird, so werden auch die Herausforderungen erkannt, die sich insbesondere im Rahmen der Kooperation zwischen Schule und außerschulischen Bildungsträgern bzw. Schule und Künstler_innen zeigen. Die Entwicklung von Handreichungen, Konzepten, Leitfäden und angemessenen Evaluationsinstrumenten – z.B. durch häufig angeführte Best-Practice-Beispiele – wird in diesem Zusammenhang als ebenso relevant für das Gelingen von Kooperationen erachtet, wie die Klärung von Voraussetzungen, Modalitäten und Zuständigkeiten sowie das Treffen klarer (Ziel-)Vereinbarungen. Darüber hinaus zeigt sich, dass eine Kooperationskompetenz als wichtiges Moment für das produktive Durchführen einer Kooperation erachtet wird. Daneben stellt das wechselseitige Anerkennen sowohl von Gleichberechtigung der beteiligten Kooperationspartner als auch von differenten Logiken, Handlungsschemata und Rollenausgestaltungen bei Lehrer_innen und Kulturpädagog_innen bzw. Künstler_innen einen ebenfalls immer wieder angeführten Gelingensfaktor dar. Damit zusammenhängend wird auch das Verstehen unterschiedlicher Systemzwänge und Rahmenbedingungen als zentraler Faktor für das Gelingen von Kooperationen erachtet. Demnach ist schließlich auch die Arbeit an gemeinsamen Begriffsverständnissen hinsichtlich „Bildung", „Lernen", „Kultur" usw. als ein Bereich zu erachten, der zu einem Gelingen bzw. Misslingen einer Kooperation beiträgt.

D) Stolpersteine und Probleme von Kooperation: Es ist hier insbesondere die Wirksamkeit von Vorurteilen, stereotypen Vorstellungen und selbstreferentiellen Systemlogiken, die oftmals als bedeutsame und elementare Grundproblematik von Kooperationen kenntlich gemacht wird. Wichtige Gelingensaspekte wie Gleichberechtigung, Offenheit, Transparenz sowie gemeinsame Zielbestimmungen und Verfahrensabmachungen scheinen durch diese Problemstruktur immer wieder unterminiert zu werden. Die Entfaltung inhaltlicher und methodischer Potentiale von Kooperationen scheint in dieser Perspektive in konkreten Projekten immer wieder durch mangelnde Kommunikation bzw. mangelnde Kommunikationsmöglichkeiten, nicht hinreichende Kompetenzen für das Steuern von Kooperationen sowie durch Struktur- und Systemzwänge bedroht zu sein. Insbesondere die Möglichkeiten des projektförmigen Arbeitens, das oftmals besondere Freiräume ermöglicht, wird hier zugleich auch als Problemstruktur erkannt, da Projekte nicht selten rein auf individuellem Engagement aufbauen und oftmals nach Beendigung keine nachhaltigen Strukturen implementiert werden können. In diesem Sinn wird immer wieder die Problematik von Unklarheiten und Unsicherheiten auf struktureller, prozessualer, inhaltlicher, begrifflicher und personeller Ebene artikuliert.

Aggregiert man diese vier Kategorien nun in einer axialen Perspektive weiter, so ergibt sich eine signifikante zentrale Kategorie, die auf den ersten Blick jedoch weder sonderlich überraschend noch irgendwie spezifisch für den Bereich der Kooperation zwischen Schule und außerschulischen Bildungsträgern bzw. Personen wirkt, da sie zunächst einmal rein formaler Art ist: Kooperation zeichnet sich durch ein zugleiches Vorhandensein von Potentialen und Problemen aus. Entscheidend ist hierbei allerdings nun, dass die in den Texten beschriebenen (möglichen) Probleme und Potenziale ohne das Phänomen der Kooperation gar nicht in Erscheinung treten würden. Kooperation – so die hier zu formulierende These – muss demnach als ein Phänomen erachtet werden, das aus sich heraus Strukturen und Prozesse entstehen lässt, die sonst nicht bzw. nicht in dem Maße oder nicht in dieser Form aufscheinen und wirksam werden würden. Angesichts dessen ist die ansonsten tatsächlich etwas lapidar wirkende Feststellung, Kooperationen würden grundsätzlich immer sowohl Potenziale als auch Reibungsmomente beinhalten doch einigermaßen weitreichend: Wenn Kooperationen strukturell bedingt – und damit notwendigerweise – Spannungen beinhalten, dann erscheint es als unumgänglich, Kooperationen – unabhängig von ihrer konkreten Ausformung – auf organisationaler Ebene grundsätzlich als differenzerzeugende Systeme zu verstehen. Das Handeln in Kooperationsstrukturen würde sodann eine charakteristische Form der Differenzbearbeitung in Form einer reflexiv-praktischen Auseinandersetzung mit virulent werdenden Differenzen darstellen und zwar sowohl in formaler als auch in inhaltlicher Hinsicht.

Auf einer formalen Ebene wären die Differenzbearbeitungsmuster offenbar mit Kooperationen in anderen Kontexten tendenziell vergleichbar: Differenzen im Hinblick auf a) unterschiedliche institutionelle Verfasstheiten der Kooperationspartner (differente Institutionslogiken, Institutionspraktiken und Institutionsstrukturen), b) das Zusammentreffen unterschiedlicher Professionalitäten (differente Handlungslogiken, Handlungspraktiken und Handlungsstrukturen), c) das Vorhandensein von Vorurteilen und stereotypen Vorstellungen (differente Wahrnehmungs- und Wissensformen), d) unterschiedliche Perspektiven auf den Sinn und Zweck der Kooperation (differente Zuschreibungen und Zielbestimmungen) sowie e) unterschiedliche Begriffe von Kooperation (differente Kooperationsverständnisse) (vgl. hierzu bspw.: Valentin 2013).

Neben diesen formalen Aspekten – und auch das lässt sich als axiale inhaltliche Struktur in den analysierten Texten erkennen – kann innerhalb des Diskurses aber auch ein kontextspezifisches konstitutives Spannungsverhältnis sichtbar gemacht werden, nämlich das diskursive Bestreben, einerseits künstlerische bzw. außerschulisch-kulturpädagogische Denk- und Verfahrensmuster als Potenzial stark zu machen bzw. als Gewinn insbesondere für schulische Kontexte zu erachten und andererseits gleichzeitig die Notwendigkeit des Wahrnehmens, Erlernens und Anerkennens schulischer Logiken, Praktiken und Strukturen zu postulieren. Dies kann nun insofern als markantes Charakteristikum erachtet werden, als sich hier ein Spannungsverhältnis auf einer strukturell-inhaltlichen Ebene der Kooperation hinsichtlich der tatsächlichen Ausgestaltung von Kooperationen vor dem Hintergrund bestimmter Ausgangsideen bzw. Ausgangslagen und -perspektiven zeigt, das – zumindest aus der Perspektive der außerschulischen Akteure, aus der dies i. d. R. artikuliert wird – auf die Problematik des Austarierens systemeigener und systemfremder Logiken, Praktiken und Strukturen vor dem Hintergrund des Versuchs, die eigenen Logiken, Praktiken und Strukturen so weit es geht im Rahmen der Kooperation zu stärken, um Schule zu verändern und gleichzeitig aber die Notwendigkeit des Anerkennens und Aufgreifens der systemfremden (schulischen) Logiken, Praktiken und Strukturen angesichts deren gesellschaftlicher Macht zu postulieren.

Eine fachlich-professionelle Identitätsproklamation im Sinne einer Differenzerzeugung (vgl. Cloos 2014) ist damit an diesem Punkt offenbar nicht nur nicht zu trennen von der Anerkennung einer tendenziellen Identitätsdiffusion im Sinne einer auf dem (intendierten bzw. diskursiv geforderten) Abbau bestehender Interaktionsgrenzen basierenden Hybridisierung professioneller Identitäten im und durch Kooperationshandeln; vielmehr scheint die gesteigerte Notwendigkeit einer fachlich-professionellen Identitätsproklamation in den genannten Kooperationszusammenhängen notwendigerweise mit einer gesteigerten Herbeiführung einer fachlich-professionellen Identitätsdiffusion einher zu gehen, die sodann ihrerseits wiederum insbesondere auf der Ebene des Diskurses ver- und bearbeitet wird.

Die „Wirkung" des Diskurses auf die tatsächlichen Kooperationspraktiken ist damit also auf zwei Ebenen angesiedelt: Einerseits auf der Ebene der Erzeugung von bestimmten gegenständlich-sachlogischen Ordnungsmustern und andererseits auf der Ebene der Erzeugung bestimmter Erwartungshaltungen aus der Perspektive eines spezifischen Selbstverständnisses bzw. aus einer spezifischen, nämlich im hier vorliegenden Fall außerschulischen, Perspektive heraus, die ihrerseits charakteristische Fremdzuschreibungen an das System Schule vornimmt. Diese, sich insbesondere auf der Diskursebene, d.h. in den hier analysierten Texten zeigende Dominanzbildung hinsichtlich der Perspektive auf und Definition von Kooperation kann in der tatsächlichen Kooperationspraxis so sicherlich nicht angenommen werden; hier wäre vielmehr von einer wechselseitigen Machtaushandlung zwischen schulischen und außerschulischen Erwartungen, Erwartungserwartungen (vgl. Luhmann 2008, S. 30 ff.), Selbst- und Fremdzuschreibungen sowie Selbst- und Fremdpositionierungen auszugehen, die das Doppel von Identitätsproklamation und Identitätsdiffusion zu einer gegenseitig verschränkten Spannungsstruktur werden lassen. In dieser Perspektive erscheint Kooperation sodann nicht mehr unbedingt „als ausgeglichener Vorgang des Gebens und Nehmens", sondern es wird deutlich, dass sich Kooperation v.a. immer auch in „komplexen Herrschaftsverhältnissen" ereignet bzw. vollzieht und damit Mechanismen der „Unterdrückung und Regulierung" (Engel 2018, S. 59) nicht ausgeblendet werden können.

Hinter diesem nunmehr doch recht komplexen Spannungsverhältnis lässt sich unseres Erachtens zugleich auch eine allgemeinere Struktur erkennen, die wir angelehnt an Werner Helsper als antinomische Struktur (vgl. z.B. Helsper 2000) auffassen und mit dem Begriff *Systemantinomie* belegen möchten. Die Systemantinomie wäre dabei als eine Antinomie zu erachten, die „aufgrund spezifischer historischer und sozialer Institutionalisierungen und Organisationsrahmungen" (Helsper 2000, S. 144) des Handelns zum Tragen kommt. In diesem Sinne hätte man es hier nicht mit einer konstitutiven – also prinzipiell unhintergehbaren – Antinomie zu tun, sondern mit einer Antinomie, die grundsätzlich „transformierbar und aufhebbar" (ebd.) wäre, jedoch als konkrete Gegebenheit in Form einer widerspruchsvollen Gleichzeitigkeit bestimmter divergierender *Systemlogiken* unhintergehbare Auswirkungen auf die Handlungen, Interaktionen und Kommunikationen, also die Praxis der beteiligten Kooperationspartner hat. Es wäre damit also das Zusammentreffen der schulischen

Systemlogik mit den außerschulisch-kulturpädagogischen bzw. künstlerischen Systemlogiken in ihren je historisch und gesellschaftlich-kulturell sowie fachlich spezifischen Organisations- und Institutionalisierungsmanifestationen, das antinomische Handlungsstrukturen evoziert. Die Systemantinomie würde sich somit in transgressiven System-Umwelt-Relationen begründen, die ihrerseits durch das Prinzip der Kooperation quasi erzwungen werden und die sodann auf der Ebene des Kooperationshandelns in der Doppelorientierung auf fachlich-professionelle Identitätsproklamation und Identitätsdiffusion austariert werden müssen.

2.   Kooperation als organisationale und individuelle Praxis der Differenzerzeugung bzw. Differenzbearbeitung

Geht man nun also davon aus, dass in und durch Kooperationsstrukturen bzw. Kooperationsprozesse transgressive System-Umwelt-Relationen entstehen, die für die kooperierenden Menschen und bzw. oder Organisationen zugleich Potenziale als auch Probleme mit sich bringen, die ohne die Kooperation überhaupt nicht existieren würden, dann erscheint es in einer systemtheoretisch orientierten Perspektive naheliegend, Kooperationen selbst als spezifische komplexe, nämlich intermediäre Systeme zu verstehen, die ihrerseits – so wie die kooperierenden Organisationen auch – selbstreferentiell prozessieren (vgl. Göhlich 2001, S. 99). Diese Selbstreferentialität des intermediären Kooperationssystems, also des sich in einem Dazwischen als ein Drittes konstituierenden Systems, ist nun auch darauf ausgerichtet, eine tendenziell stabile Struktur (im Hinblick auf die Funktionalität) und eine tendenziell stabile Grenze (nach außen zur Umwelt) auszubilden (vgl. ebd.). Das Kooperationssystem ist damit auch auf Schließung ausgerichtet obwohl es in seiner Existenz rückgebunden ist an das je eigenlogische systemische Prozessieren von Organisation A und Organisation B. Über das Prinzip der Schließung „als Grundform seines Prozessierens" (ebd., S. 100) bildet es aber zugleich eine Eigenlogik C aus, die nicht aus Elementen der Logiken von Organisation A und B abzuleiten ist. In diesem Sinn wären Kooperationen als emergente Phänomene (vgl. z. B. Krohn/Küppers 1992) zu behandeln, da sie irreduzible Eigenschaften ausbilden, die nicht aus den Eigenschaften der einzelnen Elemente der Systeme hätten vorhergesagt werden können. Die Menschen, die in Kooperationsverhältnissen handeln, sind dementsprechend mit dieser Struktur und den damit einhergehenden Grenzziehungen und Grenzdiffusionen konfrontiert. Sowohl die Fragilität sozialer Systeme als auch ihre prozessuale Gestalt sowie ihre trotz ihrer Selbstreferentialität (vgl. Göhlich 2001, S. 99ff.) tendenziell immer auch heteronom – eben durch andere soziale Systeme – bestimmte Binnenstrukturiertheit sowie der Umstand, dass ein System zugleich „mit seiner Umwelt zusammengedacht und von ihr geschieden werden muss" (ebd., S. 105) werden hier offenbar in einer besonderen Art und Weise sichtbar bzw. virulent.

Entscheidend für ein Verstehen von Kooperation als antinomisch geprägtem Handlungskontext ist dabei nun der Umstand, dass die Kooperationspartner zwar Teil des Kooperationssystems C sind, zugleich aber auch Teil von Organisation A bzw. Organisation B bleiben und damit auf einer Ebene Mitglied des gleichen Systems und auf einer anderen Ebene immer auch Nicht-Mitglied sind, nämlich der je anderen Organisation, der sie nicht angehören. Dieser Umstand bedingt nun eine tendenzielle wechselseitige Fremdheit des Handelns der Kooperationspartner. Dadurch, dass Organisationen nach Michael Göhlich nicht nur jeweils spezifische Strukturen und Regeln ausbilden, sondern insbesondere durch „spezifische Zwecke, Aufgaben, Mitglieder, Grenzen, Normen und Muster" und damit durch eine „bestimmte Kultur" (Göhlich 2014b, S. 229) gekennzeichnet sind, ist die „alltägliche Praxis" (ebd.) der beteiligten Kooperationspartner sowohl durch unterschiedliche Denk- und Handlungsmuster als auch durch differente Performanzen geprägt, die im Rahmen der jeweiligen Organisation Stabilität erzeugen (ebd., S. 232), die jedoch durch die kooperationsbedingte Verschränkung mit anderen Praxismustern befremdet und damit tendenziell destabilisiert werden. Dieses Moment der destabilisierenden Befremdung von Praxismustern das – idealiter – wiederum als Basis der Generierung intermediär-hybrider Kooperationspraxismuster auf organisationaler und individueller Ebene verstanden werden kann, wäre nun in gleichem Maße die Quelle der Potenziale wie auch der Herausforderungen und Irritationen, die sich in und durch Kooperationen ergeben (können).

Kooperation als transgressives Prinzip hätte damit eine ganz spezifische, nämlich systemische und handlungsbezogene Antinomien evozierende, „Wirkung" sowohl auf die Aufrechterhaltung als auch auf die Transformation und Neukonfiguration bzw. Rekombination von Praxismustern (vgl. Schäfer 2016): Einerseits würden die primären Praxismuster in ihrer Funktion als Mechanismen der Stabilitätserzeugung (vgl. Göhlich 2014b, S. 232) verstärkt wirksam werden, da Kooperation tendenziell destabilisierend und grenzüberschreitend wirkt und andererseits müssten die primären Praxismuster aber zugleich einem konstruktiv-bildenden Transformations-, Neukonfigurations- und Rekombinationsprozess geöffnet werden, damit die intermediär-hybriden Kooperationspraxismuster überhaupt entstehen können.

Die, in den an der Kooperation beteiligten Institutionen, vorhandenen „organisationalen Regeln und Praktiken" (Engel 2018, S. 59) sind damit einerseits Bedingung bzw. Rahmen der Kooperation, andererseits werden sie aber auch durch die Kooperation beeinflusst, insofern die Kooperation selbst auch als Organisation aufzufassen ist. Versteht man angesichts dessen Praxismuster nicht einfach als „mentale oder kognitive Programmierungen" (ebd., S. 52), sondern als mimetisch erzeugte Strukturierungsmuster organisationaler Praxis, dann leuchtet ein, dass es nicht hinreichend ist, Kooperation nur „als rational-strate-gische[n] Vorgang im Sinne eines Synergiepostulats" (ebd., S. 53) zu begreifen, sondern dass es vielmehr notwendig ist, die „implizite Ebene des Kooperations-geschehens [in den Blick zu nehmen], die nicht nur das in der Kooperation Repräsentierte fokussiert, sondern auch das *Wie* der Kooperation und damit [...] tradierte, reflexiv nicht einholbare Praxismuster" (ebd., S. 59) beleuchtet. Praxismuster, verstanden als überindividuelle, in die Organisation bzw. in die Handelnden eingeschriebene Grammatiken (im Bourdieuschen Sinn), bedin-gen damit die (professionellen) Routinen der Organisation bzw. der handeln-den Menschen. Die Routinen sind somit an implizite, inkorporierte praktische Formen des Wissens gebunden und aus diesem Grund nur zum Teil bzw. nur mittelbar bewusst reflektierbar (vgl. Göhlich 2014a, S. 169 f.). Das (professionel-le) Handeln der an Kooperationen beteiligten Menschen ist deshalb – auch wenn es Gründe und Zwecke für die Kooperation gibt, die als solche explizier-bar sind – weder rein autonom noch rein heteronom bedingt, weder rein re-flexhaft noch rein intentional konstituiert, sondern eben grundsätzlich durch einen praktischen Sinn (Bourdieu), ein *Knowing-How* (Ryle) geprägt, der bzw. das sich biographisch in die Akteure eingeschrieben hat.

Zusammenfassende Perspektivierungen

Kooperationen könnten an dieser Stelle vor dem Hintergrund ihres weiter oben beschriebenen Antinomien erzeugenden Charakters sowie der daraus resultie-renden Notwendigkeit der Differenzbearbeitung damit abschließend als Set-tings oder Anordnungen verstanden werden, die sowohl Organisationen – auch in einem institutionellen Sinn – als auch handelnde Akteure in ambivalente Schwellenzustände (vgl. Turner 1989) versetzen können, die grundsätzlich das Potenzial beinhalten, die Funktionalität von Routinen zu erschüttern und die deshalb zu Verunsicherungen und Irritationen führen können (vgl. Althans/ Lamprecht 2013).

In einer (organisations-)pädagogischen Perspektive läge sodann das lern-theoretische Potenzial von Kooperationen eben gerade nicht (nur) in dem Um-stand des Generierens von Synergien, sondern vielmehr darin, Krisen und Ver-unsicherungen zu evozieren, die es in dieser Form ohne die Kooperation gar nicht geben würde. Organisationale wie individuelle Lernprozesse hinsichtlich des Kooperationshandelns würden sich dementsprechend aus dem Prinzip der Systemantinomie sowie aus der intermediären Beschaffenheit von Kooperatio-nen ergeben. Lernen – mit Käte Meyer-Drawe (2012) hier verstanden als Um- bzw. Neukonfiguration menschlichen Zur-Welt-Seins – in Kooperationen bzw. durch Kooperationen würde sich damit als ein Lernen in differenzerzeugender Vernetzung äußern, das – idealiter – auf die Bewältigung bzw. auf die produktive Wendung der das Handeln der Akteure bzw. das systemische Prozessieren der Organisation destabilisierenden Erfahrung systemantinomischer und intermediärer Strukturen gerichtet ist.

Lernen in und durch Kooperationen wäre damit dezidiert als relationales Prinzip zu verstehen, das sich – im Sinne der Akteur-Netzwerk-Theorie – in Akteur-Netzwerken realisiert. Kooperationen böten hiermit in einer herausgehobenen Art und Weise die Möglichkeit, Wirklichkeiten als zugleich hybride und fraktale Konstrukte (vgl. Belliger/Krieger 2006, S. 43) zu erfahren, die aus einer Vielheit an heterogenen Elementen und Beziehungen und eben nicht nur aus handelnden Menschen bestehen. Die Erfahrung des Eingebundenseins in hybride und fraktale Akteur-Netzwerke könnte sodann auch die Möglichkeit bieten, Praktiken und Routinen zu befragen sowie das implizite, ebendiese Praktiken und Routinen bedingende, Praxiswissen bewusst werden zu lassen und zu reflektieren. Kooperationen – so könnte man abschließend sagen – wären dementsprechend in einer lerntheoretischen Perspektive als quasi-experimentelle Anordnungen zu verstehen, in denen nicht zuletzt immer auch das wechselseitige Übersetzen (vgl. z. B. Engel & Köngeter 2019) bzw. Artikulieren gelernt werden kann – einerseits das Übersetzen von Fachsprachen und Fachkulturen, von Logiken und Praktiken sowie von Wissensformen und Routinen und andererseits das Artikulieren von Selbst- und Fremderwartungen, von Selbst- und Fremdzuschreibungen sowie von Erwartungen, Irritationen und Imaginationen.

Kooperation wäre letztlich – folgt man diesen lerntheoretischen Ausblicken – damit auf unterschiedlichen Ebenen bzw. in unterschiedlicher Hinsicht grundsätzlich und zuallererst immer eine Lernherausforderung für alle Beteiligten. Ob und wie solche Lernmöglichkeiten genutzt werden bzw. realiter zur Entfaltung kommen können, liegt dabei letztlich in der Hand der beteiligten Akteure und Organisationen, die sich entweder auf einen solchen Lernprozess einlassen und Kooperation als Lernchance – nicht nur für die Adressaten der Angebote, sondern v. a. auch für die in den Kooperationen gemeinsam tätigen Individuen und Organisationen – verstehen oder eben nicht.

Literaturverzeichnis

A) Primärliteratur

Berghaus, M. (2012): Von Modellen zu Strukturen – zur Bedeutung von Modellprojekten in der Kulturellen Bildung. In: kubi-online. (www.kubi-online.de)

Beyeler, M./Patrizi, L. (2012): Tanz – Schule – Bildung. Überlegungen auf der Erfahrungsgrundlage eines Berliner Tanz-in-Schulen-Projekts. In: kubi-online. (www.kubi-online.de)

Braun, T. (2013): Schulkultur verstehen. Zur Bedeutung einer künstlerischen Haltung auf dem Weg zum kulturellen Schulprofil. In: Braun, Tom et al. (Hrsg.): Auf dem Weg zur

Kulturschule II. Weitere Bausteine zu Theorie und Praxis der Kulturellen Schulentwicklung. Kulturelle Bildung 33. München, S. 55–69.

Bundesvereinigung Kulturelle Kinder- und Jugendbildung (2015): Kulturelle Bildung ist Koproduktion. Außerschulische und schulische Kulturelle Bildung für Kinder und Jugendliche wirksam entfalten – eigenständig und gemeinsam. In: kubi-online. (www.kubi-online.de)

Eger, N. (o. J.): What works? Arbeitsprinzipen zum Gelingen kultureller Bildungsangebote an der Schnittstelle von Kunst und Schule. In: kubi-online. (www.kubi-online.de)

Fuchs, M. (2014): Kulturelle Bildung braucht viele Partner. Von der Kooperation zur Bildungslandschaft. In: Kelb, V. (Hrsg.): Gut vernetzt?! Kulturelle Bildung in lokalen Bildungslandschaften. Kulturelle Bildung 38. München, S. 45–53.

Fuchs, M. (2013): Schulen kooperieren mit Kulturinstitutionen: leichter gesagt als getan. In: kubi-online. (www.kubi-online.de)

Kahlert, J. (2008): Ästhetisierung des Lernens – Kooperationsgrundlage zwischen schulischer und außerschulischer Bildung. In: Hill, B./Biburger, T./Wenzlik, A. (Hrsg.): Lernkultur und Kulturelle Bildung. Kulturelle Bildung 12. München, S. 61–74.

Kamp, P. (o. J.): Akteure der außerschulischen Kulturpädagogik. In: kubi-online. (www.kubi-online.de)

Kelb, V. (2013): Qualität für Kulturelle Bildung in der Kulturschule. Potentiale der außerschulischen Partner. In: Braun, T. et al. (Hrsg.): Auf dem Weg zur Kulturschule II. Weitere Bausteine zu Theorie und Praxis der Kulturellen Schulentwicklung. Kulturelle Bildung 33. München, S. 141–145.

Kelb, V. (2010): Wege von Kulturschulen – fünf Schulen im Wandel. In: Braun, T./Fuchs, M./Kelb, V. (Hrsg.): Auf dem Weg zur Kulturschule. Bausteine zu Theorie und Praxis der Kulturellen Schulentwicklung. Kulturelle Bildung 17. München, S. 107–147.

Kelb, V. (2007): Der Wettbewerb MIXED UP – Konzepte von und Impulse für Kooperationspartnerschaften. In: Dies. (Hrsg.): Kultur macht Schule. Innovative Bildungsallianzen – neue Lernqualitäten. Kulturelle Bildung 3. München, S. 117–131.

Keuchel, S. (2014): Quo Vadis – Empirische Analyse von kommunalen Gesamtkonzepten für Kulturelle Bildung. In: kubi-online. (www.kubi-online.de)

Kneip, W./Timmerberg, V. (2011): Das Curriculum des Unwägbaren oder: Wie verankert man kulturelle Bildung im Kern von Schule? In: Braun, T. (Hrsg.): Lebenskunst lernen in der Schule. Mehr Chancen durch Kulturelle Schulentwicklung. Kulturelle Bildung 23. München, S. 115–127.

Kolland, D. (2011): Künste, Diversity und Teilhabe. Kulturelle Bildung zwischen Multikulti, Postmigranten und Transkultur. In: kubi-online. (www.kubi-online.de)

Leibbrand, R. (2008): Kultur und Schule: Das Programm Creative Partnerships in England – ein Modell für Deutschland. In: Mandel, B. (Hrsg.): Audience Development, Kulturmanagement, Kulturelle Bildung. Konzeptionen und Handlungsfelder der Kulturvermittlung. Kulturelle Bildung 5. München, S. 193–201.

Liebe, M. (2008): Die Lernkultur von informellen und non-formalen Settings – Gestaltungsaufgabe für Kooperationsprojekte der Jugend-(kultur-)arbeit mit Schule. In: Hill, B./Biburger, T./Wenzlik, A. (Hrsg.): Lernkultur und Kulturelle Bildung. Kulturelle Bildung 12. München, S. 103–111.

Norrenbrock, M. (2013): Kulturschule als professionelle Entwicklungsaufgabe. Paradigmenwechsel für das Lehrerhandeln? In: Braun, T. et al. (Hrsg.): Auf dem Weg zur Kulturschule II. Weitere Bausteine zu Theorie und Praxis der Kulturellen Schulentwicklung. Kulturelle Bildung 33. München, S. 129–138.

Oberschmidt, J. (2015): Facetten der Kooperation zwischen allgemein bildenden Schulen und Musikschulen. In: kubi-online. (www.kubi-online.de)

Roth, M. (2013): Professionalisierung in der Kulturellen Bildung. Handlungskompetenzen als Partner für Kulturschulen. In: Braun, T. et al. (Hrsg.): Auf dem Weg zur Kulturschule II. Weitere Bausteine zu Theorie und Praxis der Kulturellen Schulentwicklung. Kulturelle Bildung 33. München, S. 121–127.

Wenzlik, A. (2008): Lernkultur für Kinder statt Kooperation für Institutionen – Ein anderer Blick auf die Zusammenarbeit von Schule und kultureller Kinder- und Jugendarbeit. In: Hill, B./Biburger, T./Wenzlik, A. (Hrsg.): Lernkultur und Kulturelle Bildung. Kulturelle Bildung 12. München, S. 112–123.

Wibbing, G. (2012): Auf dem Weg zu einem kulturellen Schulprofil. In: Stutz, U. (Hrsg.): Kunstpädagogik im Kontext von Ganztagsbildung und Sozialraumorientierung. Zu einer strukturellen Partizipation in der kunstpädagogischen Praxis. Kulturelle Bildung 31. München, S. 159–178.

Züchner, I. (2014): Kulturelle Bildung in der Ganztagsschule. Empirische Ergebnisse der Studie zur Entwicklung von Ganztagsschulen. In: Kelb, V. (Hrsg.): Gut vernetzt?! Kulturelle Bildung in lokalen Bildungslandschaften. Kulturelle Bildung 38. München, S. 29–43.

B) Sekundärliteratur

Althans, B./Lamprecht, J. (2013): Organisationale Grenzgänger? Professionelle Akteure in internationalen Kooperationen. In: Göhlich, M. et al. (Hrsg.): Organisation und kulturelle Differenz. Diversity, Interkulturelle Öffnung, Internationalisierung. Wiesbaden, S. 197–207.

Belliger, A./Krieger, D. (2006): Einführung in die Akteur-Netzwerk-Theorie. In: Dies. (Hrsg.): ANThology. Ein einführendes Handbuch zur Akteur-Netzwerk-Theorie. Bielefeld, S. 13–50.

Cloos, P. (2014): Organisation, Profession und die Herstellung von Differenz. In: Tervooren, A. et al. (Hrsg.): Ethnographie und Differenz in pädagogischen Feldern. Internationale Entwicklungen erziehungswissenschaftlicher Forschung. Bielefeld, S. 257–271.

Engel, N. (2018): Organisation und Kooperation. Pädagogisch-anthropologische Überlegungen in kritischer Absicht. In: Bilstein, Johannes/Zirfas, Jörg (Hrsg.): Geben und Nehmen. Sozialökonomische Zugänge der Pädagogischen Anthropologie. Weinheim, S. 49–67.

Engel, N./Köngeter, S. (2019): Übersetzung. Über die Möglichkeit Pädagogik anders zu denken. Wiesbaden.

Göhlich, M. (2014a): Handeln und Praxis. In: Wulf, C./Zirfas, J. (Hrsg.): Handbuch Pädagogische Anthropologie. Wiesbaden, S. 165–175.

Göhlich, M. (2014b): Praxismuster der Differenzbearbeitung. In: Tervooren, A. et al. (Hrsg.): Ethnographie und Differenz in pädagogischen Feldern. Internationale Entwicklungen erziehungswissenschaftlicher Forschung. Bielefeld, S. 225–239.

Göhlich, M. (2001): System, Handeln, Lernen unterstützen. Weinheim und Basel.

Helsper, W. (2000): Antinomien des Lehrerhandelns und die Bedeutung der Fallrekonstruktion – Überlegungen zu einer Professionalisierung im Rahmen universitärer Lehrerausbildung. In: Cloer, E./Klika, D./Kunert, H. (Hrsg.): Welche Lehrer braucht das Land? Notwendige und mögliche Reformen der Lehrerbildung. Weinheim und München, S. 142–177.

Jäger, S. (2009): Kritische Diskursanalyse. Eine Einführung. Münster.

Koller, H.-C./Lüders, J. (2004): Möglichkeiten und Grenzen der Foucaultschen Diskursanalyse. In: Ricken, N./Rieger-Ladich, M. (Hrsg.): Michel Foucault: Pädagogische Lektüren. Wiesbaden, S. 57–76.

Krohn, W./Küppers, G. (Hrsg.) (1992): Emergenz. Die Entstehung von Ordnung, Organisation und Bedeutung. Frankfurt am Main.

Luhmann, N. (2008): Die Moral der Gesellschaft. Frankfurt am Main.

Mayring, P. (2015): Qualitative Inhaltsanalyse. Grundlagen und Techniken. Weinheim und Basel.

Meyer-Drawe, K. (2012): Diskurse des Lernens. München.

Schäfer, H. (Hrsg.) (2016): Praxistheorie. Ein soziologisches Forschungsprogramm. Bielefeld.

Turner, V. (1989): Vom Ritual zum Theater. Der Ernst des menschlichen Spiels. Frankfurt am Main.

Ullrich, P. (2008): Diskursanalyse, Diskursforschung, Diskurstheorie. Ein- und Überblick. In: Freikamp, U. et al. (Hrsg.): Kritik und Methode. Forschungsmethoden und Gesellschaftskritik. Berlin, S. 19–32.

Valentin, K. (2013): Die Zusammenarbeit zwischen Schule und Theater. Empirische Ergebnisse für die Fachdebatte und hilfreiche Reflexionen für die Praxis. Münster/New York/München/Berlin.

Teil 3
Inklusion

Zur Kultur der inklusiven Schule

Ent-wicklungen und Ent-haltungen

Andrea Platte

Mit dem Blick auf die pädagogische Praxis von Zuschreibung, Behinderung und Ermöglichung schlägt der Beitrag vor, die Kultur einer Schule ebenso wie die eines gesamten Bildungssystems von der Ausgestaltung ihrer *Zentrierungen* und *Randzonen* her zu charakterisieren. Kulturelle Bildung als inklusive Bildung gestaltet sich dabei nicht in der vorbehaltlosen Aufnahme der (sich) beteiligt Gewünschten, sondern vielmehr in der Praxis deren Umgangs miteinander. Sie lässt sich nicht affirmativ realisieren, sondern verlangt explizit die Infragestellung bewährter (pädagogischer) Strukturen.

Kultur der Zuschreibung

Ich möchte die durch die Begriffe Inklusion, Kultur und Schule markierten Regionen der Bildungslandschaft mit einem persönlichen Zugang einführen, der den Versuch einer Orientierung und damit auch Schritte einer professionellen Entwicklung beschreiben mag[1]: Als Lehrerin für Sonderpädagogik war ich zunächst mehrere Jahre an einer Sonderschule für Geistigbehinderte – so der in den 1990er-Jahren geltende Terminus – tätig. Diese heißt heute „Schule mit dem Förderschwerpunkt Geistige Entwicklung", liegt in einer Kleinstadt in NRW und hat 152 Schüler_innen (Schuljahr 2015/16), 48 Lehrer_innen sowie weitere pädagogische Fachkräfte (Motopädin, Krankengymnastin, Schulsozialarbeiterin, Einzelfallhelfer_innen und Jahrespraktikant_innen). Die zunehmende Schließung der Förderschulen, eine der Veränderungen, die das Schulwesen aktuell strukturell und konzeptionell strapaziert, geht an dieser bisher recht spurlos vorbei. Vereinzelte Kolleg_innen werden zur Unterstützung des „Gemeinsamen Lernens" mit einigen Stunden an Regelschulen abgeordnet. Sie äußern über den Schüler Karim, Träger des Down-Syndroms, dass es ihm am Gymnasium nicht so gut gehen kann, wie ‚unter seinesgleichen' – und sprechen

---

[1] Der Beitrag ist die verschriftlichte und leicht veränderte Version eines Vortrags auf der Tagung, „Kultur der Schule – Schule der Kultur" im März 2016 in Köln (vgl. Einleitung). Der persönliche, auch als Vorstellung fungierende Einstieg, ist diesem Setting geschuldet und sollte u. a. zur anschließenden Diskussion anstiften.

sich damit systemerhaltend für die Förderschule aus. Forschungsergebnisse bezeichnen gerade das als Schonraumfalle (Schumann 2007; Miller 2017). Die Standfestigkeit inmitten virulenter Umwälzungsprozesse im Bildungswesen drückt aus: 1. Die Veränderungen bewährter (pädagogischer) Praxis betreffen nicht alle Subsysteme gleichermaßen. 2. Hinter den aus pädagogisch-professionell abgesichert gemeinter Perspektive interpretierten Beobachtungen verbergen sich Erschütterungen des (sonder)pädagogischen Alltags, seiner Kompetenzen und Expertisen. 3. Entsprechend zeichnet sich die Beteiligung ‚der Sonderpädagogik' am Inklusionsdiskurs durch Beharren oder Enthaltung aus. Herauszustellen gilt: Die Veränderungen, die – größtenteils ohne den Begriff analytisch oder reflexiv erfasst zu haben – unter dem Begriff der Inklusion in Schule und Bildungseinrichtungen firmieren, sind ausgelöst von politischen Forderungen (geäußert in der UN-Behindertenrechtskonvention 2006 und zwar unter Beteiligung von Selbstvertreter_innen im Sinne von „nichts über uns ohne uns") und bedürfen einer *erkenntnistheoretischen Fundierung* (vgl. Platte/Amirpur 2017). Dieser wird jedoch in breiter Fläche ausgewichen. Die Fragestellungen der ausstehenden Auseinandersetzung widersprechen den bis heute geltenden Grundlagen der Professionalisierung pädagogischer Fachkräfte. Es geht dabei um die Konfrontation mit einem Paradigmenwechsel – welcher naturgemäß die Veränderung von Perspektiven verlangt und dem auf unterschiedliche Weise begegnet werden kann. Die Frage, wie Karim sich am Gymnasium fühlt, mag für ihn persönlich mit ihm und seiner Familie besprochen und beantwortet werden. Die Fragen, die dahinter liegen – und es ist fatal, dass die vordergründige Frage an Karim nur im Kontext bestehender Bedingungen gestellt werden kann, in die er sich selber, seine Fähigkeiten und (Lern-)Vorlieben längst einordnen musste – sind es erst, die mit der Verpflichtung, Bildung als „inklusive" zu gestalten, aufgeworfen werden: Die Überzeugung, Karim sei wegen der Trisomie 21 in der Spannbreite einer Schullandschaft zwischen „geistiger Entwicklung" als Förderschwerpunkt und „geistiger Entwicklung" als gymnasial-humanistischem Bildungsideal die Förderung (und nicht die Forderung) zu empfehlen, mag zwar nach medizinischem Verständnis von Behinderung und im Blick auf die Selektions- und Allokationsfunktion von Schule schlüssig erscheinen. Sie zweifelt dabei nicht an der Sinnhaftigkeit der ihr zugrunde liegenden Einteilung, Segregation und Zuschreibung des Bildungssystems. Diesen Zweifel aber verlangt die Perspektive der inklusiven Bildung, wenn sie im Sinne von *Inklusion als Kritik* (Dannenbeck et al. 2016) agiert – eine Perspektive, die im Folgenden eingenommen wird. Mit der Betonung des Rechts auf „inklusive Bildung für alle" stößt die UN-BRK im Artikel 24 die Infragestellung der beschriebenen Strukturen im Bildungswesen an. Affirmative Umsetzungsbemühungen mögen zwar Entwicklungen in Richtung dieses Rechts in Aussicht stellen, sind dabei aber Ausdruck der Enthaltung aus einem Perspektivenwechsel, der weit mehr als additiv zu realisierende Ergänzungen verlangt.

Kultur der Behinderung

Die anzuführenden Argumente gegen Karims Festlegung auf den einen Weg (Zuweisung zum Förderschwerpunkt Geistige Entwicklung[2] als kausale Folge auf die Diagnose Trisomie 21) bauen auf Erfahrungen und Erkenntnissen auf, die auch zur Ablösung des medizinischen Modells von Behinderung durch das soziale und menschenrechtliche veranlasst haben:

Bereits 1996 stellte Georg Feuser „die [Frage] nach jenem integrationspädagogisch fundamentalen Prozeß unseres Verständnis der am anderen Menschen wahrgenommenen psychopathologischen Probleme, eine Frage, die also nicht die nach dem Mythos Behinderung, sondern nach der Schaffung dieses Mythos ist" (Feuser 1996: S. 4). Entsprechend kennzeichnet für ihn geistige Behinderung „auf einer ersten Ebene einen phänomenologisch-klassifikatorischen Prozeß, also einen Vorgang der Registrierung von an anderen Menschen beobachteten ‚Merkmalen‘, die wir, in Merkmalsklassen zusammengefasst, zu ‚Eigenschaften‘ des anderen machen" (ebd.: S. 5) und er fasst, in auf den pädagogischen Alltag bezogener Sprache zusammen: „Wenn ich ein Kind als geistigbehindert wahrnehme und meine, es sei so, wie ich es wahrnehme, habe ich es ausgegrenzt, auch wenn es in einer Integrationsklasse sitzt" (ebd.: S. 6). Feusers pädagogisch-erkenntnistheoretische Feststellungen werden bestätigt durch Aussagen von Menschen, die sich – als Träger_innen der zugeschriebenen Merkmale (geistige) Behinderung oder Trisomie 21 – aus persönlicher Lebenserfahrung und damit aus intrapersonaler Perspektive dazu äußern können: Pablo Pineda wurde bekannt durch seine Hauptrolle in dem spanischen Film „Yo tambien" und sagt von sich, dass er mit dem Down-Syndrom geboren wurde, aber nicht dadurch abgestempelt werden will. Er hat Grundschullehramt und Psychologie studiert und beschreibt den Einfluss der genetischen Eigenheit des Down-Syndroms auf sein Leben in Vorträgen und Interviews. Auch Sebastian Urbanski ist Schauspieler und schreibt in seiner Biografie „Am liebsten bin ich Hamlet – Mitten im Leben" (2015) über seine Sympathie zu Hamlet (der viele Ecken hat und rummeckert und rumschreit, so viel er kann), von der Bundespressekonferenz, in der er sich gegen die Aussortierung durch Bluttests aussprach – denn nur, weil ein Mensch das Down-Syndrom hat, könne er nicht weniger als andere Menschen. Seit 1998 gibt es das Magazin OHRENKUSS: „Alle Ohrenküssler haben eine Trisomie 21, sind mit dem so genannten Down-Syndrom geboren und haben siebenundvierzig, wo nur sechsundvierzig Chromosomen sein sollten. Das macht sie in unserer beschleunigten, auf äußere und

---

2   Die Richtlinien zum Förderschwerpunkt Geistige Entwicklung in NRW im Jahr 1996 lösen das Sonderschulaufnahmeverfahren durch die Feststellung des Sonderpädagogischen Förderbedarfs ab – zunächst unabhängig von der Zuweisung an eine Schulform.

innere Stereotype eingeschworenen Nutzgesellschaft zu schwierigen Kandidaten, die immer sofort gesehen, aber selten erkannt werden" (Bothor 2008: o. S.). In der Ausgabe zum Thema „Frau und Mann" schreibt Julia Keller (2002):

> „Ich habe die Behinderung Down-Syndrom, aber man sieht es mir nicht so an, weil ich vieles dazu gelernt habe. Man sieht es mir an den Augen an, das [sic!] ich behindert bin, aber für mich ist es kein Leiden, sondern es ist einfach da und das gehört eben halt mal zum Leben dazu. Und man soll sich so akzeptieren wie man ist. Aber was ich nicht leiden kann, ist wenn mich jeder so dumm-blöd an glotzt. Als wäre ich nur behindert, obwohl das gar nicht stimmt."

Die Beispiele und Stimmen, deren mehr zu finden sind, führen das verallgemeinerte Wissen um den eingangs vorgestellten Schülers Karim ad absurdum. Es ist hingegen zu erwarten, dass ein Enthalten von Zuschreibungen und eine gewisse Vorsicht gegenüber einer Diagnose mit entsprechender Zuweisung des Jungen zu einer konstruierten Gruppe die Begegnung mit diesem unvoreingenommener sein lassen würde. Seiner Entwicklung könnte – so ist anzunehmen – nicht nur *ein* vorgezeichneter Weg als begehbar in Aussicht gestellt, sondern das Recht auf vielfältige Möglichkeiten eröffnet werden. Das menschenrechtliche Modell von Behinderung, für das die UN-BRK steht, fordert eine solche Sichtweise. Das medizinische Modell, welches Behinderung als individuelles Phänomen betrachtet und durch medizinische, therapeutische und sonderpädagogische Maßnahmen begleitet, wurde zunächst vom sozial-politischen, vorwiegend sozial konstruierten Modell abgelöst (vgl. Degener 2015: S. 63 f.). Dieses richtet sich kritisch „gegen eine Behindertenpolitik, die Heime und andere Sondereinrichtungen als Schonräume legitimiert, die Barrieren als Schicksal deklariert und die Behinderung als legitimen Grund für Entrechtung determiniert" (ebd.). Galt das soziale Modell von Behinderung bei den Verhandlungen zur Behindertenrechtskonvention noch als Orientierung, so wurde in ihrem Verlauf eine Weiterentwicklung zum menschenrechtlichen Modell verabschiedet, welches u. a. betont, dass Menschenrechte nicht aufgrund persönlicher oder zugeschriebener Merkmale aberkannt werden können. Die Weiterentwicklung der Modelle von Behinderung steht für einen behindertenpolitischen und -pädagogischen Perspektivwechsel, der – mit Blick auf die eingangs skizzierte Frage der Platzierung eines Jungen mit der Diagnose Trisomie 21 im deutschen Schulsystem – die Verlagerung (sonder)pädagogische Praxis vom Rand in die Mitte verlangt. Gleichzeitig wäre zu fragen, ob ein Bildungssystem sich nicht leisten müsste, Rand und Mitte gar nicht erst zu konstruieren, sondern sich ausgehend von den Kindern, die kommen, wie sie kommen, verantwortlich zeichnen sollte für jeweils angemessene Unterstützung?

Kultur der Schule

Die staatliche Verpflichtung zur Realisierung des Menschenrechts auf Bildung wird im General Comment No. 13 zum Internationalen Sozialpakt in vier Strukturelementen zusammengefasst, die sich nach ihren englischen Anfangsbuchstaben auch „4-A-Scheme" nennen. Demnach soll Bildung im Sinne der Menschenrechte 1. available (verfügbar), 2. accessable (zugänglich), 3. acceptable (akzeptabel) und 4. adaptable (anpassungsfähig) sein (Tomasewksi 2000; Platte 2012; Zinsmeister 2016). Führt man sich vor Augen, für wie viele Kinder der Zugang *zu* einer angemessenen Schul(e)form trotz des ausdifferenzierten Systems unterschiedlichster (Förder)Schulen unsicher bleibt und wie viele Lernenden nach dem Zugang *im* System nicht die individuell akzeptablen Bedingungen vorfinden – wie sollte das auch antizipiert werden angesichts der zunehmenden und hochgeschätzten Heterogenität? – so bleibt eigentlich die Schule für alle in selbstverständlicher Verfügbarkeit und Zugänglichkeit bei zu erwartender Akzeptierbarkeit und Adaptierbarkeit der einzig vorstellbare Weg. Denn – und das ist ein wesentliches Anliegen einer die bestehenden Verhältnisse kritisch hinterfragenden inklusiven Bildung – der Perspektivenwechsel ist in einer zweiten Hinsicht bedeutungsvoll: Die Gliederung des deutschen Schulsystems stellt nicht nur für den per Zuschreibung und Etikettierung mit sonderpädagogischem Förderbedarf versehenen Schüler Karim und weitere, die dieser Gruppierung zugesellt werden, ein Problem dar. Auch Schüler_innen ohne ausgewiesenen ‚Schein' müssen ihre Zugehörigkeit zum Bildungs- bzw. dessen Subsystemen unter Beweis stellen – in Entwicklungsangemessenheit zum Zeitpunkt der Einschulung, mit regelkonformem Verhalten im schulischen Tagesverlauf, mit erwartungsentsprechenden Leistungen zum Zeitpunkt der Gymnasialempfehlung oder mit ausreichenden Deutschkenntnissen, selbst wenn sie bereits Zugang erlangt haben. Das Ranking von mehr oder weniger Bildungserfolg versprechenden Schulen verläuft nicht nur zwischen den unterschiedlichen Schulformen, sondern zunehmend auch untereinander, weisen diese sich doch aus zum Beispiel durch Lage und Quartier (Otto 2012), sowie durch die Anzahl leistungsstarker Abschlussschüler_innen oder störungsfreier Abiturfeiern (Hennen 2016). Das Gymnasium, einerseits zunehmend Kaderschmiede für die Kinder und Jugendlichen, die sich schon früh als funktionsbereit und anpassungsfähig erweisen, in die die Hoffnung gesetzt werden kann, dass sie wiederum das System als zukünftige Gewinner_innen stabilisieren werden, befindet sich andererseits scheinbar auch auf dem Weg zu einer „Schule für Alle". So zeichnet sich vereinzeltes, aber zunehmendes Engagement in Richtung „inklusiver Gymnasien" ab: An vielen Standorten steigt die Anzahl einzelner zielgleich unterrichteter Schüler_innen mit Förderbedarf, auch werden Lerngruppen zum Gemeinsamen Lernen oder wie im Beispiel Karims, einzelne Kinder mit attestiertem sonderpädagogischem Förderbedarf zieldifferent unterrichtet. Zum anderen weist das Statistische Bundesamt (2016) mit 34,2 % der Schüler_innen das Gymnasium im Schuljahr 2014/15 als die von den meisten Schüler_innen der Sekundarstufe besuchte Schulform aus. Während die Hauptschulen sich weitgehend abgeschafft haben und Schulen mit den Förderschwerpunkten emotionale Entwicklung und Lernen (in den 1990er-Jahren noch Sonderschulen für Lernbehinderte und Erziehungsschwierige genannt) sukzessive schließen, bleiben die Schulformen am oberen und unteren Rand der Bildungslandkarten unangetastet: Die Schüler_innenzahl der eingangs vorgestellten Schule mit dem Förderschwerpunkt Geistige Entwicklung ist ebenso wie die Zahl ihrer (pädagogischen) Fachkräfte seit den 1990er-Jahren gestiegen und hat sich auch nach der Ratifizierung der UN-BRK nicht verringert. Sollte die Schulform am „oberen Rand" von den im Namen der Inklusion angebahnten Veränderungen eher betroffen sein als die am „unteren Rand"? Wie können sich beide positionieren zu einer Entwicklung, die ihre Legitimation infrage stellt, ohne durch Enthaltung Exklusion zu provozieren? Oder sollen sowohl „geistige Entwicklung" als auch „geistige Elite" aus der inklusiven Bildungsgestaltung ausgeschlossen bleiben?

Zur Beantwortung dieser Frage bedarf es der Klärung darüber, was „inklusive Bildung" meint. Pragmatisch betrachtet, betrifft sie im Augenblick vor allem die Praxis der Platzierung von Kindern und Jugendlichen im Schul- und Bildungssystem. Dahinter geblickt und aus der Position eines kritischen Inklusionsverständnisses (Dannenbeck et al. 2016) verlangt inklusive Bildung jedoch einen weitreichenden Paradigmenwechsel, dessen Ausmaß der Veränderung des Behinderungsmodells vergleichbar wäre: Das tradierte auf normgerechten Entwicklungs- und Ergebniserwartungen aufbauende Modell von Lernen, Bildung und Schule würde dann abgelöst durch eine Kultur des gemeinsamen Lernens, ausgehend von den je einzelnen Beteiligten und der immer wieder einzigartigen Gemeinschaft, die diese bilden – und dabei selbstverständlich auch deren Leistungsfähigkeit unterstützen. Marlene Kowalski weist darauf hin, dass

> „Leistungen, die im Kontext Schule als anerkennungswürdig gelten, willkürlich definiert worden sind. Die Leistungen, die von der Schule als ‚wertvoll‘ und erstrebenswert gesetzt sind, wie etwa regelkonformes Verhalten oder kognitive Erfolge bei der Erschließung der Inhalte im gesetzten Fächerkanon unterliegen damit grundsätzlich einer ‚kulturellen Willkür‘ (Bourdieu/Passeron 1973, S. 13) und werden von symbolischen Machtverhältnissen determiniert" (Kowalski 2016, S. 6).

Wenn inklusive Bildung über affirmative Ergänzungen des Bestehenden hinaus als kritische Reflexionsfolie wirksam werden kann, so bleiben Erschütterungen manifester Strukturen nicht aus. Das betrifft vordergründig die Frage der „Beschulung" zum Beispiel Karims und seiner Zuweisung zum angemessenen Lernort; dahinter liegend stellt es die Frage nach der Struktur und der Kultur eines Bildungssystems und letztlich nach dem diesem zugrunde liegenden Verständnis von Bildung.

Kultur der Integration

Die Schüler_innen, die sich bisher scheinbar am wenigsten vehement selbst vertreten, deren Empowerment ganz besonders von seiner Ermöglichung durch professionell mit deren Lern- und Lebensorganisation Betrauten abhängig ist, scheinen die geringste Chance auf das zu haben, was doch seit den Richtlinien der Schule für Geistigbehinderte aus dem Jahr 1980 das Leitziel der für sie zuständigen Schulform ist und bis heute im Förderschwerpunkt Geistige Entwicklung gilt: „Selbstverwirklichung in sozialer Integration".

Auch hier zeigt sich ein Beharren auf Bestehendem, scheinbar Bewährtem: Am 15.1.2016 haben Bund und Länder unter Federführung des Bundesministeriums für Arbeit und Soziales (BMAS) und unter Mitwirkung der KMK eine gemeinsame Stellungnahme an das Hochkommissariat für Menschenrechte in Genf abgegeben (vgl. Schumann 2016). In dieser beziehen sie sich auf den Kommentar des UN-Fachausschusses, in dem es heißt: „The goal is for all students to learn in inclusive environments". Bund und Länder verteidigen dem gegenüber das deutsche Sonderschulsystem als a) nicht segregierend, b) aufbauend auf dem Recht der Eltern, über Erziehung und Bildung ihrer Kinder zu entscheiden und c) qualitätsvoll. Sie erklären zudem d) den Inklusionsprozess in Deutschland als erfolgreich mit dem Hinweis auf die angeblich steigenden sogenannten „Inklusionsquoten" (ebd.). Ungeachtet bleibt dabei die „sonderpädagogische Etikettierungsschwemme", die sich darin ausdrückt, dass die Zahl der Kinder, die in Sonderschulen separiert werden, konstant geblieben ist (vgl. Schumann 2016; Wocken 2014). Die Anwendung der UN-BRK auf die Bildungsgestaltung bezieht sich weder auf bestimmte Schulen und Schulformen, noch auf festzuschreibende Zielgruppen. Auf den ersten Blick mag das heißen, dass Gymnasien genauso wie Förderschulen zur Entwicklung in Richtung inklusiver Bildung aufgefordert sind. Auf den zweiten Blick – und das könnte eine Erklärung für die bisher weitgehende Enthaltung der randständigen Schulformen aus der Inklusionsdebatte sein – führt das vor Augen, dass die Konstruktion von Rand und Mitte im Sinne einer inklusiven Bildungsgestaltung zumindest konzeptionell nicht getragen werden kann. Nur eine „Schule für alle" – ohne Zugangsbarrieren – kann eine inklusive Schule sein.

Das heißt: Allen anders klingenden Verlautbarungen (vor allem in Presse und Medien) und Bemühungen zum Trotz kann es in einem segregierenden Bildungssystem keine inklusive Bildungseinrichtung geben. Denn solange unter diesem Titel darüber verhandelt wird, welche Schulen welche Kinder (und unter diesen im Besonderen die mit Förderbedarf ausgestatteten) besuchen dürfen und es Bildungseinrichtungen (zum Beispiel im Bereich der Kunst, Kultur oder Musikschulen) gibt, die nur unter bestimmten (finanziellen, leistungsabhängigen) Voraussetzungen zugängig sind, stoßen auch die Institutionen, die sich als System inklusiv gestalten *möchten,* auf die durch Segregation gezogenen Grenzen. So wie die „I-Kinder" (eine Bezeichnung, die glücklicherweise nicht an allen Lernorten üblich, aber doch verbreitet ist) in ihrer Klasse stigmatisiert bleiben, bleibt „die Inklusionsklasse" eine Insel in ihrer Schule und die „inklusive Kita" eine Form der Angebotseinrichtung – integrative Inseln in separierender Umgebung.

> „Inflationär als ‚inklusiv' bezeichnete Inseln des Richtigen im Falschen verweisen auf ein zunehmend unwidersprochenes Bemühen um optimierte Integration des Integrierbaren – Systemintegration durch Selbstoptimierung unter dem Deckmantel zugebilligter, aber nicht gewährleisteter Selbstbestimmung und Eigenverantwortung" (Dannenbeck et al. 2016, S. 204).

Aus erziehungswissenschaftlicher Perspektive steht inklusive Bildung als normativer Leitbegriff für die Überwindung des Integrationsparadigmas und zielt auf Zugang zu und Angemessenheit von Bildung für alle (s. o.; vgl. Zinsmeister 2016). Zugehörigkeit muss nicht erworben oder unter Beweis gestellt werden, sondern ist Voraussetzung inklusiver Bildung. Dass der Begriff der Inklusion im sozialwissenschaftlichen Kontext anders verwendet und interpretiert wird, führt zusätzlich zu begrifflichen Unschärfen: Gemäß der Systemtheorie (vgl. stellvertretend Luhmann 2005) erfolgt Inklusion in modernen Gesellschaften vor dem Hintergrund zunehmender funktionaler Differenzierung, die dafür sorgt, dass Menschen gleichzeitig in bestimmte Funktionssysteme „inkludiert" und aus anderen exkludiert sein können.[3] Demnach ist jede_r immer sowohl von Inklusion als auch von Exklusion betroffen (vgl. Ottersbach et al. 2016). Dem erziehungswissenschaftlichen Verständnis widerspricht die Vorstellung des „Inkludierens", weil sie die „Aufnahme" in ein bestehendes System impliziert (in diesem Sprachspiel Integration), wohingegen „Inklusion" darauf angelegt ist, Systeme durch ihre Beteiligten immer wieder neu zu gestalten. „Es geht nicht mehr darum, Gesellschaftsmitglieder in einen feststehenden Rahmen einzupassen, sondern diesen Rahmen selbst als einen Gegenstand von Aushandlungen zwischen prinzipiell Gleichberechtigten zu verstehen" (Bude 2015, S. 389). In diesem politischen Anspruch liegt die normative Ausrichtung des erziehungswissenschaftlichen Inklusionsbegriffes begründet: Es geht hier nicht

---

3   In diesem Verständnis ließe sich die Förderschule als System, das Inklusion ermöglicht, betrachten – trotz und in ihrer selektiven und segregierenden Struktur. Ein Paradigmenwechsel, wie ihn die UN-BRK fordert, wäre dann nicht angezeigt.

um die neutrale Beobachtung von Systemen und deren Praxis, sondern um die anzustrebende Veränderung von Bedingungen, die für viele Gesellschaftsmitglieder Barrieren bedeuten und Diskriminierung verursachen. Affirmative Ergänzungen bestehender Strukturen sind da allenfalls ein „Tropfen auf den heißen Stein" und laufen zudem Gefahr, über grundlegende Kritik hinwegzusehen. Das kritische Potenzial und die politische Dimension von Inklusion verlieren sich da, wo

> „Integrationserfolge schon als mehr oder weniger große Schritte gefeiert werden, wo Inklusion als real-existierende Utopie verklärt wird, wo Inklusionsfortschritte behauptet und mithilfe von Inklusionsquoten vermessen werden (vgl. Bertelsmann-Stiftung 2015, S. 39), wo Inklusionsschulen begrüßt und ‚I-Kinder‘ statistisch ausgewiesen oder im pädagogischen Alltag benannt werden" (Dannenbeck et al. 2016, S. 210).

Inklusive Kulturelle Bildung

Kulturelle Bildung und inklusive Bildung berühren sich insofern, als alle existierenden Menschenrechtskonventionen und Pakte einen Artikel zum Menschenrecht auf kulturelle Teilhabe formulieren (vgl. u. a. Fuchs 2012). So spricht zum Beispiel die Kinderrechtskonvention vom Recht auf Spiel und Kunst. Da Einrichtungen kultureller Bildung oft als Orte der Hochkultur (miss)verstanden werden, obliegt der Schule die Verantwortung, kulturelle Teilhabe für alle zu realisieren – und zwar nicht, um einer sogenannten Hochkultur in ihr dominanten Raum zu geben, sondern um vielmehr Zugänge zur Entdeckung und Pflege (kultureller) Vorlieben und Interessen sowie ästhetischen Erlebens zu gewährleisten. Kultureller Bildung geht es ebenso wie inklusiver einerseits um persönliche Bildung, und andererseits um die Gestaltung eines gemeinsamen Ganzen, um die „Kultur" einer Gruppe, einer Klasse, einer Einrichtung.

Das vollzieht sich zum Beispiel in der Erarbeitung eines gemeinsamen Inhaltes (vgl. Platte 2005): Unterschiedliche Ausdrucksformen und kreative Interpretationen sind im Kontext kultureller Bildung explizit gewünscht, häufig profitieren sie geradezu von Diversität und Extremen. Sie haben das Potenzial zu konkurrenzresistenter Gruppendynamik in der Solidarisierung über das gemeinschaftlich zu gestaltende Anliegen oder Projekt und haben damit die Möglichkeit zur Annäherung an „inklusive Werte" (Booth 2011). Kulturelle Bildung, so heißt es, sei durchdrungen von dem,

> „was man den Spirit der Geisteswissenschaften nennen könnte: kritisches Denken, kühne Fantasie, empathisches Verständnis für die unterschiedlichsten menschlichen Erfahrungen und Wissen um die Komplexität der Welt, in der wir leben" (Nussbaum 2012, S. 20).

Damit unterstützt sie Reflexionsbereitschaft und demokratische Auseinandersetzungen und auch den Anspruch inklusiver Bildung. Aufgabe von Schule sollte es entsprechend sein, „Zugangsschranken" (s. o.) aufzuheben, die kulturelle Bildung in ein Mittelschichtsghetto verdrängen, wie u. a. der Armutsbericht der Bundesregierung zeigt, kulturelle Aktivitäten als Mittel der Distinktion (Bourdieu 1982) outen und gesellschaftliche und soziale Unterschiede nicht nur markieren, sondern auch verstärken.[4] Mit Blick auf den Titel der zu diesem Band Anlass gebenden Tagung „Kultur der Schule – Schule der Kultur" soll auf diesen Gedanken aufbauend der Auftrag von Schule, Kultur zu gestalten, hervorgehoben werden. Soll die zu gestaltende Kultur eine „inklusive" sein, so bedarf es der Vergegenwärtigung und stetigen Reflexion über den Charakter einer „inklusiven Kultur". Tony Booth, der Autor des Index for Inclusion (2011), benennt als grundlegende Werte zur Entwicklung inklusiver Kulturen unter anderem Rechte statt Chancen, Gleichwertigkeit statt Hierarchie und Vertrauen statt Strafe. Will eine Bildungseinrichtung diese vorbereiten, so muss sie sie natürlich auch selber realisieren. Der emanzipatorische und demokratische Anspruch kultureller Bildung unterstützt den der inklusiven Bildung: Beiden sollte es um Inhalte, Werte und Leitideen gehen, nicht um die pragmatische Erfüllung von Vorgaben oder einem populären Trend folgende Projekte ohne politische Verantwortung und Nachhaltigkeit. Schule hat Raum für kulturelle Bildung und diese prägt die Kultur einer Schule. Die Gestaltung inklusiver kultureller Bildung kann Werte vertreten, die der zunehmend konkurrenzerzeugenden und von Standards geleiteten Konstruktion des Schul- und Lernalltags mit Reflexion und Strategie (zum Beispiel im Einsatz des Index für Inklusion) eine spürbare Alternative entgegensetzen. Kulturelle Bildung im Sinne einer nicht ausgrenzenden (Bildungs-)Kultur muss zuallererst in einer Schule für alle, die alle Lernenden erreichen können, realisiert werden. Kulturelle Bildung, die ihre Tradition in den non-formalen Bildungsbereichen hat, sollte sich dabei nicht in die formalen unterrichtlichen Strukturen „integrieren" lassen, sondern Anstöße zu neuer Gestaltung von (Ganztags-)Schulen geben, die vermehrt Raum für non-formale und informelle Bildungsprozesse schaffen – und auch darin einer „inklusiven" Schulkultur den Weg bahnen.

Schließlich: Die Entwicklung einer Bildungskultur (hier verstanden als Kultur im Sinne des „Wesens" der Bildungseinrichtung) wird bewegt durch ein gemeinsames Verständnis von Bildung. Kulturelle Bildung (hier verstanden als Begegnung mit Bildungsinhalten, die nach „Gestaltung" verlangen) kann diese hervorbringen, realisieren, präsentieren und damit immer wieder neu prägen, reflektieren, weiterentwickeln. Sind nicht Veränderungen in erster Linie Auf-

---

4   Für Teile dieses Abschnitts wurden Ausschnitte aus der Publikation „Teilhabe als Implikat inklusiver Bildung" übernommen (Platte 2016).

forderungen, Kultur immer wieder neu zu gestalten, in Bewegung und Lebendigkeit zu erhalten, durch Irritationen zu aktualisieren? Aufgabe von (kultureller) Bildung in einer inklusiven Schule (sowie in anderen Bildungseinrichtungen) wäre dann, die aktive Beteiligung an einer Entwicklung, die sich aus den Verwicklungen überkommener Praxis (immer wieder) befreit und über (professionelle) Enthaltungen (s. o.) hinweg das gemeinsame Lernen gestaltet – als konkrete Aufgabe im pädagogischen Alltag und als umfassender Auftrag gesellschaftlichen Auskommens. Die Gestaltung einer gemeinschaftlichen Mitte ist dann in erster Linie bestimmt durch das, was sich an ihren Rändern abspielt. Sie ist angewiesen auf die Beteiligung derer, die unerwartete, vielleicht beschwerliche Zugänge suchen und damit Spuren legen.

Literatur

Bertelsmann Stiftung (Hrsg.) (2015): Inklusion in Deutschland. Daten und Fakten. Gütersloh: Bertelsmann Stiftung. Zugriff am 22.06.2016 unter www.bertelsmann-stiftung.de/de/publikationen/publikation/did/inklusion-in-deutschland-1/

Booth, T./Ainscow, M. (2016): Index for Inclusion. Developing Learning and Participation in Schools. Bristol: CSIE.

Bothor, M. (2008): Vorwort. In: Peschka, B./De Braganca, K. (Hrsg.): Das Wörterbuch. OHRENKUSS. Bonn: Dowtown-Werkstatt für Kultur und Wissenschaft.

Bourdieu, P. (1982): Die feinen Unterschiede. Kritik der gesellschaftlichen Urteilskraft. Berlin: Suhrkamp.

Bourdieu, P./Passeron, J.-C. (1971): Die Illusion der Chancengleichheit. Untersuchungen zur Soziologie des Bildungswesens am Beispiel Frankreichs. Stuttgart: Klett.

Bude, H. (2015): Inklusion als sozialpolitischer Leitbegriff. Ein Essay. In: Degener, T./Diehl, E. (Hrsg.) (2015): Handbuch Behindertenrechtskonvention. Bonn: Bundeszentrale Politische Bildung, S. 388–398.

Dannenbeck, C./Dorrance, C./Platte, A./Tiedeken, P. (2016): Inklusion und Kritik. Anstiftungen zu einer gesellschaftstheoretischen Fundierung des Inklusionsdiskurses. In: Müller, S./Mende, J.: Differenz und Identität. Konstellationen der Kritik. (Hrsg.) (2016) Weinheim und Basel: Beltz Juventa, S. 202–220.

Degener, T. (2015): Die UN-Behindertenrechtskonvention – ein neues Verständnis von Behinderung. In: Degener, T./Diehl, E. (Hrsg.) (2015): Handbuch Behindertenrechtskonvention. Bonn: Bundeszentrale für politische Bildung, S. 55–74.

Feuser, G. (1996): Zum Verhältnis von Menschenbild und Integration – „Geistigbehinderte gibt es nicht!". Vortrag vor den Abgeordneten zum Nationalrat im Österr. Parlament am 29. Okt. 1996 in Wien. Zugriff am 22.06.2016 unter http://bidok.uibk.ac.at/library/feuser-menschenbild.html?hls=Zum

Fuchs, M. (2012): Kulturelle Bildung als Menschenrecht? In: Bockhorst, H./Reinwand, V.-I./Zacharias, W. (Hrsg.): (2012) Handbuch Kulturelle Bildung, S. 63–67. München: kopaed. Zugriff am 22.06.2016 unter https://www.kubi-online.de/artikel/kulturelle-bildung-menschenrecht

Hennen, C. (2016): Ganz normale Abiturienten. In: taz.de 26.3.2016. Zugriff am 22.06.2016 unter http://www.taz.de/!5285239/

Keller, J. (2002): Behinderung. In: OHRENKUSS Nr. 9/2002 (S. 40).

Kowalski, M. (2016): Zur Bedeutung von Anerkennung in der Lehrer-Schüler-Beziehung für gute Schulen. In: Schulpädagogik heute. H. 13/2016, 7. Jahrgang: Was sind gute Schulen?

Luhmann, N. (2005): Inklusion und Exklusion. In: ders.: Soziologische Aufklärung 6, Wiesbaden: VS Verlag für Sozialwissenschaften, S. 226–251.

Miller, S. (2017): Risikofaktor Armut gleich Risikofaktor Förderschule. In: Amirpur, D./Platte, A. (2017) (Hrsg.): Handbuch Inklusive Kindheiten. Opladen: Verlag Barbara Budrich, S. 272–287.

Nussbaum, M. (2012): Nicht für den Profit. Warum Demokratie Bildung braucht. Überlingen: Tibia Pressä.

Ottersbach, M./Platte, A./Rosen, L. (2016): Perspektiven auf inklusive Bildung und soziale Ungleichheiten. In: Ottersbach, M./Platte, A./Rosen, L. (2016) (Hrsg): Soziale Ungleichheiten als Herausforderung für inklusive Bildung. Wiesbaden: Springer VS, S. 1–15.

Otto, J. (2012): „Es steht viel auf dem Spiel". In: Zeit online 25.10.2012. Zugriff am 22.06.2016 unter http://www.zeit.de/gesellschaft/schule/zeit-schulfuehrer/2011/Entscheidung-Schulwahl.

Platte, A. (2005): Schulische Lebens- und Lernwelten gestalten. Didaktische Fundierung inklusiver Bildungsprozesse. Münster: M&V Verlag.

Platte, A. (2012): Inklusive Bildung als internationale Leitidee und pädagogische Herausforderung. In: Balz, H.-J./Benz, C./Kuhlmann, C. (Hrsg.): Soziale Inklusion. Grundlagen, Strategien und Projekte in der Sozialen Arbeit. Wiesbaden: Springer VS, S. 141–162.

Platte, A. (2016): Teilhabe als Implikat inklusiver Bildung. In: Krönig, F.K./Neubert, T. (Hrsg.) (2016): Musikalisch-kulturelle Bildung an Ganztagsgrundschulen. Konzept und Praxis eines forschenden Projekts. Bochum/Freiburg: Projektverlag, S. 178–189.

Schumann, B. (2007): „Ich schäme mich ja so!" Die Sonderschule für Lernbehinderte als „Schonraumfalle". Bad Heilbrunn: Klinkhardt.

Statistisches Bundesamt (2016): Schulen auf einen Blick. Zugriff am 22.06.2016 unter https://www.destatis.de/DE/Publikationen/Thematisch/BildungForschungKultur/Schulen/BroschuereSchulenBlick0110018169004.pdf?__blob=publicationFile.

Tomasewski, K. (2000): Human Rights obligations: Making education availiable, accessable, acceptable and adaptable. In: Right to Education Primor No. 3. Goteburg: Novum Grafiska AB. Zugriff am 22.06.2016 unter http://www.right-to-education.org/sites/right-to-education.org/files/resource-attachments/Tomasevski_Primer%203.pdf

Urbanski, S. (2015): Am liebsten bin ich Hamlet – Mitten im Leben. Berlin: S. Fischer.

Wocken, H. (2014): Inklusive Missverständnisse? Einspruch gegen Falschmeldungen über Inklusion. Zugriff am 22.06.2016 unter http://www.hans-wocken.de/Texte/Speck-SZ-Replik.pdf (Aufgerufen am 11.11.2015).

Zinsmeister, J. (2016): Gleichheit – Gerechtigkeit – Inklusion. Die Bildung in der Waagschale der Justitia. In: Ottersbach, M./Platte, A./Rosen, L. (2016) (Hrsg.): Soziale Ungleichheiten als Herausforderung für inklusive Bildung. Wiesbaden: Springer VS, S. 79–102.

„Zusammenklang" als Beispiel für die Positionierung von Projekten zur kulturellen Bildung in Schule

Thorsten Neubert

Kultur der Schule, Schule der Kultur

Analog zu obengenanntem Thema kommen Projekte wie *Zusammenklang* mit konsequent inklusiver Ausrichtung nicht umhin, Schulkultur und somit kulturalisierte Handlungs- und Organisationsstrukturen von Schule im Hinblick auf die vorbehaltlose Vermittlung von Inhalten kultureller Bildung zu hinterfragen und infrage zu stellen. Bewusst wird hier die etwas umständliche Beschreibung *Projekt mit konsequent inklusiver Ausrichtung* gewählt, nicht um den Grad der Inklusivität des Projektes zu relativieren, sondern im Gegenteil um sich eindeutig im Sinne einer inklusiven und somit ständig fortschreitenden Reflexionsbereitschaft zu verorten, nach der es unmöglich wäre, einen Status absoluter Inklusivität erreichen zu können. Somit grenzt sich Zusammenklang von Bildungsangeboten ab, die in der bloßen Teilnahme von Menschen mit diagnostiziertem sonderpädagogischen Förderbedarf ihre Inklusivität begründen.[1] Der *Zusammenklang* zugrunde liegende „weite" Inklusionsbegriff beabsichtigt vielmehr in aller Konsequenz die Möglichkeit der Teilnahme *aller* Kinder zu fokussieren und konzeptionell sicherzustellen. In einem selektiv arbeitenden System heißt „Kultur der Schule" letztlich auch, systematisch wirksame Selektionsmechanismen in allen Bereichen vorzufinden. Eine konsequent inklusive Ausrichtung verhält sich hierzu nicht flexibel anpassungsfähig, sondern fordert eine echte Auseinandersetzung mit in schulischem Lernen etablierten Mechanismen ein. Aus Sicht von Zusammenklang ist es für eine tatsächliche Teilhabe *aller* Kinder an Bildungsinhalten des Projektes zwingend notwendig, mitunter konträr zu gängigen schulischen Unterrichtspraktiken vorzugehen. Hieraus resultierend wurde für den Workshop im Rahmen der Tagung „Kultur der Schule, Schule der Kultur" die erste von zwei grundlegenden Thesen formuliert:

---

1 In aktuell undifferenzierter Begriffsverwendung werden nicht nur vormals integrative, sondern zunehmend auch sonderpädagogische Angebote, die sich ausschließlich an Menschen mit attestiertem sonderpädagogischen Förderbedarf richten, als inklusiv betitelt.

„Classroom Management" verstanden als methodische und organisatorische Stabilisierung einseitig gesetzter Strukturen kann nicht sinnvollerweise inklusiv genannt werden.

Selektive Wirklichkeit

Betrachtet man die An- und Abmeldezahlen in schulischen Kooperationsprojekten zu musikalischer Bildung, fällt in erster Linie auf, dass die Zahl der Teilnehmenden, bei freiwilliger Teilnahme, mit zunehmender Dauer der Projekte deutlich abnimmt. Laut eines begleitenden Forschungsberichtes zum zahlenmäßig größten musikpädagogischen Projekt in NRW „JeKi"[2], verblieben nach zwei Jahren der freiwilligen Angebotsphase weniger als die Hälfte der Teilnehmenden im Projekt. Bezogen auf alle Schüler_innen, die im Untersuchungszeitraum Zugang zum Projekt gehabt hätten, (Jeki startet in der ersten Klasse mit einem verpflichtenden Jahr für alle Schüler_innen) lag diese Zahl bei 35 % (vgl. Busch/Kranefeld 2013, S. 46). Nüchtern betrachtet könnte dieses Untersuchungsergebnis als Spiegel des allgemeinen Interesses von Grundschulkindern an Angeboten zur musikalischen Bildung gelten. Aus inklusiver Perspektive allerdings schließen sich zwingend Fragen nach den Gründen des mangelnden und v. a. des schwindenden Interesses an. Es liegt nahe, dass in Kulturen, Strukturen und Praktiken schulischer Kooperationsprojekte zu musikalischer Bildung Barrieren errichtet werden, die Kinder trotz ursprünglichen Interesses von einer Teilnahme ausschließen (vgl. Boban/Hinz 2003, S. 15).

Entsprechend legt Zusammenklang in allen Teilbereichen einen Fokus auf die interdisziplinäre Beobachtung von Kulturen, Strukturen und Praktiken (ebd.) mit dem Ziel, neben Verfügbarkeit und Zugänglichkeit vor allem Annehmbarkeit und Anpassbarkeit der Angebotsformate sicherstellen zu können (UNESCO 1999). Der organisatorische Rahmen ist darauf ausgerichtet, im interdisziplinären Austausch Strukturen konsequent im Sinne der Kinder verändern zu können, statt diese für auftretende Probleme verantwortlich zu machen und zwangsweise deren Ausscheiden aus den Angebotsformaten zu provozieren. Somit geht Zusammenklang den diametral entgegengesetzten Weg zu strukturstabilisierenden Maßnahmen (wie sie z. B. im „Classroom Management" eingesetzt werden), die in Klassenzimmern als problemlösendes Allzweckmittel Anwendung finden.

Was das für die praktische Umsetzung bedeutet, sei in folgenden Beispielen beschrieben.

---

2   „Jedem Kind ein Instrument" ist ein Kooperationsprogramm von Musikschulen und Grundschulen, das im Schuljahr 2007/08 im Ruhrgebiet flächendeckend umgesetzt wurde.

Strukturveränderung statt Problematisierung

Zusammenklang wird aktuell in Kooperation mit drei Grundschulen im Kölner Raum durchgeführt, an denen im gemeinsamen Lernen auch Kinder, denen ein sonderpädagogischer Förderbedarf attestiert wurde, unterrichtet werden. In allen Klassen befinden sich u. a. mehrere Kinder mit dem zugewiesenen Förderschwerpunkt emotionale und soziale Entwicklung. Schon zu Zeiten von Modellversuchen des Gemeinsamen Unterrichts wurde die Integration von Schüler_innen mit diesem Förderschwerpunkt als besonders schwierig beschrieben. Direkte Äußerungen von Befindlichkeiten in verbaler oder tätlicher Form stören in häufiger Frequenz die Unterrichtsbemühungen und erschweren die Durchführung von strukturiert geplanten Abläufen. Diese Erfahrung machten auch die Zusammenklang-Dozent_innen in einigen am Projekt beteiligten Klassen. Speziell im Umgang mit Instrumenten potenzierte sich diese Problematik, denn die meisten Schüler_innen nutzten die Instrumente, ihren Impulsen folgend, in herkömmlich gedachtem Sinne, um damit Töne oder Geräusche zu erzeugen (Bewertungen und Kategorisierungen geschehen dabei jeweils im Ohr des Zuhörers). Alle reaktiven Maßnahmen, die auf den ersten Blick im Sinne der Kinder eingeleitet wurden – häufige didaktische Impulswechsel gegen Langeweile, möglichst Lebenswelt relevante Liedauswahl usw. – liefen ins Leere und scheiterten scheinbar an der mangelnden Impulskontrolle der Schüler_innen. Im Sinne von *Zusammenklang* muss, um vorhandene Strukturen und deren Wirksamkeit erkennen und Strukturveränderungen tatsächlich konsequent denken und umsetzen zu können, ein vollständiger Perspektivwechsel vollzogen werden, der die beschriebene Situation komplett neu zusammensetzen lässt. Methodische Veränderungen, wie die Frequenzerhöhung didaktischer Impulse, dienen bei geänderter Perspektive nachhaltig v. a. dem Zweck, die kulturalisierte Struktur von Impulsgebenden (Dozent_innen) und Reagierenden (Schüler_innen) zu verstärken und zu erhalten. Vielmehr müssen Schüler_innen ihre eigenen Impulse immer wieder unterdrücken, um den aus didaktischen Impulsen folgenden Aufgabenstellungen gerecht werden zu können. Durch häufigeres Eingreifen entstehen so vor allem zusätzliche Kontrollmöglichkeiten für Impulsgebende. Bei konsequentem Verzicht auf eine problematisierende Betrachtung der Schüler_innen, ließen sich als Gründe für das vermeintliche Scheitern der beschriebenen Maßnahmen v. a. zu große Begeisterung und Experimentierfreude beobachten. Aus diesem konsequent angewandten Perspektivwechsel ergeben sich alternative, vielfältige Lösungsmöglichkeiten. Es kann bei allen interdisziplinär-organisatorischen Bemühungen nur darum gehen, den Kindern möglichst viel Raum und Zeit für die eigenverantwortliche Tätigkeit am Instrument zu geben und die Begeisterung zu erhalten. Dieser Beobachtung folgend wurde in einigen Fällen das *Zusammenklang*-Angebotsformat „Klassenmusizieren" in eine Art kollektives freies Musizieren umgewandelt.

Als Beispiel für die Wirkungsweise dieser konsequent verfolgten Strukturveränderungen hier eine spontan eingesandte E-Mail-Beschreibung der *Zusammenklang*-Dozentin Julia Cramer:

Meine allererste Stunde Klassenmusizieren mit der 2a sah folgendermaßen aus:
Ich treffe die Klasse mit ihrer Lehrerin in der Aula, wir gehen in den Bank-Kreis und ich hatte geplant, mit den Kids ein Kennenlern-Spiel und ein bisschen Bodypercussion zu machen. Dazu kommt es nicht, vielmehr verbringen die Lehrerin und ich die Stunde damit, zu versuchen, die Schuhe-schmeißenden, sich gegenseitig hauenden, laut aufkreischenden und fangen spielenden Kinder irgendwie „zur Ruhe zu bringen". Ich bin nachher total geschockt, weil ich ob des sehr hohen Lautstärkepegels für mich in keinem Moment die Möglichkeit gesehen habe, irgendetwas zur Klasse zu sagen, geschweige denn etwas vorzumachen und schon gar nicht, irgendwem ein Instrument in die Hand zu drücken.

Meine allerletzte Stunde Klassenmusizieren mit der 2a sah (vorletzte Woche) folgendermaßen aus:
Die Aula ist voll mit Instrumenten, wir treffen uns in der Mitte im Sitzkreis auf dem Boden und ich bitte Einzelne nochmal, ihre vorgeschlagenen Lösungen zu wiederholen bezüglich des Problems, mit dem einige Kinder beim letzten Mal zu mir kamen („wenn wir alle gleichzeitig spielen, höre ich mich selbst so schlecht!"). Alle hören ihren MitschülerInnen aufmerksam zu. Dann sind alle Kinder kräftig am Ausprobieren und Üben. Die Lehrerin und ich gehen rum und machen mit, wo es die Kinder uns erlauben. Ca. 20 Minuten vor Schluss möchten viele Kinder gern ihr Geübtes und Ausgedachtes vortragen. Wie abgemacht geben wir ein entsprechendes Zeichen und nach kurzer Zeit wenden sich alle den jeweils Vortragenden zu. Es haben sich immer zwei oder drei Kinder zusammengeschlossen und tragen gemeinsam vor. Alle Pattern grooven richtig, es gibt nonverbale Absprachen und Zeichen untereinander und die Kinder helfen sich gegenseitig, wenn eineR was vergessen hat oder aufgeregt ist. Als ein Kind eine selbstausgedachte, gezupfte Melodie auf der Akustikgitarre vorträgt (inkl. in verschiedenen Bünden gegriffener Saiten), könnte man in der Aula eine Stecknadel fallen hören.

Freiräume schaffen

Ungeachtet der Förderdiagnosen kommt die in konsequent inklusiver Ausrichtung begründete Flexibilität in Struktur und Organisation allen Kindern gleichermaßen zu Gute, was sich nicht zuletzt an einer vergleichsweise konstanten Teilnahme an den *Zusammenklang*-Angebotsformaten ablesen lässt. An Projektstandorten mit entsprechender Projektlaufzeit verblieben durchschnittlich ca. 80 % der Kinder nach zwei Jahren in den Ensembles (vergleichbar mit Instrumentalgruppen anderer Projekte). Beobachtungen und Vergleiche in Praktiken und Strukturen verschiedener musikpädagogischer Angebote legen den Schluss nahe, dass über eigenverantwortliche Freiräume im Umgang mit Instrumenten die Motivation der Kinder langfristig aufrecht erhalten werden kann. Wenn Kinder die Lust (am Projekt) verlieren, geschieht dies vielmals, weil Möglichkeiten des Erlebens und Probierens stark eingeschränkt werden. Mit strukturstärkenden Maßnahmen, die vordergründig auch partizipativen Ansprüchen folgen, werden oftmals Freiräume zusätzlich eingeschränkt und der Druck auf die Schüler_innen erhöht, da über (kleinste) partizipative Angebotsanteile die Verantwortung für ein eventuelles Scheitern oder Ausscheiden aus den Projekten diesen selbst zugeschrieben wird. So entpuppt sich beispielsweise eine gemeinschaftlich-schülerorientiert entwickelte Zielvereinbarung, die von Lehrenden strukturiert und mit effizientem Zeitmanagement umgesetzt wird, für die Schüler_innen als Mogelpackung: Vordergründig partizipativ, verweigert sie jegliche planerische Beteiligung und lässt in klar strukturierten Anweisungen, (einseitig gesetzten) Lernzielen und entsprechenden Kontrollen die Allgegenwart der Lehrenden permanent spüren (vgl. Bruns 2013). Mit derartig, durch eine Sammlung von handlungsleitenden Classroom-Management-Empfehlungen gestärkten Strukturen, werden unerwartete Impulse an Instrumenten zu Störungen und begeisterte Kinder zu ‚Problemschüler_innen‘, die ihr Scheitern selbst zu verantworten haben. Schließlich wurden die geplanten Ziele zu Beginn der Arbeitsphase gemeinschaftlich vereinbart. Schüler_innenorientierung, verstanden als Denken vom Kind aus, steht (nicht nur) aus inklusiver Perspektive dazu in unüberwindbarem Gegensatz und lässt sich nicht mit den beschriebenen Stärkungen einseitig gesetzter Strukturen vereinbaren. In der Lehrer_innen-Ausbildung werden unter dem allgemeinen Label „Classroom Management" zumeist von Schulpsycholog_innen evidenzbasierte, rezeptartige Handlungsempfehlungen ausgegeben, um scheinbar schülerorientiert Disziplinproblemen begegnen zu können. Eine Entwicklung, die eine deutliche Positionierung mit inklusiver Perspektive im Dialog mit kooperierenden Schulen einfordert (bestenfalls in der ersten Kontaktaufnahme), um bei Nutzung gleicher Begrifflichkeiten einen für die Praxis folgenschweren falschen Konsens zu vermeiden. So werden Begrifflichkeiten aus reformpädagogischer Tradition z. Zt. sinnentstellend umgedeutet und erfahren inflationär steigende Verwendung in pädagogischen Schul-Konzeptionen. Begriffe wie Handlungsorientierung und eigenverantwortliches Handeln werden zu einer Zauberformel für ökonomische Entwicklungspotentiale Heranwachsender, benötigen wir doch aus wirtschaftlichen Gesichtspunkten langfristig Arbeitskräfte, die eigenverantwortlich in effizientem zeitlichen Rahmen Lösungsstrategien für vorgegebene Problemstellungen entwickeln. Nach gängigen unterrichtlichen Praktiken scheint Schule auf eine Art eigenverantwortliches Funktionieren in ökonomisch gedachten Kontexten vorzubereiten. Versteht man nun Projekte kultureller Bildung nicht als ‚Zulieferer‘ dienlicher Transfereffekte in beschriebenem schulischen Kontext sondern vielmehr als zwingend notwendiges Gegengewicht, kommt es zu unvermeidbaren Konflikten in der praktischen Umsetzung, die zwingend einer konstruktiven Auseinandersetzung der Kooperationspartner bedürfen. Im Sinne eines Projektes wie *Zusammenklang* lässt sich eigenverantwortliches Handeln nämlich nicht den Vorgaben effizienten Zeitmanagements unterordnen. Arbeitsphasen leben von Nicht-Planbarkeit und lassen Unerwartetes zum Gegenstand neuer Entwicklungen werden. Kindern werden Möglichkeiten (an-)geboten, mit einem Inhalt mit dem sie sich wirklich identifizieren auf eigenem Weg aktiv eigene Erfahrungen machen zu können (vgl. Peschel 2002, S. 42). In der beschriebenen Gegensätzlichkeit fordert Zusammenklang langfristig angelegte Entwicklungsprozesse in der Auseinandersetzung mit Schul-Kultur ein. Nach eigener Zielformulierung sollte der differenzierte Umgang mit einem Instrument, der Stimme oder den eigenen Textideen zu einem Prototyp der Erschließung kultureller und subjektiver Welten und auf diese Weise zum Ausgangspunkt einer kritischen, kreativen und aneignenden kulturellen Bildungsbiografie werden (vgl. Krönig/Neubert 2015).

Differenzierter Umgang mit Instrumenten

Während der Einzel-Instrumentalunterricht mit der Vermittlung instrumental-technischer Fertigkeiten einer eindeutigen Zielorientierung folgt, sind die Zielformulierungen instrumentaler Gruppenangebote vergleichsweise divergent. Vielfach werden sie mit dem Hinweis auf anschließenden Einzel-Instrumentalunterricht als reine Einstiegsangebote betrachtet und gehen in Konzeption und Umsetzung nicht über niedrigschwellige Spielformate hinaus. Erst bei Klein-Gruppen (mit max. 3–4 Teilnehmer_innen) werden allgemein Ansprüche an einen differenzierten Umgang mit einem Instrument in den Beschreibungstexten formuliert. *Zusammenklang* hingegen geht mit Blick auf die Finanzierbarkeit einer möglichen Teilnahme *aller* Kinder, von acht Kindern in den Ensembles aus und fokussiert in den Zielformulierungen als wichtiges Merkmal kultureller Teilhabe den differenzierten Umgang mit dem Instrument oder der Stimme. Hieraus leitet sich die zweite These für die Tagung „Kultur der Schule, Schule der Kultur" ab.

Inklusive Musikpädagogik an Schule und Ganztag bescheidet sich nicht mit einer niedrigschwelligen allgemeinen Musikalisierung, sondern beansprucht eine intensive Auseinandersetzung mit dem Medium Musik über einen differenzierten Umgang mit Instrument und Stimme zu ermöglichen.

Natürlich stellt sich für eine valide Auswertung von Projektergebnissen sofort die Frage nach Vergleichbarkeit und anzusetzenden Parametern für den Untersuchungsgegenstand „differenzierter Umgang mit einem Instrument". Das erscheint allerdings in künstlerischen Zusammenhängen mehr als fragwürdig. Welche Skala oder Einheit sollte man für künstlerische Ausdrucksfähigkeit anwenden? Für ein Projekt, das erklärt mit inhaltlicher und struktureller Flexibilität arbeitet, scheiden auch curriculare Vorgaben als vergleichende Maßeinheit aus. Was sich allerdings sehr wohl beobachten oder messen lässt, ist die Zeit, die Kinder tatsächlich am Instrument verbringen und wie sich ihre Gestaltungsspielräume im Umgang mit Instrumenten mit zunehmender Projektlaufzeit verändern. *Zusammenklang* setzt neben pädagogisch begleiteten Angebotsformaten vor allem auch auf Settings, die informelle Zugänge stützen und bspw. zu autodidaktischem ‚Weiterlernen' einladen. Das Angebotsformat *Freies Musizieren* z. B. folgt als feste Einrichtung an allen Projektstandorten keinen weiteren Zielvorgaben, als den Wünschen und Vorstellungen der Teilnehmenden selbst. Voraussetzung ist dabei absolute Freiwilligkeit in der Teilnahme.

> *„Kinder sollten aus dem Ganztag oder dem Schulunterricht selbstbestimmt kommen dürfen, müssen sich nicht anmelden und verpflichten sich nicht zu einer regelmäßigen oder auch nur wiederholten Teilnahme. Wünschenswert ist, dass die Kinder auch während jeder Stunde die Möglichkeit haben, ohne pädagogische Wertung, zurück in den Ganztag oder den Unterricht zu gehen."* (Krönig 2015, S. 43)

Neben Kindern deren Projektteilnahme von strukturellen Barrieren wie Verbindlichkeit usw. verhindert würde, erreicht dieses Angebotsformat v. a. auch Kinder die ihrem besonderen Interesse folgend möglichst viel Zeit mit dem Spielen von Instrumenten verbringen wollen. In den Ganztagsstrukturen sollten zusätzlich Möglichkeiten bestehen, Instrumente in freien Spielphasen ausleihen und sich mit diesen zurückziehen zu können, so dass möglichst jederzeit informellen Prozessen nachgegangen werden kann. Es lässt sich an den *Zusammenklang*-Projektstandorten tatsächlich beobachten, dass einige Kinder ihren musikalischen Alltag selbst gestaltend zu erstaunlichen Ergebnissen kommen. Hierzu zählen neben technischen Fertigkeiten auch ausdrucksstarke klangliche Gestaltungen z. B. in selbstgewählten Gruppen mit verschiedenen Instrumenten. Für nachfolgende Beobachtungen wird die Anschlussfähigkeit dieser musikalisch-künstlerischen Erfahrungen an Musikangebote der Offenen Jugendarbeit erklärter Maßstab sein, um die Möglichkeiten des freiwilligen Musikmachens zumindest mittelfristig aufrecht erhalten und beschriebene Effekte im Hinblick auf eine kritische, kreative und aneignende kulturellen Bildungsbiografie ermöglichen zu können (vgl. Krönig/Neubert 2015).

Literatur

Boban, I./Hinz, A. (2003): Index für Inklusion. Lernen und Teilhabe in der Schule der Vielfalt entwickeln. Martin-Luther-Universität Halle-Wittenberg.

Bruns, V. (2013): Classroom Management. Zugriff am 3.9.2016 unter https://www.schulpsychologie.de/wws/bin/1861962-1863242-1-classroom_management.pdf

Busch, T./Kranefeld, U. (2013): Wer nimmt an JeKi teil und warum? Programmteilnahme und musikalische Selbstkonzepte. In: Koordinierungsstelle des BMBF-Forschungsschwerpunkts zu Jedem Kind ein Instrument (Hrsg.): Empirische Bildungsforschung zu Jedem Kind ein Instrument. Universität Bielefeld: S. 46–49.

Krönig, F. (2015): Freies Musizieren. Eine inklusive Konzeption zum Musikmachen mit Kindergruppen an Grundschulen. In: Üben und Musizieren 4/15.

Krönig, F./Neubert, T. (2015): Zusammenklang-Projektkonzeption. TH-Köln (graue Literatur).

Peschel, F. (2002). Offener Unterricht – Idee, Realität, Perspektive und ein praxiserprobtes Konzept zur Diskussion. Band 1: Allgemeindidaktische Überlegungen. Band 2: Fachdidaktische Überlegungen. Baltmannsweiler: Schneider Verlag Hohengehren.

UNESCO, 1999: General Comment 13 on the right to education. Zugriff am 25.8.2016 unter http://unesdoc.unesco.org/images/0013/001331/133113e.pdf

Das Andere, das Schöne und die Pädagogik

Was bedeutet ‚Inklusion' für die Kunstpädagogiken?

Mai-Anh Boger

Die Grundfrage dieses Artikels lautet *„Was kann Inklusion für die Kunstpädagogiken bedeuten?"* und sie führt notwendigerweise in ein riesiges Chaos. So muss ‚Inklusion' neben den wissenschaftlichen Betrachtungen, die darüber angestellt werden können, zunächst als politischer Begriff verstanden werden. Die Frage muss demnach die Welten der Politik, der Wissenschaft und der Kunst kollidieren lassen und sodann auch noch fragen, was das für die Pädagogik bedeuten soll. Politik, Kunst und Wissenschaft sind drei sture Köpfe, die wohl immer unzufrieden mit dem sein werden, was sie übereinander zu sagen haben. Das einzige, was mir bleibt, ist daher offen zu legen, dass ich nicht vorhabe in diesem Aufsatz der Kunst gerecht zu werden, was mir im Herzen weh tut, aber das Ziel der folgenden Darlegungen ist zu zeigen, welche Ansprüche der Inklusionsdiskurs an verschiedene pädagogische Praktiken erhebt und welche Projektionen diese Politiken auf die Künste werfen.

Zum Einstieg in dieses Thema betrachten wir eine geläufige Szene aus der tanzpädagogischen Praxis und benennen zunächst drei divergente Bauchgefühle, die Pädagog_innen bezüglich der Frage nach dem gerechten Umgang mit Differenz häufig haben. Daraufhin fragen wir, was ‚Inklusion' ist (Abschnitt 1) und systematisieren sodann die drei Intuitionen aus dem Praxisbeispiel mithilfe der Theorie der trilemmatischen Inklusion (Abschnitt 2), um zuletzt zu fragen, was mögliche Impulse der Inklusionsforschung für die Kunstpädagogiken (3) sind.

Der Artikel hat zwar bei der Auswahl der Beispiele tanzpädagogische Schlagseite, aber die darin angeführten Argumente lassen sich immer auf die anderen Kunstpädagogiken übertragen, eben weil es nicht von der Kunst her gedacht ist, sondern einerseits von den politischen Ansprüchen her und andererseits von deren wissenschaftlicher Systematisierung. Die Beispiele beziehen sich auf Geschlecht, Herkunft und Behinderung, da sich ‚Inklusion', wie sie erziehungswissenschaftlich definiert wird, nicht nur auf die UN-BRK bezieht, sondern auf den gerechten Umgang mit Differenz und Ungleichheit im Allgemeinen (genauer in Abschnitt 1).

0. Eine Beobachtung – drei divergente Intuitionen aus der Praxis

Man stelle sich zur Einstimmung eine erste Unterrichtseinheit in Kontakt-improvisation vor. Es ist eine geschlechtergemischte Gruppe Jugendlicher ohne tänzerische Vorerfahrung. Die meisten sind freiwillig da; ein paar aber auch, weil nichts anderes mehr übrig war. Nach der Einführung starten die Jugendlichen mit ihren ersten Bewegungsversuchen. Nach kurzer Zeit beginnen drei der Jungen zu kämpfen und spielen im Anschluss Fangen. Zwei Mädchen, beste Freundinnen, stehen hinten links und malen kleine Schleifchen in die Luft.[1]

Es gibt drei sich widersprechende prototypische Reaktionen auf diese Szene, betrachtet man sie unter der Fragestellung, was als differenzsensible oder inklusive Pädagogik zu verstehen sei. Ich überspitze sie ein wenig, damit die Konflikte zwischen den drei Positionen deutlich erscheinen können:

Die erste Intuition sagt spontan ‚Meine Güte, wie stereotypal!' und notiert auf der Liste der Lernziele, dass beide Gruppen ihr Bewegungsrepertoire erweitern sollen, um sich selbst neuartige Erfahrungen zu ermöglichen. Sie sieht in den Bewegungen geschlechtsspezifische Selbstlimitationen, um nicht zu sagen: Defizite. Die Mädchen sollen lernen, Raum zu ergreifen und die Jungen die Angst ablegen, sich in der Begegnung weich und empfänglich zu zeigen. Diese erste fiktive Fachkraft glaubt also, dass geschlechtersensible Tanzpädagogik bedeutet, auf die jeweils besonderen Bedürfnisse und Lernwege von Mädchen und Jungen einzugehen. Als Intervention ruft sie quer durch den Raum „Jungs, macht mal langsam!" und geht dann zu den Mädchen und leitet sie durch Mittanzen nonverbal an, die Schleifchen in einer immer größer werdenden Spiralbewegung zu Armkreisen zu verwandeln.

Die zweite Fachkraft reagiert auf die Reaktion der ersten Fachkraft mit Augenrollen. Sie kann darin nichts Geschlechtergerechtes erkennen, sondern sieht in der ersten Antwort vor allen Dingen die Stereotype, die sie selbst reproduziert bei diesem ihres Erachtens zum Scheitern verurteilten Versuch, mit Geschlechterdifferenz umzugehen. Statt der ständigen Benennung, Spiegelung und Konfrontation mit stereotypen Unterstellungen und darauf basierenden defizitorientierten ‚Reparaturversuchen' sei Entdramatisierung die beste pädagogische Reaktion. Es sei strategisch klüger, die Geschlechterfragen zu dethematisieren mit dem Ziel, diese Kategorie verblassen zu lassen. Vielleicht ist ja sogar die ganze Beobachtung Unsinn und basiert auf nichts als selektiver Wahrnehmung und Zuschreibung. Man könnte die Szene schließlich auch so inter-

---

1   Die Beobachtung ist mit Absicht nicht gemäß wissenschaftlicher Konventionen notiert, da die Beobachtungsweise und Notation Teil des zu Hinterfragenden sind, wie es im weiteren Verlauf noch deutlich werden wird (siehe auch Abschnitt 2.2).

pretieren, dass die zwei Menschen unabhängig von ihrer Geschlechtszugehörigkeit eher zurückhaltende Individuen sind oder fragen, woher das Bedürfnis der anderen drei kommt, sich auszutoben. Außerdem ginge es, selbst wenn es wirklich um Geschlecht gehen sollte, nicht um nur zwei Geschlechter, sondern um die Vielfalt geschlechtlicher Performances und deren Wandelbarkeit, die das binäre Denken in männlich-weiblich weit übersteigen.

Die dritte Fachkraft hingegen war schon immer gegen Koedukation in dieser Altersgruppe. In geschlechtergetrennten Gruppen seien alle entspannter; vielleicht sogar wäre das in einem geschlechtergetrennten Raum gar nicht passiert. Schließlich könne die Kontaktimprovisation mit ihrem Fokus auf Begegnungen und leibliches Hinspüren auch heftige Schamgefühle und Berührungsängste auslösen. Mitten in der Pubertät sei das risikoreich und erweise sich unter Umständen sogar als höchst unsensibel. Das Verhalten, das von beiden Geschlechtern ausgeht, sollte daher als Bewältigungsversuch verstanden werden, mit der durch das pädagogische Setting forcierten Konfrontation umzugehen. Außerdem könnte man in getrennten Räumen viel zielgruppenadäquater auf die beiden Szenen reagieren. Die erste Szene erinnere schließlich irgendwie an Capoeira und die zweite an rhythmische Sportgymnastik. Das seien nun mal gegenderte Ästhetiken und es spreche auch nichts dagegen diese genderspezifisch zu fördern; aber nur in getrennten Gruppen könne dies selbstreflexiv aufgefangen werden, um neue und stimmigere Verständnisse von Männlichkeit und Weiblichkeit in einem geschützten Raum zu entwickeln.

Auch wenn alle drei Wert darauf legen, geschlechtergerecht zu unterrichten, sind sie sich also äußerst uneinig[2], nicht nur darüber, was zu tun ist, sondern bereits darüber, was da eigentlich angeblich beobachtet wurde.

Die erste denkt über die zweite, dass sie unsensibel für Geschlechtsunterschiede ist, weil sie diese übersieht und nivelliert, statt sie gezielt in die pädagogische Reflexion aufzunehmen. Die zweite sagt wiederum über die erste, dass sie die Geschlechterthematik selbst in die Szene hineinprojiziert und dadurch erst hervorbringt, was sie zu bewältigen glaubt. Über die dritte denkt die zweite Stimme, dass sie ebenso Geschlecht reifiziert und Unterschiedlichkeiten forciert, wo vielleicht keine sind oder keine sein müssten, auch wenn diese wenigstens nicht so defizitorientiert sei. Die dritte Stimme gibt der ersten Recht, dass

---

2 Wenn Sie gar nichts mit Gender Studies zu tun haben, empfehle ich das übrigens als Daumenregel, um seriöse von unseriösen Artikeln zu unterscheiden: Kein Mensch, der ordentlich recherchiert hat, käme je auf die abstruse Idee es gäbe einen ‚Feminismus' im Singular oder darauf zu suggerieren, Feminist_innen wären alle einer Meinung. ‚Feminist_in' zu sein, heißt zunächst einmal nicht mehr als, dass man eine Vorstellung von Geschlechtergerechtigkeit hat und für diese eintritt. Alle drei genannten Reaktionen sind demnach gleich viel oder gleich wenig ‚feministisch'. Sie divergieren nur in ihren Antworten darüber, was sie für geschlechtergerecht halten.

das, was die zweite tut, Nivellierung ist, erlebt die erste aber ebenso wie die zweite es schon kritisiert hat, als Stereotypen reproduzierend und kreative Offenheit behindernd. Die erste verteidigt sich gegen den Vorwurf der dritten damit, dass sie durchaus Offenheit fördere, aber eben im Sinne einer Offenheit, sich weniger geschlechterstereotypenkonform zu bewegen. Ihr eigener Vorwurf an die dritte Stimme lautet wiederum, dass man in diesen segregierten Schonräumen eben nichts lernen könne, da die Begegnung mit all ihren potentiellen Konflikten eine für den Bildungsweg wesentliche Erfahrung sei.

Was würde nun die Inklusionsforschung zu diesem Konflikt sagen? Was verbirgt sich hinter diesem Begriff und inwiefern ist der Diskurs um ‚Inklusion‘ in der Lage, auf obige Szene anders zu antworten?

1.   Was ist Inklusion?

Zunächst ist ‚Inklusion‘ der Name einer Hoffnung: sie zielt auf den gerechten Umgang mit Differenz. Inklusion bedeutet negativ bestimmt ‚*Diskriminierungsfreiheit*‘ oder positiv bestimmt ‚*Differenzgerechtigkeit*‘. Dabei bezieht sie sich meines Erachtens auf alle Heterogenitätsdimensionen, die nicht politisch neutral sind, sondern bei denen von einer Diskriminierung im Sinne einer strukturellen Benachteiligung zu sprechen ist. Dieser Inklusionsbegriff grenzt sich demnach zweiseitig ab: Er entspricht einerseits nicht dem enggeführten Verständnis von ‚Inklusion‘, das sich nur auf Behinderung und die kürzlich ratifizierte UN-BRK bezieht[3] und er entspricht andererseits nicht den entpolitisierten Vielfaltsliedern aus dem diversity management, die keinen machtkritischen Impetus haben[4].

Die pädagogische Frage ist demnach: Was müssen wir tun, um eine diskriminierungsfreie Pädagogik zu leben, also tatsächlich allen Kindern gerecht zu werden, egal woher sie kommen oder welche (gegenderten[5] und ableisierten[6])

---

3   Dieses weitere Verständnis, dem ich mich damit anschließe, wird kanonisch von Prengel (1993/2006) oder Hinz (2011) und anderen und auch in diesem Band von Krönig, Platte, Simon und anderen vertreten.

4   Dabei werden so viele Heterogenitätsdimensionen in Listen für relevant erklärt, dass ernsthafte Themen in eine Reihe mit Verschiedenheiten wie unterschiedlichen Geschmäckern und Vorlieben gepackt werden (zur Kritik vgl. Walgenbach 2007; Trautmann & Wischer 2011).

5   vergeschlechtlichten, also mit geschlechtlichen Zuschreibungen und Wahrnehmungsrahmungen belegt (vgl. Hornscheidt 2012).

6   „befähigt“; von dem Wort „ableism“. Dieses stammt aus der Disziplin der Disability Studies und bezeichnet ein Regime, das Menschen aufgrund von (Leistungs-)Fähigkeit hierarchisiert und diskriminiert und dadurch ‚Behinderung‘ hervorbringt (Linton 1998, bzw. im deutschen Sprachraum Köbsell/Hermes 2003; Maskos 2015).

Körper sie haben? Phrasiert man die Darlegungen, worum es bei Inklusion geht, auf diese Weise, erhält man statt einer Liste an Heterogenitätsdimensionen einen Fokus auf zwei einfache anthropologische Tatsachen:

Erstens kommen alle Menschen mit einer Geschichte zu uns; sie haben Herkünfte. Zweitens haben alle Menschen Körper.

Für beides gilt nun wiederum, dass diese Herkünfte und Körper mit Zuschreibungen versehen und versehrt werden, dass auf verschiedene Weise von anderen und dem Subjekt selbst erzählt werden kann, welche Bedeutung diese haben und dass sie uns in ihrer Einzigartigkeit daran erinnern, dass da Schmerz ist und Freude und neben den Geschichten, die wir uns über uns selbst und die Anderen erzählen, ganz viel Ungesagtes und Unsagbares und Unerhörtes und Unbeantwortbares.

Außerdem heißt es zunächst, dass wir diese Herkünfte und Körper *haben* und nicht sind. Woher wir kommen, welches Geschlecht wir haben, welche Fähigkeiten und Befähigungen uns zu eigen sind, all das sind keine von vorne herein essentiellen Eigenschaften; sie können uns nur wesentlich *werden,* da die Existenz der Essenz vorausgeht (Sartre 1966). Zunächst *sind* wir leiblich und ohne Ort. Alles andere ist Menschenwerk: wir haben Körper, denen ein Geschlecht zugeschrieben wird, mit allen sozialen Erwartungen und gesellschaftlichen Konsequenzen, die damit einhergehen. Wir haben Körper mit unterschiedlichen organischen Ausstattungen und Fähigkeiten, die in gesellschaftlichen Prozessen als unterschiedlich wertvoll hierarchisiert werden; das heißt aber nicht, dass wir jemals leiblich unfähig *sein* müssten, geschweige denn, dass wir weniger wertvoll *sind.*

Werden kann man vieles. Und manche Eigenschaften werden uns wesentlich, sodass wir sie dann nicht mehr nur haben, sondern so sind. So lässt sich sagen, dass man nicht als Frau geboren ist, sondern Frau wird (de Beauvoir 1970). Manchmal steht man morgens auf und fühlt sich behindert oder wird dabei behindert, an sein Frühstück zu kommen. Das heißt nicht, dass man behindert *ist.* Wir *haben* gute und schlechte Tage, haben unsere Zeit in mehr oder weniger barrierefreien Räumen verbracht. Und wenn wir viele schlechte Tage und Räume erwischt haben, dann *sind* wir vielleicht traurig, dass es unserem Körper nicht gut geht und dass da viele Barrieren sind. Auch für Behinderungen gilt daher: niemand *ist* behindert geboren oder *ist* durch z.B. einen Unfall behindert, sondern man kann es nur werden, selbst dann, wenn man die so adressierte organische Ausstattung seit der Geburt *hat.* Wenn man nachhaltig behindert worden ist, kann man irgendwann behindert sein; das ist aber nicht notwendigerweise der Fall.[7]

---

7 Dies entspricht demnach dem Kerngedanken des sog. „sozialen Modells von Behinderung" (Dederich 2007; Homann/Bruhn 2016), im Gegensatz zur kanonischen Auslegung

Durch die gesellschaftlichen Hierarchisierungen und um diese zu stabilisieren, gelten manche Seinsweisen als essentiell geringere. All jene Menschen, die durch solche Hierarchisierungen nicht frei entscheiden können, was sie sind, weil ihnen zugemutet wird, dass bei ihnen angeblich eine geringerwertige Essenz der Existenz vorausginge, nennen wir diskriminiert. Diskriminierung bedeutet demnach in dieser existentialistischen Traditionslinie mit de Beauvoir, Sartre und Fanon gesprochen, dass einer Gruppe von Menschen auf eine Weise essentielle Eigenschaften zugeschrieben werden, die ihr Verhältnis zu anderen und zur Welt begrenzt, sie also unfreier macht. Noch bevor der Mensch die Chance hatte, sein Leben zu wählen, ist ihm dann strukturell verunmöglicht, sich frei in die Existenz zu rufen. Dann ist man gezwungen etwas zu *sein*, was man nie an sich *haben* wollte und das nur, weil man in einem bestimmten Körper daher_kommt. Das jedenfalls ist die kürzeste Definition dessen, was ein diskriminierendes Regime ausmacht, die ich geben kann, und die meinem Verständnis von ‚Behinderung' und diesem Migrationsdingsbums entspricht.[8]

Es gibt nun drei Antwortversuche auf die Frage, wie eine differenzsensible Pädagogik aussehen könnte, die in einem trilemmatischen Verhältnis zueinander stehen. Ein Trilemma besteht aus drei Sätzen, von denen immer nur zwei gleichzeitig wahr sein können. Wenn zwei dieser Sätze angenommen werden, ist der dritte somit notwendig ausgeschlossen. Diese drei Sätze sind:

1. Inklusion ist Empowerment.
2. Inklusion ist Normalisierung.
3. Inklusion ist Dekonstruktion.

Im Folgenden werden diese drei Begriffe zunächst definiert und gezeigt, welche Hoffnung sie in die Kunst legen. Sodann wird dargelegt, was die Verbindung von jeweils zwei dieser Aspekte kennzeichnet und warum diese Verbindung den jeweiligen dritten Aspekt ausschließt. Es handelt sich dabei um die Kurzfas-

---

dieses Modells, die sich i. d. R. wissenschaftstheoretisch als „konstruktivistisch" positioniert, ist dies eine existentialistische Herleitung des gleichen Arguments.

8   Zur orientierenden Abgrenzung: Zwei alternative Bestimmungen des Diskriminierungsbegriffs sind – in groben Formenkreisen gesprochen – zum Beispiel die diskurstheoretisch-konstruktivistische und die marxistisch-materialistische. Erstere versteht Diskriminierung als ein Bündel an Dispositiven (bzw. diskursiven Formationen), das essentialisiert andere Subjekte hervorbringt und durch diese Subjektivierungs-/Konstruktionsmechanismen Machtstrukturen legitimiert und verfestigt. Letztere versteht unter Diskriminierung ein Ausbeutungsverhältnis, bei dem eine Gruppe sich auf Kosten einer anderen privilegiert. Der erste Zugang war mir zu rhetorisch und der zweite zu sehr nacktes Fleisch. Mit obigem Vorschlag hingegen ist es möglich, einerseits einen Begriff von Essentialisierung zu erhalten (allerdings aus einem existentialistischen Paradigma heraus) und andererseits nicht in eine leiblose Diskurstheorie zu verfallen.

sung einer Theorie der Inklusion, die durch das Verknüpfen von Literaturrecherche, politischer Diskursanalyse und Interviews mit Betroffenen erstellt wurde.[9]

1.1 Inklusion als Empowerment und die Hoffnung auf eine selbstermächtigende Kunst

Empowermentansätze sind in der Pädagogik weit verbreitet (Sohns 2009). Viele davon sind leider entpolitisiert worden und werden dem Empowermentbegriff dadurch nicht mehr gerecht (vgl. Bröckling, 2013, S. 55 ff.). Wie der Name verrät nämlich, geht es bei Em-*power*-ment immer um Machtverhältnisse und demnach um ein Bewusstsein um die Unterdrückungsverhältnisse, die uns entfremden. Es geht dabei nicht um Selbstwirksamkeitserwartung, Selbstwertgefühl oder ähnliche psychologische Konstruktionen, sondern um eine Pädagogik, die zu Solidarisierungsfähigkeit und politischem Bewusstsein erzieht, wie sie zum Beispiel von Paolo Freire, bell hooks oder hierzulande von Wolfgang Jantzen mit seiner materialistischen Behindertenpädagogik vertreten wird. Sie alle folgen der Idee, dass ‚Inklusion' bedeutet, unterdrückte Subjekte in ihrem Prozess der Selbstermächtigung und Emanzipation solidarisch zu begleiten.

Die Hoffnung auf eine selbstermächtigende Kunst ist demnach getragen von der Idee, dass sich das unterdrückte Subjekt in dieser als solches ausdrücken[10] könne, dass es darin Raum findet, eine emanzipatorische Selbsterzählung zu wagen. So versteht zum Beispiel bell hooks (1997; 1999) das Schreiben als einen therapeutischen Akt, in dem das Schwarze Subjekt Worte für die eigenen traumatischen Erfahrungen mit Rassismus findet und sich so als emanzipiertes Subjekt Kunst schaffend hervorbringt. Konkret kann das sehr verschieden aussehen: Wie in der négritude-Bewegung (Césaire 1987) oder der Harlem Renaissance für die Schwarze Befreiungsbewegung, wie in dem Projekt „Wer ist schon perfekt?" zu Behinderung und Schönheitsidealen neulich in Zürich (proinfirmis. ch) oder wie im Frauenmuseum in Bonn. All diese Ansätze haben gemeinsam, dass in ihnen eine Gruppe als Gruppe adressiert wird und dass dieser dabei eine besondere Ausdrucksweise oder (kulturelle) Eigenheit zugeschrieben wird bzw.

---

9   Die Buchreihe dazu ist kürzlich bei edition assemblage erschienen.
10 Gewiss, für eine Kunstphilosophin ist der Satz kaum auszuhalten, so naiv ist das Kunstverständnis dahinter. Wie einleitend gesagt, werden diese Hoffnungen der Kunst nicht gerecht. Es sind politische Hoffnungen. Sie wären alle drei bereit, alles Mögliche von der Kunst zu behaupten, um in ihr die jeweilige Sehnsucht erfüllt zu sehen.

dass deren andere* Perspektive, die sonst marginalisiert wird, sichtbar gemacht werden soll[11].

1.2 Inklusion als Normalisierung und die Hoffnung auf kulturelle Teilhabe

Normalisierung ist spätestens seit die Foucault-Rezeption in der Pädagogik eingesetzt hat (vgl. Balzer 2004; Pongratz et al. 2004; Ricken 2006) ein Begriff, dessen Ambivalenz im Zentrum ungleichheitssensibler Reflexionen steht. Da es sich um eine Theorie der Macht handelt, geht es bei den Normalen* im Foucaultschen Sinne nicht um eine statistische Mehrheit, sondern um das mächtige Zentrum, von dem aus überwacht wird, wer zu den Normalen* gehört und wer nicht. Macht zu haben bedeutet in diesem Ansatz die Macht, andere als Andere* hervorzubringen und dabei (und vor allem erst dadurch!) sich selbst als normal* und die eigene Perspektive als die universale und somit letztlich als die „Wahrheit" darzustellen. Im englischen Sprachraum wird dieser Prozess in der Nachfolge Saids (1978) als „Othering" bezeichnet. Dieser hat, nach obigem Muster sehr grob zusammengefasst, gezeigt, wie durch die Konstruktion des ‚Orients' als das Andere* der Okzident sich selbst als solcher und als Nabel der Welt hervorbringt. Im deutschen Sprachraum setzt sich dafür gerade tendenziell der Übersetzungsvorschlag „Veranderung" durch. Normal* ist demnach der Standpunkt, von dem aus die Anderen als die Anderen* hervorgebracht werden. Die Normalen* sind in diesem Sinne auf die Anderen* angewiesen, da ihre eigene Subjektivität eine aus dem Veranderungsprozess abgeleitete ist. Daraus folgt zum Beispiel, dass die Leute ohne ‚die Ausländer'* (mit bestimmtem Artikel und im generischen Maskulinum) niemals wissen könnten, was es heißt, ‚deutsch'* zu sein. Der Diskurs bringt zu diesem Zweck, in „Verteidigung der Gesellschaft" (1999), die Ausländer* hervor.

Mit anderen philosophischen Mitteln hat de Beauvoir (1970) genau dies für das männliche* Geschlecht gezeigt, das sich selbst durch die Konstruktion des Anderen* Geschlechts ins Zentrum stellt und den Posten des vermeintlich universalen Sprechens besetzt. Eine weitere, besonders für die Künste stimmige Theoretisierung des Normalen* ist jene Bourdieus, der ebenso aus einem machtkritischen Impetus heraus zeigt, wie die Eliten sich selbst auf dem Feld so

---

11 Wie man es formuliert, also ob man sagt, dass die Andersheit ‚zugeschrieben' wird oder sagt, dass sie als solche ‚anerkannt' wird, ergibt sich aus der jeweiligen Position im Trilemma, ist also Teil des Problems, das hier erörtert werden soll. Aus diesem Grund sind die Worte anders* und normal* mit einem Stern markiert, um zu kennzeichnen, dass diese Begriffe ihre Bedeutung in Abhängigkeit von der Position im Trilemma verändern (vgl. Tabelle in Abschnitt 2.3).

positionieren, dass jeder von dem ihrigen abweichende Habitus als ein anderer*
erscheint, der diesem privilegierten Zentrum ferner stehen muss (vgl. Bourdieu
1987). Im künstlerischen Bereich überwachen diese den „legitimen Geschmack",
der in kleinbürgerlichen Distinktionsversuchen imitiert wird und der die Her-
absetzung der deprivilegierten Milieus als ‚bildungsfern' und somit die Herab-
setzung ihres künstlerischen Geschmacksurteils als ‚dilettantisch' und ‚banau-
senhaft' hervorbringt.

Egal aus welchem philosophischen Heimathafen heraus man es betrachtet,
ob konstruktivistisch, diskursanalytisch, poststruktural oder existentialistisch,
in jedem Fall ist klar, dass Normalität* keine vorgängige Eigenschaft sein kann,
sondern erst durch mächtige Diskurse und Praktiken hervorgebracht wird, sodass manche durch diese Konstruktion privilegiert werden und andere zu den
Anderen* verandert.

So wie Foucault nicht müde wurde zu betonen, dass Macht nicht nur eine
begrenzende, sondern immer auch eine produktive, eine ermöglichende Seite
hat, dürfen wir nicht müde werden immer wieder zu sagen, dass auch die Nor-
malisierungsansätze der Pädagogik, unter die auch die Integrationspädagogiken
fallen, dieses Doppelgesicht haben. Denn neben der assimilatorischen Kompo-
nente gibt es ein Recht auf Integration und die Ermöglichung der Wahrnehmung desselbigen. Die Geschichte hat uns gelehrt, wie ein Regime aussieht, in
dem den Anderen* die Integration verboten wird. So gibt es historische Situationen, in denen sich Menschen gegen Zwangsintegration verteidigen müssen
(wenn etwa ein rassistisches Regime gegen sog. ‚Parallelgesellschaften' wettert)
und solche, in denen sich gegen Zwangssegregation verteidigt werden muss
(wie etwa in der Debatte um die Förderschule und die endlich ratifizierte UN-
Behindertenrechtskonvention). Der Integrationsbegriff ist und bleibt daher am-
bivalent.

Diese Hoffnung auf Teilhabe an einer Normalität betrifft somit den aus
denselben Gründen umstrittenen Begriff „kulturelle Teilhabe" (für das Themenfeld Behinderung siehe Dannenbeck 2011, Poppe/Schuppener 2014). Häufig ist dieser dafür kritisiert worden, dass er nicht transparent macht, an wessen
Kultur denn bitte teilgehabt werden soll und wem dadurch implizit ‚Kultur-
losigkeit' oder ‚Kulturferne' unterstellt wird. Affirmiert man ein solches norma-
listisches Begehren, ist es aber wieder deutlich, worum es geht: die jeweilige
Leitkultur oder – wie Rommelspacher sagt – *Dominanzkultur* (2006). Auf dieser Projektionslinie wird ‚Kunst' demnach als Kulturgut verstanden, für das gilt,
dass man ein Recht hat, daran teilzuhaben. So darf die Kritik an der Reproduktion einer Vorstellung von Leitkultur nicht darin münden zu leugnen, dass Diskriminierung auch darüber funktioniert, Menschen systematisch von dieser
auszuschließen. Noch immer sind vermeintlich unpolitische Einteilungen in
Genres und Stilrichtungen Ergebnis von sich überkreuzenden Rassifizierungs-
und Genderungsprozessen (Hornscheidt 2012, S. 333 ff.). Der Gipfel der Bor-

niertheit besteht gewiss in der Vorstellung, es gäbe ‚hohe' Künste und ‚primitive'
Kunst. Solange diese Machtmechanismen Menschen von der Teilhabe ausschließen und/oder ihnen die Anerkennung als gleichwertig ‚hohe' Kunst ver-
wehren, wird Normalisierung ein legitimes und notwendiges Moment von Inklusion sein.

1.3 Inklusion als Dekonstruktion und die Hoffnung auf irritierende Kunst

Die Verbindung von Dekonstruktion und Kunst dürfte unter den genannten
drei wohl die leichtgängigste sein. In diesem Kontext wird unter ‚Dekonstruktion' nicht exklusiv die französische Traditionslinie (Derrida et al.) verstanden,
sondern jedes Bemühen die dichotomen Konstruktionen, die Diskriminie-
rungsprozessen zugrunde liegen (wie Mann/Frau, Schwarz/weiß, behindert/
nicht-behindert, etc.), zu irritieren, zu erodieren oder zu unterlaufen. Dieser
Ansatz der Anti-Diskriminierung fokussiert die Kritik an stereotypalen, festge-
fahrenen Bild- und Textproduktionen, die diese dichotomen Ordnungen und
ihre jeweilige Unterordnung des Anderen* reproduzieren. Es geht demnach
darum, ein différantes Bild von Behinderung, Weiblichkeit, etc. zu zeichnen.
Ein nicht-derridasches Beispiel für eine solche ‚Dekonstruktion' von binären
und hierarchisierten Zugehörigkeitsordnungen aus dem Bereich der Theaterpädagogik ist Mecherils rassismuskritische Arbeit zur Brechtschen Verfrem-
dung (Mecheril 2008; siehe auch Simon in diesem Band; für ein Beispiel aus
dem Themenfeld Behinderung siehe Damschen 2014). Die gemeinsame Hoffnung einer solchen politischen Kunst oder künstlerischen Politik ist, die Menschen zum Stolpern oder Stottern zu bringen, einen Zwischenraum zu öffnen,
in dem das Andere* anders gedacht, gesagt, getanzt werden kann. Ein ‚Zwischen'-Raum ist dies deshalb, da wir einerseits in der Spur des Verstehbaren
tänzeln und andererseits ersuchen, eine neue Fährte zu legen. Die Dekonstruktion findet also zwischen dem (vermeintlich) Selbstverständlichen einerseits
und dem Unverständlichen andererseits statt. Die Kunstproduktion wird dabei
als selbstreflexiver Prozess verstanden, in dem auch die selbst geschaffenen Bilder immer wieder neu betrachtet und iteriert werden und sich in der Konfrontation oder Begegnung mit Anderen irritieren und verändern lassen. Nicht das
Wesen, sondern der Weg, nicht das Sein, sondern das Werden trägt dieses
Kunstverständnis, nach dem das Werk immer offen bleibt (Han 2011). Folglich
ist die politische Hoffnung dieser Kunst eine Hoffnung auf Wandelbarkeit, darauf, Erstarrtes wieder in Fluss zu bekommen, damit die Grenzen zwischen Geschlechtern, Nationen, Ethnien usw. verschwimmen und sich neu anordnen
können. Pädagogischer gewendet geht es um die Hoffnung auf lernwirksame
Irritationen, die zum Beispiel im Brechtschen Sinne erlauben über die Rah-

mung einer Inszenierung zu stolpern und die Inszenierungsweise selbst zum Gegenstand der Reflexion zu machen.

2. Die drei Inklusionsansätze und ihre Ansprüche an die Kunstpädagogiken

In dem folgenden Abschnitt werden die möglichen Verbindungen zweier Punkte des Trilemmas aufgezeigt und jeweils erläutert, was die entsprechenden erziehungswissenschaftlichen Theoriezugänge zu dieser Verbindungslinie sind, was ihr Kunstverständnis ist, was typische pädagogische Projekte sind und warum der dritte Punkt jeweils ausgeschlossen ist.

Dass die theoretische Situation eine trilemmatische ist, heißt in der Praxis, dass alle Projekte durch das fehlende dritte Element für eine Umgangsweise mit Differenz unsensibel sind bzw. positiv formuliert: dass es möglich ist zu reflektieren, für welche Klientel die jeweilige Verbindungslinie einen gelungenen Anti-Diskriminierungsansatz darstellt und welche Betroffenen sich dadurch nicht angesprochen fühlen.

Abb. 1: Übersicht über die trilemmatischen Positionierungen

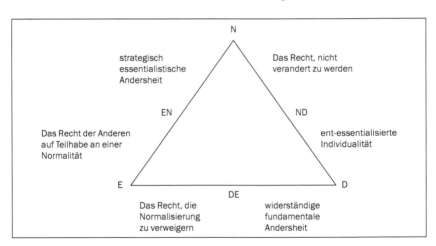

2.1 Inklusion als Empowerment und Normalisierung oder: ganz schön anders und genauso schön

Unter dem Begriff „Hiplet" wurde ein Tanzstil kreiert, der die Verbindung von Empowerment und Normalisierung (kurz: EN-Linie) sehr schön veranschaulicht. Erfunden von Homer Bryant im Multicultural Dance Center in Chicago, dient das Projekt der Förderung afroamerikanischer Jugendlicher. In der Kurz-darstellung des Tanzstils heißt es, er kombiniere klassisches Ballett mit all seiner Strenge, Disziplin und der technischen Präzision, die es für das Tragen von Spitzenschuhen braucht, mit dem freien Ausdruck des HipHop.

> „This journey started back in the 90s. I used to do rap ballet: We got the rap ballet for you and me / with discipline, coordination, flexibility, and motivation / Ballet puts your body in touch with your mind / and the rap beat keeps you stepping on time. I would make up words about dance, discipline, positivity, and staying in school, and I'd bring the kids up to the stage and let them sing the rap with me" (Bryant 2016)

Das normalistische Element affirmiert dabei die etablierte Hackordnung, nach der Ballett als die höchste oder diszipliniereste Form des Tanzes gilt. Gleichzei-tig handelt es sich um ein Empowerment-Projekt, da gerade aufgrund dieser Tatsache Schwarzen Menschen der Zugang zu klassischen Ensembles, auch in den USA, immer noch erschwert ist. Im Sinne einer solchen Schwarzen Er-mächtigung knüpft es an Elemente der Eigenkultur an und wertschätzt und be-wahrt diese in der Hoffnung, durch diese Brücke in Zukunft mehr Schwarze Ballerinas zu sehen. Allerdings – so würden Kritiker_innen anführen – repro-duziert die Kontraposition von Schwarz kodiertem „freiem Ausdruck" und weiß kodierter „Disziplin" gerade die rassistische Ordnung der Genres.[12] Wenn wie in obigem Zitat all die Assoziationen wie ‚Schwarz – Rhythmus‘, ‚Weiß – Disziplin‘, etc. reproduziert werden, ist ihre Dekonstruktion dadurch verun-möglicht. Dies ist bei der Verbindungslinie von Empowerment und Normali-sierung immer der Fall: da sie innerhalb der dichotomen Ordnung von Norma-len* und Anderen* operieren, verunmöglichen sie die Dekonstruktion dieser.

Dementsprechend groß ist die Nähe zu sozialpädagogischen Konzepten. Sohns (2009) diskutiert Empowerment gar als „Leitlinie sozialer Arbeit". Unter diese Verbindungslinie werden demnach alle pädagogischen Projekte gezählt, die eine benachteiligte Gruppe durch Förderung der Teilhabe an einer Norma-lität zu ermächtigen sucht. Dies geschieht in Anerkennung der materialen Ver-hältnisse: die reale Ungleichheit zwischen Reich und Arm, Schwarz und Weiß, das immer noch bestehende gender pay gap, die Exklusion in Behindertenwerk-stätte, all diese Formen der Diskriminierung im materialistischen Sinne legiti-mieren es aus der Perspektive der EN-Ansätze, der Dekonstruktion mit all ih-ren Wortspielen nicht das Primat einzuräumen.

Auch hier in Deutschland gibt es solche Projekte, die hoffen durch HipHop eine Brücke zu Jugendlichen aus diskriminierten ethnischen Gruppen stiften zu

---

12 Genauer dargelegt habe ich die Fallkonstellation des Schwarzen Balletts in Boger (2016a).

können. Betrachten wir ein musikpädagogisches Beispiel, um zu zeigen wie die Logik von EN-Ansätzen in der Praxis aussieht und was ihre Schattenseite ist. Ein Projekt in der Logik von Empowerment und Normalisierung beginnt mit der Unterstellung von besonderen Bedürfnissen und Problemlagen der Anderen*. Im Falle des Projekts „Grenzgänger" (musik- und sozialpädagogisches HipHop-Projekt für migratisierte[13] Jugendliche) klingt das etwa so:

> „Es ging unter anderem um die Frage nach Ursachen für auffälliges Verhalten von Jugendlichen mit Migrationshintergrund (z. B. kulturell bedingte Erziehungsstile, eigene Gewalterfahrungen, mangelnde Deutschkenntnisse) sowie schulische Probleme und daraus folgender Perspektivlosigkeit. Das Projekt Grenzgänger sollte als ein Bindeglied zwischen den Jugendlichen und der Gesellschaft (von der sie sich vermutlich ausgegrenzt fühlen) fungieren." (Grosse 2008, S. 180)

Progressivere Aufsätze nennen explizit den Rassismus und die damit einhergehenden Stigmatisierungs- und Ausgrenzungserfahrungen als Ursache für die Problemlagen, aber auch wenn nicht nur die individualisierten Gründe, sondern auch die strukturellen Gründe angeführt werden, lässt sich die zugrundeliegende Defizitorientierung bei EN-Projekten nicht verhindern: Es ist diesen Ansätzen immanent, die Anderen* als Benachteiligte zu betrachten, deren Nachteile nun ausgeglichen oder durch Förderung kompensiert werden sollen. Das Element des Empowerment rahmt diese Handlung als eine ermächtigende, die den Jugendlichen Handlungsmacht und Befähigung zuteilwerden lassen soll; das Element der Normalisierung rahmt sie als erzieherische Maßnahme, bei der im integrativen Sinne Normen und Werte (auch hier steht die Entwicklung von ‚Disziplin' im Zentrum) angeeignet werden sollen.

Das Projekt rekurriert dabei dezidiert auf die Empowerment-Formel „Each One Teach One" (ebd., S. 184). Diese ist nicht nur ein „im HipHop geltende[r] Grundsatz" (ebd.)[14] ist, sondern eine Maxime, die nach Abschaffung der Sklave-

---

13 ‚migratisierte', d.h., mit der Zuschreibung eines Migrationshintergrunds* ‚versehene'. Der Begriff wurde analog zu ‚gegendert' und ‚ableisiert' erschaffen, um zu betonen, dass auch der ‚Migrationshintergrund' in solchen Sprechakten ein zugeschriebener ist, also weder eine objektive Gegebenheit noch eine Selbstzuschreibung darstellt (AG Sprachhandeln 2014/2015).

14 Auf fast schon tragische Weise zeigt dieser Aufsatz performativ, was das Problem an EN-Ansätzen ist: Sie haben beschlossen, in einem defizitorientierten Blick zu verweilen. Dies verführt dazu, die kulturellen Errungenschaften der Anderen* wie in oben zitierter Passage kleinzureden oder abzuerkennen. So wird aus einer historisch wirkmächtigen politischen Formel auf einmal ein jugendkultureller Spruch. Schuld an dieser Dynamik ist aber nicht der Autor, sondern der EN-Ansatz! Wer eine solche Pädagogik vertritt, muss diesen Schatten konsequenterweise in Kauf nehmen. Schließlich lässt sich das Problem auch bei Bryant zeigen.

rei helfen sollte, die Alphabetisierung der Schwarzen Bevölkerung zu beschleunigen. Jeder Mensch, der schon lesen konnte, sollte es mindestens einem anderen beibringen. Der Ansatz betont den Aspekt der *Selbst*ermächtigung durch den Fokus auf die Weitergabe von Wissen *innerhalb* der unterdrückten Gruppe (Eggers 2013). Ähnlich wie im feministischen Bereich das Affidamento zum Ziel setzt(e), weibliche Autoritäten und eine weibliche Genealogie zu etablieren (vgl. z.B. Knapp 2012, S. 287 ff.), dient dieses Bildungskonzept dadurch gleichzeitig der Herausbildung von Schwarzen Autoritäten, also dem Hervorbringen von Schwarzen Menschen in Machtpositionen.

Was den Normalisierungsaspekt solcher EN-integrativer Projekte betrifft, ist daher die freiwillige Unterwerfung unter ein Leistungsprinzip und die Akzeptanz der jeweiligen Prüfkriterien zu nennen. So beschreibt der Autor, dass die Jugendlichen den Leistungsdruck, der durch die Aufführung entsteht (entgegen der Schonraumrhetorik) selbst wollten (Grosse 2008, S. 188). Der pädagogische Kniff besteht hier gewiss darin, ein Genre zu wählen, das es ermöglicht, auf den ersten Blick als subkulturelles Projekt zu erscheinen, um dann normalistische Ziele, Normen und Werte durchzusetzen. Die Vorteile der benevolenten Täuschung sind evident: auch hier wird der Anschluss an eine unterstellte Lebenswelt als Ermächtigung im Sinne einer Wertschätzung des betreffenden Kulturraums empfunden.

Unter dieselbe Logik der wertschätzenden Integration des Anderen* fällt auch die Aufnahme der Instrumente Baglama und Oud in das eurozentrische Normalorchester bzw. Normalcurriculum, wie von Kloth (2008) zusammengetragen. Das Kunstverständnis auf der EN-Linie entspricht demnach der Idee einer hybriden Kunst, die Elemente verschiedener Kulturen zu verbinden weiß, wobei diese Elemente immer essentielle bleiben: die Kulturalisierung bzw. Ethnisierung bleibt bestehen. Analog werden auch Geschlecht und Behinderung weiterhin als essentielle Kategorien verstanden. Solche EN-Integrationsprojekte erinnern daher, zusammenfassend gesprochen, stärker an das alte Interkulturalitätsparadigma bzw. die Ansätze einer Ausländerpädagogik, deren „Verabschiedung" (Hamburger 2009)[15] aufgrund der Existenz solcher Projekte und der sie hervorbringenden und gleichzeitig legitimierenden Diskriminierungsstrukturen wohl noch eine ganze Weile dauern wird.

---

15 Die Bedeutung dieses Werkes ist im Zuge der momentanen Inklusionsdebatte nicht zu unterschätzen, nimmt Hamburger doch für die Interkulturelle Pädagogik vorweg, was der Heil- und Sonderpädagogik nun ansteht, und was in den Begriffen des Trilemmas den Übergang von den EN-Ansätzen zu den ND-Ansätzen kennzeichnet: das Aufgeben einer besonderen und verbesondernden Pädagogik zugunsten der Forderung nach einer tatsächlich allgemeinen Allgemeinen Pädagogik (siehe auch Boger 2016b).

2.2 Inklusion als Normalisierung und Dekonstruktion oder: schöne neue Welt

Eines der momentan prominentesten Verständnisse von Inklusion steht in der Nachfolge des Foucauldianers Jürgen Link, der zwischen Protonormalismus, flexiblem Normalismus und Transnormalismus unterscheidet (1997). Der Ansatz wurde vor allem von Schildmann (2002; 2004) für die Pädagogik fruchtbar gemacht und ist repräsentativ für die Verbindung von Normalisierung und Dekonstruktion (kurz: ND-Linie). Protonormalistische Strategien sind dabei durch rigide Grenzen zwischen den Normalen* und den Anderen* gekennzeichnet, die in der zweiten Form flexibilisiert werden zu einer breiten Übergangszone, bzw. der Vorstellung eines Kontinuums statt einer Dichotomie. Die flexibilisierte Form fordert demnach Techniken der Selbstnormalisierung von den Subjekten ein, gerade da die Vorstellung auf dem Kontinuum abrutschen zu können, eine Denormalisierungsangst ermöglicht (vgl. Waldschmidt 2012). In protonormalistische Systeme wird man *assimiliert,* in flexibel-normalistische wird man *integriert,* während ‚Inklusion' demgemäß die transnormalistische Utopie bezeichnet, in der es kein Normalfeld mehr gibt, von dem ausgehend die Anderen* verandert werden. Eine alternative Formulierung dafür findet man bei Hinz (2011), der diesen Vorgang „Überwindung der Zwei-Gruppen-Theorie" nennt, wobei mit „Zwei-Gruppen-Theorie" ebenjene Vorstellung gemeint ist, dass es integrierte Normale* und zu integrierende Nicht-Normale* gibt.

Ich selbst verwende gerne den Begriff Dissolution, da sich die (vermeintlich) essentiellen Unterschiede in solchen Räumen, wie das Beispiel gleich noch genauer zeigen wird, unter dem Primat des gemeinsamen Kulturschaffens nach ihrer Einbringung scheinbar auflösen. ‚Dissolution' betont den Gegensatz zum Konzept der ‚Hybridität' auf der EN-Linie, da letzteres eine Vermischung zweier Essenzen bezeichnet und ersteres eine Auflösung derselben ineinander. Alltagssprachlich zusammengefasst geht es demnach darum, dass sich die Anderen* nicht mehr anders* fühlen, sondern als selbstverständlicher Teil des Ensembles gelten. Um diese Vision zu ermöglichen, braucht es nun eine tatsächlich allgemeine Allgemeine Pädagogik und ebenso Schulpädagogik (Feuser 1989) im Sinne der Akzeptanz der Zuständigkeit dieser Disziplinen für *alle* Menschen. Inklusion stellt den Anspruch an die allgemeinen Pädagogiken und Didaktiken, selbstreflexiv zu prüfen, ob sie die Dehumanisierung von Menschen mit Behinderung perpetuieren (vor allem in der Anthropologie), ob sie eurozentrisch sind (vor allem in ihrem Bildungsverständnis und dem, was sie für universal halten), welche unreflektierten Genderungsprozesse ihren Theorien eingeschrieben sind, was sie so bourgeois macht, und wie das zur Reproduktion sozialer Ungleichheit beiträgt.

Typisch für solche pädagogischen Ansätze ist daher das Beginnen mit einer anthropologischen These wie etwa, dass der Zugang zur Musik oder zur Kunst ein anthropologisch universaler sei. Die Kitsch-Version dieses Gedankens ist die Vorstellung von Musik/Kunst als „internationaler Sprache", die Unterschiede durch diese gemeinsame Sprache im gemeinsamen Gegenstand aufhebt. Hier könnten demnach sehr viele verschiedene Projekte angeführt werden, aber vor allem jene, die keine benachteiligte Gruppe adressieren, sondern *alle*. Gerade das zielgruppenunspezifische kennzeichnet diese Konzepte. ‚Inklusiv' werden sie gewissermaßen nur dadurch, dass sie das ‚für alle' ernst meinen, sich also um barrierefreien Zugang sorgen und niemanden als unfähig oder unpassend abweisen. Dies entspricht demnach der Konzeption ‚Eine Schule für alle', das für die schulpädagogische Inklusionsdebatte zentral ist. Um solche Räume für *alle* zu erschaffen, braucht es gemäß dieses disziplinären Diskurses eine inklusionsförderliche Grundhaltung auf Seiten der Lehrkräfte (Kullmann et al. 2014) und eine tatsächlich allgemeine Didaktik (z. B. Textor et al. 2014), die an Konzepte für individuelle Förderung und offenen Unterricht anschlussfähig ist (einführend siehe Textor 2015).

ND-Inklusion muss deshalb eine Utopie bleiben, da bereits die Asymmetrie, dass die Normalen* von der Dethematisierung der Ungleichheit in dieser Illusion profitieren (es ist ihre illegitime Privilegierung, die dadurch entnannt wird!), eine Begegnung unter tatsächlich Gleichen verunmöglicht. Der musikalische Name dieses Selbstbetrugs zu Zwecken des rhetorischen Weltfriedens ist „Weltmusik". Das tänzerische Analog heißt „Welttanzprogramm". Dass diese ihren Eurozentrismus nur vertuschen, erkennt man daran, dass die lateinamerikanischen Facetten des pseudo-globalen Curriculums wahlweise vor Aufnahme europäisiert werden oder aber durch die Tatsache als legitim erscheinen, dass es sich schließlich um einen kolonialen Reimport handelt (sie also bereits erfolgreich europäisiert wurden): man höre einfach mal in Ruhe auf Worte wie „International Rumba" oder „Tango Vals". Kulturen, die gar nicht ins erwünschte Konzept passen, gehören dann einfach nicht mehr zum Globus (insbesondere solche, die Paartanz nicht heteronormativ verstehen). ‚International' und ‚weltmännisch' ist, was dem europäischen, legitimen Geschmack entspricht. Solche Verständnisse von Inklusion beweisen, obwohl sie auf das Gegenteil zielen: Lärm machen immer die Anderen.

Aber es gibt Orte, an denen sich eine solche herrschaftsfreie, transnormalistische Inszenierung tatsächlich beobachten lässt. Neulich etwa wurde mir die Ehre zuteil mit ein paar Mädels tanzen zu gehen, denen folgende Szene ganz normal* vorkommen wird: es geht um interkulturelle Kreistanzunfälle. Dabei gilt einerseits, dass alle im Raum, es für normal* halten, dass man im Kreis tanzt, wobei andererseits die Vielzahl an Herkünften und die daher stammenden spezifischen Vorstellungen darüber, wie man im Kreis tanzt, jede folkloristische Inszenierung durch Dissolution verunmöglicht. Solche diasporischen Mädelsabende kennen daher eine Grundform des interkulturellen Kreistanzunfalls (fiktives, vereinfachtes Schema in prototypischer Reihenfolge der Arbeitsschritte):

Schrittfolge aus Kultur A:	r L r r l l L			
Schrittfolge aus Kultur B:	r r L l L r r L			
A zentriert auf gem. Vektor:	r	L	r r	l l L
B zentriert auf gem. Vektor:	r r	L l L	r r	L
As geswingte (Auf-)Lösung:	R	L	r r	l.l
Bs geswingte (Auf-)Lösung:	r.r	l.l	r r	L
Welche Musik läuft eigentlich?:	r.r	L	r r	L.l

(r = rechts, l = links, Großbuchstaben für lange Schritte)

Die gute Nachricht ist: alle sind sich einig, was die normale* Drehrichtung ist. Es geht in unserem fiktiven Fall tendenziell linksrum (was u. E. natürlich falschrum ist…). Diese Einigkeit bildet den normalistischen Anker, der die Dekonstruktion ermöglicht, bzw. die gemeinsame Struktur, die verhindert, dass die Offenheit ins Chaos kippt. Die Dynamik von Kreistänzen lebt von dem Wechsel aus gemeinsamem Schwingen (zentrifugales Moment) und dessen Interruption (durch Schwungholen in Gegenrichtung/Stampfen/Plié). Im ersten Arbeitsschritt muss demnach die gemeinsame Schwungrichtung gewährleistet werden (siehe Zeilen 3 und 4: Zentrierung auf gemeinsamen Vektor). Kollidieren zwei Körper in ihrer Eigenzeitlichkeit, muss die eine die andere also ‚zum Punktieren bewegen‘ oder es selbst tun, um wieder gemeinsam Schwung holen zu können (sonst kommt es zu Stau oder Kettenbrüchen). Die aufgelöste Form enthält daher aus der einen Perspektive verschiedene Chassés (oder etwa: triple steps), da man sich ein bisschen beeilen muss und aus der anderen Perspektive ein unerwartet langes Tendu (oder etwa: Slide). Nachdem die ersten Einigungen über die Richtung erzielt sind, ist die Frage, wessen Punktierung zählt, durch die Musik beantwortbar: das Dritte, das weder A noch B zu eigen ist, entscheidet den Rest. Das faszinierende an transnormalistischen Räumen ist nun, dass diese Dissolution von A und B zu einer C-Musik[16], die den Binarismus übersteigt, weder durch Durchsetzung noch durch verbale Aushandlung erzielt wird. Macht und Diskurs sind hier scheinbar ausgesetzt. Da alle involvierten Kulturen in diesem Beispiel diasporisch sind, ist keine davon privilegierter als die andere und die transnormalistische Kokreation ist möglich.

Damit die Kreiskette nicht abbricht, gilt es, sich so einzuschwingen, dass jede gleichzeitig einerseits auf ihre Nebenfrau hört, um mit ihr verbunden zu bleiben, und andererseits auf den Rhythmus, den sie zu hören glaubt, um ihre eigene Haltung zum gemeinsamen Gegenstand nicht zu verlieren. Haltung Be-

---

16 Da in diesem Beispiel die Musik das Dritte ist, bedeutete eine Musik aus Kultur A oder B, dass eine der beiden Gruppen durch eine Struktur im Raum bevorteilt würde, da sie sodann die Kriterien für die letzte Entscheidung bei der Zusammenführung (letzte Zeile in der Übersicht) auf ihrer Seite hätte; der Raum wäre dann gerade nicht mehr transnormalistisch.

wahren und zur Anderen Hinspüren, sich als Schöpferin und als Rezipientin zu verstehen, Choreographin und Tänzerin in einem zu sein, ist die Herausforderung, die ND-Räume an uns stellen. Sie zeigen uns, dass Herrschaft die leichtere Lösung ist: wenn eine einfach bestimmt, was die richtige Art ist, braucht es deutlich weniger tänzerische Bildung, um es einfach nachzutanzen. In einer klaren Hegemonie kann man sich bei Kreistänzen im wörtlichen Sinne einfach einklinken und mitziehen lassen. Transnormalistische ND-Inklusion ist deutlich anspruchsvoller als EN-Integration in ein etabliertes System. Man darf in einem solchen weder zu rigide sein und sich wie ein Panzer durch die Kette durchboxen, noch so butterweich, dass man in Passivität versinkt und die Haltung verliert. ND-Räume, wollen sie tatsächlich transnormalistisch sein, fordern, dass jede sich einbringt und keine sich mitziehen lässt und gleichzeitig, dass keine sich mit roher Kraft durchsetzt. Wie oft das gelingt? Ich weiß es nicht.

Wäre man sich zum Beispiel nicht über die Drehrichtung einig, müsste man diese sehr wohl durchsetzen und könnte nicht mehr bei dem allzu friedlichen, machtlosen Einschwingen gemeinsamer Strukturen bleiben. Die Voraussetzungen für eine ND-Inklusion sind enorm hoch, aber was sie einem dafür zurückgibt ist eine einzigartige Gleichzeitigkeit von individuellem Einsatz und Verbundenheit.

Die Kritik an dem Ansatz lautet, dass er erstens suggeriert, dass in dieser Verbundenheit und Gemeinsamkeit alle gleich betroffen sind, dass also Machtstrukturen zugunsten der Illusion oder Simulation der Gleichheit verschleiert werden, und dass zweitens die Entnennung und Nicht-Adressierung der diskriminierten Gruppe, die daraus folgt, ein Empowerment (den Gegenspieler im Trilemma) verunmöglicht. Wenn die Rumba in der Benennung ihres Ursprungs auf einmal nicht mehr „habanera" ist, sondern „international", wenn zugunsten einer geschichtsvergessenen Selbstinszenierung als ‚weltoffen' verschwiegen wird, dass sie im Naziregime als ‚entartete Kunst' verboten wurde, wenn der Tango auf einmal nicht mehr aus Argentinien kommt, sondern schon immer ein multikultureller Schmelztiegel war, dann ist das Erlernen dieser Tänze auch keine wertschätzende Begegnung mit einer anderen* Kultur mehr, sondern ein kokreatives gemeinsames Tun im globalisierten Zeitalter. Von den alten Zeiten des Kolonialismus und seiner Beraubung und Vernichtung ‚primitiver Kunst', der Nazi-Zeit und den gleichen Phänomenen unter dem Titel ‚entartete Kunst', wollen diese globalen Kinder in ihrer neuen Normalität nicht mehr sprechen. Und so oszilliert es zwischen ‚Weltfrieden' und mörderischem Selbstbetrug, benevolenter Unterstellung und Verleugnung: Sind es Räume mit faszinierenden, utopischen Entwürfen ästhetischer Gleichheit oder neue Gefängnisse, in denen alles zu einem globalisierten Einheitsbrei verrührt wird? In jedem Fall sollte man immer genau hinschauen, *wer* sagt, dass jetzt friedliches Beisammensein und gemeinsames Musizieren und Tanzen angesagt ist.

2.3 Inklusion als Dekonstruktion und Empowerment oder: anders schön

Die Theorie-Patinnen der Verbindungslinie von Dekonstruktion und Empowerment (kurz: DE-Linie) sind die Disziplinen, die mit einer Vorstellung von Standpunkt und Sprechposition arbeiten, wie z. B. Black Studies oder Disability Studies. In jüngster Zeit werden gehäuft Unterformen dieser ausgerufen, wie zum Beispiel Mad Studies oder Deaf Studies (Homann/Bruhn 2007). Was all diese Particular Studies gemein haben ist, dass ihr Ziel darin besteht, der hegemonialen Erzählung und Erforschung, was bei der jeweiligen Gruppe der Fall sei, etwas entgegenzusetzen.

In diesen Räumen geht es darum, die Opferrolle, deren Perpetuierung wir bei den EN-Ansätzen mit ihrer Defizitorientierung gesehen haben (siehe Abschnitt 2.1), zu verweigern und stattdessen in Kontraposition zu diesen normalistischen Unterstellungen jenes erscheinen zu lassen, was keine Schwäche, sondern eine stolze Stärke, was keine enteignende Fremderzählung, sondern Selbsterzählung ist. Im Gegensatz zur Dissolution in den ND-Räumen sollen hier gleichzeitig gerade nicht in einem transnormalistischen Raum alle Menschen gleich individuell sein, sondern es geht um das Verteidigen einer Eigenheit, von der es zynisch wäre, sie allen Menschen zuzusprechen. Das Verständnis von Eigenheit ist dezidiert *nicht* das der ‚Einzigartigkeit *aller* Menschen‘ (ND), sondern es geht um jenen Eigensinn, der abgewertet, verfolgt, als primitive oder entartete Kunst bezeichnet, kurz: diskriminiert wird. Sie wehren sich somit sowohl gegen die Nivellierung von Andersheit* (Vorwurf gegenüber der ND-Linie) als auch gegen die Zuschreibung defizitärer Andersheit* (Vorwurf gegenüber der EN-Linie).

Tabelle 1: Verständnisse von Andersheit* und Normalität* im Trilemma

	Verständnis von Andersheit	Normalität* ist …
EN	affirmiert essentielle Andersheit*, um Teilhabe an einer Normalität einzufordern (strategischer Essentialismus)	das Objekt der Begierde und daher nicht dekonstruierbar.
ND	dekonstruiert die Zuschreibung von Andersheit und arbeitet gegen die Essentialisierung	nur eine diskursive Formation, deren Kontingenz aufzuzeigen ist, um die Veranderung als solche sichtbar zu machen und aufzuheben.
DE	Fundamentale Andersheit*, die sowohl essentiell ist als auch den Normalen unverfügbar	das, wovon es sich zu emanzipieren gilt, um zu einem selbstbestimmten Selbstbild zu gelangen.

Die Hoffnung richtet sich hier auf eine Kunst, die wild und frei und ungestüm ist, ein Herz für Un-Ordnung, Para-Logik und Chaos hat und die Menschen in ihrem leiblichen Erleben nicht in jenem normalistischen Gestus diszipliniert und in konventionelle Formen nötigt. Gerade im Bereich Be_Hinderung gibt es eine lange Geschichte der Verteidigung des Eigensinns und des Rechts, die Normalisierung zu verweigern. So lässt sich „Non-Compliance als Chance" (Bock 2012) betrachten. Das subversive Verweigern des hegemonialen Sinns, der hegemonial abgesicherten Lesarten und Blickordnungen wird so zu einer Quelle unvermittelter oder undisziplinierter[17], spontaner Kreativität. „Als Spiel bekommt Kunst den Charakter des der Realität Entronnenen." (Kleinbach 1999, S. 5). Kleinbach verteidigt diese Räume dafür, dass in ihnen der Eigensinn Platz hat. Im Gegensatz zur Schule, die immer normalistisch ist, solle die kulturelle Bildung entschieden als Gegengewicht zu dieser homogenisierenden Ordnung auftreten (DE → non-N), gerade da die Pädagogisierung der Welt immer weiter voranschreitet und es Pädagog_innen so schwer fällt, die Menschen in Ruhe zu lassen (vgl. ebd., S. 5). Die Aufgabe einer Pädagogin, die mit diesem Ansatz arbeitet, besteht demnach gerade nicht darin zu intervenieren oder irgendetwas fördern zu wollen, sondern darin den spontanen künstlerischen Ausdruck *sein zu lassen* und bewertungsfrei stehen zu lassen. Diese im Vergleich zum ND-Beispiel (das eine neue Normalität und gemeinsame Struktur entwickelt) andere Offenheit ist dadurch möglich, dass es einen solchen gemeinsamen Gegenstand nicht geben muss. Gemeinsam ist hier die Andersheit*, nicht der Gegenstand. Der Raum formiert sich demgemäß auch nicht um einen Gegenstand herum, sondern um eine Gruppenzugehörigkeit (z. B. als Frauenraum, als Gebärdensprachcommunity, etc.). Durch den Ausschluss des Normalen* soll schließlich gewährleistet werden, dass die Verschiedenheit *innerhalb* der Anderengruppe erscheinen kann, um das (Selbst-)Bild von Andersheit* dekonstruktiv zu verschieben.

Magdlener (2015) beschreibt zum Beispiel ein so angelegtes tanzpädagogisches Projekt für Menschen mit Körperbehinderung. Sie legt den Fokus dabei auf das leibliche Empfinden und die freie Selbstexploration: Da im Kontext von Behinderungen Entfremdungen, (medizinische, physiotherapeutische, etc.) Instrumentalisierungen und Enteignungen des Körpers so häufig geschehen, kommt dem nicht-instrumentellen Spüren des Leibs eine besondere Bedeutung zu (vgl. ebd.). Während die EN-Verbindung in ihrer Förderlogik das Verhältnis der Kunstpädagogiken zur Sozialpädagogik diskutierte (siehe oben mit Grosse 2008), geht es hier um das Verhältnis der Kunstpädagogiken zu ihren jeweiligen

---

17 Auch hier werden viele stolpern, wie das denn bitte gehen soll. Stärker aus der kunstphilosophischen Ecke gedacht, geht es hier um das Themenfeld (der Idealisierung von) Dilettantismus, an das sich Fragen anschließen wie, was diese wilde Form denn sei und ob es in der Kunst jemals eine Un-Form geben könne. Ein letztes Mal sei daher erinnert: ja, das sind politisierte Projektionen auf die Kunst. Sie kümmern sich nicht um das Selbstverständnis der Kunst, sondern nur darum, wie sie die Kunst aus politischen Gründen verstehen wollen.

therapeutischen Fächern (Musiktherapie, Kunsttherapie, Tanztherapie, Psychodrama, etc.). Bereits in den Neunzigern wurde u.a. von Engelhardt (1995) diese fehlende interdisziplinäre Kooperation kritisiert, die nun mit der Inklusionsdebatte wieder an Brisanz gewinnt: So stellt sich im Kontext des obigen Beispiels von Magdlener die Frage, ob das Ziel sich selbst (wieder) zu spüren, nicht ein therapeutisches ist; zumal die praktischen Konzepte sehr nah an denen sind, die aus der Trauma-Therapie bekannt sind (bewertungsfreier Raum, angstfreie Selbstexploration mit dem Ziel der Rückeroberung des eigenen Körpers, Schulung der Wahrnehmung eigener Grenzen, etc.). In der DE-Logik sieht man in diesem besonderen Rückzugsraum eine Chance auf eine Veränderung des Selbstverhältnisses. Daher schrecken Autorinnen wie hooks oder Kilomba (2013) in ihren Beschreibungen des Empowermentprozesses in segregierten Räumen auch nicht vor dem Begriff des Therapeutischen zurück. Es hat etwas von Heilung, sich von den Blicken und Bewertungen der Normalen* zu emanzipieren und zu einem selbstbestimmten Selbstbild darüber zu kommen, was es bedeutet, be_hindert zu sein, Schwarz oder lesbisch zu sein, hier oder dorther zu kommen. Das Element der Dekonstruktion ficht hier jedoch nicht die Spaltung der Räume an (wie bei der ND-Verbindung), sondern die Spaltung des Subjekts, die durch das Herrschaftsverhältnis forciert wird. Heil werden, so verrät es auch die Etymologie, heißt in diesem Sinne wieder ganz zu werden, wieder Eins mit sich zu sein. Die alltägliche Erfahrung fordert, dass wir Zwei sind: das, was die Normalen* auf uns projizieren und das, was wir für uns sind. Diese Spaltung des minoritären Subjekts hat DuBois (1996) als „double consciousness" bezeichnet; mit Fanon gesprochen heißt es, die Schwarze Haut und die weiße Maske zu sein (1980). Beides wieder Eins werden zu lassen, heil zu werden, ist unter diesen Umständen wahrlich eine Kunst.

In jedem Fall zieht sich die solchen DE-Projekten entsprechende Pädagogin auf eine spezielle Weise zurück, welche mit jener magischen Art verwandt ist, als Sozialarbeiterin in der offenen Jugendarbeit eine rauchen zu gehen und zu ‚schweigen'; eine anwesende Abwesenheit, die Raum gibt, statt Raum vorzustrukturieren oder vorzugeben. Diese Ansätze brauchen Leerkörper statt Lehrkörper: Pädagog_innen, die sich in der Kunst des Verschwindens geübt haben, denn Normalisierung zu unterlassen ist eine aktive Handlung. In diesem Kontrast zwischen Vorgabe und Gabe eines Raumes kann es mitunter auch einmal das Beste sein, diese Räume als Pädagog_in gar nicht erst zu betreten, sondern die Gruppe für sich sein zu lassen. Die pädagogische Arbeit beschränkt sich sodann zuweilen auf das Bereitstellen des Raums.

Schnell entpuppt sich aber auch diese Projektion auf die Kunst als nicht weniger kitschig als die anderen beiden: die Idealisierung des Wilden, Anti-Akademischen oder des noblen Dilettantismus darf nicht in eine Verleugnung des Leids münden, das mit der Verbesonderung von Menschen mit Behinderungen einhergeht (vgl. Klika 2000, S. 291; Leferink 1997).

3.   Was tun?

Einleitend haben wir mit einer kleinen Fallvignette gezeigt, welche Intuitionen darüber, was Differenzgerechtigkeit bedeutet, in der Praxis häufig artikuliert und in Projekten umgesetzt werden. Die theoretischen Ansätze und die Analysen von praktischen Ableitungen aus diesen haben ergeben, dass es keinen Ansatz gibt, der keinen Schatten wirft: Die Situation ist deshalb trilemmatisch, da niemals alle drei Aspekte von Inklusion – Empowerment, Normalisierung, Dekonstruktion – in einem Raum gleichzeitig erfüllt sein können. Dies verweist auf die Tatsache, dass es kein inklusives Angebot geben kann, dass allen Fallgruppen gerecht wird. Die Verschiedenheit der individuellen Diskriminierungsgeschichten macht es unmöglich, eine für alle richtige Antwort zu finden. Vielmehr muss häufiger reflektiert werden, welche Konzepte der Inklusion für welche Fallgruppen und Lebenssituationen geeignet sind.

Tabelle 2: Übersicht über die Vor- und Nachteile der Zugänge

	Worum geht es?	Pädagogisches Konzept	Probleme
EN	Das Recht auf Teilhabe an einer Normalität	Förderung einer benachteiligten Gruppe durch integratives Kunstprojekt (Nähe zur Sozialpädagogik)	essentialistisch, reproduziert den hierarchisierten Binarismus: Normale* vs. zu Integrierende*
ND	Das Recht darauf, nicht verandert zu werden (selbstverständlich Teil des Ensembles zu sein)	Gemeinsames Kunstschaffen und voneinander Lernen (Nähe zur inklusiven Schulpädagogik)	entnannte Zielgruppe, Gefahr der Nivellierung von Differenz und Verleugnung der Machtverhältnisse
DE	Das Recht, die Normalisierung zu verweigern	Raum geben für Eigensinn und VerRückung (Nähe zu Kunsttherapien)	Segregationismus, im Extremfall anti-akademisch im Kunstverständnis und anti-pädagogisch in der Interaktion

Die Pointe der Theoriediskussion zu Inklusion besteht folglich darin, dass sie zu allen drei Stimmen aus dem Eingangsbeispiel sagt, dass sie zu dogmatisch operieren, da selbst die Frage, welches Verständnis von Differenzgerechtigkeit adäquat ist, fallspezifisch auszuhandeln ist. Betrachten wir die zwei Mädchen, die sich selbst auf die sehr kleinen Bewegungen beschränkt haben, ist es sogar sehr leicht vorstellbar, dass bei ihnen nicht dasselbe vorliegt, obwohl sie dasselbe tun. Die eine könnte zum Beispiel einfach zu faul sein heute rumzurennen, weil sie schlecht geschlafen hat – sie würde demnach der zweiten Stimme, dem ND-Ansatz, Recht geben, dass man da bitte keine hegemoniale Weiblichkeitsperformance reindeuten soll, wo keine ist. Gleichzeitig könnte für die andere, die körperlich exakt dieselben Bewegungen vollzieht, wahr sein, dass sie sich leiblich unwohl fühlt, aus sich herauszukommen und Raum zu beanspruchen, weil sie, wie von der EN-Pädagogin unterstellt, dazu erzogen wurde, dass Mädchen klein, dezent und subtil sein sollen. *Man kann nicht von dem Körper auf die Diskriminierungsgeschichte schließen.* Das leibliche Empfinden aber kann uns die Antwort auf diese pädagogische Frage geben: Lassen wir vor unserem geistigen Auge beide Mädchen dieselbe Übung machen. Typischerweise trainiert man Raumergreifung und das Gefühl für Größe mit dynamischen, energetischen Jazzwalks quer durch den Raum. Ein Leib, der sich eingesperrt fühlt, und dazu erzogen wurde zu glauben, kein Recht auf Raumeroberung zu haben, wird sich bei dieser Übung im ungünstigsten Fall unwohl fühlen, während das andere Mädchen dabei vielleicht gähnt oder aufgrund der Müdigkeit die Bewegungen unordentlich ausführt, aber es wird sie nicht leiblich affizieren, sich diesen Raum zu nehmen. Im günstigsten Fall fühlt sich das erste Mädchen hingegen nach der Übung befreit oder erleichtert. Manchmal beschreiben Menschen danach zum Beispiel das Gefühl, dass sich der Atem weitet oder ähnliches. Es ist dieses leibliche Selbsterleben, das der ersten Pädagogin und somit dem EN-Ansatz Recht geben würde, aber eben nur für genau diesen Fall.

Entgegen der Gerüchte, dass die Inklusionsforschung ideologisch verbrämt sei, geht es demnach eigentlich um das genaue Gegenteil: Das Ziel inklusiver Reflexionen ist ein stark fallzentriertes und somit notwendigerweise anti-dogmatisches Hinspüren, wie verschiedene Körper verschiedener Herkünfte auf unsere pädagogischen Angebote reagieren. Dabei gilt es gerade bezüglich der Inklusionskonzepte, die einem persönlich als besonders intuitiv, überzeugend oder eingängig erscheinen, eine Fähigkeit zur Selbstkritik zu entwickeln, um die Existenz von Betroffenen, denen mit diesem Verständnis von Inklusion nicht geholfen ist, nicht zu verleugnen. Für alle Konzepte konnte gezeigt werden, dass sie manchen von Diskriminierung Betroffenen dienlich sind und anderen nicht; normalerweise gilt dies in der Pädagogik als Trivialität, aber bei einem so politischen Thema wie Diskriminierung vergessen wir es manchmal oder handeln nicht danach.

Bei diesen Tastbewegungen machen wir Fehler: Manchmal projizieren wir die Bedeutung einer nicht-deutschen Herkunft oder des Geschlechts in eine Fallgeschichte hinein (der Fehler der EN-Ansätze), manchmal perpetuieren wir genau dadurch Diskriminierung, dass wir verleugnen oder kleinreden, was es bedeutet, dass nicht alle Körper dieselbe Herkunft oder organische Ausstattung haben (der Fehler der ND-Ansätze), manchmal verfallen wir in eine schräge Verbesonderung oder Schonraumrhetorik (der Fehler der DE-Ansätze). Ob es denn nun das falsche oder das richtige Konzept anti-diskriminierender Pädagogik war, können uns immer nur die Menschen sagen, denen wir dieses pädagogische Angebot gemacht haben.

Literatur

AG Feministisch Sprachhandeln der Humboldt-Universität zu Berlin (2014/2015): Was tun? Sprachhandeln – aber wie? W_ortungen statt Tatenlosigkeit! Berlin: hinkelstein sozialistische GmbH.

de Beauvoir, S. (1970): Das andere Geschlecht. Sitte und Sexus der Frau. Reinbek bei Hamburg: Rowohlt.

Balzer, N. (2004): Von den Schwierigkeiten, nicht oppositional zu denken. Linien der Foucault-Rezeption in der deutschsprachigen Erziehungswissenschaft. In: Ricken, N., Rieger-Ladich, M. (Hrsg.): Michel Foucault: Pädagogische Lektüren. VS Verlag für Sozialwissenschaften.

Bock, T. (2012): Eigensinn und Psychose. „Noncompliance" als Chance (5. Aufl). Neumünster: Paranus-Verlag.

Boger, M. (2016a): The Trilemma of Anti-Racism. In: Dada, Anum & Kushal, Shweta (Hrsg.): Whiteness Interrogated. Oxford: Inter-Disciplinary Press.

Boger, M. (2016b): Der Inklusion die Treue halten – Sieben Thesen zur Inklusion als Ereignis nach Badiou. In: Hinz, A. et al. (Hrsg.): Von der Zukunft her denken – Inklusive Pädagogik im Diskurs. Bad Heilbrunn: Klinkhardt.

Du Bois, W.E.B. (1996): The souls of Black folk. Essays and Sketches. Charlottes Ville, Vla: University of Virginia Library.

Bourdieu, P. (1987): Die feinen Unterschiede. Kritik der gesellschaftlichen Urteilskraft. Frankfurt am Main: Suhrkamp.

Bröckling, U. (2013): Empowerment. In: Bröckling, U.; Krasmann, S.; Lemke, T. (2013). Glossar der Gegenwart. Frankfurt am Main: Suhrkamp.

Bryant, H. (2016): Why Are People So Riled Up About Black Girls Dancing Hip-Hop on Pointe? Zugriff am 01.07.2017 unter http://www.chicagomag.com/arts-culture/June-2016/Hip-Hop-Ballet-Hiplet-Homer-Bryant/

Césaire, A. (1987): Gedichte. München: Hanser.

Damschen, A. (2014): Irritation durch „behindertes Theater"? – Eine Rezeptions-Analyse des Stücks Disabled Theater. Zeitschrift für Inklusion. 04/2014

Dannenbeck, C. (2011): Theater mit dem Museum – Inklusion und kulturelle Teilhabe. Zeitschrift für Inklusion. 04/2011.

Dederich, M. (2007): Körper, Kultur und Behinderung. Eine Einführung in die Disability Studies. Bielefeld: Transcript.

Eggers, M.M. (2013): Diskriminierung an Berliner Schulen benennen. Von Rassismus zu Inklusion. In: Migrationsrat Berlin-Brandenburg (Hrgs.): Leben nach Migration Newsletter Nr. 8/2013, 9–13. Zugriff am 01.07.2013 unter http://www.mrbb.de/dokumente/pressemitteilungen/MRBB-NL-2013-08-Leben%20nach%20Migration.pdf

Each One Teach One: siehe auch die gleichnamige Berliner Bildungsinitiative unter http://eoto-archiv.de/

Engelhardt, G. v. (1995): Sollen die Barrieren zwischen den Musischen Bildungsfächern und den Künstlerischen Therapien bestehen bleiben? In: Unterrichtswissenschaft 23 (1995) 1, 5–20. URN: urn:nbn:de:0111-opus-81196

Fanon, F. (1980): Schwarze Haut, Weiße Masken. Frankfurt am Main: Syndikat.

Feuser, G. (1989): Allgemeine integrative Pädagogik und entwicklungslogische Didaktik. In: Behindertenpädagogik 28 (1), 4–48

Foucault, M. (1999): In Verteidigung der Gesellschaft. Vorlesungen am Collège de France. Frankfurt am Main: Suhrkamp.

Grosse, T (2008): Macht HipHop die Menschen besser? Das Projekt „Grenzgänger": Zwischen Musikpädagogik und Sozialer Arbeit. In: Lehmann, A.C./Weber, M. (Hrsg.): Musizieren innerhalb und außerhalb der Schule. Essen: Die Blaue Eule, S. 179–193. (Musikpädagogische Forschung; 29). URN: urn:nbn:de:0111-opus-90520

Hamburger, F. (2009): Abschied von der interkulturellen Pädagogik. Plädoyer für einen Wandel sozialpädagogischer Konzepte. Weinheim (u. a.): Juventa-Verlag.

Han, B.-C. (2011): Shanzhai. Dekonstruktion auf Chinesisch. Berlin: Merve.

Hinz, A. (2011): Von der Integration zur Inklusion – terminologisches Spiel oder konzeptionelle Weiterentwicklung? Nachdruck des Textes von 2002. In: Pithan, A./Schweiker, W. (Hrsg.) (2011): Evangelische Bildungsverantwortung: Inklusion. Ein Lesebuch (S. 18–28). Münster: Comenius-Institut.

Hommann, J./Bruhn L. (2007): Disability Studies und Deaf Studies. Kohärenz, Interdependenz und Widersprüchlichkeiten zweier neuer Disziplinen. In: DAS ZEICHEN – Zeitschrift für Sprache und Kultur Gehörloser 76/2007, 288–295

Homann, J./Bruhn, L. (2016): Zur Kontroverse um das Soziale und Kulturelle Modell von Behinderung. Vortragsmanuskript. Zugriff am 10.10.2016 unter: http://www.zedis-ev-hochschule-hh.de/files/homann_bruhn_260416.pdf

hooks, b. (1997): wounds of passion: a writing life. Henry Holt & Co.

hooks, b. (1999): – remembered rapture: the writer at work. Picador.

Hornscheidt, L. (2012): Feministische W_orte – ein Lern-, Denk- und Handlungsbuch zu Sprache und Diskriminierung, Gender Studies und feministischer Linguistik. Frankfurt am Main: Brandes & Apsel.

Kilomba, G. (2013): Plantation memories. Episodes of everyday racism. Münster: UNRAST-Verlag.

Kleinbach, K. (1999): Konsens und Eigensinn. Perspektiven kultureller Bildung in der Sonderpädagogik. In: Bundesvereinigung Kulturelle Jugendbildung e. V. (Hrsg.): EigenSinn & EigenArt. Kulturarbeit von und mit Menschen mit Behinderung. Remscheid: BKJ, S. 53–63. (Schriftenreihe der Bundesvereinigung Kulturelle Jugendbildung; 48). URN: urn:nbn:de:0111-pedocs-116084

Klika, D. (2000): Identität – ein überholtes Konzept? – Kritische Anmerkungen zu aktuellen Diskursen außerhalb und innerhalb der Erziehungswissenschaft. Zeitschrift für Erziehungswissenschaft, 3. Jahrg. Heft 2/2000, S. 285–304.

Kloth, A. (2008): Die institutionelle Integration der deutschen Türken in das Musikerziehungssystem deutscher Musikschulen, Musikhochschulen und Universitäten. In: Lehmann, A.C./Weber, Martin (Hrsg.) (2008): Musizieren innerhalb und außerhalb der Schule. Essen: Die Blaue Eule; S. 195–207. (Musikpädagogische Forschung; 29). URN: urn:nbn:de:0111-opus-90538

Knapp, G. (2012): Im Widerstreit. Feministische Theorie in Bewegung. Wiesbaden: VS Verlag für Sozialwissenschaften.

Köbsell, S./Hermes, G. (Hrsg.) (2003): Disability Studies in Deutschland – Behinderung neu denken! Dokumentation der Sommeruni 2003. Kassel: bifos.

Kullman, H./Lütje-Klose, B./Textor, A./Berard, J./Schitow, K. (2014): Inklusiver Unterricht – (Auch) eine Frage der Einstellung! Eine Interviewstudie über Einstellungen und Bereitschaften von Lehrkräften und Schulleitungen zur Inklusion. In: Schulpädagogik heute 5(10), 1–14.

Leferink, K. (1997): Schizophrenie als Modell des Postsubjekts. Thesen zum Zusammenhang von Moderne und psychischer Krankheit. Zugriff am 02.07.2016 unter http://web.fu-berlin.de/postmoderne-psych/colloquium/leferink.htm

Link, J. (1997): Versuch über den Normalismus. Wie Normalität produziert wird. Opladen: Westdeutscher Verlag.

Linton, S. (1998): Claiming Disability. Knowledge and Identity. New York.

Magdlener, E. (2015): Vom Körper-Haben zum Leib-Sein. Am Beispiel des Kontakttanzes. In: Magazin Erwachsenenbildung.at (2015) 24, 9. URN: urn:nbn:de:0111-pedocs-103673

Maskos, R. (2015): Ableism und das Ideal des autonomen Fähig-Seins in der kapitalistischen Gesellschaft. Zeitschrift für inklusion-online.net: 02/2015.

Mecheril, P. (2008): Verfremdungseffekte. Brecht, die Migrationsgesellschaft und ihre Kultur. In: Hornberg, S./Mecheril, P./Lang-Woytasik, G./Dirm, I. (Hrsg.): Verstehen, Beschreiben, Interpretieren. Methodische und methodologische Fragestellungen empirischer und theoretischer Forschung der International und Interkulturell Vergleichenden Erziehungswissenschaft. Münster: Waxmann.

Pongratz, L./Wimmer, M./Nieke, W./Masschelein, J. (Hrsg.) (2004): Nach Foucault. Diskurs- und machtanalytische Perspektiven der Pädagogik. Wiesbaden: VS Verlag für Sozialwissenschaften.

Poppe, F./Schuppener, S.: Zugang zu Kunst und künstlerischer Bildung für Menschen mit Assistenzbedarf – Das europäische Projekt ART FOR ALL. 04/2014

Prengel, A. (1993/2006): Pädagogik der Vielfalt: Verschiedenheit und Gleichberechtigung in Interkultureller, Feministischer und Integrativer Pädagogik. Wiesbaden.

Ricken, N. (2006): Die Ordnung der Bildung. Beiträge zu einer Genealogie der Bildung. Wiesbaden: VS Verlag für Sozialwissenschaften.

Rommelspacher, B. (2006): Dominanzkultur: Texte zu Fremdheit und Macht. Berlin: Orlanda-Frauenverlag.

Said, E. W. (1978): Orientalism. London: Routledge & Keagan Paul.

Sartre, J. (1966): Das Sein und das Nichts. Versuch einer phänomenologischen Ontologie. Reinbek bei Hamburg: Rowohlt.

Schildmann, U. (2002): Leistung als Basis-Normalfeld der (post-)modernen Gesellschaft – kritisch reflektiert aus behindertenpädagogischer und feministischer Sicht. In: Bundschuh, K. (Hrsg.): Sonder- und Heilpädagogik in der modernen Leistungsgesellschaft. Krise oder Chance? Bad Heilbrunn/Obb.: Klinkhardt, 115–131.

Schildmann, U. (2004): Normalismusforschung über Behinderung und Geschlecht. Eine empirische Untersuchung der Werke von Barbara Rohr und Annedore Prengel. Opladen: Leske + Budrich

Sohns, A. (2009): Empowerment als Leitlinie Sozialer Arbeit. In: Michel-Schwarze, B. (Hrsg.), Methodenbuch Soziale Arbeit. Wiesbaden: VS Verlag für Sozialwissenschaften.

Textor, A./Kullmann, H./Lütje-Klose, B. (2014): Eine Inklusion unterstützende Didaktik – Rekonstruktionen aus der Perspektive inklusionserfahrener Lehrkräfte. In: Jahrbuch für Allgemeine Didaktik 2014. Thementeil: Allgemeine Didaktik für eine inklusive Schule (S. 69–91). Baltmannsweiler: Schneider-Verl. Hohengehren

Textor, A. (2015): Einführung in die Inklusionspädagogik. UTB Schulpädagogik, Sonderpädagogik. Bad Heilbrunn: Verlag Julius Klinkhardt.

Trautmann, M./Wischer, B. (Hrsg.) (2011): Heterogenität in der Schule. Eine kritische Einführung. Wiesbaden: VS Verlag für Sozialwissenschaften.

Waldschmidt, A. (2012). Normalität – Macht – Barrierefreiheit. Zur Ambivalenz der Normalisierung. In: Tervooren, A./Weber, J. (Hrsg.): Wege zur Kultur. Barrieren und Barrierefreiheit in Kultur- und Bildungseinrichtungen. Schriften des Deutschen Hygiene-Museums Dresden (Band 9, S. 52–66). Köln, Weimar, Wien: Böhlau.

Walgenbach, K. (2007): Gender als interdependente Kategorie. In: Walgenbach, K./Dietze, G./Hornscheidt, L./Palm, K. (Hrsg.): Gender als interdependente Kategorie – Neue Perspek-

tiven auf Intersektionalität, Diversität und Heterogenität. Opladen (u. a.): Barbara Bu-
drich-Verlag.
‚Wer ist schon perfekt?' Fotogallerie verfügbar unter: (letzter Zugriff am 10.10.2016) http://
www.proinfirmis.ch/de/medien/kampagne-2013/bildergalerie-wer-ist-schon-perfekt-kom-
men-sie-naeher.html

„Sich (nicht) zum Papagei machen (lassen)"

Zum Potential theaterpädagogischer Methoden in der inklusiven rassismuskritischen Bildungsarbeit

Nina Simon

1. Einleitung

Über das Potential theaterpädagogischer Herangehensweisen in der inklusiven rassismuskritischen Bildungsarbeit nachzudenken bedeutet nach wie vor zu selten, diese Kombination aus einer machtkritischen Perspektive zu beleuchten. Geschieht gerade das nicht, findet weder ein Erkennen noch ein Hinterfragen eigener Konstruktionen und Inszenierungen statt. Dies ist jedoch notwendig, wenn weder Zuschreibungen reproduziert noch Differenzen nivelliert werden sollen. Theaterpädagogische Methoden scheinen vielversprechend, wenn Lernprozesse angestoßen werden sollen, die dazu führen, Alltägliches der Selbstverständlichkeit(en) zu berauben und damit einhergehend zu dekonstruieren, also einer Befragung hegemonialer Diskurse dienen. Ziel einer solchen Kombination ist somit nicht ein verbesserter Umgang mit „der_dem_den" „Anderen", sondern vielmehr eine Auseinandersetzung mit der (Re-)Produktion des Unterscheidungsschemas „Wir" und „Nicht-Wir". Damit einher geht ein Inklusionsverständnis, das sich deutlich abgrenzt von Konzeptionen, welche vornehmlich „paternalistisch auf die Verbesserung der Situation [rassismuserfahrener] Personen bezogen sind" (Hazibar/Mecheril 2013), sondern vielmehr „in einer tatsächlichen radikalen Verschiebung auf die Situation aller [zielt]" (ebd.). Am Beispiel einer theaterpädagogischen Sequenz im Rahmen eines universitären Seminars für Lehramtsstudierende wird anhand exemplarischer Auswertungsergebnisse nach dem inklusiven Potential einer solchen Herangehensweise und somit auch nach Chancen und Risiken eben dieser gefragt. Schlussendlich geht es also um die Frage, ob und falls ja wie theaterpädagogische Methoden (insbesondere in schulischen Zusammenhängen) einen Beitrag zu einer inklusiven Bildungsarbeit leisten können.

Um diese zu beantworten, werden zunächst die einer inklusiven rassismuskritischen Pädagogik zugrunde liegenden Aspekte erläutert, Bildungschancen theatraler ästhetischer Erfahrung diskutiert (2) sowie Überlegungen zu einer Kombination von inklusiver rassismuskritischer Pädagogik und Theaterpädagogik angestellt (3). Schließlich wird diese Kombination anhand eines konkreten Beispiels veranschaulicht: In einem universitären Seminar zum Thema Rassismuskritik wurde mit den Studierenden unter anderem mit theaterpädagogischen Methoden gearbeitet. Die Sitzung, in der Standbilder zu in diesem thematischen Zusammenhang zentralen Konzepten gebaut und diese anschließend präsentiert und reflektierend dekonstruiert wurden, wird in (4) vorgestellt. Die Auswertungsergebnisse der Ausschnitte aus den Interviews, die mit einzelnen Studierenden im Anschluss an das Seminar geführt wurden und Überlegungen zu theaterpädagogischen Vorgehensweisen beinhalten, werden in (5) vorgestellt, bevor daran anschließend Chancen und Risiken einer Kombination von rassismuskritischer inklusiver Pädagogik und Theaterpädagogik ausgelotet werden und der Text mit einem Fazit (6) abschließt.

2. Inklusive rassismuskritische Pädagogik und Theaterpädagogik

Als zentrales Prinzip einer inklusiven Pädagogik ist die Anerkennung und Wertschätzung von Diversität – im Kontext Schule, Bildung und Erziehung somit insbesondere von Schüler_innen – zu betrachten. Zur Steigerung der Teilhabe der Schüler_innen an und damit einhergehend zum Abbau ihres Ausschlusses u. a. aus Unterrichtsgegenständen und der Schulgemeinschaft, ist eine Weiterentwicklung der Praktiken und Strukturen in Schulen notwendig, die es ermöglicht, die Schüler_innen-Vielfalt besser zu berücksichtigen. Dabei geht es beispielsweise um den Barrieren-Abbau für alle Schüler_innen, nicht nur für diejenigen mit zugesprochenem besonderem Förderbedarf und um eine veränderte Sichtweise auf Unterschiede, die nicht (mehr) als zu überwindende Probleme, sondern als Chancen für gemeinsames Lernen eingestuft werden sollten. Inklusion in Erziehung und Bildung stellt somit also einen Aspekt von gesellschaftlicher Inklusion dar (vgl. Boban/Hinz 2003). Während sich die soziologische Inklusions-Perspektive vornehmlich mit Zugangsbarrieren in Bezug auf Bildungsinstitutionen befasst, widmet sich die pädagogische Perspektive insbesondere den institutionalisierten Verfahren und Abläufen in schulischen Zusammenhängen. Im Fokus steht dabei das Etablieren einer Heterogenität von Lernmöglichkeiten, Lernanregungen und Lernarrangements. Die Ebenen, die hierbei von Bedeutung sind, sind auch jene, auf denen Diskriminierungsstrukturen wirksam werden: Die symbolische, in Bezug auf Inklusion im Sinne einer inklusiven Schulkultur; die strukturelle, in Form eines Aus- bzw. vielmehr Aufbaus inklusiver Strukturen und die Praktiken beinhaltende, in einer inklusiven Schulpraxis erkennbar werdende. Rassismuskritische Bildungsarbeit kann in dem Sinne als inklusiv verstanden werden, als dass sie „eine Kritik an Dominanzstrukturen, die Exklusionsbilder erzeugen und aufrecht erhalten [ebenso wie] den Aufbau einer Institutionspraxis, die die Handlungskompetenzen von Schwarzen (reflexiven, rassismuserfahrenen) Lernsubjekten systematisch einbezieht" (Eggers 2013, S. 13). In Bezug auf Inklusion und rassistische Diskriminierung lassen sich somit zwei zentrale Gemeinsamkeit feststellen: Zum einen tendiert sowohl der Inklusions- als auch der Rassismus(-kritik)-Diskurs dazu, diejenigen, die durch unterschiedliche Diskriminierungsformen benachteiligt sind, zu ‚Opfern' zu degradieren, zum anderen dazu, vornehmlich diese zu fokussieren. Als ‚zu inkludierend' werden also stets diejenigen erachtet, welche nicht zur jeweils privilegierten Gruppe gehören, während sich Letztere als ‚nicht-betroffen' versteht und Diskriminierung zum Problem der Diskriminierten deklariert. Um diese Tendenz zu verringern, muss Inklusion als gesamtgesellschaftliches Phänomen, das alle – wenngleich unterschiedlich – ‚betrifft', verstanden werden. Für die rassismuskritische Bildungsarbeit bedeutet dies also, Rassismus nicht ausnahmslos als Bestandteil der Lebensrealität(en) von Menschen of Color zu betrachten, sondern die Wirkmächtigkeit rassistischer Strukturen für alle Mitglieder einer Gesellschaft zu betonen – und *Weiße* damit einhergehend unter anderem dazu anzuregen, ihre durch Rassismus entstandenen und entstehenden Privilegien zu reflektieren. Die Schwierigkeit über durch Kunst und Theater ermöglichte Bildungsprozesse zu sprechen, liegt nach Ulrike Hentschel in „der Eigensinnigkeit ästhetischer Erfahrungen und der Historizität der Künste" (Hentschel 2015, S. 4). Somit kann es sich dabei stets nur um eine Rahmenbeschreibung handeln, die jeweils neu auszuhandeln ist. In der Gleichzeitigkeit von Dargestelltem und Darstellung, die charakteristisch für die theatrale Kommunikation ist, sieht Hentschel ein besonderes „Moment ästhetischer Erfahrung" (ebd.), die insofern bildend wirken kann, als dass sie ein Bewusstsein für den Zwischenraum, der zwischen den Ebenen liegt und gestaltet wird, befördert. Auf diese Weise kann sowohl auf die Gestaltungsarbeit als auch auf sich selbst reflektiert werden (vgl. ebd., S. 5). In „Theaterspielen als ästhetische Bildung. Über den Beitrag produktiven künstlerischen Gestaltens zur Selbstbildung" untergliedert Hentschel die besondere Bildungsdimension ästhetischer Erfahrung folgendermaßen: „Erfahrung zwischen Spieler und Figur" (Hentschel 2010, S. 162 ff.); „Zwischen den Ereignissen" (ebd., S. 198 ff.); „Zwischen Bühne und Publikum" (ebd.); „Zwischen „Körper-Haben" und „Körper-Sein" (ebd., S. 208 ff.); „Zwischen Sinn und Sinnlichkeit" (ebd., S. 224 ff.). Im Hinblick auf die Frage, ob und falls ja wie eine theaterpädagogische Herangehensweise einen Beitrag zu einer inklusiven Bildungsarbeit leisten kann, scheint insbesondere die Erfahrung zwischen Spieler und Figur, die Hentschel auch als „Nicht-Ich und nicht Nicht-Ich" (ebd., S. 188 ff.) beschreibt, interessant, da diese mit einer Identitätsspaltung einhergeht und sich die Spielenden gleichzeitig als Produzenten, Produkte und Material und damit sowohl als Objekte als auch als Subjekte des Prozesses erfahren (vgl. ebd., S. 188). Es geht dabei somit um ein Ausbalancieren dieser verschiedenen Identitäten und um die Erfahrung, gleichzeitig Subjekt und Objekt eines Prozesses zu sein. Da (Fremd-)Zuschreibungs- und (Selbst-)Positionierungspraxen auch auf individueller Ebene (re-)produziert werden, ist in der inklusiven Bildungsarbeit von zentraler Bedeutung, dass es nicht darum geht, eine Figur abzubilden, sondern darum, zu erkennen, dass diese im Rahmen einer „Auseinandersetzung des Spielenden mit dem eigenen Ich und als ein bewußt [sic!] gestalteter Teil dieses Ichs" (Hentschel 2010, S. 89) entsteht. Durch ein solches Erkennen „können (möglicherweise) Bildungsprozesse angestoßen werden, die – […] [sowohl bei (vermeintlich) „zu-inkludierenden" Schüler_innen als auch bei (vermeintlich) „inkludierten" Schüler_innen] – zu einem Hinterfragen hegemonialer Diskurse" (Simon 2016), insbesondere im Hinblick auf das in diesem Zusammenhang vorherrschende Unterscheidungsschema („Inkludierte" – „zu Inkludierende") anregen. In Bezug auf die Bildungsbedeutung des Theaterspielens erachtet Hentschel folgende Aspekte für zentral: Die „Ambiguitätserfahrung/Differenzerfahrung/Erfahrung des „Dazwischenstehens" (Hentschel 2010, S. 238 ff.); „Die Erfahrung des Doppels von Gestaltung und Erleben" (ebd., S. 239 f.); „Die Darstellung des ‚Nicht-Darstellbaren'" (ebd., S. 240 f.); „Erfahrungsfähigkeit und Selbstvergessenheit" (ebd., S. 241 ff.) und „Selbstreflexivität" (ebd., S. 243 f.). Im Kontext inklusiver Bildungsarbeit sind vor allem die Erfahrung von Ambiguität und Selbstreflexivität von Bedeutung, beinhalten diese doch zahlreiche vielversprechende Schnittstellen zu den Ansätzen inklusiver Bildungsarbeit (vgl. Simon 2016). In Bezug auf eine Reflexion der binären Opposition „Inkludierte – zu Inkludierende" ist besonders hervorzuheben, dass diese dazu genutzt werden können, ein Bewusstsein (der Spielenden) für die Konstitution verschiedener, nebeneinander – nicht nacheinander – existierende Wirklichkeiten und deren Akzeptanz zu fördern. Da dies allerdings nur unter der Voraussetzung geschehen kann, dass erkannt wird, „daß [sic!] im Spiel eine eigenständige theatrale Wirklichkeit erzeugt wird" (Hentschel 2010, S. 238), scheint eine theaterpädagogische Herangehensweise für ein solches Erkennen vielversprechend. Der in kunst- und theaterpädagogischen Zusammenhängen notwendige bewusste Umgang in Bezug auf den eigenen Körper und die eigene Aufmerksamkeit macht zudem ein hohes Maß an Selbstreflexivität erforderlich. Der daraus resultierende „Blick von außen auf sich selbst" (ebd., S. 243) „führt unter anderem zu einer Bewusstwerdung der eigenen Beziehung zum jeweils Anderen und stellt damit einen wertvollen Zugang in Bezug auf […] [inklusionstheoretische] Überlegungen dar, erfordern doch auch diese" (Simon 2016) „ein hohes Maß an Selbstdistanz und Differenzierungsfähigkeit […] und [versprechen] gleichzeitig einen Einblick in die Funktionsweise des Wahrnehmungsprozesses" (Hentschel 2010, ebd.)[1].

---

1 Ähnliche Gedanken – jedoch ohne Berücksichtigung des Inklusionsaspekts und mit Fokus auf die Chancen und Risiken rassismuskritischer Bildungsarbeit im Rahmen einer theaterpädagogischen Arbeit mit sog. „neutralen" Masken – habe ich bereits formuliert in: Simon 2016.

3. Kombination inklusive rassismuskritische Pädagogik und Theaterpädagogik

In Bezug auf eine Kombination von inklusiver rassismuskritischer Pädagogik und Theaterpädagogik soll hier nun zum einen der Frage nachgegangen werden, ob und falls ja inwiefern ästhetische Erfahrung als Differenzerfahrung bedeutsam in Zusammenhängen wie diesem sein kann, zum anderen soll das Spannungsverhältnis zwischen Differenzfreundlichkeit und Zuschreibungsreflexivität diskutiert werden. Pierangelo Maset betont in Bezug auf Differenz und Wahrnehmung die Verschränkung von gesellschaftlicher Produktionsweise und Sinneswahrnehmung und führt weiter aus, dass „die Konstitution der Sinneswahrnehmung [...] mit den Wissenskonstitutionen, die in einer Gesellschaft vorherrschen [korrespondiert]" (Maset 2012, S. 36). „Wird im Rahmen einer [...] [inklusiven Bildungsarbeit] dazu angeregt, [beispielsweise] darüber nachzudenken, weshalb [...] [die Unterscheidung zwischen ‚Inkludierten' und ‚zu Inkludierenden' vorherrscht], kann dadurch eine Dekonstruktion gesellschaftlich wirksamer Wissenskonstitutionen stattfinden, die weit über kunst- und theaterpädagogische Kontexte hinaus fruchtbar gemacht werden kann" (Simon 2016). Auch die jeweilige Wahrnehmungsperspektive ist von entscheidender Bedeutung, ebenso das den Blick formende Wissen, die Umwelteinflüsse sowie die physische Verfassung des Körpers (vgl. Maset 2012, S. 37). Im Kontext inklusiver Bildungsarbeit sind vor allem die beiden erstgenannten Aspekte zentral, weil diese dazu anregen können, darüber nachzudenken, wessen und welches Wissen aus wessen Wahrnehmungsperspektive (nicht) (re-)produziert, wer also (nicht) gehört wird (vgl. Simon 2016). „Während *weiße* Schüler_innen im Rahmen solcher Überlegungen unter anderem an die (eigene) Unmarkiertheit ihres Weißseins herangeführt werden können, könnte eine solche Auseinandersetzung für Schüler_innen of Color empowernde Effekte haben, wird durch diese doch mit eben jener Unmarkiertheit gebrochen, indem dazu angehalten wird, diese Unterscheidungspraxis zu hinterfragen" (Simon 2016). In „Ästhetische Bildung der Differenz" betont Maset zudem die Verschränkung von Wahrnehmung und Differenz: „Ich nehme wahr, indem ich unterscheide und unterscheide, indem ich wahrnehme" (Maset 2012, S. 37). „Hierbei gilt es kritisch zu beleuchten, wer (nicht) über die Durchsetzung- bzw. Artikulationsmacht verfügt, Wahrgenommenes zu unterscheiden und damit (auch) Zugehörigkeiten in Frage zu stellen" (Simon 2016). Die pädagogische Aufgabe, die in Bezug auf ästhetische Bildungsprozesse im Zentrum steht, ist jene, Konstellationen und Situationen zu schaffen, die es ermöglichen, dass Schüler_innen „unter Nutzung vielfältiger symbolischer und ästhetischer Formen" (Mecheril 2015, S. 9) Assoziationen zwischen produktiv und rezeptiv Erlebtem und Wahrgenommenem „zu vergangenen, gegenwärtigen und zukünftigen Zusammenhängen [...] [herstellen], sowie diese Assoziationen und Artikulationen [...]

[wahrnehmen] und sie [...] [gestalten]" (ebd.). Es geht somit in diesen Zusammenhängen nicht um „die Anderen", sondern um die „Erkundung des Schemas, das zwischen diesen und jenen unterscheidet" (ebd.), also darum, „einen ästhetischen Raum zu schaffen, in dem Lernende mit Hilfe des Gestaltens (qua) symbolischer Formen Positionen und sich selbst in dieser Ordnung nicht nur kennenlernen, sondern auch ausprobieren, anprobieren, verändern und verwerfen" (ebd.). Theaterpädagogische Arbeit in diesem Sinne beinhaltet ein großes Potential dieses Anliegen betreffend, gelingt es mit ihr doch möglicherweise, hegemoniale Dichotomien erfahrbar zu machen und damit einhergehend „im Rahmen des Erfahrungstausches, der an die jeweiligen Übungen anschließt [...], [dazu anzuregen,] dominante Unterscheidungsmerkmale zu reflektieren und kritisch zu hinterfragen" (Simon 2016).

Ein zentrales Spannungsverhältnis in diesem Zusammenhang stellt das zwischen Zuschreibungsreflexivität und Differenzfreundlichkeit dar: Settings wie dieses scheinen vor allem bezüglich dritter Elemente über ein Potential zu verfügen, „Schüler_innen nicht zu verandern, ihnen also (fremdbestimmt) eine Identität zuzuschreiben" (Simon 2016). Jedoch darf die unterschiedliche Positioniertheit der Schüler_innen dabei nicht nivelliert werden, insbesondere deshalb, da theaterpädagogisches Arbeiten (häufig) Körper(-liche Erfahrung(en)) fokussiert und diese nicht aus rassismuskritischen inklusionstheoretischen Überlegungen exkludiert werden sollten (vgl. Simon 2016). „Diese Gratwanderung stellt somit Chance und Risiko zugleich dar, denn eine bildende Wirkung im Rahmen künstlerisch-gestaltender Prozesse kann nur dann eintreten, wenn diese Bezug auf die Welt und damit in machtkritischen Kontexten auch auf hegemoniale Diskurse nehmen können, um diese zu hinterfragen. Unumgänglich dabei ist stets eine Reproduktion eben jener kritisch zu reflektierender hegemonialer Kategorien bzw. Konzepte" (Simon 2016)[2]. Es geht somit nicht um einen „Rückzug in den ‚Elfenbeinturm' ästhetischer Erfahrung [...] [sondern] vielmehr [um] die notwendige Voraussetzung für den ver- und befremdeten Blick [...], der sich aus dem Abstand auf die routinisierten Muster sozialer Praxen werfen lässt" (Hentschel 2015, S. 3), „also ein Entnormalisieren der Normalität ermöglichen kann" (Simon 2016)[3].

---

2 Siehe dazu 7/Fazit.
3 Ähnliche Gedanken – jedoch (erneut) ohne Berücksichtigung des Inklusionsaspekts und mit Fokus auf die Chancen und Risiken rassismuskritischer Bildungsarbeit im Rahmen einer theaterpädagogischen Arbeit mit sog. „neutralen" Masken – habe ich bereits formuliert in: Simon 2016.

4. Theaterpädagogische Einheit im Rahmen eines universitären Seminars

Im Rahmen eines universitären Seminars für Pädagogik- und Lehramtsstudierende aller Schularten, das den Titel „Rassismuskritische Pädagogik" trug, wurde mit den Studierenden unter anderem mit theaterpädagogischen Methoden gearbeitet. Der Seminarablauf war folgendermaßen gestaltet: Während in den ersten vier Sitzungen mit allen Teilnehmer_innen gemeinsam, angeleitet von einer Lehrenden of Color und einer *weißen* Lehrenden Rassismustheorie-Grundlagen erarbeitet wurden, erfolgte schließlich eine Trennung der Gruppe in eine Empowerment- und eine Critical-Whiteness-Gruppe für sechs Wochen. Die Gruppen arbeiteten in diesem Zeitraum in verschiedenen Räumen an unterschiedlichen Projekten. Daran anschließend trafen sich alle wieder gemeinsam und nach einer Präsentation der Projektergebnisse wurde in den letzten vier Sitzungen von differenten Perspektiven Rassismus als gemeinsamer Gegenstand beleuchtet. Auf das auf Gruppensegregation und Desegregation basierende Seminarkonzept wird an dieser Stelle nicht näher eingegangen (vgl. dazu Boger/Simon 2016), soll doch exemplarisch für die hier diskutierte Frage eine theaterpädagogische Einheit fokussiert werden: Die vierte Sitzung – und somit die letzte, in der die Gruppe gemeinsam unterrichtet wurde – war die erste Sitzung, in der mit der theaterpädagogischen Methode „Standbilder" gearbeitet wurde. Sie wurde einerseits deshalb ausgewählt, da „Standbilder" eine theaterpädagogische Methode darstellen, die auch in Grundschulzusammenhängen eingesetzt werden kann, andererseits deshalb, da diese Sitzung die wohl „repräsentativste" in mehrfacher Hinsicht ist: Zum einen kannte sich die Gruppe der Studierenden noch nicht sonderlich lange, zum anderen hatten sie vorab wenig bis keine theaterpädagogischen Erfahrungen gesammelt – insbesondere nicht in einem thematischen Zusammenhang wie dem des Seminars. Abgesehen davon ist die Wahrscheinlichkeit, in der pädagogischen Praxis mit einer solch (vielfach) unterschiedlich positionierten Gruppe theaterpädagogisch zu diesem oder einem ähnlichen Themenfeld zu arbeiten, aufgrund finanzieller und personeller Ressourcen deutlich wahrscheinlicher, weshalb keine theaterpädagogische Einheit aus der gruppensegregierten Phase ausgewählt wurde.

Der Ablauf der Sitzung gestaltete sich wie folgt: Zunächst erarbeiten die Studierenden in Gruppen Standbilder zu den in diesem thematischen Zusammenhang zentralen Begriffen bzw. Konzepten „Unsichtbarkeit", „Exotik", „Integration" und „Kultur". Alternativ zu den Standbildern können die Studierenden kreative Texte verfassen oder den Begriff/das Konzept bildlich darstellen. Da der Fokus dieses Textes auf dem Einsatz theaterpädagogischer Methoden liegt, werden im Folgenden die anderen methodischen Zugänge nicht berücksichtigt. Standbilder sind pantomimische, „eingefrorene" Konstellationen, also eine aus Menschen gebildete und anschließend erstarrte Figurengruppe, die zu jedem beliebigen Inhalt gebaut werden kann und etwas so darstellen sollte, dass Wesentliches über die damit verbundenen Annahmen erkennbar wird. Die Studierenden diskutieren in Kleingruppen also zunächst ihre Gedanken zu dem jeweiligen Begriff/Konzept – auch in Bezug auf die für das zu bauende Standbild zentralen Aspekte Mimik, Gestik und Körperhaltung. Dann teilt sich die Kleingruppe in Darsteller_innen und Standbildbauer_innen auf. Die Darsteller_innen werden, den Vorüberlegungen entsprechend, von denjenigen, die das Standbild bauen, in eine Position gebracht und geformt und dürfen dabei nicht selbst eingreifen. Die Personenkonstellation und die Körperhaltungen werden dabei so lange verändert, bis das Bild entstanden ist, das ausgedrückt werden soll. Schließlich wird das finale Standbild „eingefroren" und die darstellenden Studierenden merken sich ihre Position, um sich ihre Standbilder nach der Erarbeitungsphase nacheinander gegenseitig im Plenum zu präsentieren. Die Begriffe/Konzepte ihrer Kommiliton_innen sind ihnen nicht bekannt, sodass diese von ihnen ausgehend von den präsentierten Standbildern erkannt werden müssen, indem beschrieben wird, was gesehen wird und was das Bild für die Studierenden ausdrückt. Schließlich erläutert die darstellende Gruppe ihr Ergebnis. Daran schließt eine Reflexion im Plenum an, die auf ein Hinterfragen von Darstellungsweisen ebenso abzielt wie auf die Dekonstruktion stereotyper Darstellung(en), beispielsweise: Wer handelt wie (nicht)?; Wer ist Objekt/Subjekt/„Opfer"/Helfer_in?

Den Abschluss der Seminarsitzung stellt ein von den Studierenden zu verfassender Schreibauftrag dar, in Rahmen dessen sie die stattgefundene theaterpädagogische Einheit reflektieren sollen. Im Anschluss an das gesamte Seminar wurden episodische Interviews (Flick 2011, S. 273 ff.) mit acht Studierenden, wovon vier die Empowerment- und vier die Critical-Whiteness-Gruppe besucht hatten, geführt. Im Folgenden werden die Interviewausschnitte fokussiert, in denen Theaterpädagogik im Rahmen des Seminars und darüber hinaus thematisiert wird. Die von den Studierenden verfassten Reflexionen am Ende der Sitzung finden somit keine Berücksichtigung, was insbesondere der Tatsache geschuldet ist, dass es (vor allem) für theaterpädagogisch Unerfahrene schwierig zu sein scheint, im Anschluss an ein solches Vorgehen auf einer Metaebene zu reflektieren und die Schreibaufträge demnach größtenteils aus deskriptiven Beschreibungen des Sitzungsablaufes bestehen.

5. Exemplarische Auswertungsergebnisse

Im Folgenden werden Auswertungsergebnisse der Interviewausschnitte, die mit Hilfe der Grounded Theory Methode kodiert wurden (vgl. Breuer 2010, S. 69 ff.), und für die in diesem Text behandelte Frage relevant erscheinen, vorgestellt[4]. Diese lassen sich – obgleich thematisch gebunden – größtenteils auf alle anderen Diskriminierungsformen übertragen und können deshalb als exemplarisch für jegliche inklusive Bildungsarbeit betrachtet werden, geht es doch stets (auch) darum, Machtasymmetrien zu thematisieren, um – im besten Fall – einen Beitrag zur Verschiebung wirkmächtiger Differenzordnungen zu leisten. Im Rahmen des Interviews wurden folgende Aspekte fokussiert: Wie schätzen die Studierenden die Chancen und Risiken theaterpädagogischer Methoden allgemein, mit Bezug auf die im Seminar behandelte Thematik und im Hinblick auf ihre spätere pädagogische Tätigkeit ein?[5] Auf meine Frage nach der Einschätzung der Chancen und Risiken theaterpädagogischer Methoden generell wird als Chance insbesondere die aktive(re) Auseinandersetzung mit der jeweils behandelten Thematik betont, die darauf zurückgeführt wird, dass „wenn wir das […] einfach so NUR als Diskussion immer gehalten hätten äh können sich […] Leute einfach raushalten". Die Methode „[Plenums-]Diskussion" wird dabei als Vergleich benutzt, was zum einen darauf hindeutet, dass diese eine in universitären Zusammenhängen häufig(er) gebrauchte darstellt, zum anderen auf den Erfahrungswert rekurriert, dass sich beim Einsatz dieser Methode viele Seminarteilnehmer_innen enthalten (können). Von *weißen* Studierenden wird zudem eine durch theaterpädagogische Methoden eventuell geringer werdende Gefahr einer als disziplinierenden Orthodoxie fungierenden Rassismuskritik, die durch zweierlei herbeigeführt wird, genannt: Zum einen durch den in theaterpädagogischen Zusammenhängen Fokus auf Körper(lichkeit): „grad bei so nem Thema […] wo […] s ehr schwierig is […] zu sprechen […] wie spricht man jetzt darüber und […] blockiert ja auch irre viel und deshalb könnt ich mir vorstellen dass […] mit Körper […] auch mal andere Sachen ausgedrückt werden können", der als Chance betrachtet wird, die (Sprech-)Blockade, die aufgrund eines Unwissens bzw. einer Unsicherheit darüber, wie sich mit Worten ‚korrekt', in diesem Fall ‚rassismuskritisch' ausgedrückt wird, auf diese Weise aufzulösen, durch (den) Körper also eine Ausdrucksform zu nutzen, die es ermöglicht, auch ein so „schwierig[es] […] Thema" zu bearbeiten. Zum anderen durch die Möglichkeit einer Rollenübernahme, welche als Schutz ebenso wie als ein Ausprobieren-Können betrachtet wird: „weil man nicht das Gefühl hat Ok […] man muss sich […] rechtfertigen für das was man selbst denkt […] damit kann man ja auch n bisschen spielen n bisschen ausprobieren was man vielleicht als man selbst halt nicht tut weil's ja grade so n brenz- also so n Thema is wo […] viele haben ach ich sag jetzt was Falsches […]". Auch hier wird deutlich, dass die Rollenübernahme insbesondere in thematischen Zusammenhän-

---

4 Die Daten sind Teil eines deutlich größeren Korpus, der in meiner Dissertation unter unterschiedlichen Perspektiven ausführlicher analysiert wird.

5 Das Hauptaugenmerk lag dabei auf der Methode der Standbilder, die neben der in 4 vorgestellten Sitzung auch in weiteren Seminarsitzungen eingesetzt wurde.

gen wie diesem als hilfreiche Alternative zu einem ‚aus-seiner-eigenen-Position-für-sich-Sprechen' betrachtet wird, da sie die Möglichkeit bietet, sich nicht „rechtfertigen [zu müssen] für das was man selbst denkt" und dennoch kommunizieren/(inter-)agieren zu können. Die Rollenübernahme wird allerdings auch als problematisch eingestuft, da sie zu einer Dethematisierung – im Falle dieses Seminars von Rassismuserfahrungen – beitragen kann: „ich glaube dass auch ganz viele das total abblenden können und sagen [...] es is halt ne Sache die Personen ham [...] die können [...] sagen ich spiel nich mehr mit und [...] sind wieder in ihrer alten Rolle und [...] müssen sich mit der Problematik nich mehr auseinandersetzen"[6]. Das einfach erscheinende ‚in-eine-Rolle-hinein-und-wieder-hinausschlüpfen', das den als „Problematik" bezeichneten Diskriminierungserfahrungen gegenübergestellt wird, trägt hier also zu einer Verkennung von lebensweltlichen, nicht (durch theaterpädagogische Methoden ermöglichten) optionalen, Erfahrungen bei. Der in theaterpädagogischen Zusammenhängen populären Annahme eines durch einen solchen methodischen Zugriff ermöglichten Perspektivenwechsels wird teilweise zugestimmt, indem die vorsichtige Vermutung geäußert wird, dass „vielleicht Sachen auch ein bisschen nachgefühlt werden können"[7], teilweise wird dieser mit großer Skepsis begegnet – insbesondere in Kontexten, in denen Machtverhältnisse thematisiert werden: „das is ja grad in Bezug auf Rassismus [...] nich möglich [...] da muss man auch aufpassen dass das nich so rüberkommt wenn man solche Sachen macht [...] wenn man [...] fünf Minuten meint schwarz zu sein"[8] und „ich kann ja auch nen Flüchtling [...] darstellen und weiß trotzdem nich wie n Fluchtweg is [...] die Leute die da irgendwas gefühlt haben ham's INSZENIERT GEFÜHLT [...] ich weiß dass ich dieses Kostüm ablegen kann und im nächsten Moment wieder meine EIGENE Position habe"[9]. Während die erste Aussage die Verantwortung der anleitenden Pädagogin fokussiert, die „aufpassen" muss, dass diese Möglichkeit im Rahmen eines solchen Vorgehens nicht suggeriert wird, konzentriert sich die zweite Aussage auf nicht ablegbare, weil real-gesellschaftliche Positionierungen und eine daraus resultierende Ver-Unmöglichung eines echten Fühlens, die einem „inszeniert[en] Fühlen" gegenübergestellt wird. Ein Nachfühlen durch einen Perspektivenwechsel wird jedoch auch nicht für erstrebenswert gehalten: „das ist auch nicht NOTWENDIG [...] dass Du[10] wissen musst wie sich Rassismus anfühlt ich finde es nur wichtig dass Du weißt dass es Rassismus GIBT", vielmehr geht es um ein (kritisches) Bewusstsein ungleicher

---

6   Aussage eines *weißen* Studierenden
7   Aussage eines *weißen* Studierenden
8   Aussage einer *weißen* Studierenden
9   Aussage einer Studierenden of Color
10   Mit dem „Du" werde ich als *weiße* Interviewerin von einer Studierenden of Color adressiert.

Machtverhältnisse. Dieses gilt es durch Zuhören anzuregen. Dem Zuhören (und Zusehen) von Erfahrungswelten durch „theaterpädagogische[...] Zugänge[...]" wird dabei ein möglicherweise größeres Potential in Bezug auf „Empathie empfinden" eingeräumt: „NICHT wenn man den PerspektivWECHSEL macht sondern [...] sich den Menschen einfach nur anhört [...] wenn ICH zum Beispiel MEINE Erfahrungen selber darstellen kann dann [kann] [...] mein Gegenüber VIELLEICHT auf [...] theaterpädagogischen Zugängen dann mehr Empathie empfinden"[11]. Als Beleg dafür wird eine biographische Theatererfahrung angeführt, die auch das Bildungspotential der Beschäftigung mit Rollen betont: „ich hab mal n Homosexuellen gespielt [...] ich habe mich ÜBERHAUPT NICHT ähm das hat ja nichts bewirkt bei mir in dem Moment [...] das Einzige was vielleicht da stattfindet IST dass man [...] kucken muss ok welche Erfahrungen machen diese Menschen dass ich das überhaupt darstellen KANN und nur diese [...] Verstandsauseinandersetzung wird vielleicht was bringen aber die Darstellung an sich glaub ich nicht". Dadurch wird ersichtlich, dass Theater zum einen nicht auf „Darstellung" reduziert wird bzw. werden sollte, zum anderen wird die als binäre Opposition zum ‚Nachfühlen' als „Verstandsauseinandersetzung" bezeichnete Beschäftigung mit Erfahrungswelten diskriminierter Gruppen als Möglichkeit betrachtet, die „vielleicht was bring[t]", also unter Umständen zu einer Reflexion von Machtasymmetrien führt. Die zu erstellenden Standbilder werden von den Studierenden als „schwierig", gar als „SUPER SCHWER" bewertet, was mit der Absenz gesprochener Sprache begründet wird und damit, dass „mit einem EINZIGEN Bild [etwas] rüber[gebracht werden] muss". Es wird jedoch auch betont, dass im Anschluss an diese Methode erkannt wurde, dass Körper ohne gesprochene Sprache sprechen (können): „der eine macht dann irgendwie SO und der andere macht irgendwie SO und da hat sich immer einer irgendwie dazu gefunden also was er dann machen könnte". Als großes Potential, aber auch als Herausforderung wird das Visualisieren und die diesem vorangehenden Überlegungen betrachtet: „wie man sich halt dann darüber Gedanken macht [...] bei Diskussionen redet man einfach drauf los [...] manche Sachen konnte ICH zumindest nicht visualisieren"[12]. Ein weiteres großes Risiko besteht darin, im Verlauf eines solchen Vorgehens (Rollen-)Zuschreibungen zu erfahren bzw. zu (re-)produzieren: „ich dachte sie UNTERSTÜTZT mich jetzt aber sie wollte EIGENTLICH nur sagen dass sie mich beruhigen will [...] was natürlich einerseits interessant war [...] aber andererseits hat's einen direkt auch so in so ne ROLLE so hineingedrängt"[13]. Die Beurteilung des ‚in-eine-Rolle-hineingedrängt-Werdens' wird hier

---

11 Aussage einer Studierenden of Color
12 Aussage eines Studierenden of Color
13 Aussage einer *weißen* Studierenden

als „interessant" eingestuft, was ein Hinweis darauf sein könnte, dass die *weiße* Studierende diese Erfahrung (zumindest in diesem thematischen Zusammenhang) nicht gemacht hat/macht. Kontrastierend dazu beschreibt eine Studierende of Color das ‚in-eine-Rolle-hineingedrängt-Werden' als ein ihr alltäglich begegnendes Phänomen: „was ich ja eh im Alltag so kenne". Insbesondere in thematischen Zusammenhängen wie dem des Seminars ist somit die Gefahr einer Reproduktion von (Rass-)Ismen stets konsequent mitzudenken, welche durch die von einer Studierenden of Color erfahrenen Exotisierung veranschaulicht werden kann: „wir war'n diese Gruppe die halt den Begriff Integration hatte und das darstellen sollte [...] und dann [...] also der Papagei der [...] aus dem Süden hierher fliegt und dann hier halt mit dieser neuen Welt konfrontiert ist als es dann um die Rollenverteilung ging bei dem Papagei haben sie mich alle angekuckt". Diese Schilderung beinhaltet neben der Vorstellung von Integration als Konfrontation und der Dichotomie zwischen „dem Süden" und der „neuen Welt" – dem (globalen) Norden – zudem eine Gleichsetzung von Migrant_innen und Tieren, die als eine Hierarchiestufe noch unter ‚barbarischen', ‚unzivilisierten' Personen einzustufen sind, welche zu den ‚Zivilisierten' migrieren. Daraus resultierend wird die Notwendigkeit eines kontinuierlichen Reflexionsprozesses betont. Bleibt dieser aus, mündet der Einsatz theaterpädagogischer Methoden in einer bloßen Reproduktion hegemonialer Logiken: „ich seh die Gefahr, dass wirklich Weiße und Schwarze zusammenarbeiten was nich heißen soll dass sie nich zusammenarbeiten sollen dass ähm wenn da keine kritische Reflexion stattfindet [...] auf BEIDEN Seiten, dann ähm werd' ich zum Papageien gemacht. Das ist halt so, dann wird mir diese Rolle einfach zugeschrieben". Allerdings, so zeigt die Reaktion der Studierenden, beinhalten Situationen wie diese auch Möglichkeiten für widerständiges Handeln: „dann hab ich gesagt, dass ich das nicht machen werde dass ich das nicht einsehe dass man mich in eine Rolle schiebt wenn ich sie mir nicht selber aussuche". Daraus resultierend beinhalten Standbilder und eine daran anschließende Diskussion und Reflexion nicht nur das Potential, „dass man [damit] VIEL ausdrücken kann [...] [und] je mehr man drüber nachdenkt und je mehr die Leute dazu sagen desto mehr kommt dann ja auch", sondern auch die Chance „Körper [einzusetzen] um sowas sichtbar zu machen" bzw. in diesem Fall vielmehr: Körper verweigern, um (widerständige) Sichtbarkeit zu generieren. Zuletzt sei an dieser Stelle das Spannungsverhältnis zwischen Fehlertoleranz und Verletzungssensibilität (v. a.) in Bezug auf die spätere pädagogische Tätigkeit der Studierenden angeführt: Zwar können dekonstruierende Reflexionen, die an Standbilder anschließen, welche hegemoniale Diskurse reproduzieren, für Bildungsprozesse fruchtbar gemacht werden, allerdings muss in diesem Zusammenhang stets neu ausgelotet werden, wie hoch der Preis ist, der dafür gezahlt wird, denn „die Diskriminierung is in dem Moment ja schon da gewesen". Dementsprechend wird die Gefahr, dass „Menschen irgendwie bloßgestellt werden oder Zuschreibun-

gen gemacht […] werden" als so groß eingeschätzt, dass eine Studierende gar
„totale Sorge vor [hätte] und […] nicht [wüsste], wie man das dann richtig gut
auffangen kann […] als Lehrerin"[14].

6. Chancen und Risiken der Kombination

Im Hinblick auf die Frage, ob und falls ja wie theaterpädagogische Methoden
einen Beitrag zu einer rassismuskritischen inklusiven Bildungsarbeit leisten
können, lassen sich somit drei zentrale Aspekte, die jeweils Chance und Risiko
zugleich darstellen, ausmachen:

Zunächst die (Un-)Möglichkeit eines Perspektivenwechsels, schließlich die
an eine solche Einheit (nicht) anknüpfende Reflexion und zuletzt die durch eine
solche Vorgehensweise (möglicherweise) entstehende Option für widerständiges Handeln. Wird in theaterpädagogischen Settings – insbesondere in machtkritischen Zusammenhängen – ein mögliches „Nachfühlen" bzw. der Wechsel
von Perspektive(n) fokussiert, gerät nicht nur die Gewaltförmigkeit, die stets mit
der Annahme eines sich-in-jemanden-hineinversetzen-Könnens einhergeht,
außer Acht, sondern es entsteht zudem die Gefahr, dass ein An- bzw. Zuhören
(nun, nachdem „nachgefühlt" wurde) nicht mehr notwendig scheint – schließlich wird (dann) selbst „gewusst", wie sich X in Situation Y fühlt. Wird eben
dies kritisch thematisiert, entsteht die Chance, eine Auseinandersetzung anzuregen, die ohne anmaßenden „Einfühl-Modus" eben jene Un-Möglichkeit
ebenso thematisiert wie sie Raum gibt für die Diskriminierungserfahrungen
unterschiedlich positionierter Personen. Findet in theaterpädagogischen Zusammenhängen keine kritische Reflexion statt, die sich stets zum (je nach Altersgruppe unterschiedlich akzentuiertem) Ziel machen sollte, auf eine Metaebene zu gelangen, bleibt es häufig ausnahmslos bei einer Reproduktion hegemonialer Diskurse. Das bildende Potential, das sich insbesondere in einer an
eine solche Einheit anschließenden kritisch-dekonstruierenden Reflexion zu
entfalten vermag, bleibt unausgeschöpft. Insbesondere deshalb ist es für die
Ausbildung von Lehramtsstudierenden und/oder Theaterpädagog_innen unabdingbar, auf eben jene Metaebene zu gelangen, scheint es doch für Schüler_in-
nen (beinahe) (ver-)unmöglich(t) auf einer solchen zu reflektieren, werden sie
nicht dazu angeregt. Geschieht dies nicht, ginge somit ein, wenn nicht gar der
zentralste bildende Bestandteil einer solchen Herangehensweise verloren. Die
von der jeweiligen (Theater-)Pädagogin stets auszulotende Gratwanderung besteht dabei darin, zum einen tolerant gegenüber Fehlern zu sein, zum anderen
sensibel Verletzungen wahrzunehmen und einzuschreiten, wenn diese nicht

---

14 Aussage einer *weißen* Studierenden

mehr verantwortbar sind. Diesen Punkt zu erkennen, stellt alle Beteiligten, insbesondere aber die diese Prozesse anregende und begleitende Person stets aufs Neue vor eine große Herausforderung. In diesem Zusammenhang darf auch der – insbesondere in pädagogischen Kontexten – (zu) häufig ausnahmslos als Chance betrachtete Faktor nicht außer Acht gelassen werden, dass eine theaterpädagogische Herangehensweise einen Beitrag dazu leisten kann, dass Hegemoniekritik weniger als disziplinierende Orthodoxie fungiert: Obgleich die (je nach Setting unterschiedlich positionierten) Mitglieder der (jeweils) privilegierten Gruppe dies häufig so empfinden[15], bedeutet dies nicht, dass nicht auch durch eine theatrale Darstellung, die (unter Umständen) ohne gesprochene Sprache funktioniert, Verletzungen auf Seiten der „zu Inkludierenden" herbeigeführt werden können[16]. Ein an die Reproduktion hegemonialer Logiken anknüpfendes Potential liegt dabei allerdings in der Möglichkeit zu (auch körperlich) widerständigem Handeln: So können Körper im Rahmen einer solchen Vorgehensweise nicht nur dazu genutzt werden, etwas sichtbar zu machen, sondern auch zur Sichtbarwerdung beitragen, indem sie eine verweigernde Haltung einnehmen. Diesem Aspekt ebenso Beachtung zu schenken, stellt eine zentrale Herausforderung in Kontexten wie diesem[17] dar: Es geht zum einen darum, Rassismuserfahrungen Raum zu geben und diese keinesfalls zu dethematisieren, zum anderen aber auch keine Bilder passiver „Opfer" zu zeichnen, konkreter: sie von Papageien, zu denen sie gemacht werden (sollen), erzählen zu lassen und (!) von ihren Strategien im Umgang damit.

7. Fazit und Ausblick

In Kontexten, in denen versucht wird, mit theaterpädagogischen Methoden einen Beitrag zu einer inklusiven rassismuskritischen Bildungsarbeit zu leisten, ließe sich nun fragen, ob und wie (auch) andere Formen von Diskriminierung thematisiert werden können (vgl. Simon 2016). Während der schulpolitische Diskurs Inklusion (bisher) vornehmlich auf die Diskriminierung von Schüler_innen mit Behinderung reduziert, laufen Zusammenhänge wie der in diesem Text beschriebene Gefahr, Inklusion auf rassistische Diskriminierung zu beschränken. Wird Inklusion jedoch als Konzept verstanden, im Rahmen dessen jegliche Diskriminierungsform Berücksichtigung findet, muss insbesondere der Intersektionalität Beachtung geschenkt werden. Katharina Walgenbach definiert diese als „Verwobenheiten [...] soziale[r] Kategorien wie Gender, Ethni-

---

15 Vgl. dazu die Äußerung einer *weißen* Studierenden (in 5).
16 Vgl. dazu Schilderung einer Studierenden of Color (in 5).
17 – und somit auch im Rahmen meines Forschungsprojekts bzw. der von mir geführten episodischen Interviews.

zität, Nation oder Klasse [, die] nicht isoliert voneinander konzeptualisiert werden können, sondern in ihren [...] ‚Überkreuzungen' analysiert werden müssen" (Walgenbach 2012). Sie plädiert für eine Überwindung additiver Perspektiven, „indem der Fokus auf das *gleichzeitige Zusammenwirken* [Hervorhebung im Original] von sozialen Ungleichheiten gelegt wird" (ebd.) Somit geht es nicht ausnahmslos darum, mehrere soziale Kategorien zu berücksichtigen, sondern auch darum, deren Wechselwirkungen zu analysieren (vgl. Walgenbach 2012). „Insbesondere im Hinblick darauf, dass in theater-/kunstpädagogischen Zusammenhängen ein vergleichsweise hohes Potential in Bezug auf das Erwerben eines be- bzw. verfremdeten Blickes vorhanden ist, scheinen diese geeignet zu sein" (Simon 2016), um hegemoniale Logiken zu dekonstruieren – auch in Bezug auf andere soziale Ungleichheiten und deren Zusammenwirken. Das zentrale (Lern-)Ziel stellt dabei eine Reflexion der „Machtasymmetrie, die fortwährend [...] Vorstellungen von binären Bedeutungen und Zuweisungen produziert" (Popal 2011, S. 53), dar. Zuletzt sei an dieser Stelle angemerkt, dass die Kombination von Kunst-/Theaterpädagogik und hegemoniekritischer Bildungsarbeit stets Gefahr läuft „ausgehend von normativ gesetzten Wirkungen und Zielen konzipiert [zu werden] (Hentschel 2015, S. 1). Daraus resultierend droht sowohl eine „Reduktion auf einen Methodenbaukasten" (ebd., S. 2) als auch eine „Reduktion von Bildung auf den Erwerb von Kompetenzen" (ebd., S. 3). „[B]estenfalls [kann es jedoch] darum gehen, Bedingungen zu schaffen, unter denen [...] Prozesse möglich werden" (Hentschel 2010, S. 244), die zu einem Nachdenken u.a. über hegemoniale Unterscheidungsschemata anregen. Ob diese schließlich tatsächlich zustande kommen, kann – ebenso wie zahlreiche weitere Faktoren, die verantwortlich sind für ein potentielles Scheitern dieser, – nicht maßgeblich beeinflusst werden (vgl. ebd., S. 244). Dies gilt ebenso für theaterpädagogisches Arbeiten in dem hier diskutierten Zusammenhang, „das vielversprechend erscheinende Chancen, aber auch konsequent zu reflektierende Risiken beinhaltet" (Simon 2016).[18]

Nicht als abschließende Antwort auf die (pauschale) Frage, welche dies seien, sondern als Versuch, diese beständig neu auszuhandeln, sei an dieser Stelle auf ein weiteres zentrales Spannungsverhältnis hingewiesen, das es nicht zu überwinden, sondern vielmehr durchgehend zu reflektieren gilt und das charakteristisch ist für Kontexte, in denen Differenz (und Identität) thematisch wird: In jeglichen Zusammenhängen, in denen Bezug genommen wird auf hegemoniale Kategorien, werden eben diese und damit einhergehend stets auch Dominanzverhältnisse bestärkt, weshalb beständig problematisiert werden sollte,

---

18 Ähnliche Gedanken – jedoch auch hier ohne Berücksichtigung des Inklusionsaspekts und mit Fokus auf die Chancen und Risiken rassismuskritischer Bildungsarbeit im Rahmen einer theaterpädagogischen Arbeit mit sog. „neutralen" Masken – habe ich bereits formuliert in: Simon 2016.

dass jegliche Differenz(en) stets von Herrschaft durchzogen (und somit niemals herrschaftsfrei) sind. Für eine professionalisierte reflexive pädagogische Praxis bedeutet dies vor allem, „das singuläre Handeln im Blick auf seine Effekte und Bedingungen zu thematisieren und beständig so zu verändern, dass dieses Handeln die Machtverhältnisse, von dem dieses Handeln vermittelt wird, erkennt und wenn möglich schwächt" (Hazibar/Mecheril 2013). Theaterpädagogische Methoden scheinen eine vielversprechende Herangehensweise zu sein, wenn zu machtkritischen Themenfeldern mit in Bezug auf diese unterschiedlich positionierten Schüler_innen gearbeitet werden soll, ohne dabei jene unterschiedliche(n) Positioniertheit(en) zu negieren und können einen entscheidenden Beitrag dazu leisten, ein Bewusstsein für die Wirkmächtigkeit hegemonialer Diskurse und damit einhergehend die starke Verwobenheit von Wissen und Macht zu schaffen. Unabdingbar ist ein solches Bewusstsein für eine inklusive Bildungsarbeit vor allem dann, wenn diese von einem kritisch-reflexiven Umgang mit Unterscheidungsschemata begleitet sein soll und sich damit einhergehend an alle – nicht nur an (vermeintlich) „zu Inkludierende" – richtet.

Literaturverzeichnis

Boban, I./Hinz, A. (2003): Index für Inklusion. Lernen und Teilhaben in der Schule der Vielfalt entwickeln: entwickelt von Tony Booth & Mel Ainscow, übersetzt, für deutschsprachige Verhältnisse bearbeitet und herausgegeben von Ines Boban & Andreas Hinz. Martin-Luther-Universität Halle-Wittenberg 2003, Zugriff am 19.7.2016 unter http://www.eenet.org.uk/resources/docs/Index%20German.pdf

Boger, M.-A./Simon N. (2016): zusammen – getrennt – gemeinsam. Rassismuskritische Seminare zwischen Nivellierung und Essentialisierung von Differenz 2016. In: Espahangizi, K. et al. (Hrsg.). movements. Journal für kritische Migrations- und Grenzregimeforschung, S. 163–177.

Breuer, F. (2010): Reflexive Grounded Theory. Eine Einführung für die Forschungspraxis. 2. Aufl. Wiesbaden.

Eggers, M.-M. (2013): Diskriminierung an Berliner Schulen benennen – Von Rassismus zu Inklusion. In: Migrationsrat Berlin-Brandenburg (Hrsg.). Leben nach Migration. Newsletter Nr. 8/2013. Zugriff am 20.7.2016 unter www.mrbb.de/dokumente/pressemittelungen/MRBB-NL-2013-08-Leben%20nach%20Migration.pdf, S. 9–13.

Flick, U. (2011): Das episodische Interview. In: Oelerich, G./Otto H.-U. (Hrsg.), Empirische Forschung und Soziale Arbeit. Ein Studienbuch (S. 273–280). Wiesbaden: Springer VS.

Hazibar, K./Mecheril, P. (2013): Es gibt keine richtige Pädagogik in falschen gesellschaftlichen Verhältnissen. Widerspruch als Grundkategorie einer Behinderungspädagogik. In: Zeitschrift für Inklusion-online.net, Zugriff am 19.7.2016 unter http://www.inklusion-online.net/index.php/inklusion-online/article/view/23/23

Hentschel, U. (2015): Über mögliche Zusammenhänge von Kunst (Theater) und Bildung. Constanze Eckert im Gespräch mit Ulrike Hentschel-Interview. In: Mission Kulturagenten – Onlinepublikation des Modellprogramms „Kulturagenten für kreative Schulen 2011–2015, Berlin 2015, Zugriff am 10.11.2015 unter http://www.kulturagentenprogramm.de

Hentschel, U. (2010): Theaterspielen als ästhetische Bildung. Über einen Beitrag produktiven künstlerischen Gestaltens zur Selbstbildung, Berlin: Schibri.

Maset, P. (2012): Ästhetische Bildung der Differenz, Lüneburg: editionHYDE.

Mecheril, P. (2015): Kulturell-ästhetische Bildung. Migrationspädagogische Anmerkungen. In: Mission Kulturagenten – Onlinepublikation des Modellprogramms „Kulturagenten für kreative Schulen 2011–2015", Berlin, Zugriff am 2.3.2016 unter http://publikation.kultur-agenten-programm.de/detailansicht.html?document=148

Popal, M. (2011): „Gender". Mythen – Masken – Subjektpositionen – und *beyond*. In: Freiburger Zeitschrift für GeschlechterStudien, Zugriff am 1.2.2016 unter http://www.budrich-journals.de/index.php/fgs/article/view/5596

Simon, N. (2016): Normalität entnormalisieren – Möglichkeiten der Arbeit mit „neutralen" (?) Masken im Kontext rassismuskritischer Bildungsarbeit. In: Kulturelle Bildung online, Zugriff am 20.7.2016 unter https://www.kubi-online.de/artikel/normalitaet-entnormalisie-ren-moeglichkeiten-arbeit-neutralen-masken-kontext

Walgenbach, K. (2012): Intersektionalität – Eine Einführung, Zugriff am 18.3.2016 unter http://portal-intersektionalitaet.de/theoriebildung/schluesseltexte/walgenbach-einfuehrung/

,Ausländer' mit weißer Maske

Die doppelte Exklusion durch institutionellen Rassismus am Beispiel einer MSA-Prüfung im Fach Musik

Timm Stafe & Ulaş Aktaş

Schulische Prüfungen stellen Praktiken dar, die besonders anfällig sind für institutionellen Rassismus. Im Beitrag werden vor diesem Hintergrund am Beispiel einer MSA-Prüfung (Mittlerer Schulabschluss) im Fach Musik exemplarisch die besonderen Herausforderungen dargestellt, wie sie sich für Schüler_innen darstellen, die auf den Diskriminierungsachsen natio-ethno-kulturelle Zugehörigkeit, Geschlecht, sexuelle Orientierung und Schichtzugehörigkeit auf der jeweils abgewerteten Seite positioniert sind. Im ersten Schritt entfalten wir hierfür zunächst die Analyseperspektive institutionelle Diskriminierung. Im zweiten Schritt stellen wir dann einen konkreten Fall dar und versuchen uns anschließend an einer Interpretation.

1.   Hinführung

Wir beginnen mit einem Befund. Wie die Ergebnisse der letzten PISA-Studie von 2016 zu Bildungsbeteiligung und Bildungserfolg erneut zeigen, schneiden Schüler_innen, denen ein sogenannter Migrationshintergrund attestiert wird, im deutschen Bildungssystem weiterhin deutlich schlechter ab als ihre Mitschüler_innen: Während bei letzteren die Abiturientenquote (im Durchschnitt der Bundesländer) bei 41 % liegt, bewegt sie sich bei sogenannten „Ausländern" (die freilich häufig Inländer sein dürften) zwischen 27,4 % in Hamburg und 3,7 % in Sachsen-Anhalt (INSM 2016, S. 65; Autorengruppe Bildungsberichterstattung 2016). Hinsichtlich der Bildungsbeteiligung von „Ausländern" liegt Deutschland damit im internationalen Vergleich im unteren Drittel. Dies deckt sich mit bereits bekannten Zahlen und einschlägigen Einschätzungen und zeigt, dass sich seit den 1970er Jahren – wenn man zum Vergleich etwa die Studie von Pierre Bourdieu und Jean-Claude Passeron (1971) heranzieht – nichts Grundlegendes geändert hat.

Abbildung 1: Abiturientenquote ‚Ausländer' 2016 (allg. Quote 41)

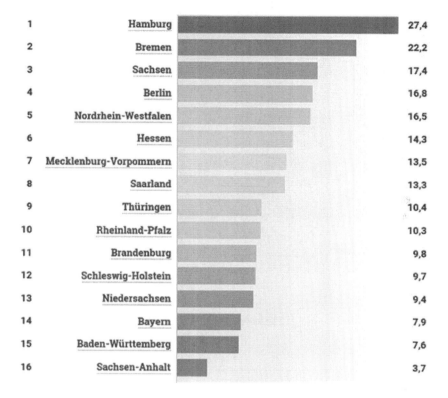

1	Hamburg	27,4
2	Bremen	22,2
3	Sachsen	17,4
4	Berlin	16,8
5	Nordrhein-Westfalen	16,5
6	Hessen	14,3
7	Mecklenburg-Vorpommern	13,5
8	Saarland	13,3
9	Thüringen	10,4
10	Rheinland-Pfalz	10,3
11	Brandenburg	9,8
12	Schleswig-Holstein	9,7
13	Niedersachsen	9,4
14	Bayern	7,9
15	Baden-Württemberg	7,6
16	Sachsen-Anhalt	3,7

Eine kurze Bemerkung zu unserer Interpretation dieser Zahlen: Gerade in Deutschland ist es, wie Paul Mecheril schreibt,

> *„nach wie vor nicht einfach, Rassismus als gegenwärtiges Phänomen zu thematisieren; denn der deutschsprachige Diskurs zu dieser Thematik wird durch eine Engführung von Rassismus auf den Nationalsozialismus und eine hegemoniale Weigerung bestimmt, Formen des gegenwärtigen Rassismus als Rassismus wahrzunehmen".* (Mecheril/von der Haagen-Wulf 2016, S. 132)

Es kann daher nicht verwundern, wenn solche und ähnliche Zahlen, wie Mechthild Gomolla und Frank-Olaf Radtke anmerken, bis vor wenigen Jahren „einvernehmlich ‚weg-erklärt'" wurden (Gomolla/Radtke 2003, S. 13); Exklusion wurde ursächlich entweder auf individuelles Versagen und mangelnde Integrationsbereitschaft oder die ‚kulturelle Fremdheit' der Migrationsanderen zurückgeführt. Doch dürfte es inzwischen bildungswissenschaftlicher wie bildungspolitischer Konsens sein, dass eine der wichtigsten Ursachen für die statistisch aufweisbaren Missverhältnisse in dem zu suchen sind, was mit Gomolla/

Radtke und Mecheril „institutionelle Diskriminierung" oder „institutioneller Rassismus" genannt werden kann.

Gomolla und Radtke betonen, dass sich ein

> *„nicht unbedeutender Teil der Ungleichheit in der Bildungsbeteiligung von deutschen im Vergleich mit nicht-deutschen Schülern [...] nicht auf die Eigenschaften der Kinder und ihre migrationsbedingten Startnachteile zurechnen [lässt], sondern [...] in der Organisation Schule selbst erzeugt [wird]".* (Gomolla/Radtke 2003, S. 20)

Tatsächlich können Gomolla/Radtke in ihrer für die deutschsprachige Diskussion grundlegenden Fallstudie zeigen, dass bei entscheidenden Weichenstellungen über den künftigen Bildungsweg – Einschulung, Überweisung an eine Sonderschule, Übergang in die Sekundarstufe – die statistisch aufweisbare Schlechterstellung „ausländischer" Schüler_innen durch Rückgriff auf rassistische, essentialisierende Wissensbestände und Argumentationsmuster legitimiert wird: Negativdiagnosen und -prognosen hinsichtlich des Entwicklungsstands und des zu erwartenden Bildungserfolgs werden begründet, indem auf die Zugehörigkeit der betreffenden Schüler_innen zu einer anderen „Kultur" verwiesen wird, welche sich vor allem dadurch auszeichne, dass ihre Angehörigen die zur erfolgreichen Teilnahme am Unterricht nötigen Verhaltensdispositionen (wie Frustrationstoleranz und Leistungsbereitschaft) nicht schon im frühkindlichen Stadium erworben hätten. Die Exklusion der betroffenen Schüler_innen wird dann damit begründet, dass es ihnen, aufgrund ihrer Nichtzugehörigkeit zur Mehrheitskultur, schlechterdings unmöglich sei, den geltenden Normen zu genügen – und eben das verstehen wir unter institutionellem Rassismus in der Schule: eine organisatorische Praxis, die vor dem Hintergrund eines Normengeflechts, das für so neutral wie universal gültig gehalten wird, einen Kausalzusammenhang unterstellt zwischen natio-ethno-kultureller Zugehörigkeit einerseits und habituellen Dispositionen, sozialem Verhalten und schulischen Leistungen andererseits, und Migrationsandere auf dieser Grundlage systematisch ausschließt.

Wir wollen diese Analyseperspektive aufgreifen, dabei jedoch etwas andere Akzente setzen als Gomolla und Radtke, die sich auf die administrative Seite institutioneller Diskriminierung konzentrieren. Ausgangspunkt unserer Überlegungen ist die Annahme, dass auch die Unterrichtspraxis zur Exklusion und damit zur Herstellung „ethnischer" Differenz beiträgt; wir nehmen an, dass im Unterricht, und insbesondere bei der Einschätzung der Leistungen und des Verhaltens von Schüler_innen, auf dieselben Wissensbestände und Argumentationsmuster zurückgegriffen wird, so dass auch hier diskriminierende Normen wirksam sind. Kristallisationspunkte solcher Normen – und damit besonders kritische Punkte in der Auseinandersetzung mit ihnen – sind Prüfungen. Denn zum einen hat sich in der Prüfung zu zeigen, dass die Prüflinge die für das erfolgreiche Bestehen der Prüfung nötigen Verhaltensdispositionen erworben haben; zum anderen aber unterliegt auch das, *was* als prüfungsrelevantes Wissen gilt, normativen Setzungen. Erfolgreich bestanden werden kann die Prüfung nur, wenn die Prüflinge demonstrieren, dass sie diese Normen antizipiert und akzeptiert, kurz: dass sie sich dem Fremdanspruch unterworfen haben, der die Erfüllung der Norm ermöglicht. Mit Louis Althusser gehen wir also davon aus, dass in der Prüfung nicht nur

> *„die Reproduktion von Qualifikation geprüft wird, sondern auch die Reproduktion der Unterwerfung unter die herrschende Ideologie oder die ‚Praxis' dieser Ideologie".*
> (Althusser 1977, S. 112)

Im Zuge der Informalisierung der formalen Bildung, im Zuge auch der Bemühungen um Integration und der damit verbundenen Leitvorstellung einer größeren Lebensweltorientierung des Unterrichts sind Schüler_innen zunehmend aufgefordert, Themen zum Gegenstand von Prüfungen zu machen, die ihren eigenen Vorlieben und Interessen entsprechen – und sich damit als Subjekte zu präsentieren, die ihre Interessen den Nützlichkeitsimperativen der schulischen Normen unterordnen. Gerade im Rahmen des Musikunterrichts wird, unter ausdrücklichem Verweis auf kulturelle Differenz, gerne von dieser Strategie Gebrauch gemacht – ja, sie wird sogar als innovative Methode eingefordert. Wir möchten vor diesem Hintergrund, an Hand der Darstellung einer Prüfungssituation im Fach Musik, der Frage nachgehen, welche Herausforderung es gerade für Jugendliche, die innerhalb der herrschenden Differenzordnungen in mehrfacher Hinsicht benachteiligt sind, bedeutet, ihre Vorlieben und Interessen zum Prüfungsgegenstand zu machen.

Jugendliche, die entlang der Diskriminierungsachsen natio-ethno-kulturelle Zugehörigkeit, Geschlecht, sexuelle Orientierung und Schichtzugehörigkeit auf der jeweils abgewerteten Seite positioniert sind, stehen in Prüfungssituationen vor der – allerdings so nie explizit formulierten – Aufgabe, zu verstehen, was an dem, was sie interessiert, für die Schule, für die Prüfenden interessant sein könnte, und wie der Gegenstand ihres Interesses so aufzubereiten ist, dass der eingeforderte Leistungsnachweis auch tatsächlich erbracht werden kann. Da davon auszugehen ist, dass es zwischen den musikalischen Interessen und Vorlieben von Jugendlichen mit sogenanntem Migrationshintergrund und den normativen Ansprüchen einer Prüfung einen Bruch gibt, bedeutet die Präsentation solcher Interessen und Vorlieben im Rahmen des Unterrichts und verschärft in Prüfungssituationen für Migrationsandere, die von der Intersektion von Rassismus und Klassismus betroffen sind, ein beträchtliches Risiko.

Bevor wir zu unserem Fallbeispiel kommen, möchten wir betonen, dass es uns nicht darum geht, ein Modell zu entwerfen, auf Grundlage dessen sich Musikunterricht in der Migrationsgesellschaft widerspruchsfrei gestalten ließe.

Worum es uns allein geht, ist, deutlich zu machen, mit welchen Aporien man es innerhalb der Institution Schule notwendig zu tun bekommt, und dass diese Aporien zu berücksichtigen sind, wenn über eine Professionalisierung der Institution Schule nachgedacht wird. Unsere These lautet, dass es innerhalb der Institution Schule keine widerspruchsfreie Form von Integration geben kann; welche Aporien sich daraus für Schüler_innen ergeben, möchten wir anhand des folgenden Beispiels und unserer Überlegungen dazu darstellen.

2. Der Fall „Sinan"

Das Beispiel, anhand dessen wir die Aporien des Umgangs mit kultureller Differenz im Musikunterricht veranschaulichen wollen, stammt aus unserer eigenen Praxis der außerschulischen Nachhilfe. Der außerschulische Nachhilfeunterricht bietet einen äußerst geeigneten Zugang, um die genannten Ansprüche von Prüfungen und ihre exkludierenden Mechanismen aus der Perspektive der betroffenen Migrationsanderen zu verstehen. Die außerschulische Nachhilfe ist ein sozialer Raum, in dem institutioneller Rassismus thematisch werden kann und migrantische Schüler_innen versuchen können, Strategien gegen Diskriminierung zu entwickeln. Dass es einen Bedarf nach solchen Räumen gibt, liegt freilich auch daran, dass von Rassismus betroffene Schüler_innen in aller Regel schlechte Karten haben, wenn sie versuchen, sich in der Schule gegen rassistische Willkür zu wehren. Gomolla und Radtke notieren:

> *„Der Nachweis der Diskriminierung im Einzelfall ist nur ganz selten möglich, weil die Definitionsmacht häufig allein auf der Seite der Diskriminierer liegt: die Umstände werden verschieden dargestellt und bewertet, eine diskriminierende Absicht ist schwer nachzuweisen und sie kann von den Diskriminierern kaschiert werden."* (Gomolla/ Radtke 2003, S. 16)

Bei unserem Fallbeispiel geht es um die Vorbereitung einer MSA-Prüfung im Fach Musik (MSA heißt Mittlerer Schulabschluss). Zum Umfang der MSA-Prüfungen gehört in Berlin auch eine Präsentationsprüfung, deren Thema und Fragestellung weitgehend von den Schüler_innen selbst entwickelt werden kann.

Der Fall „Sinan"

In der allerersten Besprechung eröffnete Sinan (Name geändert) das Gespräch damit, dass er erklärte, er glaube nicht, die Prüfung bestehen zu können; sein Klassenlehrer habe ihn als aggressiven türkischen Jugendlichen abgestempelt. Er habe mit einigen Klassenkameraden Schwierigkeiten, weil die ihn mobbten und er sich gegen sie wehre. Es sei ganz egal, was er tue, er würde immer als Schuldiger gelten. Auch bekäme er immer zu Unrecht schlechte Noten, wogegen er sich erfolglos gewehrt habe. Er sprach selbst von Rassismus. Wie bereits erwähnt, lässt sich diese Behauptung weder beweisen, noch konnte Sinan seine Sichtweise gegenüber der Schule geltend machen. Für uns spielt es nun keine Rolle, ob Sinan tatsächlich rassistischer Diskriminierung ausgesetzt war oder nicht. Uns kommt es darauf an zu zeigen, vor welchen spezifischen Herausforderungen Schüler_innen wie er stehen.

Sinan wählte für die Präsentationsprüfung das Fach Musik, weil er Musik im Allgemeinen mochte und ihn außerdem der Musiklehrer nicht so ablehnte wie die anderen Lehrer_innen. Da Sinan in den nächsten Tagen schon einen konkreten Themenvorschlag und eine Grobgliederung für die Präsentation abzugeben hatte, war klar, dass wir eine pragmatische Lösung finden mussten. Das Thema, das Sinan bezeichnenderweise gewählt hatte, war Hiphop. Es war gleich klar, dass gerade er, und gerade mit diesem Thema, einen Zugang wählen musste, der es ihm ermöglicht, ein Wissen zu präsentieren, das in besonderem Maße der Norm entspricht.

Nach kurzer Diskussion entwickelten wir ein Konzept, das aus drei Teilen bestand: historische Hintergründe zur Entstehung von Hiphop und Rap; Biographie eines wichtigen Rappers; und Analyse eines bestimmten Stückes. Da Sinan Tupac und sein Stück *Changes* gut fand, hatten wir schnell die Gliederung entworfen. Sinan besorgte nun für unser nächstes Treffen sowohl Literatur zu Hiphop als auch den Text von *Changes*. Die ersten beiden Punkte der Präsentation waren schnell gegliedert und Sinan brauchte unsere Unterstützung im Folgenden nur insofern, als dass wir ihm die Richtigkeit seines Vorgehens bestätigten. Worauf es ankommen würde, war die Analyse des Stückes.

Wir hörten uns das Stück an und waren zugegebenermaßen überrascht, wie sozialkritisch der Text ist – wie auch in der gesampleten Vorlage, Bruce Hornsbys *The Way it is,* geht es um Arbeitslosigkeit, Hoffnungslosigkeit, ausweglose Verhältnisse – und um Rassismus. Damit aber sahen wir, was den erfolgreichen Abschluss der Präsentationsprüfung anging, mehrere Probleme: Zwar schien uns die Charakterisierung Tupac Shakurs als Gangsterrapper, zumindest auf Grundlage dieses Stücks, wenig zutreffend. Gleichwohl hatten wir die Sorge, dass die Themenwahl Anlass zur Mobilisierung der erwähnten rassistischen Deutungsmuster geben würde. Denn musste nicht ein Interesse an Tupac Shakur – seine Eltern waren Mitglieder der Black Panther Party gewesen, hatten ihren Geburtsnamen durch einen arabischen ersetzt und ihrem Sohn den Namen eines Anführers des indigenen Widerstands gegen die spanische Kolonialherrschaft gegeben – musste nicht die Wahl eines solchen Prüfungsgegenstands das Bild bestätigen, das die Lehrer_innen sich von ihm gemacht hatten, das Bild des potentiell gewalttätigen jungen Mannes mit Migrationshintergrund? Eines jungen Mannes, der sich zudem als uneinsichtig und selbstgerecht zeigt, indem er nun auch die MSA-Prüfung dazu benutzt, um über Rassismus zu sprechen? Um solchen Erwägungen vorzubeugen, schien es uns sinnvoll, die Prüfenden mit einer Analyse zu konfrontieren, die zum einen seine Fähigkeit zur musik-theoretischen Betrachtung herausstellen, und durch die zum anderen eine in-nermusikalische Fokussierung des Prüfungsgesprächs erreicht werden sollte, die ihn nicht in Verlegenheit bringt, stigmatisierende Fragen zu seinem Ver-hältnis zu Gewalt beantworten zu müssen. Es schien uns also sinnvoll, dass er die musikanalytisch greifbaren Anhaltspunkte für sein Interesse an *Changes* in den Vordergrund rückt und dieses Interesse damit zugleich als eines ausweist, das in besonderem Maße der ästhetischen Norm entspricht. Antizipation der Prüfungsnorm musste für Sinan bedeuten, den Gegenstand seines Interesses so aufzubereiten, dass ihn sein Prüfungsgegenstand nicht in Verbindung mit dem Stigma ‚gewaltbereiter Ausländer' bringt.

3. Interpretation

Wie das Fallbeispiel unserer Auffassung nach zeigt, sind die Normen, die von Sinan verlangen, den Gegenstand seines Interesses sachlich und neutral darzu-stellen, ihrerseits alles andere als neutral; vielmehr sind es eben diese Normen, die ihn mit stigmatisierten Subjektpositionen in Verbindung bringen. Die ein-geforderte Neutralität bewirkt zudem ein *silencing* (Piesche 2012), weil sich Sinan gezwungen sieht, jeden ausdrücklichen Hinweis auf das, was ihn stigma-tisieren könnte, zu vermeiden – wodurch sich seine Stigmatisierung verobjekti-viert und als solche nicht mehr erkennbar ist. Mit anderen Worten, Sinan muss eine weiße Maske aufsetzen, um als vernünftig gelten zu können, d.h. er muss sich der Rassifizierung durch die Prüfungsnorm unterwerfen und diese Unter-werfung als Akt der Freiheit performen.

Wer davon ausgehen muss, dass die eigenen musikalischen Vorlieben von vornherein als Ausdruck einer „vormodernen Kultur" interpretiert werden und ihn mit dem Stigma des gewaltbereiten Ausländers in Verbindung bringen, muss die Aufforderung, eben jene Vorlieben zum Prüfungsgegenstand zu ma-chen, paradox finden. Denn offenbar lautet die Vorgabe ja, sich zu diesen Vor-lieben zugleich zu bekennen und sich von ihnen zu distanzieren. Für Sinan musste der Zweck der Analyse daher vor allem darin bestehen, diese innere Di-stanznahme zu demonstrieren, um der Stigmatisierung zu begegnen. Dass die Methoden der musikalischen Analyse dafür besonders geeignet sind, liegt frei-lich auch daran, dass sich mit ihrer Hilfe der Gegenstand des Interesses als „die Musik" identifizieren und damit aus allen, dann „außermusikalischen" Bedeu-tungs- und Sinnzusammenhängen herauslösen lässt; gestützt auf die eben nur scheinbar neutralen, nur scheinbar universal gültigen Normen der musikali-schen Analyse kann das ästhetische Interesse an ritualisierten, kulturellen Pra-xen als interesseloses Wohlgefallen am rein innermusikalischen Gegenstand der Analyse zur Sprache gebracht werden.

Zugleich ist es gerade dieser Anschein von Neutralität, der gegenüber Sinan den Anspruch begründet, sich, indem er das scheinbar neutrale Wissen der Musiktheorie performt, zum Gegenstand seines Interesses auch seinerseits neutral zu verhalten. An dieser Norm wird nicht nur das von ihm vorgebrachte Wissen gemessen, sondern auch seine Person selbst – und gerade dadurch betreibt diese Norm seine *Veranderung*. Da sich in der Prüfung beide Ebenen miteinander verschränken, ist Sinan genötigt, die scheinbar neutrale Norm zu verinnerlichen. Anerkennung finden kann er nur als *Ausländer mit weißer Maske*. Damit ist das Stigma keineswegs ausgeräumt, sondern zugespitzt gesagt, nur seine Unterwerfung anerkannt.

Zwar bedeuten Prüfungen auch für Schüler_innen, welche nicht von Stigmatisierung und Diskriminierung betroffen sind, eine Unterwerfung unter bestehende Leistungsnormen; doch sind sie nicht von der doppelten Exklusion betroffen, die Schüler_innen wie Sinan auch von der Teilhabe am schulöffentlichen Diskurs ausschließt, da es ihnen unmöglich ist, ihre Stigmatisierung zur Sprache zu bringen. Sinan kann den geltenden Normen und Werten, den geltenden Normalitäts- und Gerechtigkeitsvorstellungen nur entsprechen, insofern er sich als *weißer Ausländer* präsentiert, als Ausländer, der sich idealerweise kritisch zu seiner stigmatisierten Identität verhält und damit eine Art doppeltes Bewusstsein ausbildet: „sich selbst immer nur durch die Augen der anderen wahrzunehmen, der eigenen Seele den Maßstab einer Welt anzulegen, die nur Spott und Mitleid für einen übrig hat", wie es W.E.B. Du Bois, einer der Begründer der schwarzen Bürgerrechtsbewegung, schon 1903 beschrieben hat (Du Bois 2003 S. 25). Wenn es aber, in einem Fach wie Musik, nicht so sehr um den Erwerb von Qualifikationen für das spätere berufliche Fortkommen, sondern um Zugehörigkeitspolitik geht, dann dürfte auch das Fach Musik seinen Teil dazu beigetragen haben und noch beitragen, dass die Zahl „ausländischer" Abiturient_innen gleichbleibend klein ist – um von der Zahl der Lehramtstudierenden, der Zahl der Musiklehrer_innen mit Migrationshintergrund zu schweigen.

Weil nicht sein kann, was nicht sein darf, kann Rassismus im schulischen Kontext nicht thematisiert werden. Dieses Sprechverbot ist die entscheidende Hürde in der Auseinandersetzung mit institutionellem Rassismus. Der wissenschaftliche Befund und die Alltagspraxis in der Schule werden solange unvermittelt nebeneinanderstehen, wie es unmöglich ist, diese Alltagspraxis auch in der Schule selbst kritisch infrage zu stellen; und diese Infragestellung wiederum kann nur gelingen, wo eine ergebnisoffene, selbstkritische Auseinandersetzung der Lehrpersonen mit Rassismus stattfindet.

Es wäre schön, wenn es möglich wäre, Fragen für die selbstkritische Evaluation der Unterrichtspraxis zusammenzustellen, als Minimalanforderung gewissermaßen, um institutionellen Rassismus zu vermeiden. Dies erweist sich jedoch deswegen als unmöglich, weil sich institutioneller Rassismus, da er sich auf die gegebene Ordnung stützt, im Wesentlichen unsichtbar vollzieht. Die Abwehr gegenüber einem *nicht-hegemonialen Verstehen,* das sich der Ordnung bis zu einem gewissen Maß widersetzen muss, ist zu groß.

Wir müssen erkennen, dass es nicht möglich ist, Rassismus durch einfache Rezepte abzustellen. Es bedarf eines kritischen Umgangs mit den Ausschlüssen des hegemonialen Wissens und dem, was gemeinhin Bildung genannt wird. Es geht insofern nicht nur um Vermeidung von Rassismus, sondern um die Herausbildung einer gegenhegemonialen Praxis, die eine Veränderung der Alltagspraxis von Schule und Gesellschaft möglich macht und selbst nur durch eine solche Veränderung möglich wird.

Literatur

Althusser, Louis (1977). Ideologie und ideologische Staatsapparate. In: Ders. Ideologie und ideologische Staatsapparate. Aufsätze zur marxistischen Theorie. Hamburg, Berlin, VSA, S. 108–153.

Autorengruppe Bildungsberichterstattung (2016). Bildung in Deutschland 2016. Ein indikatorengestützter Bericht mit einer Analyse zu Bildung und Migration. Bielefeld: Bertelsmann.

Du Bois, W.E.B. (1903/2003): Die Seelen der Schwarzen. Freiburg: OrangePress.

Bourdieu, Pierre/Passeron, Jean-Claude (1971): Die Illusion der Chancengleichheit. Untersuchungen zur Soziologie des Bildungswesens am Beispiel Frankreichs. Stuttgart: Klett.

Gomolla, M./Radtke, F.-O. (2003). Institutionelle Diskriminierung. Die Herstellung ethnischer Differenz in der Schule. Wiesbaden, VS.

INSM (2016). Bildungsmonitor 2016. Eine Bildungsagenda für mehr Wachstum und Gerechtigkeit. Köln: Inst. d. dt. Wirtschaft.

Mecheril, P./van der Haagen-Wulff, M. (2016): Bedroht, angstvoll, wütend. Affektlogik der Migrationsgesellschaft. In: Castro Varela, M. d. M./Mecheril, P. (Hrsg.): Die Dämonisierung der Anderen. Rassismuskritik der Gegenwart. Bielefeld: transcript, S. 119–141.

Piesche, P. (Hrsg.) (2012): „Euer Schweigen schützt Euch nicht": Audre Lorde und die Schwarze Frauenbewegung in Deutschland. Berlin: Orlanda.

Teil 4
Inklusion aus einer professionalisierungstheoretischen Perspektive

Versuch einer Untersuchung des Inklusionsgedankens als Professionalisierungsdynamik

Winfried Köppler

Abstract: Im vorliegenden Aufsatz wird der Versuch unternommen, den Inklusionsgedanken aus der Menschenrechtskonvention (UN-BRK) als Professionalisierungsdynamik des Lehrhandelns in der Schule aufzugreifen. Dabei kommt dem ‚interaktionistischen Verständnis von Behinderung' in der Konvention eine besondere Aufmerksamkeit zu, insofern es durch eine ‚kulturalistisch gewendete' sozialwissenschaftliche Geltungsüberprüfung inspiriert ist. Ein solches Behinderungsverständnis hat mit dem hinzugezogenen Modell professionalisierten Handelns, von Ulrich Oevermann, in diesem ‚cultural turn' einen wissenschaftshistorisch gemeinsamen Bezugspunkt. Deshalb ist in der folgenden Argumentation ein rekursiver Zug unumgänglich. Mit der Verschiebung des Theorie- und Methodenverständnisses verändern sich sowohl der Blick auf die Schüler_innen als auch die professionellen Möglichkeiten auf wissenschaftliches Wissen Bezug zu nehmen. Bleiben in dieser Dynamik die Strukturprinzipien der gegenwärtigen Schulinstitution stabil, müssen sich abhängig von der jeweiligen konzeptionellen Auffassung des Inklusionsgedankens altbekannte Spannungsverhältnisse zwischen Schule und professioneller Praxis weiter anspannen.

1. Einleitung

Die Frage danach, wie sich die Schule mit der Behindertenrechtskonvention der UN (UN-BRK) als Ort professionalisierter Lehrtätigkeit entwickelt, führt schnell in Gedankenexperimente. Angesichts einer unübersichtlichen Diskussion macht sie überdies eine gewisse Begriffsakrobatik erforderlich. Letzteres soll hier sogleich vorangestellt werden, weil sich im Rahmen dieser Frage aus dem Titel ebenso schnell ausgerechnet das Wort ‚Versuch' als das unproblematischste herausstellen wird. Mit diesem Vorgehen ist allerdings die Hoffnung verbunden, gerade in dieser Unübersichtlichkeit einen Ansatzpunkt zu finden, um über die Professionalisierungswirkung der UN-BRK in der Schule nachzudenken. Im Folgenden wird also der Versuch unternommen, aus der unmittelbar augenfälligen Verwirrung im Gebrauch von Worten wie Inklusion, Professionalität oder Schule nicht nur Probleme sondern sogar Hinweise zur Problemlösung zu finden. Dazu genügt es, zunächst kursorisch den Aussagestatus, also unterschiedliche Gebrauchsweisen der besagten Worte, heranzuziehen.

Daran wird dann zu erkennen sein, dass ein Teil der Antwort auf die Frage nach der Professionalisierungswirkung des Inklusionsgedankens bereits in dieser verwirrenden Verwendungsvielfalt angelegt ist. Diese Vielfalt an solchen Gebrauchsweisen wird dann auf weitreichende zunächst überwiegend erkenntnistheoretische Reflektionen in den Sozialwissenschaften zurückgeführt, aus deren methodischen Konsequenzen ein verändertes Theorieverständnis folgt. Die ‚kulturalistische Wende‘ in den Sozialwissenschaften, die hier angesprochen ist, hat über die arrivierten Gebrauchsweisen wissenschaftlichen Vokabulars hinaus in sehr unterschiedliche Aussagestatus geführt. In deren jeweiligem Zusammenhang können unter Umständen dieselben Wörter weiterhin verwendet werden. Vor allem methodisch bedingte Unterschiede werden dadurch scheinbar so überdeckt, dass in den betreffenden Debatten groteske Bezüge herstellbar werden. Für wuchernde Missverständnisse geben solche Möglichkeiten einen idealen Humus ab. Dies gilt insbesondere für das Wort Inklusion, wie im Folgenden zweiten Teil exemplarisch untersucht werden soll. Dabei werden perspektivtheoretische Verwendungen von normativen unterschieden, die gewisse Gemeinsamkeiten mit gegenstandstheoretischen Aussagen, etwa zur Erklärung von Zusammenhängen haben, was Prädikation und Differenzbildung anbetrifft. Im dritten Teil kann dann die UN-BRK (in ihrem normativen Aussagestatus) kurz abgerissen werden. Zugleich – so wird sich zeigen – sind die avancierten Theorieverständnisse für die Weiterentwicklung des Denkens von Behinderung und damit für den bewussten Umgang mit wissenschaftlichem Wissen in der Lehrtätigkeit von großer Bedeutung. Um diese Entwicklung aus den Höhen einer erkenntnistheoretischen Entwicklung in die praktischen Konsequenzen professionalisierungsbedürftiger Unterrichtspraxis in der Schule argumentieren zu können, wird ab dem vierten Teil Ulrich Oevermanns idealtypisches Modell professionalisierten Handelns herangezogen. Damit muss nun allerdings die kulturalistische Entwicklung des Behinderungsverständnisses in einem Modell behandelt werden, dass selbst maßgeblich durch diese Entwicklung geprägt ist. Mit Hilfe des Modells professionalisierter Praxis müssen also seine eigenen Voraussetzungen angesprochen werden, um die wissenschaftliche Entwicklungsdynamik einer Behinderungsauffassung, wie sie der UN-BRK zugrunde liegt, mit den idealtypischen Komponenten professionalisierter Praxis in Beziehung setzen zu können. Bei diesen Komponenten handelt es sich um eine als Grundhaltung verinnerlichte ethische Verpflichtung auf die zu wahrende oder wiederherzustellende Autonomie der Lebenspraxis der Schüler_innen, um die Gestaltungsfähigkeit eines Arbeitsbündnisses mit ihnen, sowie Fähigkeit die Praxis von Schüler_innen in diesem Rahmen je als Einzelfall unter Bezug zu wissenschaftlichem Wissen zu verstehen. Da dieses idealtypische Modell für die folgende Argumentation fruchtbar gemacht werden soll, ist seine Darlegung den erforderlichen Argumentationsschritten unterstellt. Deshalb wird es zunächst nicht von seiner abstraktesten Ableitungsbasis in einem kulturalistischen

Theorieentwurf her aufgegriffen, sondern von einer nachgeordneten Ableitung daraus. Namentlich werden aus Oevermanns Entwurf deshalb im vierten Teil zunächst drei Foci professionalisierungsbedürftiger Praxis eingeführt, die es erlauben Wechselwirkungen von geltenden rechtlichen Ordnungsvorstellungen, wissenschaftlichem Erkenntnisfortschritt und individuellen Integritätsniveaus am Fall der besagten kulturalistischen Wende zu einem interaktionistischen Behinderungsverständnis in der UN-BRK zu untersuchen. Dies wird in den Teilschritten bis zum siebten Teil kursorisch angedeutet, wobei der letzte Schritt bereits auf die Schulinstitution bezogen und konkretisiert ist. Erst im achten Teil wird dann die allgemeine Ableitungsbasis des Modells professionalisierter pädagogischer Praxis notwendig, um diese Entwicklung in einer idealisierten Form sukzessive auf die Lehrpraxis im Zusammenhang mit der Schulinstitution beziehen zu können (8.1 bis 8.4). Daraus können dann im Rahmen der Beantwortung der Eingangsfrage vier idealtypisch abgeleitete Argumente gewonnen werden (A–D), die einen rein erschließungslogischen Charakter haben. Zum Fazit im neunten Teil werden diese Ableitungen zu einer schulisch-inklusiven Lehrpraxis mit empirischen Inklusionsverständnissen gebrochen, um das gesamte Gedankenexperiment zur Wirkung der UN-BRK auf die Professionalitätsfrage mit der Erfahrung des Inklusionsdiskurses zu konfrontieren. Der Gewinn dieses durchaus aufwendigen Unternehmens liegt zum einen im Nachweis eines von der UN-Konvention ausgehenden Veränderungsdrucks auf die Art und Weise des Bezugs zu wissenschaftlichem Wissen in der professionalisierten schulischen Lehrpraxis. Zum anderen können sich verschärfende Spannungsmomente identifiziert werden, die sich aus der Persistenz der gegebenen Schulinstitution angesichts der Umsetzung der UN-BRK zum Risiko anspannen, den Einzelnen die Inklusion im schulischen Umsetzungsalltag als unlösbare Aufgabe erscheinen lassen zu müssen. Die gute Nachricht aus diesem Gedankenexperiment liegt im Umkehrschluss: Aus professionalisierungstheoretischer Perspektive gibt es gute Gründe davon auszugehen, dass bei entsprechenden institutionellen Voraussetzungen mit dem Moment, in dem der Inklusionsgedanke denkbar und normierbar war, auch die wissenschaftlichen Voraussetzung zu seiner Realisierung in der Schule bereit stehen.

2. Konnotationen und Gebrauchsweisen von Worten in unterschiedlichen Zusammenhängen

Wie verändert der normative Inklusionsgedanke der UN-BRK künftig – also im Jetzt und Hier zumindest noch nicht vollständig beobachtbar – die Schule? Wer sich mit dieser Frage bevorzugt auf dem festeren Boden empirischer Befunde beschäftigen will, statt mit Gedankenexperimenten zu hantieren, den muss schon der Singular des Wortes ‚Schule' an das unter Statistikern ungeliebte

Small N-Problem erinnern, wodurch die Voraussetzungen gängiger statistischer Verfahren zur Erklärung von Zusammenhängen überwiegend leerlaufen. ,Die Schule', die nun inklusiv werden soll und die dem pädagogischen Lehrhandeln gerne als ein ,System' wie das Wasser dem Feuer gegenübergestellt wird (vgl. Terhart 1986, S. 206), gibt es nur in geringer Fallzahl – eine (in jedem modernen Nationalstaat). Das oft als bürokratisch und standardisierend behandelte Schulsystem müsste dann zum Leidwesen statistischer Betrachtung wiederum durch eine unbestimmbare Fülle von Variablen gekennzeichnet werden, wodurch dieser Singular wiederum spekulative Züge annimmt. Angesichts eines viergliedrigen Schulsystems, das föderal in sechzehn Bundesländern auf unterschiedliche Weise administrativ auf Inklusion umgestellt wird, um nur einige Kontrastfolien innerhalb des einen Systems zu nennen, stellt es selbstverständlich ein Wagnis da, über ein Spannungsverhältnis von Schule, wahlweise als Organisation, Bürokratie oder – wie es im Folgenden provisorisch vorgezogen wird – als Institution, zur pädagogischen Lehrpraxis im Rahmen des Inklusionsgedankens nachzudenken.

Auf der anderen Seite der Fragestellung kommt keine Trittfestigkeit hinzu. Denn mit dem Suffix ,-ung' in der Verbalabstraktion ,Professionalisierung' wird ebenfalls auf ein abstraktes Transformationsgeschehen hingewiesen – zumal mit einer Nominalisierung, die überdies schon deshalb eine verdunkelnde Anmutung hat, weil sie in Sätzen selbst zum Subjekt des Verbs werden kann. Eine bestimmbare Richtung ist an deren Potentialität zwar schon auszumachen, sie ist aber auf eine noch nicht erreichte, folglich ebenfalls noch nicht beobachtbare Professionalisiertheit gerichtet. In einem solchen Dereinst wird bisweilen auch die Inklusion als ein ,unerreichbares Ideal' verortet (vgl. Ahrbeck 2015). Auch hier wird empirisch nicht überprüfbar eine Aussage über das Dereinst getroffen, nämlich das dereinst etwas nicht eingetreten sein wird, weil es das niemals tun kann. Professionalität wie Inklusion eröffnen sowohl normative Gebrauchsmöglichkeiten, wie auch deskriptive. Sie können also sowohl auf ein wünschens- (soll) bzw. vermeidenswertes (soll nicht), wie auf ein näher rückendes Dereinst (wird sein) bezogen werden. Als normative Aussagen ist ihnen ein nicht wahrheitsfähiger Bezug zu einer Normativitätskonzeption zu eigen, welcher Kritik – beispielsweise menschenrechtlich oder professionalisierungstheoretisch – zu begründen erlaubt.[1] Derart divergierende Verwendungsmöglichkeiten eröff-

---

1 Entsprechend verdeutlicht Heiner Bielefeld anhand der Menschenwürde, dass es sich dabei um Sachverhalte handelt, die nicht objektiv demonstrierbar seien: *„Die Menschenwürde ist weder eine empirische Tatsache, die äußerer Beobachtung zugänglich wäre, noch lässt sich ihr Geltungsanspruch durch Rekurs auf übergeordnete Prinzipien zwingend beweisen. Und sie erschließt sich auch nicht allein durch die Exegese juristischer oder anderer Texte."* (Bielefeldt 2008, S. 16)

nen im Rahmen sprachlicher Sphärenvermengungen zwischen Alltag, Politik und Wissenschaft Gelegenheiten wortgewaltig aneinander vorbei zu reden.

Davor ist man allerdings auch innerhalb wissenschaftlicher Sprachsphären mit ihrem immanenten Definitionshang nicht gefeit. Denn dort gehört die sonst schnell als lästig empfundene Explikation von Begriffsbestimmungen zwar zum guten Ton – der wissenschaftliche Gebrauch von Worten wird aber über begriffliche Bestimmungstücke hinaus, auch durch ihre methodische Funktion geprägt. Wird beispielsweise die moderne Gesellschaft unter dem Primat funktionaler Differenzierung wahrgenommen und damit auf eine Ausdifferenzierung autopoetischer Systeme hingewiesen, dann eröffnet dies die Scheinmöglichkeit, die Inklusion in solche Systeme unmittelbar gegenstandsbezogen aufzufassen und sie mit der evidenten Behauptung auszustatten, dass es angesichts der Komplexität solchermaßen differenzierter Gesellschaften unmöglich sei, in alle Systeme zugleich inkludiert zu sein. Eine solche Inklusion erscheint dann ‚soziologisch' unerreichbar. Exklusion kann dann im Umkehrschluss als empirischer Normalfall behandelt werden, obgleich dies lediglich ein Rückschluss ist. Die normative Inklusionsforderung wird – auf diesem scheinbar kurzen Weg zwischen der Sache der Logik und der Logik der Sache – zu einem Hirngespinst der Realitätsverleugnung (vgl. Ahrbeck 2014b).

Die symbolische Wirkung der elaborierten Systemtheorie lässt dann in diesem Beispiel nur noch methodisch orientierten Widerspruch zu. Vielleicht sollte man darüber nachdenken, inwieweit es sich für solche Scheinargumente anbietet, in Anlehnung an den Sprachwissenschaftler Uwe Pörksen, von methodischer Sphärenvermengung zu sprechen (vgl. Pörksen 1994, S. 141). Denn dem betreffenden Wort werden weniger die semantischen Gehalte, als vielmehr seine methodische Funktion entzogen. Ein entsprechender Einwand gegen eine solche unmittelbar gegenstandsbezogene Verwendung des systemtheoretischen Inklusionsbegriffs stünde dann vor der Aufgabe, diesem seinen meta- oder perspektivtheoretischen Charakter wieder zuzuerkennen. Dadurch würde zunächst die Funktion des Begriffs von der Beschreibung in die Beobachtung der Wirklichkeit zurückverlegt. Erst mit diesem Aufwand ließe sich dann zeigen, das Exklusion nicht als Ausschluss, sondern als ein ‚Verschwinden' aufzufassen wäre – als ein Verschwinden aus dem Gesichtsfeld der Beobachtung. Mit dem Exklusionsfall, also dem Ausschluss aus der Kommunikation eines Systems, steht die systemtheoretische Beobachtung nämlich zunächst einmal vor der Frage, welche Inklusion in einer Gesellschaft auf eine Exklusion folgend zu beobachten ist. Dann stellt sich zunächst wenig überraschend heraus, dass beispielsweise auf wirtschaftliche Exklusion die Inklusion in Arbeitslosensicherung folgt, oder auf die Regelschule, die Förderschule. Rudolf Stichweh hat vorgeschlagen solche Beobachtungen als *separierende Inklusion* von integrierenden Inklusionsformen zu unterschieden (vgl. Stichweh 2013). Und damit tritt nun die (normative) Indifferenz des systemtheoretischen Inklusionsbegriffs offen zu Tage.

Diese ist für ihn konstitutiv. Denn bliebe er gegenüber den zu entsprechenden Differenzbildungen erforderlichen Prädikationen nicht indifferent, stünde er zum Adjektiv ‚separierend' in einem Widerspruch, wie im schwarzen Schimmel und zum Adjektiv ‚integrierend' in einer semantischen Ausschlussbeziehung. Diese doppelte Indifferenz zeichnet den systemtheoretischen Inklusionsbegriff als perspektivtheoretisches Konzept dazu aus, die Erzeugung von Beschreibungen durch Beobachtungen von situativ-kommunikativen Ereignissen der Einbeziehungen Einzelner methodisch zu konzipieren (vgl. Stichweh 2009, 30 ff.). Erst auf einer solchen semantischen Grundlage kann der Inklusionsbegriff also eine meta- bzw. perspektivtheoretische Stellung zur Konzeption einer Beobachtung von Inklusionsereignissen in kommunikativen Systemen einnehmen. Die menschenrechtliche Bewertung solcher systemtheoretisch empirisch zu beschreibender Inklusionsformen, die in ihrer Summe dann als *Inklusionsprofile* beispielsweise für bestimmte Soziallagen als charakteristisch ausgewiesen werden können (Burzan 2008), ist demgegenüber ja gerade erst das Ziel eines normativen Konzepts, wie es mit der UN-BRK vorliegt.

Wie gewohnt müssen nun also normative von deskriptiven Verwendungen der Worte Inklusion und Professionalität unterschieden werden, wobei dem Wort deskriptiv vor allem die Qualität der Abwesenheit von Werturteilen zugeschrieben wird. Zur Verwirklichung von normativen Konzeptionen werden dagegen häufig Texte mit präskriptiven Aussagen verfasst, um handlungsleitende Zielszenarien vorzuschreiben. Diese Variation wird im Folgenden keine bedeutende Rolle spielen, obgleich sie im Inklusionsdiskurs keineswegs ausbleibt, wie beispielsweise im weit bekannten Index für Inklusion zu sehen ist (Booth/Ainscow 2003). Auf der Seite der wissenschaftlichen Sphäre müssen – wie sich oben im Falle des Wortes Inklusion angedeutet hat – gemäß einem Vorschlag von Ralf Bohnsack meta- bzw. perspektivtheoretische von gegenstandsbezogenen Wortverwendungen unterschieden werden (Bohnsack 2005). Gegenstandsbezogene Aussagen können im Unterschied zu perspektivtheoretischen Aussagen einen hypothetischen, also auf einen Zusammenhang bezogenen oder auf einen empirischen Sachverhalt bezogenen, also deskriptiven, Informationsgehalt haben. Sie müssen folglich innerhalb ihres Aussagebereichs Prädikationsmöglichkeiten eröffnen, durch welche in diesem Bereich Unterschiede gemacht und Differenzen ausgewiesen werden können. Mit solchen Unterscheidung wissenschaftlicher Gebrauchsweisen können sehr unterschiedliche Theorieverständnisse angesprochen sein, die sich wiederum in die Struktur des wissenschaftlichen Wissens in professionalisierungsbedürftigen Praxissphären auswirken. Angesichts dieser ohne jeden Anspruch auf Vollständigkeit bereits jetzt angelaufenen Vielfalt an Verwendungsweisen der in der Fragestellung verwendeten Begriffe scheint beispielsweise der Inklusionsbegriff die ihm hin und wieder mal zugeschriebene Containermetapher mühelos zu rechtfertigen (vgl. Fischer et al. 2015, S. 12). Daraus könnte eine Zurückhaltung bei seiner Verwendung durchaus als geboten erscheinen (vgl. Lob-Hüdepohl 2014). Im Folgenden soll demgegenüber aber gerade in dieser Vielfalt von Fallstricken der Ansatz zum angekündigten Versuch unternommen werden. Dabei wird nun umgekehrt also davon ausgegangen, dass die hier vorliegende Fragestellung in einem Kontext zu operieren verlangt, in welchem all diese Gebrauchsweisen als relevant erschienen. Dies deutet darauf hin, dass zur Bewältigung praktischer Fragen im Themenkreis von Inklusion, Schule und Professionalität die Bedeutung normativer Orientierung, perspektivtheoretischen Wissens, sowie gegenstandstheoretischer Wissensbestände gleichzeitig als erforderlich gelten, um zu tragfähigen Begründungen zu gelangen. Dass die Verwendung des Wortes Inklusion in diesem Sinne – als Inklusionsorientierung, als Inklusionsabsicht, als Inklusionsperspektive oder als Inklusionsbeschreibung – bemerkenswerte Unschärfen aufweisen kann, macht es keineswegs schon unumgänglich den Begriff in den sprachlichen Sphärenvermengungen verloren zu geben. Dies umso weniger, als das die Wissenschaften an der Aufladung solcher Begriffe oft selbst keinen geringen Anteil haben, wie das hier angeführte Inklusionsbeispiel exemplarisch zeigen soll. Deshalb soll nun zunächst das Inklusionsverständnis der UN-BRK zum Ausgangspunkt genommen werden.

3. Das normative Inklusionsverständnis der UN-BRK

Mit dem ersten Artikel der UN-BRK verpflichten sich die Unterzeichnerstaaten den „*vollen und gleichberechtigten Genuss aller Menschenrechte und Grundfreiheiten durch alle Menschen mit Behinderungen zu fördern, zu schützen und zu gewährleisten*" (Bundesministerium für Arbeit und Soziales 2011a). Mit dieser Konvention wurden in sehr vielfältigen politischen Gestaltungsfragen weitreichende Argumentationsmöglichkeiten eröffnet – beispielsweise in der Bildungs-, in der Gesundheits- bis in die Sozial- und Arbeitsmarktpolitik. Im Bundesarbeitsministerium wurde damals zur ihrer Umsetzung optimistisch verbreitet, dass mit der UN-BRK ein Wandel unseres Bildes ‚*vom Menschen und vom Leben*‘ ebenso einherginge, wie sich „*auch unsere Vorstellung davon, was ein geglücktes Leben ausmacht*" veränderten (Bundesministerium für Arbeit und Soziales 2011b, S. 11). Mit dem Gebrauch des Wortes ‚Inklusion‘ scheint in diesem Zusammenhang also eine fundamentale normative Orientierung verbunden zu sein, sodass in ihm auch ein ‚*sozialpolitischer Leitbegriff*‘ erkannt wird (vgl. Bude 2015, S. 388–398). Im 3. Artikel der UN-BRK kommt der Inklusionsnorm eine Reichweite zu, die tiefgreifende und umfassende Formulierungen zu rechtfertigen vermag, wenn dort, in der rechtsverbindlichen englischsprachigen Fassung eine ‚*full and effective participation and inclusion in society*‘ – also ‚*die volle und wirksame Teilhabe an der Gesellschaft und Einbeziehung in die Gesellschaft*‘ (Bundesministerium für Arbeit und Soziales 2011a) gefordert wird. Gegenüber seiner sozialwissenschaftlichen Verwendung, wie sie oben im Anschluss an Niklas Luhmann in einer perspektivtheoretischen Variante herangezogen worden ist (vgl. Seifert 2013), enthält die normative Verwendung die wertsetzende, öffentlich wirksame und rechtlich bindende Leitidee eines diskriminierungsfreien Rechtes auf Einbeziehung (Teilhabe). Dabei wird der normative Inklusionsbegriff als eine Akzentverschiebung in Differenz zum Integrationsbegriff aufgefasst: Während mit dem Integrationsgedanken die Vorstellung einer soziokulturellen und sozioökonomischen Hegemonie als feststehender Rahmen vorausgesetzt gewesen sei, in den es all diejenigen Gruppen zu integrieren galt, die als ‚die Anderen' kategorisiert wurden, so wird demnach nun mit dem Inklusionsgedanken dieser Rahmen selbst als Aushandlungsgegenstand zwischen prinzipiell Gleichberechtigten aufgefasst (vgl. Bude 2015, S. 389). Die Unterzeichnerstaaten der Konvention sind nun gegenüber ihren Staatsbürgern zur Umsetzung eines solchen Ansatzes verpflichtet. Das Teilhaberecht ist dementsprechend auch in personaler Hinsicht für den durch das Behinderungsmodell der UN-BRK bestimmten Personenkreis als subjektives Menschenrecht gültig (Hirschberg/Lindmeier 2013, S. 41; Degener 2015, S. 59; Aichele 2010). Entsprechend wird auch der Zugang von denjenigen Menschen zum regulären Bildungssystem thematisch, die bislang beispielsweise mit der Diagnose eines sonderpädagogischen Förderbedarfs in gesonderten Förderschulen unterrichtet worden sind (Bundesministerium für Arbeit und Soziales 2011a, Art. 24). Die damit normativ erforderlich erscheinenden Veränderungen des bisherigen zu einem dann inklusiven Rahmen werden folglich entsprechend präskriptiv adressiert. Neben der Konkretisierung der normativen Fluchtlinie in der UN-BRK bleibt festzuhalten, dass sie zur Sicherstellung der Teilhabe nicht bei Einzelnen stehen bleibt, sondern in der oben angedeuteten Weise auch den Rahmen fokussiert, in den diese Einbezogen sein sollen. In diesem Aspekt wird das sozialpolitische Leitbild der Inklusion, vergleichbar einem Maßstab zur Bewertung, als ‚Normativitätskonzept' (vgl. Flügel-Martinsen 2010) aufgegriffen, um gesellschaftliche Grundorientierungen zu kritisieren:

„Es gibt also gegenwärtig Anlass, in Teilbereichen der Gesellschaft von ‚exklusiven' Zonen zu sprechen, zu denen nur ein bestimmter Kreis von Menschen Zutrittsmöglichkeiten hat. Die Auswahlkriterien folgen dabei in erster Linie der ökonomischen, auf Gewinnmaximierung ausgerichteten Eigenlogik des kapitalistischen Wirtschaftssystems im globalisierten Wettbewerb. Die Orientierung an Maßstäben der Leistungsfähigkeit und der ökonomischen Verwertbarkeit scheint das Postulat der Inklusion der Gesamtbevölkerung in gewisser Weise zu unterlaufen. Das Aufmerksam-werden für diese Diskrepanz zwischen Anspruch (Inklusion und Teilhabe) und Wirklichkeit (Exklusion, Benachteiligung und Ausgrenzung) lässt das kritische Potenzial des Inklusionsbegriffs gegenüber sozialen Verhältnissen und widersprüchlichen gesellschaftlichen Entwicklungen erkennen." (Wansing 2015, S. 51)

Für eine Menschenrechtskonvention zunächst noch wenig überraschend, spricht die UN-BRK also Formen der Einbeziehung des individuellen Lebens ins gemeinschaftliche Leben normativ an. Bemerkenswert ist daran, dass Sie das von zwei für jedes Gemeinwesen elementaren Seiten her tut. Die UN-BRK sichert dem individuellen Leben einerseits Rechte gegenüber Ansprüchen des Gemeinschaftslebens zu und sie formuliert andererseits Ansprüche gegenüber dem Gemeinschaftsleben hinsichtlich der Einbeziehung der Einzelnen. In diesen beiden Seiten der Polarität von Individuum und Gemeinschaft sind zwei für jedes Gemeinwesen charakteristische Bereiche angesprochen, aus denen für sie unumgängliche Probleme resultieren können. Ulrich Oevermann hat vorgeschlagen, aus solchen ‚funktionalen Foci‘ die Logik des professionalisierten Handelns abzuleiten (Oevermann 1996), was nun aufgegriffen werden soll. Dabei ist für den folgenden vierten Teil zu bedenken, dass diese Foci allerdings noch nicht die Ableitungsbasis einer Professionalisierungstheorie abgeben können, auch wenn sie möglicherweise schon hinreichend abstrakt erschienen. Dies ist aber dennoch schon deshalb nicht ausreichend, weil die Polarität von Individuum und Gemeinschaft für jede soziologische Perspektive ebenso konstitutiv ist, wie auch für all diejenigen Gegenstände, zu denen eine soziologische Perspektive durch Beobachtung (Forschung) Aussagemöglichkeiten eröffnen können soll. Dieses Problem wird im 6. Teil verdeutlicht und für die Professionalisierungstheorie im 8. Teil in der Spielart aufgegriffen, in der es durch Ulrich Oevermann gelöst worden ist.

4.   Drei Foci professionalisierungsbedürftiger Praxis

Damit muss der hier zu entwickelnde Argumentationsversuch also gewissermaßen zunächst die Pferde von den normativen Aussagen der UN-BRK zu einer soziologisch begründeten Theorie wechseln, welche auf den Gegenstand des professionalisierten Handelns bezogen ist. Wie oben bereits angedeutet, lässt sich ein solcher Gegenstandbezug daran erkennen, dass durch das Adjektiv ‚professionalisiert‘ Prädikationen versprochen werden, die Differenzen zu anderen Handlungsweisen ermöglichen. Diese Anforderung wird im Punkt acht, zur Theorie professionalisierten Handelns zum Ausgangspunkt genommen. Für den oevermannschen Vorschlag sind drei weitere Momente zu bedenken: Zum einen lässt es ein solcher Gegenstandsbezug ohne großen Aufwand zu, mit den betreffenden Aussagen ein Werturteil zu verbinden und die logisch abgeleitete Theorie normativ als Maßstab aufzufassen (1) (vgl. Oevermann 2008, S. 62). Eine wertneutrale Verwendung (2) bestünde dagegen darin, die Forschung gegen einen Dogmatismus im empirischen Jetzt und Hier zu immunisieren, weil erst durch die eingangs bereits angesprochene Technik des Gedankenexperimentes bislang unbekannte Zusammenhänge eines fraglichen Gegenstands der

Erfahrung erschlossen werden können (vgl. ebd. 61). Die Professionstheorie hat dann statt einem normativen einen idealtypischen Gebrauchscharakter. Und zum Dritten soll hier schon erwähnt werden, dass die besagte soziologische Begründung (3) einer allgemeinen Ableitungsbasis zu einer gegenstandsbezogenen Theorie professionalisierten Handelns von Oevermann in einer allgemeinen Handlungstheorie vorgenommen wird. Deren erkenntnislogische Voraussetzungen müssen ebenso durch die Polarität von Individuum und Gemeinschaft geprägt sein, wie die ihres Gegenstandes selbst. Auch dies wird erst im achten Kapitel verdeutlicht. Dieses verwickelte Verhältnis von Handlungs- und Erkenntnistheorie macht das oben bereits angesprochene perspektivische Theorieverständnis erforderlich, worin seinerseits von gegenstandsbezogenen Aussagen zum Verhältnis von Erkennen und Handeln ausgegangen werden muss (vgl. Oevermann 2016, 46 ff.). Dieses Theorieverständnis wird selbst zum Gegenstand der hier erforderlichen Argumentation, weil es auch für das normative Inklusionskonzept als konstitutiv aufgefasst werden soll. Dieser Schritt wird im 6. Teil vollzogen, um ihn zum professionellen Handeln in einen idealtypischen Bezug stellen zu können, wie er von Oevermann vorgeschlagen worden ist.

Oevermann geht zur Ableitung seiner Professionalisierungstheorie also von einem gegenstandsbezogenen Gehalt seines Modells einer allgemeinen Lebenspraxis aus (vgl. 8.). Für dieses Modell gilt auf seiner allgemeinsten Ebene, dass es gegenüber Prädikationsbedürfnissen innerhalb seines Aussagebereichs zunächst indifferent bleibt und folglich alles Erkennen im Handeln ebenso einschließt, wie alles Handeln im Erkennen. In dieser Indifferenz gegenüber Prädikationen innerhalb seines Aussagebereichs gleicht das Wort ‚Lebenspraxis‘ der oben angedeuteten systemtheoretischen Wortverwendung von ‚Inklusion‘. Erst von dieser sehr allgemeinen perspektivtheoretischen Ebene leitet Oevermann dann Schritt für Schritt sein idealtypisches Modell für den Gegenstand des professionalisierten Handelns so ab, wie es im Folgenden auch aufgegriffen werden muss (vgl. ebd.). Für die hier vorliegende Argumentation zur UN-BRK in der Schule hat es sich allerdings als hilfreich erwiesen, aus diesen Ableitungsstufen zunächst denjenigen Schritt vorzuziehen, bei der sich die Polarität von Individuum und Gemeinschaft in den angesprochenen funktionalen Foci eines Gemeinwesens bereits abgebildet haben. Denn sie werden beide durch die Konvention berührt. Darin wird sich das Modell der Lebenspraxis in etwas vereinfachter Form vorweg nehmen – und das Aufkommen eines dritten Focus ‚*der Logik professionalisierten Handelns*‘ (vgl. Oevermann 1996, S. 88) verständlich machen lassen.

Wenn nun also von den normativen Verwendungsweisen des Inklusionsbegriffs bisher die Rede war, dann waren damit zum einen Aussagen angesprochen, die sich auf die somato-psychosoziale ‚*Integrität des Einzelnen im Sinne eines geltenden Entwurfs der Würde des Menschen*‘ beziehen. Zum anderen waren Aussagen angesprochen, die sich auf „*Recht und Gerechtigkeit im Sinne ei-*

nes die jeweils konkrete Vergemeinschaftung konstituierenden Entwurfs" beziehen (Oevermann 1996, S. 88). Unter der Bedingung einer gesellschaftlichen Moderne, die er in diesem Zusammenhang an einer okzidentalen Rationalisierungsdynamik kenntlich macht, sieht Oevermann in diesen Lebensbereichen angesichts einer offenen menschlichen Zukunft die Geltung von Regeln und Krisenlösungsmustern einer Bewährungsdynamik ausgesetzt, welche eine eigenständige und professionalisierungsbedürftige Bearbeitung erforderlich macht. Oevermann verfolgt die Absicht, diese Professionalisierungsbedürftigkeit aus den sich daraus ergebenden spezifischen Handlungsnotwendigkeiten herzuleiten, die den Professionen typischerweise überantwortet sind. Dazu gehören zunächst die schon besagten Geltungskrisen im Focus der Integrität der Einzelnen, sowie Geltungskrisen im Focus eines die Gemeinschaft konstituierenden Entwurfs von Recht und Gerechtigkeit. Zu diesen beiden Foci tritt mit der historischen Dynamik von Differenzierung und Rationalisierung nach und nach der wissenschaftliche Focus methodisch-expliziter Überprüfung solcher Geltungsfragen hinzu. Für diesen dritten Focus ist die wissenschaftliche Wahrheitsidee regulativ (vgl. ebd.). Der damit einhergehende Anspruch an methodische Rationalität führt im Rahmen von paradigmatisch verfassten Wissenschaftssprachen in sehr unterschiedliche Gebrauchsweisen von Worten und Aussagen, was hier als Aussagestatus bezeichnet worden ist.

Alle drei Foci sind zunächst also auf die Bewältigung von Krisen ausgerichtet, in welche autonomiefähige Lebenspraxis geraten kann. Auf der Seite der Integrität einer Lebenspraxis geht es also angesichts deren latenter Krisenlastigkeit, die durch eingelebte Routinen in manifeste Krisen geführt werden kann und deren Bewältigung durch dieselben Routinen folglich nicht mehr zu bewerkstelligen ist, um die Geltung bisheriger – und vor allem um die autonome Genese von neuen legitimen Routinen. Dabei ist zu bedenken, dass unter der Abwesenheit von Routinen zu verstehen ist, dass keine vorhandene Problemlösungsroutine greift. Es handelt sich also bei solchen Krisen nicht um Situationen, in denen Probleme eine möglicherweise vertrackt zu suchende Lösung erfordern, was bereitstehende Suchroutinen anregte. Sondern es geht um Krisensituationen, die zur Bewältigung die Genese neuer Routinen abverlangen – die insofern also einen Bildungsprozess anstoßen (vgl. Oevermann 2016, S. 112). In diesen gegenstandsbezogenen Gehalten einer perspektivtheoretischen Konzeption autonomer Lebenspraxis mit ihrem Bildungsprozess[2] ist die

---

2   Dabei wird die Autonomie einer Lebenspraxis zugleich als Voraussetzung, als auch als Bestandteil ihrer Integrität behandelt: *„Damit eine Lebenspraxis ein psychosozial und leiblich integres Leben führen kann, ist eine Voraussetzung, dass sie einen gewissen Grad von Autonomie besitzt, d. h. sie muss fähig sein begründbare Entscheidungen bezüglich der im Leben sich stellenden Probleme zu treffen und gemäß diesen Entscheidungen auch handeln können. Da die Autonomie eine Kompetenz ist, ist sie jedoch nicht nur eine Voraussetzung,*

Ableitungsbasis der Professionalisierungstheorie gelegt. Auf diese Gehalte wird im Folgenden noch eingehender zurückgegriffen werden müssen, um daraus Strukturkomponenten professionellen Handelns in der Schule zu gewinnen (vgl. 8.). Diese Basis dazu kann aber zunächst auch einer jeden Vergemeinschaftung unterlegt werden. Denn auch auf dieser zweiten Seite der Polarität, also auf der Seite der Gemeinschaft, werden Geltungskrisen hinsichtlich der Aufrechterhaltung und Gewährleistung von Recht und Gerechtigkeit in einem solchen, nun aber kollektiven, Bildungsprozess in konstitutive und praktisch gelebte Ordnungsentwürfe überführt. Erst auf dieser eingelebten Voraussetzung einer kollektiven Bildungsgeschichte beruhen das Vertrauen der Gemeinschaftsmitglieder_innen in ihren individuellen Partikularinteressen respektiert zu werden, und die Solidarität, die erforderlich ist, diese an den Partikularinteressen anderer respektvoll zu begrenzen (vgl. Oevermann 1996, S. 89). Eine jede solcher zeiträumlich variierter Vergemeinschaftungen geht also mit Ordnungssowie mit geltenden Normalitätsentwürfen für die Praxis einher. Im Folgenden wird sich zeigen, dass mit solchen Vorstellungen und Entwürfen Erwartungen verbunden sind, durch die soziale Rollen mal mehr, mal weniger spezifiziert werden können. Dies setzt wiederum unterschiedliche Ressourcen voraus, deren Verfügbarkeit bisweilen sehr ungleich verteilt sein kann. Ordnungsvorstellungen, Normalitätserwartungen und darin sich ausbildende Rollen oder auch Identitätsnormen können sich in der Schule als institutionell stabilisiert erweisen und so eine normative Wirkung gegenüber Abweichungen und Heterogenität zugeschrieben bekommen (vgl. 8.).

5. Das normative Inklusionsverständnis als Geltungs- bzw. Ordnungsentwurf psychosomatischer Integrität sowie von Recht und Gerechtigkeit

Nun lässt sich also die normative Inklusionssemantik aus der idealtypischen Sicht auf die beiden ersten Foci reformulieren. Für die hier verfolgten Absichten genügt es dazu, zunächst den komplexen normativen Aussagegehalt der UN-BRK kursorisch als rechtlichen Entwurf einer inklusiven Vergemeinschaftung aufzufassen. Es dürfte ohne weiteren argumentativen Aufwand deutlich werden, dass schon die rechtliche Handlungsbefähigung des in ihr angesprochenen Personenkreises und der in diesem Zusammenhang intendierte Übergang von stellvertretender zur assistierten Entscheidungsfindung (vgl. Bundesministerium für Arbeit und Soziales 2011a, Artikel 12; Degener 2015, S. 59) das

---

sondern selbst ein Bestandteil der Integrität. Ohne diese Fähigkeit wäre die psychosoziale Integrität überhaupt nicht gegeben." (Becker-Lenz und Müller 2009, S. 50)

abstrakte Wechselverhältnis der beiden idealtypischen Foci betrifft: Durch die Konvention werden den staatlichen Institutionen der politischen Vergemeinschaftung Achtungs-, Schutz- und Gewährleistungspflichten aufgetragen (vgl. Bielefeldt 2009, S. 14), die den Umgang mit der staatlichen Herrschaftsgewalt begrenzen (vgl. Bernstorff 2007, S. 1043)[3] und dazu verpflichten „alle geeigneten Maßnahmen zur Beseitigung der Diskriminierung aufgrund von Behinderung durch Personen, Organisationen oder private Unternehmen zu ergreifen" (Bundesministerium für Arbeit und Soziales 2011a, Art. 4; 1e)). Die Einbeziehung in die Gesellschaft kann sich nun also nicht mehr in einer pauschalierenden Zuweisung von Sonderrollen vollziehen, die vor der Pflichtübernahme in der Gesellschaft schützen und deren daraus resultierenden Nachteile auszugleichen sind. Vielmehr geht der inklusive Entwurf von Recht und Gerechtigkeit als „soziale Dimension des Genusses von individuellen Rechten" (vgl. Wansing 2015, S. 48) über solche klassischen, reinen Abwehrrechte gegenüber staatlichen Separierungsübergriffen hinaus. Er sieht nämlich auch die positive Möglichkeit vor, „Gemeinschaften und die Gesellschaft im Ganzen nach Gesichtspunkten von Freiheit und Gleichberechtigung weiter zu entwickeln" (Bielefeldt 2009, S. 13).

Der Menschenrechtsexperte Heiner Bielefeldt sieht dieses menschenrechtliche Potential in den Schutzrechten gegen ‚unfreiwillige Ausgrenzung' angelegt, die in den Menschenrechten seit ihrer Erklärung von 1948 zu finden seien. Aus ihnen leite sich demnach ab, dass beispielsweise „eine Wirtschaftspolitik, die die gesellschaftliche Desintegration von Dauerarbeitslosen tatenlos hinnähme, oder eben eine gesellschaftliche Praxis, die Menschen mit Behinderungen vom öffentlichen Leben, beispielsweise aus dem Regelschulsystem, absondert", inakzeptabel seien, weil sie der freien Gemeinschaftsbildung ebenso gegenüberstehe wie staatliche Übergriffe oder bevormundende Kollektivismen (vgl. ebd., S. 12 f.). Demgegenüber ist mit der UN-BRK die Forderung einer unabhängigen Lebensführung (‚living indendently') und die Einbeziehung in die Gemeinschaft (‚being included in the community') gefordert (Bundesministerium für Arbeit und Soziales 2011a, Art. 19). In ihrem besonderen Teil ab dem zehnten Artikel werden in diesem Sinne die Menschenrechte auf das „gesamte Spektrum menschlichen Lebens" (Stichweh 2007, S. 14; Degener und Diehl 2015), von Erziehung und Bildung (Artikel 22), über Arbeit und Beschäftigung (Artikel 27) bis hin zu einem angemessenen Lebensstandard (Artikel 28) bei der Teilhabe am politi-

---

3 „Wie alle Menschenrechtskonventionen richtet sich auch die Behindertenrechtskonvention in erster Linie an den Staat als den Garanten des Rechts, den sie in mehrfacher Weise in die Pflicht nimmt. Der Staat ist gehalten, die Menschenrechte zunächst als Vorgabe (und gegebenenfalls als Grenze) eigenen Handelns zu achten; darüber hinaus hat er die betroffenen Menschen vor drohenden Rechtsverletzungen durch Dritte aktiv zu schützen; schließlich soll er außerdem Infrastrukturmaßnahmen ergreifen, damit die Menschen von ihren Rechten auch tatsächlich Gebrauch machen können." (Bielefeldt 2009, S. 14)

schen, öffentlichen (Artikel 29) und kulturellen Leben sowie an Erholung, Freizeit und Sport (Artikel 30) konkretisiert. In einer solchen Konkretisierung wird die Einsicht erkannt, dass die formale Garantie gleicher Rechte für wirkliche Gleichberechtigung aufgrund von Diskriminierungen nicht ausreicht und die Beachtung der besonderen Bedürfnisse des einzelnen Menschen ‚bekräftigt‘ (Bundesministerium für Arbeit und Soziales 2011a, Präambel c)) und ergänzt werden muss (Graumann 2012, S. 83; Bernstorff 2007). Bielefeldt weist zunächst darauf hin, dass die Achtung der Würde – das heißt Anerkennung als Verantwortungssubjekt zu genießen – und die Autonomie eigener Entscheidungen, zunächst einem klassisch-liberalen Menschenrechtsverständnis als Recht auf freie Selbstbestimmung entspricht. Darüber hinaus würde in der UN-BRK aber die Autonomie mit der Inklusion in ein wechselseitiges Bedingungsverhältnis gebracht. Demnach kann Autonomie ohne Inklusion nicht praktisch gelebt werden und Inklusion ohne Autonomie tendiere zur Bevormundung (Bielefeldt 2009, S. 11; Liesen et al. 2011, S. 196ff.). Daraus wird deutlich, dass das Empowerment, das ohnehin durch alle Menschenrechtskonventionen intendiert ist, in der UN-BRK bei der ‚Verpflichtung zu allen geeigneten Maßnahmen‘ ihrer Umsetzung eine besonders prägnante Betonung erfährt (vgl. ebd. 4), was übrigens auch die Schulung von Fachkräften einbezieht (vgl. Bundesministerium für Arbeit und Soziales 2011a, Art. 4i).

In der UN-BRK wird also die normative Rahmung des Einbezugs Einzelner in einer aus menschenrechtlicher Perspektive ungewöhnliche Fassung gebracht. Über bloße Abwehr- oder Schutzrechte zur Wahrung der individuellen Integrität hinaus, wird das Gemeinwesen nun also darauf verpflichtet deren Voraussetzungen durch geltenden Ordnungs- und Normalitätsentwürfe weiterzuentwickeln. Diese menschenrechtliche Entwicklungsdynamik – sie wird teilweise sogar als ‚Rechtsrevolution‘ beschrieben (vgl. Bernstorff 2007, S. 1044) – steht in einer Entwicklungsdynamik von Menschenrechtskonventionen insgesamt: Mit weitreichenden Beteiligungen verschiedener zivilgesellschaftlicher Bürgerrechtsbewegungen, wie beispielsweise der Frauen- oder der Kinderrechtsbewegung, werden Staaten dabei durch solche Konventionen in bemerkenswerte zusätzliche Vertragsverpflichtungen bewegt. Bemerkenswert sind diese zusätzlichen Vertragsverpflichtungen, weil ihnen kein Zuwachs an staatlichen Rechten gegenübersteht (vgl. ebd., S. 1043). Auch am fünfjährigen Entstehungsprozess der UN-BRK waren über 400 Nichtregierungsorganisationen mit der Forderung „Nothing about us without us" beteiligt (vgl. ebd., S. 1042). Darüber hinaus kann diese Veränderung des Bezugs der beiden funktionalen Foci von Integrität auf der einen, Recht und Gerechtigkeit auf der anderen Seite auch als Ausdruck eines wissenschaftlichen Prozesses der Bearbeitung von Geltungskrisen aufgefasst werden. Im Folgenden wird sich der Hinweis begründen lassen, dass auf dem Weg zur UN-BRK eine Entwicklungsdynamik im Focus der wissenschaftlichen Geltungsüberprüfung zu recht maßgeblichen Möglichkeiten der Reflektion bis dato geltender Normalitätsentwürfe beigetragen haben kann. Da dies auch hinsichtlich der Bezugsweisen auf wissenschaftliches Wissen in der schulischen Lehrtätigkeit gewisse Unterschiede hat aufkommen lassen, soll diese Entwicklung im Folgenden kurz angedeutet werden (6.).

6. Cultural turn im Focus der wissenschaftlich-expliziten Geltungsüberprüfung und das Behinderungsphänomen

Andreas Reckwitz, dessen Arbeit für die nun erforderliche Argumentation zu Entwicklung im wissenschaftlichen Focus der Geltungsüberprüfung das maßgebliche Gerüst abgibt (Reckwitz 2000), macht diese hier in Anschlag zu bringende sozialwissenschaftliche Entwicklung auf vier Ebenen kenntlich. Er sieht sie durch Fragen angestoßen, die nach der Auswirkungen der Sprache auf stets sprachlich verfasste Erfahrungen gestellt worden sind (ebd., S. 33). Im Rahmen dieser als ‚linguistic turn' bekannten sprachkritischen Wende vor allem in der analytischen Philosophie wird häufig Ludwig Wittgenstein angeführt (vgl. Giddens 1984, S. 17 ff.), der auf die semantischen und syntaktischen Regeln aufmerksam gemacht hat, durch welche Erfahrungen bei ihrer unumgänglichen Versprachlichung in praktischen Sprachspielen geprägt werden (vgl. Hartmann/Janich 1999, S. 10). Es ist angesichts der damit verbundenen Einsicht in den Verlust an Erkenntnisneutralität der Sprache und den sich in den Erkenntnisakten dokumentierenden historisch-kollektiven Sinnsystemen naheliegend, dass damit eine gesteigerte Aufmerksamkeit für den eingelebten semantischen und syntaktischen Regelcharakter des Erkennens, Denkens und Sprechens einherging und dass darin wiederum sehr bald auch schon handlungs- bzw. sozialtheoretische Implikationen erkannt wurden. Damit sind bereits drei der vier von Andreas Reckwitz angeführten Ebenen der besagten sozialwissenschaftlichen Entwicklungsdynamik angesprochen: Denn wenn nun also, von diesem ‚linguistic turn' ausgehend, in den miteinander verschränkten erkenntnis- (1) und sozial- bzw. handlungstheoretischen (2) Hinsichten kollektiven Sinnmustern in diesem Sinne mehr und mehr ein zentraler Stellenwert zuerkannt wurde, dann waren damit auch auf der methodischen Ebene (3) Anpassungen unausweichlich, die mit der aus diesen sprachkritischen Reflexionen folgenden eigentümlichen Konstellation fertig zu werden hatten, dass sowohl die Gegenstände, wie auch ihre sozialwissenschaftliche Beobachtung als durch Sinnmuster geprägt behandelt werden müssen. Für sozialwissenschaftliche Beobachtungen, die sich mit diesem Umstand umzugehen herausgefordert sehen, wurde folglich eine auf das Verstehen von Sinn ausgerichtete Methodologie unumgänglich. Entsprechende Methoden wurden erforderlich, weil sich sozialwissenschaftliche Aussagen also nur auf das in der beobachteten Praxis bereits vorliegende und seinerseits regelgeleitete Verständnis beziehen können – als Beobachtung von

Beobachtungen (vgl. Giddens 1984, S. 94 f.). Was durch sozialwissenschaftliche Beobachtungen ausgesagt werden kann, bezieht sich nun also auf bereits alltagspraktisch aus kollektiven Sinnstrukturen individuell – also aus einer sozialtheoretisch (2) als *Dualität von Struktur* zu fassenden Eigentümlichkeit heraus – konstruierte Beobachtungen (Giddens 1997, S. 77; 1988, S. 288; 1984, S. 148). Antony Giddens hat diese Bedingung für den Eintritt in das sozialwissenschaftliche Forschungsgebiet einmal mit dem methodischen Begriff (3) der *doppelten Hermeneutik* gekennzeichnet (vgl. Giddens 1984, S. 95). Sozialtheoretisch sind Strukturen damit also eher als etwas zu bestimmen, was den Praktiken der Akteure inwendig ist, als etwas was auf diese von außen als ein unmittelbarer Zwang einwirkt. Strukturen beschränken das Handeln also eher in dem Sinne, dass sie nicht willkürlich alles mit einer gleichen Wahrscheinlichkeit ermöglichen (vgl. Giddens 1997, S. 77). Im Folgenden wird dieses Moment der Dualität von Struktur sowohl im Zusammenhang der Stabilisierung, wie der Aushandelbarkeit von Institutionen und zunächst vor allem auch hinsichtlich der in Sinnmustern angelegten aktiven *Auffassung* oder *Rahmung* von Verhaltenserwartungen oder Identitätsnormen noch mal herangezogen werden müssen.

Dem epistemologischen Anspruch einer doppelten Hermeneutik entspricht das oben bereits angesprochene Theorieverständnis. Es unterscheidet sich in einigen wesentlichen Punkten von den konventionellen Auffassungen des kritischen Rationalismus, der vielen Vorverständnissen von Wissenschaftlichkeit eingeschrieben ist. Die theoretischen Aussagen werden nach diesem Verständnis nicht mehr unmittelbar (hypothetisch) auf den Gegenstand bezogen und im Begründungszusammenhang des Forschungsprozesses dem empirischen Bewährungsrisiko ausgesetzt; sondern: Theoretische Aussagen haben nun den oben bereits vorangestellten perspektiv- oder metatheoretischen Charakter. Solche Theorien sind im Forschungsprozess bereits auf den Entdeckungszusammenhang ausgerichtet, insoweit sie die Beobachtungseinstellung konzipieren. Ihre Aufgabe besteht nicht in der Beschreibung von Gegenständen, sondern in der Begründung von Verfahrensweisen einer rekonstruktiven Entdeckungslogik (vgl. Reckwitz 2000, S. 26). Stark vereinfacht lässt sich diese vielschichtige Entwicklung des *Cultural Turn* in den Sozialwissenschaften für die hier verfolgten Absichten nun in einen einzigen Satz schnüren: Die perspektiv- oder metatheoretischen Konzeptionen, die dem sozialtheoretisch je auf die eine oder andere Weise theoretisierten Umstand der *Dualität von Struktur* auf der Ebene von Sinnmustern nachkommen – was auch im hier unterstellten Modell autonomer Lebenspraxis mit seinem Bezug zu latenten Sinnstrukturen der Fall ist (vgl. Oevermann 2001, S. 39) – machen statt einer Subsumtion unter vorformulierte und gegenstandsbezogene Prädikationsmöglichkeiten (Merkmalsausprägungen) – beispielsweise im Rahmen operationalisierter Hypothesen – im Sinne einer doppelten Hermeneutik eine auf die rekonstruktive Entdeckung von Sinnmustern ausgerichtete Methodologie erforderlich, die ihrerseits dann von der zu untersuchenden und deshalb zu einem Zeitpunkt protokollierten Praxis auszugehen hat. Wie im Beispiel des Oevermannschen Entwurfs muss eine solche Methodologie also, in den Routinen der Lebenspraxis diejenigen kollektiven Sinnmuster, die Oevermann als Deutungsmuster konzipiert hat, ans Licht befördern können, in denen die fraglichen individuellen Erfahrungen für jede weitere Praxis als genetisches Potential strukturiert sind (vgl. ebd., S. 40f.).

Diese hier nur kursorisch umrissene Entwicklung innerhalb des sozialwissenschaftlichen Focus der Logik professionalisierten Handelns hat Andreas Reckwitz sowohl für die phänomenologisch-hermeneutische wie auch für die strukturalistisch-semiotische Tradition theoriegeschichtlich untersucht (Reckwitz 2000). Bei allen Unterschieden zwischen ihnen rechnet er neben Ulrich Oevermann, auch Autoren wie Pierre Bourdieu oder Michel Foucault dieser zweiten Richtung zu. Er sieht in ihren Arbeiten eine Konvergenzbewegung zusammen mit Autoren wie Alfred Schütz, Ervin Goffman, Clifford Geertz und Charles Taylor, von der phänomenologisch-hermeneutischen Seite interpretativer Kulturtheorien (vgl. ebd., S. 183 ff.). Diese Konvergenzbewegung läuft auf die Gemeinsamkeit zu, Handlungen und Handlungsmuster in je unterschiedlicher Weise durch Wissensordnungen in Form von kollektiven Sinnmustern zu erklären (vgl. ebd., S. 191). Ulrich Oevermann bestimmt Wissen beispielsweise in diesem Sinne sprechakttheoretisch (Peirce) als ein Ensemble propositionaler Gehalte, die in Sprechakten des Behauptens so eingebettet sind, dass man von dem konkreten Subjekt dieses Behauptens abstrahieren und die betreffenden Gehalte von ihm ablösen kann. Wissen lässt sich somit im oben angedeuteten Modell der Seite der Routine zurechnen (vgl. 4.). Folglich kann es zusammen mit diesen ihrerseits aus Krisen hervorgegangenen Routinen in neuen Krisen an seine Grenzen geraten (Oevermann 2016, S. 47 ff.; 2008, S. 59; 1996, S. 72 ff.). Damit ist offenkundig zunächst also das – wenn man so will – Explanans der Handlungserklärung sowohl von der Zweck- (Präferenzen), als auch der Normorientierung (Normen) zu den besagten Wissensordnungen verschoben (vgl. Reckwitz 2000, S. 129 ff.). Diese ‚*Tieferlegung*‘ (vgl. ebd., S. 144) sinnorientierter Handlungserklärung, wie Reckwitz diesen Übergang, bildlich bezeichnet, stellt insofern eine gewisse Verkomplizierung da, insofern die jeweils theoriegeschichtlich nachfolgende ‚tiefer gelegte‘ Ebene, die vorangegangene einschließt und fundiert. Dieses Verhältnis der beiden Sozialdimensionen von Normen und Erwartungen auf der einen Seite zu kollektiven Sinnmustern auf der anderen Seite wird im Folgenden im Zusammenhang mit dem Begriff der ‚Institution‘ bei der Untersuchung schulischer Normalitätsentwürfe eine Rolle spielen (vgl. 7.). Zunächst ist aber auf eine dieser Tieferlegung korrespondierende Verschiebung auch auf der Ebene des Wissensbegriffs hinzuweisen, welche Reckwitz feststellt: Durch sie wird der Wahrheitsbezug des klassischen Wissensbegriffs eingeklammert (vgl. ebd., S. 147 ff.). Bei der Handlungserklärung durch die besagten kollektiven Sinnmuster wird demnach nun nicht mehr durch Wissensinhalte erklärt, sondern durch *„Muster, die diesem Wissen zugrunde liegen und die damit die Basis dafür bieten, was im Einzelnen zum Wissensinhalt werden kann"* (vgl. ebd., S. 164). Erst durch diese Sinnmuster oder Wissensschemata wird den Objekten der Welt eine arbiträre Bedeutung zugeschrieben, werden Differenzen gebildet – alles ermöglicht, was getan wird oder alles begrenzt, was getan werden könnte[4].

Auf der vierten noch ausstehenden Ebene der Transformation der Kulturtheorien, der Ebene der Forschungsfelder (4), weist Andreas Reckwitz auf unterschiedliche Entwicklungen hin (vgl. Reckwitz 2000, S. 26). So können nun beispielsweise innerhalb der Sozialstrukturanalyse feine Unterschiede in Distinktionskämpfen auf der Ebene kollektiver Sinnmuster als habitualisiert-implizites Wissen untersucht werden. Auch in der Geschlechterforschung eröffnen sich in ‚Gender Studies' Rekonstruktionen vergeschlechtlichter und vergeschlechtlichender Praktiken in kollektiven Sinnmustern, statt sie als natürliche Essenz behandeln zu müssen (vgl. ebd., S. 27). Diese kulturalistische Transformation im wissenschaftlichen Focus methodisch-expliziter Geltungsprüfung mit ihren ineinander verschränkten Entwicklungen zu metatheoretisch auf den Entdeckungszusammenhang ausgerichteten (1), sozialtheoretisch auf Sinn- und Wissensschemata fokussierten Perspektiven (2) und ihren rekonstruktionslogischen Verfahrensweisen (3) war zusammen mit dem besagten Engagement behinderungserfahrener Wissenschaftler_innen auch für die Entwicklung der Disability Studies instruktiv (4). Mit dieser wissenschaftlichen Entwicklung im Focus der Geltungsüberprüfung hat sich mit dem Aufkommen der Disability Studies, die im angelsächsischen Sprachraum zunächst von einer marxistischen Perspektive ausgegangen sind, auch die Sicht auf Normalitätsabweichungen tiefgreifend verändert, die angesichts von Normalitätsentwürfen zur Begründung von Sonderrollen führen.

Die Entwicklung der Disability Studies hat sich erst nach und nach vollzogen, was hier nicht im Einzelnen nachvollzogen werden kann. Die Sichtweise des Behinderungsphänomens wurde mit dieser Entwicklung aus seiner diskursiven Begrenzung auf eine rein personelle Indisponiertheit gelöst (a), welche traditionell naturalisiert wurde (b) und dabei als ein eigengesetzlicher Wirklichkeitsausschnitt galt, der ausschließlich naturgesetzlich-kausal im Wege empirischer Bewährung gegenstandsbezogener Hypothesen zu erklären sei (c). Anhand dreier Verschiebungen auf diesen Ebenen ließe sich eine kulturalistische Transformation im Forschungsfeld der Behinderungsphänomene durch die

---

4 Daraus resultiert zumindest nicht im gleichen Atemzug, dass die Objekte, die in Wissensschemata eine Deutung erfahren, wie in einem radikalen Konstruktivismus, ihre eigene Entität verlieren müssen. Dazu soll schon der vorläufige Hinweise dienen, dass die Deutung auf das verweist, was gedeutet werden muss, also immer Deutung von Etwas ist, auf das sie rekurriert (Oevermann 2006, S. 81 f.).

Entwicklung der Disability Studies abreisen. Normen, Normalität und die betreffenden Differenzbildungen wie Normal/Nicht-Normal mit den damit eröffneten Adressierungen von Subjektivität oder Körperlichkeit werden nun nicht mehr als natürlich gegebene, deshalb vorauszusetzende und adäquat in Beschreibungen abzubildende Entitäten behandelt, sondern sie müssen nun aus den Sinnmustern derjenigen Wissensordnung erklärt werden, die den betreffenden Praktiken alltäglicher Wahrnehmung, Stigmatisierung oder wissenschaftlicher Klassifizierung oder Etikettierungen zugrunde liegen (Waldschmidt 2007b, S. 61; 2007a, S. 120).

Mit der Veränderung des Theorieverständnisses verändert sich also die Sicht auf das Behinderungsphänomen. Gegenüber einem medizinisch-individuellen oder sozialen Modell erfolgt eine Umstellung seiner Erklärungsweise im Sinne einer solchen Tieferlegung auf kollektive Sinnsysteme: Mit dieser Entwicklung wird die Praxis von Differenzbildungen im wissenschaftlichen Fokus der Überprüfung von Geltungsfragen auf die Konstitution in symbolischen Wissensordnungen untersuchbar. Auf dieser perspektivtheoretisch durch unterschiedlich formulierte Sozialtheorien angepeilten Tiefenebene lassen sich dann solche Differenzbildungen als Elementarerscheinungen von *symbolischen wirklichkeitskonstituierenden Ordnungen* untersuchen, ohne sie in gegenstandstheoretischen Aussagen bereits hypothetisch voraussetzen zu müssen (vgl. Reckwitz 2004). Es steht dann folglich empirisch in Frage, zu welchen historischen, symbolisch die Wirklichkeit konstituierenden Ordnungen die in den empirischen Rekonstruktionen je entdeckten Sinnmuster als zugehörig beschrieben werden können. In diesem Sinne empirisch verfasste, gegenstandsbezogene Aussagen informieren dann also über die sinnhafte Genese der Praxis eines untersuchten Falls oder Phänomens sowie deren Einbettung in symbolische Ordnungssysteme, welche sich unter Umständen in verwickelter Weise in ihnen dokumentieren können. Solche Ordnungssysteme können dann wiederum mit Milieu, Geschlecht, Generation oder sonderpaedagogischen Kategorisierungserfahrungen korrespondieren, die ihrerseits unter anderem durch sie zu bestimmen sind.

Mit einem solchen kulturalistischen Minimalmodell von Kritik als einer Rekonstruktion implizit-handlungsgenerierenden Wissens in kollektiven Sinnmustern wird die Akzeptabilität der je betreffenden Klassifikationen noch nicht generell in Frage gestellt. Dazu ist eine weitergehend entfaltete Normativitätskonzeption erforderlich, wie sie sich in der UN-BRK zeigt. Aber schon mit der Rekonstruktion der jeweiligen Konstitution der ihnen zugrundeliegenden Differenzbildungen in solchen kollektiven Sinnmustern wird das Behinderungsphänomen zusammen mit anderen schulpraktisch klassifizierten Phänomenen der jeweils in eigener Weise konstruierten Fraglosigkeit enthoben. Dies kann mit den intelligenzbasierten Konzepten der Hochbegabung und der Lernbehinderung, der Dyskalkulie, des Aufmerksamkeitsdefizitsyndroms, der Legasthenie fortgesetzt und bis hin zum weitgehend in Ziffernnoten und elterlicher Bildungsaspiration begründeten Dauerpolitikum der Schullaufbahnempfehlungen oder den Zuordnungen in schulintern stratifizierende Leistungskurse weitergeführt werden. Die durch solche objektivistischen Klassifikationen implizierte Vorrangigkeit als vorkulturell konstruierter Dimensionen, wie beispielsweise die Bestimmungen von kognitiver Leistungsfähigkeit, der Konzentrationsfähigkeit oder der Emotionen, werden aus einer solchen Perspektive erst wieder zu einem kontingenten Teil des kulturellen ,Spiels'. Damit werden Akzeptanzfragen zu daraus resultierenden Unterscheidungen dadurch wieder geöffnet, dass diese in ihrem sozialen Konstruktionscharakter sichtbar gemacht werden können. Darin lässt sich also ganz in der von Heinz Bude oben angesprochenen Weise eine Hinwendung zur praktischen Gestaltungsoffenheit gesellschaftlicher Zukunft sehen (vgl. 3.). Denn gesellschaftliche Regelmäßigkeiten und Institutionalisierungen erscheinen in diesem Sinne zusammen mit solchen vermeintlich stabilen Ausgangspunkten in einem vermeintlichen Außen des kulturellen Spiels als lediglich temporäre Stabilitäten. Dies geht auf den Umstand zurück, dass solche Ausgangspunkte mit all ihren vielfältigen Materialisierungen im Schulalltag, auf welche die Alltagswahrnehmung der Beteiligten weitgehend eingespurt und an die die entsprechenden Routinen angepasst sind, in kognitiven Ordnungen kollektiver Sinnsysteme situiert sind, die gemäß dem Gedanken der Dualität von Struktur nur in der performativen Weise existent sein können, in der sie in jedem Moment reproduziert werden, in dem sich ihrer bedient wird, um etwas in ihrem Sinne zu tun oder zu unterlassen (vgl. Giddens 1984, S. 149).

Die von Bude angesprochene ,Aushandelbarkeit' des sozialen Wandels, die mit einem solchen Gesellschaftsbegriff einhergeht, darf also nicht mit einem voluntaristischen anything goes oder einem subjektivistischen Radikal-Konstruktivismus verwechselt werden (vgl. Bude 2015, S. 392). Sondern gerade an den Widerständen gegen die mit dem Inklusionsgedanken häufig verbundene De-Kategorisierungsforderung wird der Reflexionsaufwand deutlich, der mit dem Gestaltungsimpetus des normativen Inklusionsgedankens verbunden ist. Dies wird angesichts der bestehenden institutionellen Tradierungen eines Integrationsansatzes deutlich, der auf einen feststehenden hegemonialen, bisweilen durch Interessen, bisweilen durch selbstlos gute Gründe, gestützten Rahmen von ,Ordnungs- und Normalitätsentwürfen' (vgl. Oevermann 1996, S. 88) ausgerichtet ist (vgl. Bude 2015, S. 389).

7. Cultural turn und Inklusion im Dreieck der Foci professionalisierten Handelns am Beispiel der Schule

Diese Entwicklung im wissenschaftlichen Focus vermag anscheint also das Wechselverhältnis mit den beiden anderen Foci professionalisierten Handelns in einer bemerkenswerten Weise neu in Bewegung zu bringen. Bemerkenswert ist eine solche Bewegung schon deshalb, weil die ihr zugrundeliegende sozialtheoretische Entwicklung weit über eine Modesemantik im pädagogischen Alltagsgeschehen hinaus auch im Diskurs der Menschenrechtskonvention in der gezeigten Weise zu ihrem Teil entsprechende Gestaltungsfragen hinsichtlich geltender normativer Entwürfe von Recht und Gerechtigkeit ermöglicht hat. So dürfte bereits deutlich geworden sein, dass durch sie die zur Vergabe von gesellschaftlichen Sonderrollen erforderlichen Kategorisierungen in der angedeuteten Weise eine kritische Rückbindung in ihre eigene Konstitution erfahren haben. Diese Konstitution wird mit dem cultural turn in einer historisch kontingenten Differenzbildung auf der Ebene kollektiver Sinn- beziehungsweise Wissenssysteme gesehen. In den betreffenden Phänomenen, die durch solche Kategorien in diesem Sinne an Menschen erkennbar gemacht werden, wie beispielsweise der ‚geistigen Behinderung‘ oder den etwaigen Förderbedarfen, kann damit also keine essentielle und deshalb selbstverständlich evidente Legitimation für die Zuweisung in zunächst separierende und anschließend zu kompensierende Sonderrollen mehr gefunden werden. Solche Sonderrollen werden deshalb in der angesprochenen Weise also aushandelbar und in normativer Hinsicht in ihren Folgen neu zur Disposition gestellt. Aus dieser nun veränderten Kritisierbarkeit folgt zunächst noch kein Abschaffungsautomatismus der durch solche Kategorisierungen zugewiesenen ‚Schonräume‘. Allerdings verändern sich durchaus ihre Begründungserfordernisse und die Sensibilität für unerwünschte Nebenfolgen. Dies betrifft nicht nur die besagten Schonräume selbst, sondern auch schon die Auswirkungen des Gebrauchs der betreffenden Begriffe. So werden beispielsweise auch im Fall der ‚Lernbehinderung‘ die Begründungs- und Gerechtigkeitsanforderungen gemäß der UN-BRK für separierende Maßnahmen zweifellos anspruchsvoller (vgl. Liesen et al. 2011, S. 206 f.). Angesichts der erfahrungsbasiert erwartbaren Separationsfolgen verändern sich die Urteilsmöglichkeiten und Entscheidungssituationen werden entsprechend komplizierter. Denn dabei gewinnen Separationserfahrungen, wie diejenigen ‚Beschämungseffekte‘, die mit dem ‚Schonraum Sonderschule‘ verbunden sind und dessen ‚Wohlfühleffekte‘ soweit überwiegen, dass sie sich auf das Selbstkonzept der betreffenden Schülergruppen als gesteigertes Exklusionsrisiko auswirken (Essen 2013, S. 201 ff.; Schumann 2007), an normativem Gewicht. Da die betreffenden Kategorisierungen nun in ihrer historischen Kontingenz und Paradigmenabhängigkeit auf der Ebene kollektiver Sinnmuster sichtbar zu machen sind, kann fortan das biographische Zuschnappen der durch sie eröffneten ‚Schonraumfallen‘

(vgl. ebd.) nicht mehr als hinzunehmendes Schicksal behandelt werden. Diese sozialwissenschaftlich hinzugewonnene Option der Überprüfung von Geltungsfragen dokumentiert sich also im Wechselverhältnis des Fokus der Integrität zu demjenigen von Recht und Gerechtigkeit. Deshalb muss nun zunächst diejenige praktische Wissensordnung etwas weiter konkretisiert werden, durch welche die betreffenden Sonderrollen und die ihnen zugrundeliegenden Kategorien in der Schule als funktional und in jedem Einzelfall als erforderlich erscheinen.

Über die Vergabe von Sonderrollen hinaus geraten auf der Umkehrseite dieser Entwicklung also auch die sozialen Voraussetzungen der Verwirklichung geltender Ordnungs- und Normalitätsentwürfe auf dieselbe Weise neu in den Blick, durch welche die je betreffende Gemeinschaft bis hin zu ihren Zugehörigkeitskriterien geprägt wird. Auch Entwürfe zu all dem, was als ‚normal' entweder gelten kann oder unter bestimmten Umständen zu gelten hat, werden nun als in kollektiven Wissensordnungen konstituiert behandelt. Sie lassen sich deshalb nicht mehr in der gewohnten Selbstverständlichkeit durch die Einrichtung von Sonderrollen stabilisieren. Wenn in diesem Sinne also Ordnungsentwürfe und Normalitätsvorstellungen in Bewegung geraten, dann kann dies dazu führen, zunächst diejenigen sozialhistorischen Konfigurationen in Erinnerung rufen zu wollen, durch welche die betreffenden Unterscheidungen erforderlich geworden sind. Dies kann hier weder für alle angedeuteten Differenzbildungen vollständig durchgespielt werden, noch kann der Anspruch erhoben werden, die besagten Konfigurationen für die Schulinstitution vollumfänglich zu berücksichtigen. Trotzdem kann aber angesichts einiger solcher für die Schulinstitution als charakteristisch geltenden Konfigurationsbedingungen, welche im Folgenden gegenstandstheoretisch angedeutet werden sollen, die durch die UN-BRK ebenso neu eröffnete, wie abverlangte Aushandelbarkeit verdeutlicht werden. Mit ihnen gerät auch das Denken zu professionellen Handlungsalternativen in der Schule in Bewegung (vgl. 8.).

Ohne Anspruch auf Vollständigkeit sollen im Folgenden einerseits nun einige Konstitutionsbedingungen schulischer Normalitätsentwürfe aus gegenstandsbezogenen Konzepten von Oevermann und Luhmann zusammengetragen werden. Mit dem Inklusionsgedanken ist der Bezug zu einem menschenrechtlichen Normativitätskonzept verbunden, das andererseits nun an der Grenzpflege solcher Normalitätsentwürfe bei der Zuschreibung von Sonderrollen ansetzt. Die Möglichkeit der Verständigung auf ein solches Normativitätskonzept im Rahmen der UN (vgl. 5.) ist durch die besagte Entwicklung der wissenschaftlichen Geltungsüberprüfung eröffnet worden, die oben als Cultural Turn abgerissen worden ist (vgl. 6.). Die damit verbundene handlungstheoretische Tieferlegung hat zu einer Entwicklungsdynamik von Behinderungsmodellen geführt, die mit der sprachlichen Verfassung jedes Erkennens auf den sozialen und praktischen Konstruktionscharakter von Unterscheidungen reflektieren. Vermeintlich unumstößliche Eigenschaften von Personen sind dadurch in ihrem sozialpraktisch konstruiertem Zuschreibungscharakter untersuchbar und folglich aushandelbar geworden, was – um Missverständnissen vorzubeugen – schon aus erkenntnistheoretischen Gründen nicht mit einer generellen Verleugnung zugrundeliegender Bestimmungsstücke, welche mit guten Gründen für die Wirklichkeit gehalten werden, zu verwechseln ist (Oevermann 2006, S. 81 ff.). Die vormals unumstößliche Kategorie ‚Behinderung', aus der die ebenso stabilen Grenzen von Normalitätsentwürfen ihre Geltung bezogen, hat so ihr vermeintlich essentialistisches Fundament verloren. Dessen Stabilität – daran kann man bei dieser Gelegenheit erinnern – konnte ohnehin lediglich auf der Verdrängung des Basissatzproblems im kritischen Rationalismus aufruhen.[5]

Entsprechend werden nun auch solche Konstitutionsbedingungen schulischer Normalitätsentwürfe, wie sie im Folgenden nun anzusprechen sind, gegenüber ihrem alltäglich unumstößlich, stabilen Antlitz – Werner Helsper hat sie unumwunden als das ‚*Reale der Schulkultur*' bezeichnet (Helsper 2008) – als praktisch alltäglicher Prozess, also im Sinne einer von Giddens als ‚Strukturation' bezeichneten aktiven Reproduktion von Strukturen, aufgefasst (vgl. 5.). Sie sollen hier – weiter im Vokabular von Antony Giddens – als ‚*Strukturprinzipien*' (Giddens 1997, S. 69) behandelt werden. Denn obgleich sie also auch als Dualität zu denken sind, können sie nicht durch die reflexiven Entscheidungen einzelner Akteure verändert werden. Helspers Begriffswahl erscheint insofern vollkommen angemessen, insofern die angesprochene Stabilität der Schulinstitution zwar aus dem Handeln kollektiver Akteure resultiert, aus der bildungspolitischen Steuerung, wie der alltagspraktischen Legitimität; aus der Position einzelschulischer Akteure wären solche Strukturprinzipien, wie der Auftrag der Wissensvermittlung und der Bildung, also einer allgemeinen Erziehungs- und dabei einer gleichzeitigen Allokationsfunktion, der hier das von Helsper angeführte Beispiel der leistungshierarchischen Viergliedrigkeit der Schule untergeordnet ist, aber nur unter ausgesprochen außeralltäglichen Umständen im oben von Heinz Bude angesprochenen Sinne tatsächlich aushandelbar (vgl. Helsper 2008, S. 124).

So werden der Schulinstitution aus den mehr oder weniger bislang konstanten Dimensionen ihrer Bezüge zum staatlichen Gemeinwesen, zu den Her-

---

5 Die angesprochenen guten Gründe waren in ihrer Geltung also genau genommen niemals in der Weise essentialistisch, wie sie regelmäßig als solche aufgefasst und bisweilen beklagt worden sind, sondern sie konnten stets nur in dem Sinne ‚gut' sein, der im Modus des ‚bis auf Weiteres' des kritischen Rationalismus eröffnet worden ist. Da dieser seine Geltung im Begründungszusammenhang des Forschungsprozesses herstellt und den Entdeckungszusammenhang der Forschungspsychologie überlässt, war und ist er auf seine Weise anfällig für jene unbewusst operierenden Sinnmuster, durch welche unreflektierte Sinngehalte in die Hypothesen, beispielsweise in Form vorgefertigter Unterscheidungen, und in ihre Operationalisierungen Eingang finden können und sogar müssen. Damit steht bereits vor jeder empirischen Untersuchung fest, was hypothetisch dann im Falsifikationsfall nicht und im Verifikationsfall ‚bis auf Weiteres' gültig ist.

kunftsfamilien und -milieus der Schülerschaft sowie zur Wirtschaft konstitutive Funktionen zugeschrieben (Fend 2009, S. 32 f.). Die Schule kann aus solchen Relationen heraus, als eine Institution behandelt werden, die hauptsächlich im Hintergrund der Wissensvermittlung zur Bildung eines Habitus führen soll, durch den die Normalitäts- und Ordnungsvorstellungen einer konkreten Gemeinschaft unter der Bedingung nationalstaatlicher Verfasstheit und funktionaler Differenzierung ‚flächendeckend‘ getragen werden soll (Oevermann 1996, S. 144 ff.): Da sind zunächst die politischen Rechte zu nennen, die im Rahmen der Entwicklung einer nationalstaatlichen Politik als ‚Citoyen‘ in einer anstaltsmäßigen Vergesellschaftung praktiziert werden – wie auch die bürgerlichen Rechte, welche im Rahmen einer kapitalistischen Ökonomie als Ausübung wirtschaftlicher Freiheitsrechte und Anerkennung meritokratischer Rang- und Stellungszuweisung mit einer Marktvergesellschaftung als Handlungsstil vorausgesetzt werden. Die bürgerlichen Rechte gewinnen erst im Zusammenhang mit einem solchen ‚bürgerlichen Habitus‘ praktische Geltung. Dieser setzt zu seiner lebenspraktischen Autonomie und der daran gebundenen Bereitschaft gegenüber einer eigenen praktischen Lebensführung angesichts sozialhistorisch je spezifisch ausgeprägter Bewährungsthemen, wie der individuellen Leistungsfähigkeit, der Elternschaft und einem Gemeinwohlbeitrag, Verantwortung zu übernehmen, eine eigene Bildungsgeschichte voraus (vgl. Oevermann 2014, S. 61). Aus diesem Bildungsanspruch folgt die Förderung generalisierter Kompetenzen, zulasten von Spezialisierung der Einzelnen.

Die Schule muss schon aufgrund ihrer flächendeckenden Vollinklusion, die sanktionsbewährt durch die Schulpflicht verbürgt wird, als eine Vergesellschaftung aufgefasst werden, für die formal-rationale Organisation in sachlicher, zeitlicher und sozialer Hinsicht, sowie spezifische Rollenerwartungen unter der Bedingung ökonomisch begrenzter Ressourcen charakteristisch sind, ohne dass das Schulgeschehen darin voll aufgehen könnte (vgl. Oevermann 2008). In die pädagogische Praxis innerhalb von Schulen ist dadurch vielmehr eine Antinomie von spezifischem und diffusem Rollenhandeln eingeschrieben (Oevermann 1996, S. 109 ff., 2008, S. 69). Vergemeinschaftungen, wie auch die familiäre Sozialisation, vollziehen sich demnach im Wege diffuser, weil nicht-rollenförmiger, Sozialbeziehungen in dem Sinne zwischen ganzen Personen, dass alle diese anbetreffenden denkbaren Themen besprochen werden und lediglich um den Preis irritierender Begründungen ausgeschlossen werden können. Vergesellschaftungen vollziehen sich dagegen anhand rollenförmig vorgegebener Themen in somit spezifischen Sozialbeziehungen, deren Erweiterung nun umgekehrt irritierende Begründungen erforderlich macht. Diese Antinomie tritt in ihrer alltäglichen Praxis ebenso unbegrenzt variabel, wie unausweichlich in Erscheinung. Über die Wissens- und Normenvermittlung hinaus agieren die Lehrkräfte auch unter der Erwartung, eine disziplinierte praktische Reproduktion der Schulinstitution im Unterricht unter Umständen auch disziplinierend zu verwirklichen.

Ebenso unausweichlich wie diese Rollenspezifik ist die Verbindung der Erziehung mit einer originär pädagogischen Selektionserfordernis. Diese erziehungsinhärente Selektion des in ‚guter Absicht' Erstrebenswerten vom Vermeidungswerten (vgl. Luhmann 2002, S. 48 ff.) kann wiederum aber nicht mit der Allokationsfunktion der Schule im Bezug zur Wirtschaft kurzgeschlossen werden. Denn diese Funktion beruht darauf, dass – indem ungleiche Voraussetzungen gleich behandelt werden – der Schule extern vorgängige Chancenungleichheiten internalisiert und meritokratisch Einzelleistungen zurechenbar gemacht werden (vgl. ebd., S. 127 ff.). Auf diesem Weg kann die gesellschaftliche Statuszuweisung von Stratifikation auf ‚Begabung' umgestellt werden, was im Prozess der Rationalisierung mit der säkularisierten Berufsidee einher- und mit dem Prozess der funktionalen Differenzierung zusammen geht (vgl. Stichweh 1996, S. 51). In Anbetracht der Herausforderung ihre Absolventen möglichst gut auf diese arbeitsmarktvermittelnde Dynamik vorzubereiten, sieht sich die Schule vor die Aufgabe gestellt – nun zulasten der Generalisierungsforderung – eine möglichst spezialisierte Ausbildung zu gewährleisten (vgl. ebd., S. 125 bzw. S. 72). Allerdings muss zu dieser Allokationsfunktion die erst in einem Bildungsprozess zu verwirklichende Autonomie, den Schüler_innen bereits kontrafaktisch unterstellt werden. Denn nur so kann ihnen die Verantwortung für die in standardisierten Verfahren der Leistungsfeststellung zertifizierten Titel des viergliedrigen Schulsystems zugeschrieben werden (vgl. Stojanov 2011, S. 22 f.)[6]. Zur dazu erforderlichen Gleichbehandlung sozialisatorisch ungleicher Voraussetzungen steht eine pädagogische Selektion mit ihrer ungleichen Behandlung ungleicher Voraussetzung in einem diametralen Gegensatz.

Für die folgende Argumentation lassen sich also vier Spannungsverhältnisse als Konstitutionsbedingung schulischer Normalitätsentwürfe zusammenfassen: Da ist der im Hintergrund der Wissensvermittlung zugleich angepeilte Bildungsanspruch. Diese Gleichzeitigkeit unterschiedlicher Ziele ist keineswegs

---

6 Damit ist nicht behauptet, dass Schüler_innen keine Verantwortungsübernahme zugetraut werden kann oder werden sollte. Diese Frage lässt keine generalisierten Antworten zu, weil sie mit dem stets individuellen Bildungsprozess verbunden ist, in dem der den Entwurf von Recht und Gerechtigkeit einer Gemeinschaft tragende Habitus gebildet wird. Daraus, dass Kindern bisweilen sehr wohl zugetraut werden kann, dem eigenen Lernprozess angesichts einsichtiger Ziele mit dem entsprechenden Enaktierungspotential zu begegnen, lässt sich durchaus schließen, dass in diesem Rahmen unter weiteren Umständen ‚Eigenverantwortung' zugeschrieben werden kann, ganz so, wie das mit Lerntagebüchern, Portfolios in unterschiedlichen pädagogischen Kontexten gehandhabt wird (Lang-Winter 2015, S. 151). Hinsichtlich notenbasierter Selektionen in der Schullaufbahn führen solche Überlegung vor diesem Hintergrund in die durchaus polemische Gegenfrage, inwieweit von Kindern die durch ihren Lernprozess erreichten Noten, als die Voraussetzung langfristiger Schulkarrieren und daran angeschlossene Berufs- und Einkommenschancen realisieren und damit wiederum verbundene Rentenanwartschaften verantworten.

deckungsgleich mit der Spannung zwischen Spezialisierung und Generalisierung, weil Generalisierung wie Spezialisierung beispielsweise auch schon hinsichtlich der Wissensvermittlung gefordert werden können – vielleicht weil die ökonomische Dynamik ungewisse Erwerbsbiographien erwarten lässt. Dabei muss die Schule im Modus spezifischer Sozialbeziehungen gelebt werden, obgleich sie sich an Kinder und Jugendliche wenden muss, die auf Basis diffuser Herkunftserfahrungen schulpflichtig sind und bisweilen unfreiwillige Beziehungen nur sukzessive zu spezifizieren bereit sind. Diese Spannung wird ihrerseits durch zwei gleichzeitig operierende und zueinander unversöhnliche Selektionsrationalitäten verschärft, nämlich durch diejenige der Erziehung und diejenige der chancengerechten Leistungsbewertung, bei der die angepeilte Autonomieentwicklung mehr oder weniger kontrafaktisch, aber verwaltungsgerichtsfest, als bereits abgeschlossen behandelt werden muss. Eine solchermaßen institutionalisierte Schulpraxis eröffnet einerseits nicht vorhersehbare Möglichkeiten spezifisches Rollenhandeln in pädagogischen Praktiken oder Unterrichtsformen in den Gruppen an den einzelnen Schulen mit den diffusen Anteilen des Arbeitsbündnisses individuell zu amalgamieren. Zugleich münden solche Institutionalisierungen andererseits doch in eine strukturell induzierte Notwendigkeit zumindest einer minimalen Homogenität innerhalb der Schülergruppen: Der je betreffenden Schülerschaft muss hinsichtlich des praktischen Wissenszuwachses (was, wie in welcher Zeit?), des Bildungsprozesses (Verantwortungsbereitschaft, Autonomieentwicklung) sowie der praktischen Selbstdisziplinierung (Mitmachen) zwischen pädagogischer Selektion und meritokratischer Leistungshierarchisierung Homogenität unterstellt werden. Erst eine solche Homogenität erlaubt Unterrichtsplanung.

Allerdings haben Karl E. Schorr und Niklas Luhmann solchermaßen erforderliche Homogenisierungen in der Wahrnehmung als verkürzende Komplexitätsreduktionen gezeigt. Sie sind zur Faktorenbildung der Unterrichtsplanung zwar unumgänglich, die damit ermöglichte Kausalplanung ist angesichts der Kontingenz in den Auffassungen des Unterrichtsgeschehens aber deshalb ,immer „falsch"', weil es in sozialen Systemen keine ausreichende Kausalgesetzlichkeit gäbe (Luhmann und Schorr 1982). Die Notwendigkeit zur homogenisierenden Unterrichtsplanung trotz der von Luhmann und Schnorr als ,Technologiedefizit' bezeichneten Ausgangssituation (vgl. ebd.) wird mit jedem Arbeitsblatt, das im Klassenraum verteilt wird, oder jeder lehrkraftzentrierten Interaktion gerade auch unter der Bedingung mehrerer Lernniveau-Entwürfe augenscheinlich. Denn daran müssen mehr oder weniger explizit technologische Unterrichtshoffnungen geknüpft werden, wenn auf Unterrichtsplanung nicht aufgrund der genannten Bedenken gänzlich verzichten sein soll. Solche Planungen beruhen auf Kausalfaktoren, welche sich angesichts der ,Realität der Schulkultur' in einer bewährten Weise aus Normalitätsbandbreiten zusammenbinden lassen, um aus ihnen Verlaufsprognosen zu konstruieren. Mit der Standardisierung und Zentralisierung von Abschlussprüfungen sowie der Teilnahme an internationalen Vergleichsmessungen gewinnt eine solche Rationalisierung und Formalisierung des Unterrichtsverlaufs insoweit an Gewicht, insoweit Lerninhalt und Zeitpunkt des Abschlusses oder der Kompetenzmessung und damit des Lern- und/oder Bildungsprozesses dann von außerhalb der je betreffenden Schulkultur vorgegeben sind. Alle praktisch bewährte Erfahrung dazu, was im Rahmen der materialen Rationalität eines zu unterrichtenden Sachverhalts, wann, wie und in welchem Tempo ,durchgenommen‘, oder durch die Lehrkraft ,unterrichtet‘ werden kann, wer wann zu was ,dran genommen‘ oder ,getestet‘ werden soll oder kann, muss auf in solchen spannungsreichen schulinstitutionellen Strukturkomponenten bewährten und routinierten Normalitätserwartungen beruhen, an deren Grenzen die ,Beschulbarkeit‘ zumindest in der je betreffenden Schulform beginnt in Frage zu stehen.

Die normativ motivierte Absicht die Einbeziehung der Einzelnen im Wege einer schulischen Vergesellschaftung im Sinne des Inklusionskonzepts der UN-BRK zu gestalten, verschärft nun solche, in der Schulinstitution angelegten, Spannungsverhältnisse. Dies gilt überall dort, wo die landläufig als Beschulbarkeit ausgedrückte Eigenschaft von Kindern und Jugendlichen, an Normalitätsgrenzen beobachtet wird, auf deren Überschreitung Verweise in andere Schulformen oder in Sonderrollen folgen. Während die Schulinstitution, beispielsweise gemäß ihrer Allokationsfunktion bei der gesellschaftlichen Statuszuweisung, weiterhin auf die Gleichbehandlung sozialisatorisch ungleicher Voraussetzungen festgelegt ist, wird mit der UN-BRK die zur Aufrechterhaltung entsprechender Normalitätsentwürfe etablierte Sonderrollenvergabe als Exklusion aus Zugehörigkeiten problematisiert, an die die Menschenwürde gemäß des in ihr ratifizierten Entwurfs von Recht und Gerechtigkeit gebunden ist. Erwartungen zur Leistungsnormalität können in der Schule folglich zur Konstitution von Lerngruppen keine regelmäßige oder dauerhafte Voraussetzung mehr abgeben, weil dies darauf hinauslaufen muss, Würde und Anerkennung an Leistungsfähigkeit zu binden. Es war unter anderem auch ein solcher Normalitätsentwurf von Leistungshomogenität, dessen Absicherung durch ein mehrstufiges Schulsystem und vor allem mit dem Verweis in separierende Sonderrollen eine Konkretisierung der Menschenrechte angesichts von Segregationsfolgen hat erforderlich erscheinen lassen. Entsprechend hat das Leitbild der Inklusion die bereits aus der Integrationspädagogik bekannte Diskussion um die Schulnoten (vgl. Prengel 2006, S. 140) auch im Rahmen der bildungspolitischen Umsetzung der UN-BRK wiederbelebt (vgl. Koch und Expertenkommission 2013, S. 89 ff.). Gemäß der mit ihnen verbundenen Aussagemöglichkeiten, die im überindividuellen Vergleich begründet liegen, resultiert aus Ziffernnoten ein Angleichungsprozess von Leistungsansprüchen, Leistbarkeitsfeststellung und der Beurteilung von Abweichungen unter weiteren als normal erachteten Rahmenbedingungen, wie den mehr oder weniger curricular vorgegebenen Inhalten, den vorbestimmten Lernzeitpunkten und den Lerngeschwindigkeiten. Diese aus ihrer Allokationsfunktion resultierende Funktionalität der Schulinstitution droht jede pädagogisch formulierte Selektion im Sinne Luhmanns, mitsamt einer pädagogischen Ungleichbehandlung des Ungleichen, zu überformen. Diese Funktionalität ist in die Schulinstitution so tief eingelassen, dass in der Abschaffung der Ziffernnoten bereits eine Bedrohung ihrer gesellschaftlichen Funktion gesehen wird (Koch und Expertenkommission Mecklenburg Vorpommern 2012); Sie sind schuladministrativ soweit abgesichert, dass an ihnen und den zu ihrer Produktion erforderlichen Normalitätsentwürfen und Verfahrensweisen erfahrbar werden kann, was als ‚Realität der Schulkultur' im oben angesprochenen Sinne eines Strukturprinzips behandelt werden muss (Helsper 2008). Demgegenüber die Umsetzung der UN-BRK im Rahmen der Schulinstitution einzig in die Haltung der Lehrkräfte zu überantworten, läuft auf die Praxiserfahrung der bekennenden ‚Inklusionistin' Ulrike Meister hinaus (Meister 2007, S. 29):

> „Trotz unseres integrativen Selbstverständnisses mussten jedoch auch wir Tests und Bewertungskriterien aushecken, Noten verteilen und Zeugnisse schreiben, Nichtversetzungen aussprechen und Eltern Schullaufbahnen für ihre Kinder ‚empfehlen', die eher der Not entsprangen als pädagogischen Einsichten. Diese Aufgaben erschienen uns oft wie unnötige Störungen, gar Behinderungen unserer ‚eigentlichen' Arbeit, die wir für wesentlich und befriedigend hielten. Die Zeit allerdings, die wir solchen ‚Störungen' widmen mussten – Störungen, welche sich ausschließlich der selektiven Funktion der Schule verdanken – konnte uns schon eines Besseren belehren: Sie absorbierte unsere Energie regelmäßig und für enorme Zeitspannen – ein kontraproduktiver Energieeinsatz, jedenfalls im Verhältnis zu unserem pädagogischen Anliegen. Wie viel sinnvoller erschien es uns, diese Zeit in die Projektarbeit mit der Klasse oder in Überlegungen zur Schulentwicklung zu stecken!"

So lange die einzelnen symbolischen Schulkulturen im Sinne Helspers angesichts dieser schulinstitutionellen Realität ausgehandelt werden müssen, laufen inklusive Schulkonzeptionen Gefahr als Imagination der Schulkultur mehr oder weniger äußerlich bleiben zu müssen (Helsper 2008). Die besagte Überformung von Pädagogik durch die Allokationsfunktion, reproduziert fortwährend die Notwendigkeit von formalen Normalitätsbandbreiten, die mit entsprechenden Verfahrensweisen, wie den Schullaufbahnen oder den Sonderförderbedarfen verbunden sind. In diesem Rahmen müssen entsprechende Entwürfe auch in Planung und Praxis des Unterrichtsalltags fortwährend eingepasst, und ggf. durch die Vergabe von Sonderrollen abgesichert werden. Mit dem Cultural Turn hat sich nun aber die Geltungsüberprüfung von solchen institutionellen Normalitätsentwürfen ebenso verändert, wie die der Vergabe von Sonderrollen (vgl. 5.). Wenn beide nun also aus Sinnmustern und entsprechenden Wissensordnungen erklärt werden, dann werfen die Grenzen der Beschulbarkeit in einer Schulform oder in der Regelschule insgesamt, sowohl Fragen nach pädagogischen Grenzen der Schule, wie auch Fragen nach schulischen Begrenzungen der Pädagogik auf. In diesem Zusammenhang kann auf die sozialstrukturell geprägten Passungsverhältnisse zwischen Schulkulturen und ihren Schüler_innen aufmerksam gemacht werden, wie sie sich in der einschlägigen Forschung zeigen (Lange-Vester/Bremer 2014; Kramer 2013; Kramer/Helsper 2010).

In der UN-BRK wird hier nun also eine normative Antwort auf solche Fragen gesehen (vgl. 5.). Sie stellt ihrerseits ein Ordnungs- und Normalitätsentwurf da, der aus der menschenrechtlich krisenhaften Situation resultiert, für die mit ‚Beschämung‘, ‚Missachtung‘, ‚Stigmatisierung‘ oder ‚Segregation‘ ein ganzes Arsenal an Beschreibungen auf verschiedenen Wegen Eingang in den wissenschaftlichen Diskurs gefunden hat. Die Frage ist nun, wie sich der Inklusionsgedanke auf die institutionalisierten Bedingungen der Lehrtätigkeit auswirkt (vgl. 8.). Wie auch bei der formalen Rationalität der Schule und den mit ihr verbundenen Rollen- oder Normalitätserwartungen, muss auch dabei aus einer auf Sinnmuster in kollektiven Wissensordnungen ausgerichteten Perspektive die Auffassung dieses normativen Gedankens berücksichtigt werden. Dazu bietet das von Mai-Ann Boger in der Figur eines logischen Trilemmas der Inklusion gefasste Ergebnis einer entsprechenden Untersuchung einen sehr geeigneten Ausgangspunkt (vgl. 9.). Zuvor sollen die bisher schon en passant hervorgetretenen Aspekte professionalisierter Lehrtätigkeit gemäß Oevermanns Theorie professionalisierten Handelns zusammengetragen werden. Dabei werden zur Diskussion der Eingangsfragen bereits vier Argumente anfallen.

8. Die Theorie professionalisierten Handelns

8.1 Cultural Turn und idealtypische Professionalität im Focus der Integrität

Die Frage nach einer mit der UN-BRK verbundenen Entwicklung der professionalisierten Lehrtätigkeit im Rahmen der Schulinstitution macht eine Vorstellung von einer Professionalität dieser Praxis erforderlich. Es muss dabei um eine Vorstellung gehen, die mit der Ausübung einer Tätigkeit verbunden und durch die sie von anderen Tätigkeiten unterschieden werden kann. Landläufig wird Professionalität oft als ‚Fachlichkeit‘ in dem Sinne aufgefasst, dass einer Problemsorte von angebbarer Art mit dem Zugriff auf verfügbares Lösungswissen zuverlässig begegnet werden kann. Durch eine solche Expertenschaft sind deren Eigner_innen in einem zugerechneten Zuständigkeitsbereich darüber im Bilde, was unter welchen Umständen zu tun ist. Eine solche Auffassung kann einerseits als Beschreibung oder auch als Einordnung von Handlungsstilen fungieren – beispielsweise in beruflichen Zusammenhängen – und sie kann andererseits auch als Anspruch behandelt werden. So kann sie etwa als habituelles Profil, das einer Berufsgruppenzugehörigkeit vorausgesetzt wird, gelten. Damit drängt sich nun aber schon die Frage auf, in welchen Merkmalen die Besonderheit von Professionen gegenüber beruflicher Fachlichkeit begründet liegt.

Dieser in der Professionssoziologie bereits schon länger diskutierten Frage hat Ulrich Oevermann keine weitere Antwort hinzugefügt, sondern er hat sie anders gestellt. Diese Aufmerksamkeitsverschiebung wäre in manchen Zügen dazu geeignet, den oben angeführten Cultural Turn (vgl. 6.) beispielhaft zu verdeutlichen. Die Frage nach der Professionalität bestimmter Problemlösungen wird nun nämlich nicht anhand vorab festgelegter Merkmalskombinationen bearbeitet, denen dann eine beobachtete Praxis zu subsummieren wäre. Sondern zu ihrer Behandlung wird die Art der je betreffenden Probleme erschlossen. Da solche Probleme nicht einfach an den Dingen an Sich abgelesen werden können, also beispielsweise dem Fahrradschlauch als Loch, sondern ausschließlich nur gemäß der angesprochenen kulturalistischen Perspektive in ihrer in Sinnmustern geprägten Deutung oder Auffassung, werden solche Probleme als Probleme einer Praxis untersucht. Das Loch im Schlauch wird durch einen konkreten Radler in einer konkreten Situation und vor dem Hintergrund individueller Wissens- und Bewältigungsroutinen praktisch in Sinnmustern gerahmt, und sein Umgang damit ist deutungsabhängig. Solche Probleme fallen erst durch diese Auffassung in den perspektivtheoretischen Aussagebereich, der Fahrradschlauch kann nur so zu einem Forschungsproblem einer soziologisch verstehenden Beobachtung einer Beobachtung des Fahrrades durch eine(n) Radler_in werden. Bei dieser Beobachtung auf eine rein empirische Strategie zu setzen, wäre nun hinsichtlich der konkreten Bewältigungsstrategien zwar im Sinne des Cultural Turns sicherlich ein vielversprechendes Unternehmen. Allerdings – und hier gewinnt die Perspektive Oevermanns gegenüber der wissenschaftlichen Entwicklung, in die sie von Andreas Reckwitz eingeordnet worden ist (Reckwitz 2000), zu einem beachtlichen Teil ihre Originalität – könnten anhand der Rekonstruktion empirisch beobachtbarer Problemlösungen die aus der Art der Problemstellung ableitbaren handlungslogischen Notwendigkeiten dieser Problemlösung nicht entnommen werden (Oevermann 1996, S. 70). Dieser Aspekt ist oben bereits als eine Vorkehrung gegenüber einem empirischen Dogmatismus angedeutet worden (vgl. 4.), der stets nur alles zu zeigen erlaubt, was ist und der sich den Möglichkeiten der Erschließung jenseits dessen beraubt (Oevermann 2016, S. 63; 2008, S. 61)[7].

---

7   Die hinter diesem Argument stehende Vorstellung einer durch *objektive Sinnstrukturen* konstituierten Realitätsebene in den Sozialwissenschaften bedürfte einiger weiterer Umwege, die hier zugunsten einer nachvollziehbaren Bearbeitung der Fragestellung ausgelassen werden können und deshalb auch sollen. Eine zügige Vorstellung gibt Oevermanns folgende plastische Anmerkung gegenüber dem Empirismus: *„Denn objektive, durch Re-*

Wenn nun also vom handlungslogischen Problem der fraglichen Berufe ausgegangen werden soll, um ihre Sonderstellung als Professionen herleiten zu können, dann handelt es sich dabei um eine wissenschaftliche Operation, durch die Wissenschaft als ableitungslogische Konstruktion betrieben wird. Die Konstruktion eines Gedankenbildes von einer Praxis, wie sie angesichts ihrer Problemstellung sein müsste – einer Theorie professionalisierten Handelns –, hat Werner Helsper im Anschluss an Max Weber vorgeschlagen als Idealtyp aufzufassen (Helsper et al. 2000, S. 7)[8]. Auf diesem idealtypischen Charakter beruht dann auch die Möglichkeit den theoretischen Entwurf entgegen der methodischen Intension hinter Webers Idealtypus auch normativ aufzufassen. Denn wer dem besagten empirischen Dogmatismus entgehen will, ist nämlich bereits darauf verwiesen aus einer Potentialität eine mögliche gedankenexperimentelle (idealtypische) Folie den empirischen Erscheinungen gewissermaßen als Kontrastmittel zu hinterlegen, um diese im betreffenden Licht bestimmen zu können (Oevermann 2008, S. 61). Und wird diese Folie dann mit einem Werturteil in eine entsprechende Geltung gebracht, dann ist ein Idealtyp zur Norm erhoben. Ulrich Oevermann hält diese doppelte Aussagemöglichkeit eines Großteils seines Vokabulars für erforderlich, um Strukturprobleme zu bezeichnen, aber auch um dann ihre Lösung zu bemessen (vgl. ebd.). Auf diese Verfahrensweise kann man im Sinne des Cultural Turn zwar verzichten, für die hier vorliegende

---

geln erzeugte Sinnstrukturen kann man weder hören, noch sehen, riechen, schmecken oder ertasten. Sinnlich wahrnehmen lassen sich allenfalls die ausdrucksmaterialen Gegebenheiten, in denen sie jeweils in Erscheinung treten, also etwa die Farbe von Papier und Buchstaben, aber nicht die Bedeutungsstrukturen selbst. Diese kann man nur lesen, aber nicht sinnlich wahrnehmen. Dies gilt auf der Ebene der Methodologie der erfahrungswissenschaftlichen Untersuchung von Lebenspraxis. Auf der Ebene des Praxisvollzugs selbst – also unter dem Zeitdruck der Krisenbewältigung – operieren wir mit Hilfe der Anschauung der Erscheinung von Lebenspraxis in ihrer leiblichen Positionalität und mit Hilfe des praktischen Verstehens im Nachvollzug der auf den subjektiv gemeinten Sinn reduzierten Sinnstruktur der Ausdrucksgestalten." (Oevermann 2016, S. 63)

8 Idealtypen sind keine Hypothesen und deshalb im Sinne des kritischen Rationalismus ebenso wenig wahrheitsfähig wie normative Aussagen. Sie enthalten, wie alle perspektivtheoretischen Aussagen, gegenstandsbezogene Gehalte von Zusammenhängen der zu beobachtenden Wirklichkeit. Max Weber hat diese Verfahrensweise im so genannten Methodenstreit gegenüber einer naturwissenschaftlich verfassten Nationalökonomie entwickelt, um den sozialwissenschaftlichen Erkenntnisbereich historisch-dynamisch auffassen zu können. Das Verhältnis seiner Idealtypen zu empirischen Tatsachen bezeichnet er als gedanklich einseitige Steigerung bestimmter aus der zu beobachtenden Wirklichkeit entnommener Momente, um der Darstellung derselben eindeutige Ausdrucksmittel zu verleihen: *„In seiner begrifflichen Reinheit ist dieses Gedankenbild nirgends in der Wirklichkeit empirisch vorfindbar, es ist eine Utopie, und für die* historische *Arbeit erwächst die Aufgabe, in jedem einzelnen Falle festzustellen, wie nahe oder wie fern die Wirklichkeit jenem Idealbilde steht (...)."* (Weber 1922a, S. 191)

Fragestellung wäre dies aber ein nicht zu kompensierender Verlust, insbesondere angesichts ihrer eingangs angesprochenen Eigentümlichkeiten (vgl. 1.).

Klassischerweise ist davon ausgegangen worden, dass das Spezifische der Professionen in ihrer Ausrichtung auf zentrale Funktionsprobleme moderner Gesellschaften zu sehen sei und dass sie sich in ihren diesbezüglichen Leistungen weder durch den Markt, noch administrativ kontrollieren lassen (Oevermann 1996, S. 70). Ulrich Oevermann hat dieser Bestimmung anhand von Merkmalen institutioneller Erscheinungsformen nicht widersprochen. Mit der Verschiebung der Fragestellung vollzieht er aber ihre Überführung in ein Theorieverständnis, wie es oben für den Cultural Turn charakterisiert worden ist. Professionalität muss dann zunächst durch ein Vokabular erfasst werden, dessen Prädikationen gegenüber Differenzen innerhalb seines Aussagebereichs ebenso indifferent sind, wie das am Inklusionsbegriff der Systemtheorie oben angedeutet worden ist (vgl. 2.). Die Frage der Professionalität wird so aus der betreffenden sozialtheoretischen Perspektive erst als Forschungsproblem bearbeitbar. Angesichts Oevermanns eigenem Entwurf innerhalb der oben angedeuteten Entwicklung (vgl. 6.) muss dann der Ausgangspunkt der Erschließung einer Theorie professionalisierten Handelns im Begriff der Lebenspraxis gesetzt werden.

8.2 Ableitungsbasis idealtypischer Professionalität im perspektivtheoretischen Vokabular: Lebenspraxis, Krise, stellvertretende Krisenbewältigung

Damit steht nun im Rahmen des perspektivtheoretischen Modells der Lebenspraxis ein gegenstandstheoretischer Gehalt im Zentrum der weiteren Erschließung theoretischer Handlungsprofessionalität – nämlich die Abwesenheit von Routine, also die ihr komplementäre Krise (vgl. 4). Sie soll im hier vorliegenden Zusammenhang nur vereinfacht aufgegriffen werden. Denn es genügt hierzu, darauf hinzuweisen, dass Oevermann Subjektivität in der Möglichkeit menschlicher Lebenspraxis in Krisen geraten zu können, konstituiert sieht. Um dies zu verdeutlichen kann die oben gewählte Formulierung der Grenze eines routinierten Wissens erneut aufgegriffen werden (vgl. 6.): Nur aufgrund des Umstands, dass eine Lebenspraxis durch das in vorangegangenen Entscheidungssituationen gewonnene und in ihre Routinen geronnene Wissen an einer Realität scheitern kann, tritt im Hier und Jetzt der so gewahr gewordenen Krise wieder zu Bewusstsein, dass der Fortgang der Lebenspraxis angesichts einer offenen Zukunft entscheidungsabhängig ist. Solche Entscheidungen verlaufen im Routinefall also unbewusst, was eine Entlastung des alltagspraktischen Normalfalls vom Gedanken der prinzipiellen Offenheit menschlicher Zukunft ermöglicht. Aus solchen Entscheidungen resultiert in der Sequenzfolge einer Lebenspraxis die objektive Individualität einer Fallstrukturgesetzlichkeit, welche sich angesichts der aus objektiven Sinnstrukturen sich eröffnenden Möglichkeiten sukzessive ausbildet.

Das grobe Gerüst des perspektivtheoretischen Vokabulars Oevermanns ist damit zusammengetragen. Aus ihm ist die Theorie professionalisierten Handelns abgeleitet. Schon in dieser knappen Skizze sind die Grundzüge des oben angedeuteten Theorieverständnisses zu erkennen (vgl. 6.). Denn insoweit die Individualität einer Fallstrukturgesetzlichkeit in den Auswahlentscheidungen aus in latenten Sinnstrukturen eröffneten objektiven Möglichkeiten angelegt ist, insoweit kann darin eine der Dualität von Struktur entsprechende Anlage zur ‚tiefergelegten‘ Handlungserklärung in den besagten Sinnmustern gesehen werden. Oevermann verdeutlicht dies am Verhältnis, in dem die subjektive Meinung zur Objektivität der Sprache steht: Das Sagen ist über die objektiven Regeln des Sprechens organisiert. Nur innerhalb dieser Regeln ist eine subjektive Meinung auszudrücken (Oevermann 2013b, S. 72). Dabei eröffnen sich objektive Möglichkeiten an konkreten Satzkonstruktionen, aus denen im alltagspraktischen Zugzwang eine Auswahl getroffen werden muss – im Krisenfall übrigens also auch dann, wenn keine Routine zur Verfügung steht. Es herrscht in diesem Zusammenhang Entscheidungszwang. Entscheidungen können gar nicht vermieden werden, ohne dass dies zumindest auf die Wahl einer Nicht-Entscheidung als eigener Alternative mit Folgen hinausläuft, deren Bewährung wiederum unter den je gegebenen Rationalitätsgesichtspunkten kritisierbar ist (Oevermann 2016, S. 64)[9]. Diese Begründungsverpflichtung resultiert aus der Zukunftsoffenheit der Lebenspraxis. Die Verpflichtung getroffene Auswahlen aus Möglichkeiten zu begründen, beruht also auf der in Krisen sich manifestierenden Autonomie von Lebenspraxis und sie muss unter der bereits angeführten Bedingung des Entscheidungszwangs zumindest als Anspruch gegenüber einer fortschreitenden Rationalisierung (vgl. 4.) aufrechterhalten werden. Dies gilt gerade auch dann, wenn kein in Routinen vorgehaltenes Wissen in Anschlag gebracht werden kann, weil keine Richtig-Falsch-Kalkulation auf Basis bestehender Routinen die Entscheidungskrise aufzulösen vermag (vgl. ebd.). Weil damit Subjektivität nun also zwar aus lebenspraktischen Krisen heraus bestimmt ist, und darin dann aber in einer klassischen Weise auch mit Autonomie verbunden zu sein scheint, ist es ratsam gegenüber Missverständnissen vorbeugend auf die in der je besonderen Fallstrukturgesetzlichkeit verankerte, lebenspraktische Autonomie-Konzeption aufmerksam zu machen. Subjektivität ist darin nämlich nicht in einem ‚Menschenbild‘ als autonom oder gar rational vorausgesetzt. Sondern in den Krisen der Lebenspraxis manifestiert sich das in

---

9 Neben diesem ‚*Prototypen von Krise*‘ der bereits gemäß der griechischen Wortherkunft, auf das ‚Entscheiden‘ hinausläuft und so als ‚Entscheidungskrise‘ eine tautologische anmutende Bezeichnung trägt, beschreibt Oevermann mit der traumatischen Krise oder der Krise durch Muße zwei weitere Krisentypen (Oevermann 2008, S. 64; 2016, S. 64).

der jeweiligen Fallstrukturgesetzlichkeit ausgebildete Autonomiepotential einer konkreten Subjektivität, in einer nicht endenden Bewährungsdynamik (vgl. Fußnote 2). Durch die in Krisen fortschreitende Autonomisierung der Lebenspraxis sind nämlich nicht lediglich neue Routinen ausgebildet, sondern mit ihnen sind wiederum auch spezifische Möglichkeiten zu unbekannten Krisen angelegt (Oevermann 1996, S. 71–80).

Damit ist nun Oevermanns Krisenbegriff zur Ableitung von Professionalität hinreichend aufgefächert. Daneben haben sich nun auch die Grundlagen für die Bestimmung eines Bildungsbegriffs angesammelt, der in der hier angeführten Form als in Krisen sich bewährende Autonomisierung eines Autonomisierungspotentials sich angeben lässt. Bildung beruht demnach nun im Unterschied zum Lernen immer auf Krisenlösungen, also auf der Herausbildung von Neuem. Es genügt nun auf die Ontogenese als mehr oder weniger dichte Krisenkette zu verweisen, um die Schulzeit aus Perspektive der Schüler_innen gegenstandstheoretisch als Bildungsaufgabe anzudeuten. Diese Krisen, die unter Begriffen wie Loslösung oder Identitätsbildung firmieren, führen zu einer individuellen Fallstrukturgesetzlichkeit. Für die Untersuchung von Fragen der Professionalität der Lehrhandlungen ist dies besonders instruktiv, weil Professionalität in der Schule in einem gemeinsamen und somit kohärenten Vokabular zu einer krisentheoretischen Konzeption von Sozialisation und Bildung untersucht werden kann. Dabei gilt für die gegenstandstheoretischen Gehalte entsprechend den oben vorangestellten Überlegungen, dass sie gemäß dem dort herausgestellten Theorieverständnis (vgl. 6.) zunächst eine perspektivtheoretische Funktion zur Rekonstruktion der das Handeln erklärenden Sinnmuster in den krisenbewährten Routinen abgeben (vgl. Bohnsack 2005, S. 69). Hinsichtlich der Erschließung des Handlungsproblems professionalisierungsbedürftiger Praxis kann nun ein derart aufgefächerter Krisenbegriff als Ableitungsbasis des besagten Idealtypen fungieren. Für beides kann nun auch kurzerhand eine normative Wendung ausprobiert werden, indem man sagt: Schule sollte ein Ort sein, an dem individuelle Bildungsprozesse im Lehrhandeln professionalisiert begleitet werden. Was hieße das?

8.3 Ableitung idealtypischer Strukturkomponenten von Professionalität im Focus der Integrität unter dem Einfluss des Cultural Turn und des Inklusionsgedankens

Oevermann geht dabei nun also vom Problem der Krisenbewältigung aus, und bestimmt nun die Eigentümlichkeit professionalisierungsbedürftiger Handlungsprobleme darin, dass es in ihnen nicht um eine primäre Krisenbewältigung eigener Krisen geht, sondern um die Bewältigung der Krisen im Bildungsprozess der Lebenspraxis anderer. Diesen Umstand bezeichnet er als *„stell-*

vertretende Krisenbewältigung" (Oevermann 2013a, S. 120). Die nun aus dem Modell von Lebenspraxis ableitbare Strukturlogik dieser Praxis lässt sich auch innerhalb des oben bereits angesprochenen Focus der somato-psychosozialen *‚Integrität des Einzelnen im Sinne eines geltenden Entwurfs der Würde des Menschen'* beschreiben. Stellvertretende Krisenbewältigung ist in jedem dieser Foci nur möglich, indem im Hintergrund auch die beiden anderen Foci mitbearbeitet werden (vgl. 4.). Im Fall der Integrität sind dies also die Foci der Rechtspflege, sowie der Wissenschaft. Aus dieser Konstellation lässt sich schon ein erstes Argument hinsichtlich der Fragestellung zusammenziehen (A): *Der gültige Entwurf im Focus von Recht und Gerechtigkeit, wie er mit der Schulpflicht und den schulisch institutionalisierten Normalitäts- und Gerechtigkeitsentwürfen konkretisiert werden kann (vgl. 7.), und der jetzt um die UN-BRK erweitert ist (vgl. 3. & 5.), lässt sich angesichts der wissenschaftlich geltenden (vgl. 4.) Vorstellungen zur Individualität der Fallstrukturgesetzlichkeit aus krisenlastigen Bildungsprozessen nicht ohne bedenkenswerte Folgen für die Integrität der beschulten Lebenspraxis, insbesondere ihres sozialisatorischen Prozesses, nach dem Prinzip der Fachlichkeit eines Fahrradmonteurs verwirklichen – immer wenn Etwas durch Merkmale Bestimmtes der Fall ist, dann folgt darauf ein bestimmter Vollzug vorab bekannter Handlungen.* Interventionspraktisch droht eine solche ingenieuriale Anwendung von fachlichem oder wissenschaftlichem Wissen die inhärente fallstrukturgesetzliche Eigenlogik der Krise einer zu begleitenden Lebenspraxis in ihrem Bildungsprozess zu übergehen. Die schulische Realisation von Ordnungs- und Normalitätsentwürfen lässt sich also nicht auf dem irritationsfreien Wege von Routinen abarbeiten, für die auf formaler Rationalität beruhende Verfahrensprogrammierungen in der Bürokratie oder Handlungsanleitungen in technischen Zusammenhängen exemplarisch sind.

Angesichts des nun im Vokabular der Lebenspraxis sichtbargewordenen Technologiedefizits der stellvertretenden Krisenbewältigung lässt sich zunächst also für die Strukturlogik professionalisierten Handelns im Unterricht die oben bereits angesprochene Enttäuschung von ingenieurialen Planungsvorstellungen ableiten. Professionelles Handeln ist nicht standardisierbar, weil es mit einem sozialhistorisch konkreten und deshalb einzigartigen Bildungsprozess befasst ist, dessen einzigartige Fallstruktur in einer Diagnose rekonstruktionslogisch zu ergründen erforderlich ist. Erst diese Diagnose wäre wissenschaftlichem Wissen subsumierbar. Wenn dabei also der diagnostizierte Stand eines Bildungsprozesses oder die latente Sinnstruktur einer Äußerung in wissenschaftlich generalisierte gegenstandsbezogene Zusammenhangsaussagen eingeordnet werden kann, folgt daraus allerdings nicht, dass die daraus ableitbaren Behandlungspläne und Verfahrensstandards unmittelbar als interventionspraktischer Ablaufplan aufgefasst werden könnten. Entsprechend der in einer Fallstruktur und ihren Sinn- bzw. Deutungsmustern begründeten Eigenlogik einer jeden Bildungskrise ist dazu eine interventionspraktische Rückübersetzung in die konkrete Lebensgeschichte erforderlich. Bei dieser Rückübersetzung steht die Interventionspraxis der Lehrtätigkeit in der Schulinstitution dann unvermeidlich in der paradoxen Situation, wissenschaftlich erfahrungsbasiert zur Krisenlösung verhelfen zu sollen ohne die Wiederherstellung der durch die Krise eingeschränkten Autonomie konterkarieren wollen zu können, schon weil dies dem normativen Autonomieziel und dem Normalitätsentwurf eines die Ordnungs- und Gerechtigkeitsvorstellungen der betreffenden Gemeinschaft tragenden Habitus (vgl. 7.) zuwiderlaufen muss.

Diese klassische pädagogische Paradoxie – Autonomisierung durch De-Autonomisierung – ist den Beziehungen der Schüler_innen eingeschrieben, in die sie auf Basis ihrer herkunftsgeprägten Vorerfahrung mit den Lehrkräften im Horizont schulinstitutioneller Rollenerwartungen als ganze Person eintreten (vgl. 7.). Die Auflösung dieser Paradoxie kann nur insoweit gelingen, insoweit die Hilfe der je einzigartigen Lehrkraft dazu geeignet ist, die Selbsthilfepotentiale der einzelnen Schüler_innen anzuregen. Aufgrund der sowohl diagnostischen, wie interventionspraktischen ,Nicht-Standardisier*barkeit*' (sic) dieses Geschehens bedarf es hierzu einer entdeckungs- oder erschließungsoffenen Hinwendung der Lehrkräfte, zu ihren Schüler_innen. Denn nur so kann angesichts der je betreffenden Fallstrukturgesetzlichkeit eine adäquate Diagnose zur Grundlage einer fallangemessenen Übersetzung des mehr oder weniger bewährten gegenstandsbezogenen Interventionswissens vorgenommen werden. Oevermann sieht dies in einer therapeutischen Dimension des pädagogischen Bezugs begründet (vgl. Oevermann 1996, S. 142, S. 146 ff.), was zwischenzeitlich für eine gewisse Aufregung gesorgt hat (vgl. Baumert und Kunter 2006). Angesichts der gegenwärtig unbestreitbaren Geltung entsprechender wissenschaftlicher Sozialisationstheorien, die die oben unterstellte Krisenkette der Ontogenese gegenstandstheoretisch abfassen, lässt sich jenseits seiner Symbolisierung als ,therapeutische Dimension' die damit angesprochene Konstellation in der Beziehung von Lehrkräften und Schüler_innen ohne die Abschaffung der Kindheit kaum bestreiten (vgl. Oevermann 1996, S. 146). Von ontogenetischen Krisen sind die Sozialisanden stets in ihrer Integrität als ganzer Person und nicht lediglich in einer institutionellen Schülerrolle betroffen. Oevermann sieht deshalb in der sogenannten Grundregel aus der Psychoanalyse eine fruchtbare Analogie zur entdeckungslogischen Offenheit, die in der stellvertretenden Krisenbewältigung abverlangt ist. Ihr steht die interventionspraktisch einzuhaltende Enthaltsamkeitsregel gegenüber, wodurch das Übertragungsgeschehen im ,Arbeitsbündnis' so reguliert werden soll, dass Übertragungen ermöglicht und Gegenübertragungen deutbar werden können, ohne aber unmittelbar ausagiert werden zu müssen (Oevermann 1996, S. 141 ff.). Die Realisation einer solchen Entdeckungsoffenheit innerhalb des Arbeitsbündnisses scheint nun von Qualität und Gewicht der oben bereits angesprochenen diffusen Komponenten innerhalb der spezifischen Sozialbeziehung in Schüler- bzw. Lehrerrolle abhängig (vgl. 7.).

Unter der Voraussetzung der Annahme der stellvertretenden Krisenbewältigung als Spezifik professionalisierungsbedürftiger Handlungskonstellationen sind nun aus der Analyse der Lebenspraxis inhärente Strukturkomponenten gewonnen worden. Aus ihnen hat Oevermann eine idealtypische Modellierung professionalisierter Lehrhandlungen abgeleitet, was in die Bahnen eines Arbeitsbündnisses nach psychoanalytischem Vorbild unter der Bedingung mehr oder weniger formal-rational institutionalisierter Rahmung, wie die der Schule, geführt hat. Darin lässt sich Professionalität aus ihrer inneren Handlungslogik bestimmen, statt sie anhand äußerer institutioneller Merkmale identifizieren zu müssen. Die empirisch vorfindbare Bewältigung nicht-standardisierbarer Anteile innerhalb eines Arbeitsbündnisses kann sich nun gegenüber dieser Folie als mehr oder weniger professionalisiert erweisen. Als Komponenten idealtypischer Professionalität kann so nun also die interventionspraktisch adäquate Gewichtung einer gegenüber der konkreten Fallgestalt erschließungsoffenen, diffusen Seite der Sozialbeziehung behandelt werden – als eine für die innere Eigenlogik der Krisen auf Seiten der Schüler_innen offene Haltung, die mit einer diagnostischen bzw. verstehenden Deutungskompetenz gepaart ist. Für diese Seite dürfte das oben angesprochene perspektivtheoretisch auf die Ebene kollektiver Sinnmuster tiefergelegte Passungsverhältnis der mehr oder weniger fomal-rational, standardisierten Schulkultur zum Schülerhabitus mit seiner sozialstrukturellen Einbettung in milieu-, geschlechts- oder generationsbedingte (etc.) Rahmungen abgeben (vgl. 7.), durch die die fachliche Expertise im Umgang mit Heterogenität und Fremdheit in der diagnostischen Hinsicht gefordert ist (Lange-Vester 2014; Schmidt 2014). Denn angesichts solcher Relationen muss sich die professionalisiert-diagnostische Expertise unter Umständen weit über die Grenzen alltagspraktischer Kongruenz von Sinnmustern hinaus bewegen können.

Auf der Interventionspraktischen Seite kann eine Professionalität anhand der fallangemessenen Umformung aller institutionellen Erwartungen oder Vorgaben sonstiger Couleur ausgewiesen werden, angefangen bei formal-rationalen Normalitätsentwürfen der Unterrichtsgestaltung in curricularen Ordnungen, wie dem oben angeführten Arbeitsblatt (vgl. 7.), didaktischen Verlaufsschematisierungen, der Leistungsanforderungen, der Leistungsbemessungen, der sachlogischen Erschließung des Unterrichtsstoffes bis hin zu gegenstandsbezogenen Erklärungen aus generalisierten Aussagen der Wissenschaften (Oevermann 1996, S. 125). Diese handlungslogisch begründete Anforderung der Rückübersetzung von Generalisierungen besteht gegenüber allen gegenstandsbezogenen Wissensbeständen, die sich auf alles das beziehen können, was in den Interventionspraktischen Focus des Unterrichtens geraten kann. In dieser Hinsicht müssten zur weiteren Konkretisierungen die schulkulturellen Ausprägungen der Schulinstitution herangezogen werden, so wie sie sich empirisch angesichts einer oben angedeuteten schulischen Realität mehr oder weniger im Zusammenhang mit einer Schulimagination – also einer konzeptionellen Selbstver-pflichtung wie beispielsweise einem Bezug zu UN-BRK – untersuchen lassen (vgl. 7.).

Anhand dieser idealtypischen Ableitung aus den gegenstandstheoretischen Gehalten der perspektivtheoretischen Lebenspraxis lässt sich nun also die pro-fessionelle Expertise als ‚doppelte Professionalisierung' angeben. Denn es hat sich auf diesem Weg zeigen lassen, dass sowohl in diagnostischer, wie in inter-ventionspraktischer Hinsicht Professionalität ein Ort der Vermittlung von Wis-senschaft und Praxis darstellt (Oevermann 1996, S. 123 ff.). Die professionelle Expertise setzt also einerseits eine Einsozialisation in den wissenschaftlichen Modus der Geltungsüberprüfung voraus, der zumindest nach seinem Ideal, ne-ben seiner Bindung an den Wahrheitswert, vor allem durch die dazu notwendi-ge Handlungsentlastung zu kennzeichnen ist. Zugleich setzt sie auf der anderen Seite eine Einübung in eine Handlungs- und Kunstlehre zur Gestaltung von Ar-beitsbündnissen voraus, wofür der zur Handlungsentlastung diametral entge-genstehende praktische Zugzwang des Nicht-Nicht-Entscheiden könnens cha-rakteristisch ist (vgl. 4.). Professionalität erscheint hier in der unpersönlichen Distanziertheit der Generalisierung und einer gleichzeitigen Nähe einer diffu-sen Offenheit gegenüber der Individualität einer Fallgestalt.

Was die sich unter den Bedingungen der Praxis vollziehende Bezugnahme auf wissenschaftliches Wissen angeht, ist nun vor allem anhand des Umgangs mit gegenstandsbezogenen Aussagen deutlich geworden, dass sie neben ihrem diagnostisch möglicherweise als erklärungsrelevant erscheinenden Informations-gehalt gewisse Risiken bergen. Unter den vorläufigen Bedingungen des hier un-ternommenen Versuchs wäre diesbezüglich zunächst auf die Gefahr unangemes-sener Subsumtion in der diagnostischen Hinsicht hinzuweisen. Niklas Luhmann hat in der oben bereits angesprochenen Weise auf eine gewisse Verlockung zu einer verkürzten Faktorenbildung aufmerksam gemacht. Aussagelogisch ange-dacht, nimmt dieses Risiko mit der Anwendbarkeit solcher erklärenden Zu-sammenhangsausagen sogar zu, weil ihre Bewährung an der Wirklichkeit umso wahrscheinlicher wird, je geringer ihr Informationsgehalt ist. Gerade damit nimmt aber die Subsumierbarkeit erklärungsbedürftiger Einzelfälle zu, also auch die Gefahr verkürzender oder überformender Deutungen der betreffenden Individualität der je in einer Fallstrukturgesetzlichkeit begründeten Krisenkon-stellation. Professionalität hat sich demnach also am Gegensatz von Erklären und Fallverstehen zu bewähren, der sich als derjenige von Subsumtion und Re-konstruktion bis in feine Verästelungen der Alltagspraxis des Unterrichtens einschleichen kann (vgl. ebd., S. 126 ff.). Oevermann spricht hier von der ‚stell-vertretenden Deutung' des Schülerhandelns (vgl. 8.2), das über die Wahrneh-mung seiner manifestierten Äußerungen als dem subjektiv Gemeintem und In-tendiertem hinaus auf die latente Sinnstruktur innerhalb der jeweiligen biogra-phischen und schulinstitutionellen Situation rekurriert (vgl. ebd., S. 155).

In einer umgekehrten Analogie dazu lässt sich auch die interventionspraktische Bezugnahme auf gegenstandstheoretische Aussagen zu Verfahrensweisen des Unterrichtens bedenken. Diese Umkehrung resultiert aus dem Umstand, dass die besagten Informationsgehalte wissenschaftlicher Erklärungen in der Form von Konditionalsätzen ausgesagt werden. Wer beispielsweise den Plattfuß des Drahtesels anhand bestimmter Merkmalsübereinstimmungen einer in entsprechender Form ausgesagten Erklärung durch ein Loch im Fahrradmantel subsumiert hat, kann durch eine logische Umformung den Reparaturverlauf planen. Ein solcher Verlaufsplan, erscheint nun für alle diejenigen Fälle als gültig, die seiner Erklärung subsummiert werden können. Aufgrund der oben angesprochenen Begründung einer prinzipiellen Nicht-Standardisierbarkeit, kann es allerdings nur schwerlich als aussichtsreich gelten, einen solchen technologischen Problemlösungsansatz gewissermaßen aus der Fahrradwerkstatt in den Unterricht zu übernehmen. Unterricht müsste überzeugend als prinzipiell programmierbar erscheinen, während seine Rezeption durch die Beteiligten in Sinnmustern stets individueller Fallstrukturgesetzlichkeiten geschuldet ist. Die Notwendigkeit entsprechender Rückübersetzung generalisierter Ablaufpläne kann dagegen bereits bei einer Überführung von Arbeitsblättern zwischen unterschiedlichen Arbeitsbündnissen intuitiv spürbar werden. Die beispielsweise auf diesem Arbeitsblatt enthaltenen Annahmen über die Auffassungen von Textpassagen, der darin gestellten Aufgaben, aber auch der visuellen Zugänglichkeit, wie der Bedeutung von Linien, Rändern oder Pfeilen beruhen innerhalb einer Gruppe von Schüler_innen auf einer gewissen Homogenität, die sich als eine Normalität unterstellen lassen muss. Gemäß der hier präferierten Ebene der Handlungserklärung handelt es sich bei einer solchen Normalität also um eine Homogenität von Sinnmustern des Denkens, Handelns und Wahrnehmens vor dem biographischen Hintergrund jeweiliger Fallstrukturgesetzlichkeiten, also um die oben von der institutionellen Seite her bereits angesprochenen Passungsverhältnisse (vgl. 7.), von denen zwangsläufig immer auch ein Transformationsdruck auf Heterogenität ausgehen kann (Kramer et al. 2009, S. 74, S. 175 ff.).

8.4 Inklusion und schulische Arbeitsbündnisse: Verstehen, Planen, Unterrichten

Mit solchen Abstraktionen wird eine professionelle Expertise im Focus der Integrität erkennbar, die sich hinsichtlich der Fragestellung nun zu drei weiteren Argumentationen konkretisieren lässt (B bis D). Dazu muss die hier angeführte Entwicklungen in den beiden anderen Foci hinzugezogen werden: Ausgangspunkt der Fragestellung nach der Entwicklung schulischer Professionalität mit dem Inklusionsgedanken, war zunächst der mit der ratifizierten UN-BRK als Rechtsquelle (vgl. 3.) gültige Ordnungsentwurf einer inklusiven Gesellschaft (vgl. 5.). Durch ihn sind die oben angedeuteten normativen Veränderungen hinsichtlich einer inklusiven Einbeziehung der Einzelnen angestoßen. Die Möglichkeit zu einem solchen Entwurf ist wiederum durch eine als Cultural Turn bezeichnete Entwicklungsdynamik wissenschaftlicher Geltungskritik eröffnet worden (vgl. 6.). Mit der damit verbundenen Veränderung zu einer mehr und mehr rekonstruktionslogischen Erklärung des Behinderungsphänomens auf der Ebene von Sinnmustern und kollektiven Wissensordnungen durch die Disability Studies sind vormals naturalisierte Grenzziehungen nun nicht weiter ausschließlich als dem ‚kulturellen Spiel‘ vorgängig und außenstehend thematisch, sondern ihre Naturalisierung ist selbst als Wissensordnung mit entsprechenden Sinnmustern rekonstruierbar geworden (vgl. Waldschmidt 2008). Innerhalb des Focus der Integrität kulminieren im Rahmen der bestehenden Schulinstitution diese beiden miteinander ihrerseits verbundenen Entwicklungen (B): *Die aufgrund der um die Menschenwürde zentrierten Inklusionsnormativität nicht mehr in der gewohnten Weise durch wissenschaftlich geltende Sonderrollen zu begrenzende Heterogenität (vgl. 3. & 4.) trifft in der Schulinstitution auf eine wissenschaftlich eröffnete Reflexionsweise der Geltung von denjenigen Kategorien, mittels derer Normalitätsentwürfe ehedem abgesichert waren (vgl. 6.). Hinsichtlich professioneller Bezugnahmen auf wissenschaftliches Wissen gewinnt mit der Heterogenität die diagnostische Problemstellung – die stellvertretende Krisendeutung – weiter an Gewicht, während die Rückübersetzung gegenstandsbezogener und standardisierter Aussagen in Ablaufmustern oder Unterrichtsentwürfen entsprechend aufwendiger werden muss (vgl. 8.3), wodurch damit verbundene Planungs- und Entlastungshoffnungen an Gewissheit verlieren (vgl. 7. & 8.3).*

Aus den beiden bislang entwickelten Argumenten ergibt sich nun die Möglichkeit ein drittes abzuleiten. Dazu muss man das bereits oben gewonnene erste Argument zur Nicht-Standardisierbarkeit der Verwirklichung eines schulischen Inklusionsentwurfs (A) mit dem Zweiten zur Gleichzeitigkeit von normativ wie wissenschaftlich veränderter Thematisierungen schulischer Normalitätsentwürfe (B) zusammenziehen. Tut man dies, dann tritt das schulinstitutionell stabilisierte Primat der Wissensvermittlung in seinen als ‚normal‘ geltenden Voraussetzungen hervor: In seinem Kern betrifft dies zunächst die oben angesprochene Konstitution des Arbeitsbündnisses und dessen inhärente Parallelität diffuser und spezifischer Komponenten mit der darin enthaltenen Konstellation, die unter dem umstrittenen Begriff der ‚therapeutischen Dimension‘ firmiert (vgl. 8.3). Die Schulinstitution stellt in diesem Zusammenhang selbst schon aufgrund ihrer formal-rationalen Organisation ein Krisenrisiko da. Dieses Risiko besteht darin, dass, während sie die Beziehungen der beteiligten Akteure in spezifische Rollenerwartungen standardisieren muss, auf Seiten ihrer Adressaten die Voraussetzungen zur Übernahme entsprechend spezifizierter Sozialbeziehungen durchweg noch nicht unterstellt werden kann (vgl. 7.). Der schulische Normalbetrieb der Wissensvermittlung beruht dann auf der gelungenen prophylaktischen Umgehung des Krisenpotentials, das darin angelegt ist, dass Schüler_innen durch spezifisches Handeln, insbesondere bis zur Latenzphase, nur als ganze Person betroffen sein können. Bis dahin wird die Beschulung von den Kindern nach den bereits aus der familiären Sozialisation bekannten diffusen Beziehungsmustern ganzer Personen wahrgenommen. Dies wird angesichts seiner thematischen Grenzenlosigkeit mit jedem Ankommens-Kreis in der Grundschulklasse nach dem Wochenende deutlich. So ist mit jeder korrigierenden Rückmeldung und mit jeder Note auf einem Aufgabenblatt die Gefahr der Abwertung der ganzen Schüler_innen-Person verbunden. Deshalb hat die Notwendigkeit ressourcenorientierter und wertschätzender Kommunikationsstile weit über die Kulturtechnik zwinkernder Smileys hinaus als ‚Fehlerkultur' in das berufliche Vokabular Eingang gefunden. Die schulische Unterrichtspraxis hat also eine Bedeutung für die Sozialisation, welche die intendierte Wissensvermittlung weit übertrifft, ganz gleich, wie man diesen Umstand bezeichnen will.

Daraus lässt sich nun das angekündigte dritte Argument im Sichtfeld der Fragestellung entwickeln, obgleich es schon anhand der von Oevermann hier herangezogenen Normalitätsvorstellung auf der offenen Hand liegt. Er operiert im Zusammenhang der Rollenproblematik nämlich mit der Vorstellung, dass die Übernahme spezifischer Rollen im Rahmen der Schulinstitution maßgeblich durch den ontogenetischen Krisenverlauf geprägt wird (C): *Mit dem doppelten Erosionsdruck aus der UN-BRK (vgl. 3. & 5.), sowie der wissenschaftlichen Reflektion von Sonderrollen mitsamt den zugehörigen Kategorisierungen (vgl. 6.) schwindet der Möglichkeit nach auch die den bisherigen Normalitätsentwürfen zugrundeliegende ontogenetische Homogenitätswahrscheinlichkeit, die durch die Jahrgangsklassenbildung zur besagten Krisenprophylaxe schulinstitutionell im Arbeitsbündnis vorausgesetzt war (vgl. 7.). Scheitert angesichts des Krisenpotentials des schulischen Arbeitsbündnisses die Prophylaxe eines konkreten Normalitätsentwurfs an einem konkreten Passungsverhältnis (Schülerhabitus und Schulkultur), lässt sich fortan darauf nicht mehr in der hergebrachten Form mit der Vergabe einer Sonderrolle reagieren. Folglich müssten sich Normalitätsentwürfe im Rahmen einer Schulkultur und angesichts ‚schulischer Realität' (Helsper) der Heterogenität der je betreffenden Gruppe anpassen (B), wenn diese nicht fortwährend zu Lasten individueller Integrität übergangen werden soll (A). Damit ist nun nicht die normative Inklusionsforderung wiederholt. Vielmehr wird damit umgekehrt deutlich, was bei ihrer Umsetzung auf dem Spiel steht: Denn wenn aus ihr resultiert, dass die prophylaktische Kontrolle des latenten Krisenpotentials im schulischen Arbeitsbündnis, die mittels der Homogenität von Normalitätsentwürfen erreicht worden ist, nun untergraben wird, dann stellt sich Frage, wie diese sich aber dennoch nicht in der bereits angesprochenen Weise als Gefährdung der individuellen Integrität der Schülerpersönlichkeiten manifestieren soll. Insoweit Sonderschulen tatsächlich Schonräume waren, scheint Inklusion ohne Antwort auf diese Frage also zu einer Integritätsbedrohung zu werden. Inklusive Regel-*

schulen müssten demgegenüber folglich also insofern ‚Schonräume' für alle Schü-ler_innen werden, insofern damit ein Ort gemeint ist, an dem individuelle Bil-dungsprozesse im Lehrhandeln professionalisiert begleitet werden (vgl. 8.3).

Diese Argumentationskette lässt sich noch um ein letztes Glied verlängern. Dazu muss man allerdings die Irritationen um das ‚Therapiewort' zugunsten des gedankenexperimentellen Umgangs mit der dahinterstehenden Konstellation noch einige Zeilen weiter einklammern, um sich so dem beruflichen Selbstver-ständnis der Schulpädagogik und dem Zuschnitt von Wissens- und Zuständig-keitsgebieten zuwenden zu können. Das folgende Argument beruht nämlich auch auf der besagten Konstellation einer widersprüchlichen Einheit diffuser und spezifischer Aspekte des Arbeitsbündnisses, wodurch das spezifische Rollen-handeln des Unterrichtens die Schülerpersönlichkeit stets als ganze Person be-trifft (vgl. 7.). Insofern ein in diesem Sinne rollenspezifisches Unterrichten durch Normalitätsentwürfe abgesichert ist, mittels derer die aus dieser Konstellation erforderliche Krisenprophylaxe gewährleistet wird, insoweit ist die Möglichkeit zu einem beruflichen Selbstverständnis eröffnet, welches auf die Wissens- und Normvermittlung beschränkt sein kann (Oevermann 1996, S. 150 ff.). Folglich sind Sonderrollen also nicht lediglich in kategorial gekennzeichneten Abwei-chungen von schulischen Normalitätsentwürfen begründet, sondern in ihnen dokumentieren sich vielmehr darüber hinaus Grenzen einer darin enthaltenen Krisenprophylaxe. Die Begrenzung der Beschulbarkeit, an der die Zuständigkeit der Sonderpädagogik beginnt, ist also mit den Grenzen der Vermeidbarkeit von Manifestationen des latenten Krisenpotentials im Arbeitsbündnis gekoppelt.

Aus der UN-BRK und der wissenschaftlichen Reflektion von Sonderrollen hat sich oben bereits ein doppelter Erosionsdruck auf schulische Normalitäts-entwürfe zeigen lassen (B), der an seiner Oberfläche die Grenze von Normal- und Sonderpädagogik unterminiert, weil mit jeder Besonderung eine normativ inakzeptable Separation einhergehen kann (Katzenbach 2015, S. 49). Dies gilt auch schon für eine Sonderbezeichnung der Fachlichkeit in den Arbeitsbünd-nissen (vgl. ebd.). Über eine solche Problematisierung hinaus eröffnen aber die idealtypischen Strukturkomponenten der Theorie professionalisierten Han-delns in der gezeigten Weise Einsichten auf einer tieferliegenden Ebene (D): *Mit dem doppelten Erosionsdruck aus der UN-BRK sowie aus der wissenschaftli-chen Reflektion von Sonderrollen muss sich die Schulinstitution – unter Beibehal-tung des Anspruchs auf Aufrechterhaltung und Gewährleitung der persönlichen Integrität – in erweiterter Weise auf Heterogenität einstellen (vgl. C). Dazu muss die auf die fallstrukturelle Individualität einer Krisenlogik ausgerichtete diagnos-tische Seite des Zugriffs auf wissenschaftliches Wissen an Gewicht gewinnen. Zu-gleich wird die Rückübersetzung der aus gegenstandsbezogenen Erklärungen ge-wonnenen Ablaufpläne und Verlaufsentwürfe unumgänglich komplexer. Dies muss nun aber die Unterschiede zwischen Normal- und Sonderpädagogik aus an-deren Gründen weiter einebnen, als aus dem normativen Selektionsbedenken.*

Denn wenn nun beispielsweise die ontogenetischen Homogenitätsvoraussetzungen krisenprophylaktischer Normalitätsentwürfe erodieren – also weil Jahrgangsklassen dann beispielsweise keine ausreichende Homogenität mehr verbürgen – dann tritt der Pädagogik, ob sie will oder nicht, die latente Krisenkonstellation institutionalisierter Arbeitsbündnisse als Normalfall so gegenüber, wie das bislang für die Sonderpädagogik bereits zum Selbstverständnis gehört haben mag. Die Unterscheidung von Normal- und Sonderpädagogik würde dann nicht normativ hinfällig, weil sie als ‚Sonderschule in der Westentasche' Separationsrisiken in die inklusive Schule zu importieren droht, sondern weil sich die Schulpädagogik angesichts der institutionell auf heterogenere Weise produzierten Krisenlatenz im Arbeitsbündnis für dessen diffuse Seite weiter öffnen muss. Eine solche Pädagogisierung der Schulinstitution erfordert eine Schulkultur, in der Ungleiche ungleich und nicht gleich zu behandeln sind (vgl. 7.). Die Gestaltung dieser Spannung zum meritokratischen Gerechtigkeitsversprechen hinsichtlich der Allokationsfunktion der Schule kann also keine ausschließliche Frage der Haltung sein. Sie macht die Anpassung derjenigen Institution erforderlich, die mit der Verwirklichung von Menschenrechten durch die UN-BRK in konkretisierter Weise betraut ist.

In dem Maße, in dem in der inklusiven Schule die Krisenprophylaxe heterogener wird, kann sie fortan also nicht mehr auf die Homogenität setzen, die Normalitätserwartungen aussichtsreich machen können. Die Krisenlastigkeit der Schule wird folglich also normaler werden können müssen. Damit entsteht ein diffuses Bild was die professionelle Expertise anbetrifft: Während die Sonderpädagogik aufgrund ihrer Bindung an durch Personenmerkmale gebildete Zuständigkeiten eher als Teil einer Stigmatisierungsproblematik behandelt werden muss, wird der ihr bisweilen attestierte Professionalisierungsvorsprung im Bezug zum diagnostischen Wissen (Oevermann 1996, S. 151) aufgrund der aus der Heterogenitätssteigerung folgenden Komplexitätszunahme im Unterricht an Regelschulen dringender gebraucht (Katzenbach 2015, S. 50). Aus dieser Perspektive lässt sich in einer etwas weniger strengen Ableitung das Verhältnis von Schule und Professionalität der Lehrtätigkeit unter der Bedingung des normativen Inklusionsentwurfs in folgender Weise zwischenbilanzieren: *Der normative Inklusionsgedanke schmälert in der Schulinstitution die Möglichkeiten ihre eigene Krisenlastigkeit aus den widersprüchlichen Arbeitsbündnissen in Normalitätsentwürfen auszublenden. Nur auf dieser Grundlage kann sie allerdings als Institution durch so genannte ‚Normalpädagogen' getragen werden, die auf die Wissensvermittlung spezialisiert sind*[10].

---

10 Um Missverständnissen vorzubeugen, sei daran erinnert, dass diese Spezialisierung hier nicht als vollständige Suspendierung der schulpädagogischen Kompetenz der Krisenprophylaxe gemeint ist, wie an den betreffenden Passagen oben mit den Andeutungen eines diesbezüglichen Vokabulars, wie beispielsweise der sog. ‚Fehlerkultur', sichtbar wurde.

Von daher lässt sich hier schon sagen, dass die politische Gemeinschaft, die dem inklusiven Ordnungs- und Gerechtigkeitsentwurf durch die UN-BRK Geltung verschafft, bei der gesellschaftlichen Einrichtung ihrer Schulinstitution vor der Herausforderung steht, Schule als ein Ort von Bildungskrisen aufzufassen. Zu deren Begleitung brauchen Lehrkräfte eine formal-rationale Organisation, die dazu geeignet ist, Wissens- und Normvermittlung nicht durch die Verleugnung der Krisenlastigkeit ihrer Arbeitsbündnisse erkaufen zu müssen. Die Routinen einer solchen Organisation liefen auf einen veränderten Bezug zum wissenschaftlichen Wissen hinaus (B), wie er sich oben bereits als erforderlich erwiesen hat (vgl. 8.3). Angesichts der fallstrukturellen Heterogenitätszunahme von Bildungsprozessen können dann beispielsweise die gegenstandsbezogenen Aussagegehalte zu sozialisationstheoretischen Etappen in ontogenetischen Verläufen nicht mehr zur interventionspraktischen Standardisierungen in Normalitätsentwürfen herangezogen werden. Denn die Absicherung entsprechender Homogenitätsvoraussetzungen durch Sonderrollen erscheint menschenrechtlich nun als problematisch. Damit verliert die Geltung von Verlaufsstandardisierungen im Rahmen von Bildungsprozessen an Fraglosigkeit – angefangen von Einschulungszeitpunkten, über Versetzungsentscheidungen, Schullaufbahnentscheidungen, dem Beginn einer weitergehenden Betonung spezifischer Sozialbeziehungen durch das Fachlehrerprinzip, bis hin zur Korrelation von Zeiträumen mit sachlogischen Inhaltsetappen des Unterrichtsstoffs, die zur Abbildung von Leistungsdaten nach dem Vorbild kontrollierter Bedingungsfaktoren naturwissenschaftlicher Laborexperimente in die Schule übertragen zu sein scheinen. Weniger zur wissenschaftlichen Fundierung solcher Normalitätsentwürfe müssten dann gegenstandbezogene – beispielsweise ontogenetische – Aussagegehalte herangezogen werden, sondern zu einer perspektivtheoretischen Fundierung einer rekonstruktionslogisch-diagnostischen Praxis. Fallbezogene Aussagen, nun also Fallrekonstruktionen, könnten dann zur interventionspraktischen Planungsgrundlage der Begleitung von Bildungsprozessen werden. Inwieweit dazu die Vorstellung tragfähig ist, Inklusion sei ein additiver Kompetenzausschnitt, der durch Beauftragte oder durch Stabsstellen auf Basis spezialisierter Fortbildungsmodule integriert werden könnte, sei dahingestellt (vgl. Deckert-Peaceman 2015). Da nun aber gegenwärtig die schulischen Funktionen hinsichtlich der Wissens- wie der Normvermittlung ebenso konstant bleiben, wie die funktionalen Beziehungen des Schulwesens zu den Herkunftsfamilien, den Herkunftsmilieus der Schülerschaft sowie zur Wirtschaft stellt sich die Frage, in welche Relation sich der Inklusionsgedanke im Zusammenhang der Schulinstitution zu einer solchen idealtypischen Professionalität und ihrer formalen Organisation stellen kann. Dieser Frage kann nun nicht mehr auf der Grundlage der normativen Textpassagen der UN-BRK nachgegangen werden. Denn in dieser Hinsicht müssen nun die empirisch vorfindbaren Brechungen durch die Auffassungen beteiligter Akteure als handlungsleitend gelten. Im Folgenden wird deshalb auf eine empirische Untersuchung Bezug genommen, durch die solche Inklusionsauffassungen in eine Ordnung gebracht sind, innerhalb der sehr unterschiedliche Umsetzungsstrategien des Gedankens anschlussfähig werden können.

9. Fazit – Professionalität in der inklusiven Schule

Wollte man das normative Inklusionskonzept auf den durch die UN-BRK angesprochenen Personenkreis begrenzen, liefe dies gemäß der bisherigen Argumentation Gefahr, deren normatives Transformationspotential für schulische Normalitätsentwürfe zu unterschätzen (vgl. Katzenbach 2015, S. 34). Da eine behinderungsbedingte, separierende Sonderrollenvergabe mit dem 24. Artikel der UN-BRK als strukturelle Ungerechtigkeit menschenrechtlich fragwürdig geworden ist, muss dies geradezu zwingend auch in Fragen nach weiteren Heterogenitätsdimensionen – wie beispielsweise der sozialen Herkunft in unterschiedlichen Dimensionen – und entsprechenden strukturellen Barrieren ausstrahlen. Institutionalisierte Normalitätsentwürfe mit ihren Identitätsnormen und Verhaltenserwartungen ermöglichen es in der oben gezeigten Weise in Schulklassen, deren Heterogenität dies zulässt, zu unterrichten (vgl. 7.). Gegenüber Schüler_innen, an denen abweichende Merkmale zu erkennen sind, werden entsprechend stabilisierende Grenzen gesetzt. Der Inklusionsgedanke der UN-BRK kann demgegenüber als eine Verpflichtung auf die Weiterentwicklung einer Einbeziehungs- oder Zugehörigkeitsgerechtigkeit in die Schulinstitution behandelt werden, die auf eine Anerkennung unter Gleichen – ein ‚Zugehörigkeitsgefühl‘ (Bielefeldt 2009, S. 10) – abzielt (vgl. Liesen et al. 2011, S. 196 ff.). Aus dem expliziten Bezug zum Behinderungsphänomen lässt sich keine Begrenzung des Inklusionsgedankens auf diese Gruppe ableiten, weil sie Behinderung als etwas aufgreift, dass sich in der oben angedeuteten Weise aus den strukturellen Manifestationen kollektiver Wissensordnungen erklären lässt (vgl. 6.). Eine solche Rekonstruktion der Geltung von Differenzbildungen verweist über das Behinderungsphänomen hinaus auf die prinzipielle Gestaltbarkeit sozialer Ordnung. Diese kritische Reflektion wird von der UN-BRK aufgegriffen und in einen Gestaltungsentwurf von Ermöglichungsbedingungen sozialer Anerkennung bei der Einbeziehung der Einzelnen gewendet (vgl. 5.). Dass der Entwurf einer solchermaßen abstrakten Differenzgerechtigkeit bei seiner Umsetzung kontroverse Aneignungsdebatten aufwirft, unterschiedliche Deutungen zulässt und mit nicht vorhergesehenen Verunsicherung von Geltungsgewissheiten hier und da überrascht, sollte nicht weiter verwundern, wenn Institutionen ebenfalls als die Praxis strukturierende Sinnmuster behandelt werden, die aus kollektiven Wissensordnungen erklärbar sind (vgl. 7.). Die Veränderung beruflicher Selbstverständnisse ist nicht in jedem Fall ein Zuckerschlecken (vgl. 8.4).

Deshalb ist es interessant abschließend die UN-BRK anbetreffende Auffassungsweisen von Inklusion auf die hier begonnene Argumentation zu beziehen. So wird es möglich, den bisher rein idealtypischen Charakter der Argumentation mit einem zur Realisation der Konvention relevanten empirischen Ausschnitt sozialer Wirklichkeit zu konfrontieren. Für die nun abschließenden Abwägungen bietet es sich also an, Inklusion als eine pädagogische Orientierung zu behandeln. In solchen Vorverständnissen wird der inklusive Entwurf von Recht und Gerechtigkeit aus der UN-BRK mit Integritätsvorstellungen so verbunden, wie sie empirisch vorfindbar sind.

Bei einer entsprechenden Untersuchung hat Mai-Anh Boger ein oben bereits angekündigtes Trilemma rekonstruiert, was sich aus solchen Inklusionsverständnissen bzw. -orientierungen ergibt (Boger 2015). Inklusion wird demnach in unterschiedlichen Konnotationen aufgefasst, die unter den Labels Empowerment, Normalisierung und Dekonstruktion bereits je eigene Verwendungsgeschichten in pädagogischen Diskursen aufzuweisen haben. Sie stehen zueinander allerdings in einem Verhältnis, in dem die Kombination zweier Orientierungen die jeweils Dritte stets ausschließt. Diese Entdeckung einer je ausgeschlossenen dritten Inklusionsauffassung im Wege der Grounded Theory bewegt sich im methodischen Rahmen des oben angesprochenen entdeckungslogischen Theorieverständnisses (vgl. 6.). Und damit bewegt es sich zugleich – als ‚Minimalmodell von Kritik‘ in einer ‚unnachgiebig befragenden Haltung‘ (vgl. Flügel-Martinsen 2010, S. 148) – auf den Bahnen einer empirischen Wissenschaft, die ganz in Max Webers Sinne niemanden zu lehren vermag, was er soll, die ihm aber durchaus das zeigen kann, was er unter welchen Umständen will (vgl. Weber 1922b, S. 151). Hinsichtlich einer professionellen Verpflichtung auf die dann normativ aufzufassenden Autonomie der Lebenspraxis beschulter Kinder (vgl. 8.1), soll der Nachweis eines solchen Trilemmas[11] eine Möglichkeit fallbezogener Reflexion inklusiver Maßnahmen eröffnen – als ‚Inklusion vom Kinde aus‘ (vgl. Boger 2015, S. 59). Dies wird im Folgenden deutlicher, wenn mit einer Kombination je zweier solcher Orientierungen jeweils wiederum gewisse Probleme zu berücksichtigen sind, die das Inklusionsziel einer Maßnahme unter der Hand auf unterschiedliche Weise zu konterkarieren drohen.

Diese Struktur trilemmatischer Inklusion soll vom Normalisierungsgedanken ausgehend behandelt werden, weil mit ihm der Anspruch erhoben wird, im Rahmen der Normalitätsentwürfe der Regelschule Anerkennung zu finden. Da sich die Normalisierungsforderung in diesem Zusammenhang nur hinsichtlich der Grenzziehung der oben angesprochenen Beschulbarkeit sinnvoll erheben lässt, liegt es augenscheinlich nahe sie mit einer Empowerment-Strategie zu ver-

---

11 Unter Trilemma wird hier also nicht die unumgängliche Wahl aus drei schlechten Alternativen verstanden.

binden. Damit tritt die Ambivalenz der Normalisierung zum Vorschein: Während mit einem wohnortnahen Regelschulbesuch die Teilhabe an Peer-Kultur, Wissens- und Normvermittlung ermöglicht wird, bekräftigen die dazu erforderlichen außer*ordentlichen* Anstrengungen den Wert derjenigen Normalitätsentwürfe, aus denen das Jenseits einer geltenden Ordnung erst resultiert. Das Versprechen dieser Strategie liegt in einem Sozialisations- und Bildungsprozess, der von einer Anerkennung als Schüler_in getragen sein könnte und so von separationsbedingten Isolationsfolgen entlastet wäre. Daran kann im Hintergrund der Wissensvermittlung die Hoffnung auf die Möglichkeit zur Ausbildung der Integrität einer autonomen Lebenspraxis angeschlossen werden.

Auf die Einlösung dieser durch die Konvention nun verbrieften Hoffnung kann es allerdings keine Garantie geben, schon weil Anerkennung Freiwilligkeit voraussetzt und sich weder verordnen noch technologisch steuern lässt. Viel drängender als diese generelle Einschränkung muss allerdings die oben ungeklärte Frage nach der Wahrung der Integrität all derer, für die Förderschulen auch Schonräume waren, in der Regelschule auf dieser Hoffnung lasten (vgl. 8.4, C). Die Stabilität der gegebenen schulischen Realität meritokratischer Statuszuweisung führt den inklusiven Unterricht einer Normalisierungsstrategie in das altbekannte Risiko, dass bereits seit Ende der neunzehnhundertneunziger Jahre als ‚*Sonderschule in der Westentasche*‘ mit einer zum geflügelten Wort aufgestiegenen Metapher bezeichnet worden ist (Katzenbach 2015, S. 50). Dieser Binnensonderschule obläge es dann, die oben angesprochene Krisenprofilaxe in einer entsprechend verkomplizierten interventionspraktischen Rückübersetzung zu leisten (vgl. 8.3). Inklusion in eine ansonsten unveränderte Schulinstitution bedarf also weiterhin der Begründung von Sonderrollen innerhalb des unterrichtlichen Normalitätsentwurfs, was stets mit entsprechenden – bisweilen ‚sonderanthropologischen‘ – Kategorisierungen anzusprechen ist – wissenschaftlich kontrolliert als ein ‚besonderer Förderbedarf‘ oder informell, wie im Beispiel des ‚Dummentischs‘, von dem Schüler_innen abwertend sprechen können, wenn auf verschieden Niveaus unterrichtet wird (Deckert-Peaceman 2015, S. 50; Katzenbach 2015, S. 33). Entsprechende Kategorisierungen müssen dann also erforderlich bleiben, wenn unterrichtliche Normalitätsentwürfe einen Transformationsdruck bewirken (vgl. 7.), aus dem die Notwendigkeit einer besonderen Organisation diagnostischer und interventionspraktischer Expertise mit entsprechender Ressourcenzuordnung erforderlich wird, um die korrespondierende Krisenprophylaxe aufrecht zu halten (vgl. Katzenbach 2015, S. 48 ff.). Dieser trilemmatische Ausschluss einer De-Kategorisierungsstrategie muss sich unter den gegenwärtigen Bedingungen der Schulrealität durch die Schullaufbahn hindurch zuspitzen, von Klassenstufe zu Klassenstufe, von der niedrigeren zur höheren Schulform, abhängig von den je betreffenden Normalitätsentwürfen des Schulalltags. Die Schule muss so in Gefahr geraten, weiterhin die Differenz zu institutionalisieren, zu deren Überwindung der Inklusionsgedanke auffordert.

Andererseits bietet die Kombination von Normalisierung mit Empowerment für Kinder eine Gelegenheit, statt sich in den Sonderrollen eines ausgegliederten Förderbetriebs, angesichts regelschulischer Verhaltenserwartungen und Identitätsnormen Erfahrungen zu machen. Damit eröffnen sich Einfluss- und alltägliche Gestaltungmöglichkeiten, womit wiederum Solidarisierungen über hergebrachte Grenzen hinweg relevant werden können. Würde und Rechtsträgerschaft werden so innerhalb des allgemeinen Vergesellschaftungszusammenhangs der Regelschule praktisch erlebbar. Hinsichtlich der Normenvermittlung kann so eine Praxiswelt entstehen, in der die Ausbildung eines den gemeinschaftlichen Entwurf von Recht und Gerechtigkeit tragenden Habitus induziert wird (vgl. 7.). An eine solche Normalisierungsstrategie lassen sich dann weitere Hoffnungen knüpfen, was die Ermöglichung der Bewährung einer autonomen Lebenspraxis auch in biographischer Hinsicht anbetrifft. Eine solche Schule, hätte dann also ihren Anteil an der gesellschaftlichen Ermöglichung von Gelegenheiten, Chancen auf die biographische Verwirklichung einer autonomen Lebenspraxis zu ergreifen.

Angesichts der angesprochenen Einwände gegenüber schulinstitutionellen Wissensordnungen (vgl. 7.), den damit häufig verbundenen dichotomisierenden Wahrnehmungsweisen in binären Sinnmustern und darauf folgenden Grenzziehungen (normal/nicht-normal), ist der Gedanke einer Dekonstruktion solcher Differenzen eine ebenso radikale, wie plausible Inklusionsorientierung. Mit ihr ist häufig eine Forderung nach einem Verzicht auf Kategorisierung verbunden. Bei einer solchen Forderung muss auf die eine oder andere Weise darauf abgestellt werden, dass sich – mehr oder weniger gemäß einer Konzeption von Struktur als Dualität – auch solche Deutungsmuster, durch welche strukturelle Heterogenitätsdimensionen getragen werden, maßgeblich durch den Sprachgebrauch einschleifen und reproduzieren (vgl. 6.). Dies gilt für Fachbegriffe in einer besonderen Weise, weil sie unabhängig von ihrem für den Fall je erschließungstauglichen verallgemeinerten Aussagegehalt, als sprachliches Stilmittel zur Symbolisierung von Fachlichkeit einladen. Mit einem solchen Gebrauch geht die Gefahr eines rein versozialwissenschaftlichten Gebrauchs von Worten einher, durch den eigene Erfahrungen zügig auf eine verallgemeinerte Dimension reduziert werden können, was gewissermaßen einer Überformung des Gemeinten durch die symbolische Aufladung des Gesagten gleichkäme. Auch wenn mit dem Verzicht auf eine solche Münze die Zirkulation gefälschter Tauschmittel auf den sprachlichen Märkten der Scheinprofessionalität nicht schon gleich unterbrochen wäre, würde mit einer Gebrauchsenthaltung die betreffende Differenz in der betreffenden Praxis zumindest nicht reproduziert. Gegenüber diesem Doppelnutzen stellt sich aber die Frage, inwieweit ein solcher Verzicht mit einem Verzicht auf Fachlichkeit einhergehen müsste. Mit den hier nun bislang argumentativ vorgelegten Mitteln lässt sich dieses Problem nun als Frage nach der zeiträumlichen Übertragung von Erfahrungen ad hoc abhandeln.

Kommt man der De-Kategorisierungsforderung gedankenexperimentell vollumfänglich nach, würde dies in professioneller Hinsicht den Bezug zu wissenschaftlichem Wissen mit gegenstandsbezogenen Aussagegehalten aufgeben. Diese Einordnung resultiert aus dem Umstand, dass die Differenzierungen, deren Geltung in der Kritik steht, davon abhängen, dass das betreffende Vokabular in seinem Realitätsbezug Prädikationen ermöglicht, durch welche die betreffenden Differenzen gemacht werden können. Das bedeutet nichts anderes, als innerhalb des Bereiches, auf den sich solche Prädikationen beziehen, Unterschiede zu machen (vgl. 2.). Nur mit solchen Aussagen, können in modernen Gesellschaften Erfahrungen mit Geltungscharakter übertragen werden – also wenn sie gegenstandsbezogen und im Focus wissenschaftlicher Geltungsüberprüfung durch methodisch anerkannte Erfahrungen begründet sind (vgl. 3.). Solche Aussagen weisen generalisierte Gehalte aus, woraus ihnen die verallgemeinerte Geltung erst zukommen kann. Hier wird nun auf eine weitere Untersuchung unterschiedlicher Generalisierungsweisen verzichtet, aus der möglicherweise konkretere Anforderungen an sie resultieren könnten. Aber schon jetzt lässt sich hinsichtlich des professionellen Bezugs auf wissenschaftliches Wissen konstatieren, dass mit dem Verzicht auf solche Kategorien und ihre Gehalte sowohl in falldiagnostischer als auch in interventionspraktischer Hinsicht – zwei Hinsichten, die im Schultag normalerweise nur analytisch zu unterscheiden sein dürften – der Bezug zu Erfahrungen unterbrochen würde, von denen wiederum Verschiedenes gelten müsste. Zunächst würde also mit solchen Aussagen auf Erfahrungen verzichtet werden, die zeiträumlich einen anderen Ursprung haben, die durch methodische Konventionen eine intersubjektive Nachvollziehbarkeit für ihr Zustandekommen ausweisen können und die in ihrem Bezug zu Wertideen im betreffenden Bereich als relevant erscheinen. In diagnostischer Hinsicht müsste gemäß der oben angestellten Überlegungen am jeweiligen Fall das Verallgemeinerbare am je Besonderen soweit unberücksichtigt bleiben, soweit es den Erfahrungshorizont der konkret in einer Deutungssituation Beteiligten übersteigt. Wenn man so will, dann käme dies einem strengen Historismus in der Anamnese gleich, was man vielleicht selbst schon als Widerspruch in sich behandeln könnte. Diagnostisch liefe dies auf eine monographische Falldarstellung hinaus, welche konsequenterweise also nicht durch das Erfragen potentiell relevanter Sachverhalte konfiguriert werden könnte. Denn dazu müsste bereits eine Kategorie aus dem Vorverständnis hypothetisch an den Fall herangetragen werden, aus der Merkmale und mögliche Ausprägungen als bekannte Indikatoren abgeglichen werden können. Folglich wäre eine solche de-kategorisierte Diagnostik auf einen Subsumtionsverzicht verwiesen. Die Bedeutung rein subsumtionslogischer Vorgehensweisen ist oben allerdings ohnehin schon vom professionalisierungstheoretischen Standpunkt ausgehend, bereits mit dem Hinweis auf die Einzigartigkeit von Fallstrukturgesetzlichkeiten idealtypisch relativiert worden (8.3). Angesichts der dort angesprochenen Überformungsgefahr kann im Kategorisierungsverzicht also sogar eine Risikominimierung gesehen werden, wenngleich dafür, was die Erfahrungsübertragung anbetrifft, fachlich die angedeuteten Kosten anstünden. Die Bilanzierung dieser beiden Seiten dürfte dann stark vom Abstraktionsgrad in den Aussagegehalten jener Kategorien abhängen. Das deutet wiederum darauf hin, dass dabei paradigmatisch geprägte Generalisierungsweisen eine erhebliche Rolle spielen. Hier wäre nun zu untersuchen, wie gewinnbringend also diagnostisch die betreffenden Allgemeinaussagen, wie beispielsweise die Definitionen verschiedener internationaler Klassifikationen im Schulalltag im Einzelfall über die rekonstruktionslogische unverzichtbare Erschließung (vgl. 8.3) hinaus wirklich sein können. Diese Skepsis lässt sich nun, wie oben bereits zu sehen, aufgrund der Umformbarkeit von Erklärungen zu Plänen, für die interventionspraktische Herausforderung der Rückübersetzung analog formulieren. Die in den Höhen der jeweiligen Abstraktionen solcher Kategorien – also den weiten Extensionen, deren Umfang durch schlanke Begriffsintensionen die so verlockend vielfältigen Aussagemöglichkeiten eröffnen – angelegte Überformungsgefahr gilt folglich auch für jede Unterrichtsinteraktion. Gerade in dieser Besonderheit bei der Übertragung von Erfahrungen liegt ein gewichtiger Grund für die Professionalisierungsbedürftigkeit des Lehrhandelns, wodurch sich der Lehrberuf von in ingenieurialer Weise wissenschaftlich informierten Berufspraxen unterscheidet (vgl. 8.1). Während dort also die Übertragung von Erfahrung im Wege von Subsumtion, logischer Umformung und Deduktion vollzogen werden kann, bedarf es angesichts professionalisierungsbedürftiger Problemstellungen also zusätzlich einer rekonstruktiven Fallerschließung für die die Abduktion an die Stelle der alltagspraktisch eingelebteren Deduktion tritt (vgl. Oevermann 2000, S. 59).

Schon daraus folgt für professionalisierte Praxis die Anforderung einer Balance von Thematisierung und Nicht-Thematisierung (Katzenbach 2015, S. 48). Die professionelle Sorge um Überformung fällt also mit der Sorge um Stigmatisierung zusammen: Sollten die verallgemeinernden Anteile eines betreffenden Begriffs zum Stigma einer Gruppe geworden sein, dann spricht das also nicht dafür, dass dem ein professioneller Umgang mit den besagten Überformungsrisiken und der Rückübersetzungsanforderung vorrausgegangen ist. Die pädagogische Orientierung an Inklusion als einer Dekonstruktion von Differenzen erinnert also lediglich an eine professionelle Umgangsweise mit dem betreffenden Vokabular. Es ist auch in interventionspraktischer Hinsicht eine vollkommen offene Frage, ob solche Kategorien den durch sie Kategorisierten angesichts der Konstellation einer stellvertretenden Krisenbewältigung bei der Bewältigung ihrer Krise eher ein Hilfsangebot abgeben, oder eine entmündigende Versozialwissenschaftlichung des Umgangs mit sich selbst.

Inklusion vom Kinde aus zu denken, betont im professionellen Bezug zu wissenschaftlichem Wissen also die Bedeutung des oben vorangestellten perspektivtheoretischen Vokabulars (vgl. 2.). In ihm sind Sozialtheorien buchstabiert, durch welche die diagnostisch unumgängliche fallrekonstruktive Erschließung grundlagentheoretisch deshalb fundiert wird, weil durch sie die betreffenden Prädikationen zur Differenzbildungen aus dem Material der zu erschließenden Praxis heraus möglich sind (vgl. Bohnsack 2005). Ein solches Vokabular erlaubt es also gerade darin dem Einzelfall gerecht zu werden, dass man auf seiner Grundlage über Unterschiede erst dann spricht, wenn die Erfahrungen aus konkreter Unterrichtsinteraktion bereits vorliegen. Und über diese Unterschiede kann nur deshalb gesprochen werden, weil man sie in den Manifestationen der Unterrichtsinteraktion immanent erschlossen hat, statt diese in vorab gefertigten Anamnesebögen so zu subsumieren, dass sich die Individualität einer Fallstruktur in prinzipiell standardisierbare Kombinationen von Merkmalen auflöst.

Von diesem Kern aus lassen sich nun noch einige immer noch provisorische, aber immerhin doch schon recht gewichtig anmutende Schlusssätze zur Eingangsfrage schnell herleiten: Denn nun lässt sich ohne großes weiteres Aufheben sagen, dass dann, wenn es so sein sollte, dass der Inklusionsgedanke eine Weise der Geltungskritik zur Voraussetzung hat, die im Focus der Geltungsüberprüfung als Cultural Turn firmiert, und wenn es so sein sollte, dass der so informierte Inklusionsgedanke die (sonderpädagogische) Fachlichkeit bedroht (Ahrbeck 2014a, S. 17), dann lässt sich in dieser Aufregung darauf hinweisen, dass dies eine kollektive Geltungskrise bestehenden Wissens darstellt, mit deren Bewältigung die Wissenschaften in dem Moment begonnen haben, in dem sie ihre Möglichkeit hervorgebracht haben. Inklusion vom Kinde aus zu denken, bräuchte keine Forderung mehr zu sein. Sie wäre als eine professionalisierungsbedürftige Herausforderung aufzufassen, der im Wege einer doppelten Professionalität, die sich entdeckungslogisch auf der Höhe entsprechender Theorieverständnisse praktisch zu bewähren vermag, entgegenzutreten. Sie bräuchte dabei auf kategoriales Wissen nicht verzichten, lediglich darauf, darin die Begründung von generalisierten Sonderrollen zu sehen. Auch wenn dies nun auf einen beachtlichen Veränderungsaufwand in entsprechenden Ausbildungsgängen und einen mindestens ebenso großen Aufwand in den betreffenden institutionellen Festlegungen der Schule zu Folge hätte, und auch wenn man in der gegebenen Situation weniger optimistisch einen gewaltigen Rückstand der gesellschaftlich-institutionellen Verfasstheit gegenüber menschenrechtlichen Entwürfen von Recht und Gerechtigkeit beklagen will – etwa weil ,der Kapitalismus weder auf die Normalitätsentwürfe allgemeiner Bildungsstandards noch auf diejenigen der Noten-, Zeugnis- oder der Abschlussvergabe verzichten kann' – (vgl. Brodkorb 2012, S. 33), ist im Anschluss an die hier gezeigte vielfältige wissenschaftliche Entwicklungsdynamik (vgl. 5.) eins nicht zu bestreiten: Inklusion wäre machbar.

Literatur

Ahrbeck, B. (2014a): Das Gleiche ist nicht immer gleich gut. Zur deutschen Diskussion über die Sonderbeschulung. In: Die Politische Meinung 59. (525), S. 13–18.

Ahrbeck, B. (2014b): Gemeinsamkeit um jeden Preis. Radikale Inklusion arbeitet nicht nur mit einfachen Gegensatzen, sondern schert sich auch nicht um das Können der Schüler. In: Frankfurter Allgemeine Zeitung, 24.04.2014 (95), S. 6.

Ahrbeck, B. (2015): INKLUSION – Ein unerreichbares Ideal? In: Braches-Chyrek, R./Fischer, C./Mangione, C./Penczek, A./Rahm, S. (Hrsg.): Herausforderung Inklusion. Schule – Unterricht – Profession. Bamberg: University of Bamberg Press (Forum Erziehungswissenschaft und Bildungspraxis, Band 5), S. 27–44.

Aichele, V. (2010): Behinderung und Menschenrechte. In: Aus Politik und Zeitgeschichte (23), S. 13–18.

Baumert, J./Kunter, M. (2006): Stichwort. Professionelle Kompetenz von Lehrkräften. In: ZfE 9 (4), S. 469–520. DOI: 10.1007/s11618-006-0165-2.

Becker-Lenz, R./Müller, S. (2009): Der professionelle Habitus in der sozialen Arbeit. Grundlagen eines Professionsideals. Bern etc.: P. Lang (Profession und Fallverstehen, #01).

Bernstorff, J. von (2007): Menschenrechte und Betroffenenrepräsentation: Entstehung und Inhalt eines UN-Antidiskriminierungsübereinkommens über die Rechte von behinderten Menschen. In: Zeitschrift für ausländisches öffentliches Recht und Völkerrecht (67), S. 1041–1063.

Bielefeldt, H. (2008): Menschenwürde. Der Grund der Menschenrechte. Berlin (Studie/Deutsches Institut für Menschenrecht). Zugriff am 1.1.2017 unter http://www.institut-fuer-menschenrechte.de/uploads/tx_commerce/studie_menschenwuerde_2008.pdf

Bielefeldt, H. (2009): Zum Innovationspotenzial der UN-Behindertenrechtskonvention. 3., aktualisierte und erw. Aufl. Berlin: Dt. Inst. für Menschenrechte (Essay/Deutsches Institut für Menschenrechte, 5).

Boger, M.-A. (2015): Theorie der trilemmatischen Inklusion. In: Schnell, I. (Hrsg.): Herausforderung Inklusion. Theoriebildung und Praxis. Bad Heilbrunn: Klinkhardt.

Bohnsack, R. (2005): Standards nicht-standardisierender Forschung in den Erziehungs- und Sozialwissenschaften. In: Zeitschrift für Erziehungswissenschaft (ZfE) 7. (3), S. 63–81. Zugriff am 1.1.2017 unter http://www.forschungsnetzwerk.at/downloadpub/bohnsack_standards1.pdf

Booth, T./Ainscow, M. (2003): Index für Inklusion. Lernen und Teilhabe in der Schule der Vielfalt entwickeln. übersetzt, für deutschsprachige Verhältnisse bearbeitet und herausgegeben von Ines Boban & Andreas Hinz. Martin-Luther-Universität Halle-Wittenberg. Zugriff am 1.1.2017 unter http://www.csie.org.uk/resources/translations/IndexGerman.pdf, zuletzt aktualisiert am 01.03.2016.

Brodkorb, M. (2012): Warum Inklusion unmöglich ist. Über schulische Paradoxien zwischen Liebe und Leistung. In: Brodkorb, M./Koch, K. (Hrsg.): Das Menschenbild der Inklusion, S. 13–37.

Budde, J. (2012): Problematisierende Perspektiven auf Heterogenität als ambivalentes Thema der Schul- und Unterrichtsforschung. In: Zeitschrift für Pädagogik 58 (4), S. 522–540. Zugriff am 1.1.2017 unter http://www.pedocs.de/volltexte/2015/10393/pdf/ZfPaed_4_2012_Budde_Problematisierende_Perspektiven.pdf

Bude, H. (2015): Inklusion als Sozialpolitischer Leitbegriff. Ein Essay. In: Degener, T./Diehl, E. (Hrsg.): Handbuch Behindertenrechtskonvention. Teilhabe als Menschenrecht – Inklusion als gesellschaftliche Aufgabe. Bonn: Bundeszentrale für politische Bildung (Schriftenreihe/Bundeszentrale für Politische Bildung, Band 1506), S. 388–398.

Bundesministerium für Arbeit und Soziales (2011a): Übereinkommen der Vereinten Nationen über die Rechte von Menschen mit Behinderung. Fakultativprotokoll zum Übereinkommen über die Rechte von Menschen mit Behinderungen. Hrsg. v. Referat Information, Publikation, Redaktion. Bonn. Zugriff am 1.1.2017 unter http://www.bmas.de/SharedDocs/Downloads/DE/PDF-Publikationen/a729-un-konvention.pdf?__blob=publicationFile

Bundesministerium für Arbeit und Soziales (2011b): Unser Weg in eine inklusive Gesellschaft. Der Nationale Aktionsplan der Bundesregierung zur Umsetzung der UN-Behindertenrechtskonvention. Stand: August 2011. Berlin: Bundesministerium für Arbeit und Soziales.

Burzan, N. (2008): Das Publikum der Gesellschaft. Inklusionsverhältnisse und Inklusionsprofile in Deutschland. 1. Aufl. Wiesbaden: VS Verl. für Sozialwiss.

Deckert-Peaceman, H. (2015): Herausforderung Inklusion Konsequenzen für das Professionsverständnis von Lehrerinnen und Lehrern. In: Forum Erziehungswissenschaft und Bildungspraxis (5), S. 45–63.

Degener, T. (2015): Die UN-Behindertenrechtskonvention – ein neues Verständnis von Behinderung. In: Degener, T./Diehl, E. (Hrsg.): Handbuch Behindertenrechtskonvention. Teilhabe als Menschenrecht – Inklusion als gesellschaftliche Aufgabe. Bonn: Bundeszentrale für politische Bildung (Schriftenreihe/Bundeszentrale für Politische Bildung, Band 1506), S. 55–74.

Degener, T./Diehl, E. (Hrsg.) (2015): Handbuch Behindertenrechtskonvention. Teilhabe als Menschenrecht – Inklusion als gesellschaftliche Aufgabe. Bonn: Bundeszentrale für politische Bildung (Schriftenreihe/Bundeszentrale für Politische Bildung, Band 1506).

Essen, F. (2013): Soziale Ungleichheit, Bildung und Habitus. Möglichkeitsraume ehemaliger Förderschuler. Wiesbaden: Springer VS.

Fend, H. (2009): Neue Theorie der Schule. Einführung in das Verstehen von Bildungssystemen. 2., durchgesehene Auflage. Wiesbaden: VS Verlag für Sozialwissenschaften.

Fischer, C./Mangione, C./Müller, C./Penczek, A. (2015): Einleitung. In: Braches-Chyrek, R./Fischer, C./Mangione, C./Penczek, A./Rahm, S. (Hrsg.): Herausforderung Inklusion. Schule – Unterricht – Profession. Bamberg: University of Bamberg Press (Forum Erziehungswissenschaft und Bildungspraxis, Band 5), S. 9–23.

Flügel-Martinsen, O. (2010): Die Normativität von Kritik. Ein Minimalmodell. In: Zeitschrift für Politische Theorie 1 (2), S. 139–154.

Giddens, A. (1984): Interpretative Soziologie. Eine kritische Einführung. Frankfurt a. M. u. a.: Campus-Verl. (Campus-Studium, 557).

Giddens, A. (1988): Die ‚Theorie der Strukturierung‘. Ein Interview mit Anthony Giddens. In: Zeitschrift für Soziologie 17 (4), S. 286–295. Zugriff am 1.1.2017 unter http://www.zfs-online.org/index.php/zfs/article/viewfile/2659/2196

Giddens, A. (1997): Die Konstitution der Gesellschaft. Grundzüge einer Theorie der Strukturierung. 3. Aufl. Frankfurt a. M.: Campus-Verl. (Theorie und Gesellschaft, 1).

Graumann, S. (2012): Inklusion geht weit über „Dabeisein hinaus – Überlegungen zur Umsetzung der UN-Behindertenrechtskonvention in der Pädagogik. In: Balz, H.-J./Benz, B./Kuhlmann, C. (Hrsg.): Soziale Inklusion. Grundlagen, Strategien und Projekte in der Sozialen Arbeit. Wiesbaden: VS Verlag für Sozialwissenschaften, S. 79–94.

Hartmann, D./Janich, P. (1999): Die Kulturalisitische Wende. In: Hartmann, D./Janich, P. (Hrsg.): Die kulturalistische Wende. Frankfurt: Suhrkamp, S. 9–22.

Helsper, W. (2008): Schulkulturen als symbolische Sinnordnungen und ihre Bedeutung für die pädagogische Professionalität. In: Helsper, W. (Hrsg.): Pädagogische Professionalität in Organisationen. Neue Verhältnisbestimmungen am Beispiel der Schule. 1. Aufl. Wiesbaden: VS, Verl. für Sozialwiss. (Studien zur Schul- und Bildungsforschung, 23), S. 115–145.

Helsper, W./Krüger, H.-H./Rabe-Kleberg, U. (2000): Professionstheorie, Professions- und Biographieforschung: Einführung in den Themenschwerpunk. In: Zeitschrift für qualitative Bildungs-, Beratungs- und Biographieforschung (1), S. 5–19. Zugriff am 1.1.2017 unter http://www.ssoar.info/ssoar/bitstream/handle/document/28070/ssoar-zbbs-2000-1-helper _et_al-professionstheorie.pdf?sequence=1

Hirschberg, M./Lindmeier, C. (2013): Der Begriff „Inklusion" – Ein Grundsatz der Menschenrechte und seine Bedeutung für die Erwachsenenbildung. In: Burtscher, R. (Hrsg.): Zugänge zu Inklusion. Erwachsenenbildung, Behindertenpädagogik und Soziologie im Dialog. Bielefeld: Bertelsmann (Theorie und Praxis der Erwachsenenbildung), S. 39–52.

Katzenbach, D. (2015): De-Kategorisierung inklusive? Über Risiken und Nebenwirkungen des Verzichts auf Etikettierungen. In: Huf, C./Schnell, I. (Hrsg.): Inklusive Bildung in Kita und Grundschule. Stuttgart: Kohlhammer Verlag, S. 33–53.

Koch, K.; Expertenkommission Mecklenburg Vorpommern (2012): Zur Entwicklung eines inklusiven Bildungssystems in Mecklenburg-Vorpommern bis zum Jahr 2020. Bericht mit Empfehlungen der Expertenkommission „Inklusive Bildung in M-V bis zum Jahr 2020". Ministerium für Bildung, Wissenschaft und Kultur Mecklenburg-Vorpommern. Schwerin. Zugriff am 1.1.2017 unter: https://www.bildung-mv.de/export/sites/bildungsserver/downloads/Inklusion-Expertenk_Bericht.pdf

Koch, K./Expertenkommission (2013): Mit 200 Sachen am Meer – Mecklenburg-Vorpommern auf dem Weg in Richtung Inklusion. Dritter Inklusionskongress M-V Dokumentation. Hrsg. v. Brodkorb, M./Koch, K. Ministerium für Bildung, Wissenschaft und Kultur Mecklenburg-Vorpommern. Schwerin (Inklusion, 4). Zugriff am 1.1.2017 unter: https://www.bildung-mv.de/export/sites/bildungsserver/downloads/inklusion-band4_web.pdf

Kramer, R.-T. (2013): Abschied oder Rückruf von Bourdieu? Forschungsperspektiven zwischen Bildungsentscheidungen und Varianten der kulturellen Passung. In: Dietrich, F./Heinrich, M./Thieme, N. (Hrsg.): Bildungsgerechtigkeit jenseits von Chancengleichheit. Theoretische und empirische Ergänzungen und Alternativen zu ‚PISA'. Wiesbaden: Springer VS, S. 115–136.

Kramer, R.-T./Helsper, W. (2010): Kulturelle Passung und Bildungsungleichheit – Potenziale einer an Bourdieu orientierten Analyse der Bildungsungleichheit. In: Krüger, H.-H. (Hrsg.): Bildungsungleichheit revisited. Bildung und soziale Ungleichheit vom Kindergarten bis zur Hochschule. 1. Aufl. Wiesbaden: VS, Verl. für Sozialwiss. (Studien zur Schul- und Bildungsforschung, Bd. 30), S. 103–126.

Kramer, R.-T./Helsper, W./Thiersch, S./Ziems, C. (2009): Selektion und Schulkarriere. Kindliche Orientierungsrahmen beim Übergang in die Sekundarstufe I. 1. Aufl. Wiesbaden: VS Verl. für Sozialwiss (Studien zur Schul- und Bildungsforschung, 29).

Lange-Vester, A. (2014): Habitussensibilität im schulischen Alltag als Beitrag zur Integration ungleicher sozialer Gruppen. In: Sander, T. (Hrsg.): Habitussensibilität: Eine neue Anforderung an professionelles Handeln: Springer Fachmedien Wiesbaden, S. 177–207.

Lange-Vester, A./Bremer, H. (2014): Die Pluralität der Habitus- und Milieuformen bei Lernenden und Lehrenden. Theoretische und methodologische Überlegungen zum Verhältnis von Habitus und sozialem Raum. In: Helsper, W./Kramer, R.-T./Thiersch, S. (Hrsg.): Schülerhabitus. Theoretische und empirische Analysen zum Bourdieuschem Theorem der kulturellen Passung. Wiesbaden: Springer VS (Studien zur Schul- und Bildungsforschung, 50), S. 56–81.

Lang-Winter, C. (2015): Lern- und Lebensraum für behinderte und nicht behinderte Kinder am Beispiel einer inklusiven Grundschule. In: Degener, T./Diehl, E. (Hrsg.): Handbuch

Behindertenrechtskonvention. Teilhabe als Menschenrecht – Inklusion als gesellschaftliche Aufgabe. Bonn: Bundeszentrale für politische Bildung (Schriftenreihe/Bundeszentrale für Politische Bildung, Band 1506), S. 147–153.

Liesen, C./Felder, F./Lienhard, P. (2011): Gerechtigkeit und Gleichheit. In: Moser, V./Horster, D. (Hrsg.): Ethik der Behindertenpädagogik. Menschenrechte, Menschenwürde, Behinderung; eine Grundlegung. Stuttgart: Kohlhammer (Heil- und Sonderpädagogik), S. 184–209.

Lob-Hüdepohl, A. (2014): Mittendrin statt nur dabei – Inklusion als menschenrechtliche Forderung. Zugriff am 1.1.2017 unter http://www.franziskuswerk.de/franziskuswerk/projekt-auf-dem-weg-zur-vision-2030/inklusion-als-menschenrechtliche-forderung.html

Luhmann, N./Schorr, K.E. (1982): Das Technologiedefizit der Erziehung und die Pädagogik. In: Luhmann, N. (Hrsg.): Zwischen Technologie und Selbstreferenz. Fragen an die Pädagogik. 1. Aufl. Frankfurt a.M.: Suhrkamp (Suhrkamp-Taschenbuch Wissenschaft, 391), S. 5–40.

Luhmann, N. (2002): Das Erziehungssystem der Gesellschaft. 1. Aufl. Frankfurt a.M.: Suhrkamp (Suhrkamp-Taschenbuch Wissenschaft, 1593).

Meister, U. (2007): Heterogenität – ein weiter Begriff für vielfältige Ansichten? In: Katzenbach, D. (Hrsg.): Vielfalt braucht Struktur. Heterogenität als Herausforderung für die Unterrichts- und Schulentwicklung. Frankfurt (am Main) (Frankfurter Beiträge zur Erziehungswissenschaft Reihe Kolloquien), S. 15–32.

Oevermann, U. (1996): Theoretische Skizze einer revidierten Theorie professionalisierten Handelns. In: Combe, A./Helsper, W. (Hrsg.): Pädagogische Professionalität. Untersuchungen zum Typus pädagogischen Handelns. Frankfurt a.M.: Suhrkamp (Suhrkamp Taschenbuch Wissenschaft, 1230), S. 70–182.

Oevermann, U. (2000): Die Methode der Fallrekonstruktion in der Grundlagenforschung sowie der klinischen und pädagogischen Praxis. In: Kraimer, K. (Hrsg.): Die Fallrekonstruktion. Sinnverstehen in der sozialwissenschaftlichen Forschung. 1. Aufl. Frankfurt a.M.: Suhrkamp (Suhrkamp-Taschenbuch Wissenschaft, 1459), S. 58–156.

Oevermann, U. (2001): Die Struktur sozialer Deutungsmuster. Versuch einer Aktualisierung. In: Sozialer Sinn 2 (1), S. 35–81.

Oevermann, U. (2006): Wissen, Glauben, Überzeugung: ein Vorschlag zu einer Theorie des Wissens aus krisentheoretischer Perspektive. In: Tänzler, D. (Hrsg.): Neue Perspektiven der Wissenssoziologie. Konstanz: UVK-Verl.-Ges (Erfahrung – Wissen – Imagination, 8), S. 79–118.

Oevermann, U. (2008): Profession contra Organisation? Strukturtheoretische Perspektiven zum Verhältnis von Organisation und Profession in der Schule. In: Helsper, W. (Hrsg.): Pädagogische Professionalität in Organisationen. Neue Verhältnisbestimmungen am Beispiel der Schule. 1. Aufl. Wiesbaden: VS, Verl. für Sozialwiss. (Studien zur Schul- und Bildungsforschung, 23), S. 55–77.

Oevermann, U. (2013a): Die Problematik der Strukturlogik des Arbeitsbündnisses und der Dynamik von Übertragung und Gegenübertragung in einer professionalisierten Praxis von Sozialarbeit. In: Becker-Lenz, R./Busse, S./Ehlert, G./Müller-Hermann, S. (Hrsg.): Professionalität in der Sozialen Arbeit. Standpunkte, Kontroversen, Perspektiven: VS Verlag Für Sozialwissenschaften, S. 119–149.

Oevermann, U. (2013b): Objektive Hermeneutik als Methodologie der Erfahrungswissenschaften von der sinnstrukturierten. In: Langer, P.C./Kühner, A./Schweder, P. (Hrsg.): Reflexive Wissensproduktion. Anregungen zu einem kritischen Methodenverständnis in qualitativer Forschung. Wiesbaden, (Frankfurter Beiträge zur Soziologie und Sozialpsychologie), S. 69–98.

Oevermann, U. (2014): Sozialisationsprozesse als Dynamik der Strukturgesetzlichkeit der ödipalen Triade und als Prozesse der Erzeugung des Neuen durch Krisenbewältigung. In: Garz, D./Zizek, B. (Hrsg.): Wie wir werden, was wir sind. Sozialisations-, biografie- und bildungstheoretische Aspekte, S. 15–69.

Oevermann, U. (2016): „Krise und Routine" als analytisches Paradigma in den Sozialwissenschaften. In: Becker-Lenz, R./Franzmann, A./Jansen, A./Jung, M. (Hrsg.): Die Methodenschule der Objektiven Hermeneutik: Eine Bestandsaufnahme, S. 43–114.

Pörksen, U. (1994): Wissenschaftssprache und Sprachkritik. Untersuchungen zu Geschichte und Gegenwart. Tübingen: Narr (Forum für Fachsprachen-Forschung, Bd. 22).

Prengel, A. (2006): Pädagogik der Vielfalt. Verschiedenheit und Gleichberechtigung in interkultureller, feministischer und integrativer Pädagogik. 3. Aufl. Wiesbaden: VS Verl. für Sozialwiss. (Reihe Schule und Gesellschaft, 2).

Reckwitz, A. (2000): Die Transformation der Kulturtheorien. Zur Entwicklung eines Theorieprogramms. 1. Aufl. Weilerswist: Velbrück Wiss.

Reckwitz, A. (2004): Die Logik der Grenzerhaltung und die Logik der Grenzüberschreitungen: Niklas Luhmann und die Kulturtheorien. In: Burkart, G./Runkel, G. (Hrsg.): Luhmann und die Kulturtheorie. 1. Aufl., Orig.-Ausg. Frankfurt a. M.: Suhrkamp (Suhrkamp-Taschenbuch Wissenschaft, 1725), S. 213–241.

Schmidt, L. (2014): Habitus – Struktur – Reflexivität: Anforderungen an helfende Professionen im Spiegel sozialer Ungleichheitsbeschreibungen. In: Sander, T. (Hrsg.): Habitussensibilität: Eine neue Anforderung an professionelles Handeln: Springer Fachmedien Wiesbaden, S. 67–84.

Schumann, B. (2007): „Ich schäme mich ja so!". Die Sonderschule für Lernbehinderte als „Schonraumfalle". Techn. Univ., Diss. Berlin, 2006. Bad Heilbrunn: Klinkhardt-Forschung.

Seifert, R. (2013): Eine Debatte Revisited: Exklusion und Inklusion als Themen der Sozialen Arbeit. In: Zeitschrift für Inklusion (1).

Stichweh, R. (1996): Professionen in einer funktional differenzierten Gesellschaft. In: Combe, A./Helsper, W. (Hrsg.): Pädagogische Professionalität. Untersuchungen zum Typus pädagogischen Handelns. Frankfurt a. M.: Suhrkamp (Surkamp Taschenbuch Wissenschaft, 1230), S. 49–69.

Stichweh, R. (2007): Inklusion und Exklusion in der Weltgesellschaft: Am Beispiel der Schule und des Erziehungssystems. In: Aderhold, J. (Hrsg.): Intention und Funktion. Probleme der Vermittlung psychischer und sozialer Systeme. 1. Aufl. Wiesbaden: VS Verl. für Sozialwissenschaften, S. 113–121.

Stichweh, R. (2009): Leitgesichtspunkte einer Soziologie der Inklusion und Exklusion. In: Stichweh, R./Windolf, P. (Hrsg.): Inklusion und Exklusion: Analysen zur Sozialstruktur und sozialen Ungleichheit. 1. Aufl. Wiesbaden: VS Verlag für Sozialwissenschaften, S. 29–42.

Stichweh, R. (2013): Inklusion und Exklusion in der Weltgesellschaft – Am Beispiel der Schule und des Erziehungssystems. Universität Bonn. Zugriff am 1.1.2017 unter https://www.fiw.uni-bonn.de/demokratieforschung/personen/stichweh/pdfs/97_stw_inklusion-und-exklusion-in-der-weltgesellschaft-schule-und-erziehungssystem.pdf.

Stojanov, K. (2011): Bildungsgerechtigkeit. Anerkennungstheoretische Perspektiven. 1. Aufl. Wiesbaden: VS Verlag für Sozialwissenschaften.

Terhart, E. (1986): Organisation und Erziehung. Neue Zugangsweisen zu einem alten Dilemma. In: Zeitschrift für Pädagogik (2), S. 205–223.

Waldschmidt, A. (2007a): Die Macht der Normalität: Mit Foucault „(Nicht-)Behinderung" neu denken. In: R. Anhorn (Hrsg.): Foucaults Machtanalytik und soziale Arbeit. Eine kritische Einführung und Bestandsaufnahme. 1. Aufl. Wiesbaden: VS Verl. für Sozialwiss. (Lehrbuch, Bd. 1), S. 119–134.

Waldschmidt, A. (2007b): Macht – Wissen – Körper. Anschlüsse an Michael Foucault in den Disability Studies. In: Waldschmidt, A./Schneider, W. (Hrsg.): Disability Studies, Kultursoziologie und Soziologie der Behinderung. Erkundungen in einem neuen Forschungsfeld. Bielefeld: Transcript (Disability Studies, 1), S. 55–77.

Waldschmidt, A. (2008): „Wir Normalen" – „die Behinderten"?: Erving Goffman meets Michel Foucault. In: Rehberg, K.-S. (Hrsg.): Die Natur der Gesellschaft. Verhandlungen des 33. Kongresses der Deutschen Gesellschaft für Soziologie in Kassel 2006. Frankfurt a. M. [u. a.]: Campus-Verl., S. 5799–5809. Zugriff am 1. 1. 2017 unter http://www.ssoar.info/ ssoar/bitstream/handle/document/18436/ssoar-2008-waldschmidt-wir_normalen_-_die_ behinderten.pdf?sequence=1

Wansing, G. (2015): Was bedeutet Inklusion? Annäherungen an einen Begriff. In: Degener, T./Diehl, E. (Hrsg.): Handbuch Behindertenrechtskonvention. Teilhabe als Menschenrecht – Inklusion als gesellschaftliche Aufgabe. Bonn: Bundeszentrale für politische Bildung (Schriftenreihe/Bundeszentrale für Politische Bildung, Band 1506), S. 43–54.

Weber, M. (1922a): Die „Objektivität" sozialwissenschaftlicher und sozialpolitischer Erkenntnis. In: Weber, M. (Hrsg.): Gesammelte Aufsätze zur Wissenschaftslehre. Tübingen: Mohr, S. 146–214.

Weber, M. (Hrsg.) (1922b): Gesammelte Aufsätze zur Wissenschaftslehre. Tübingen: Mohr.

Autor_innenverzeichnis

Ulaş Aktaş, Dr. phil., ist Jun. Prof. für Pädagogik an der Kunstakademie Düsseldorf. Er lehrt und forscht im Bereich der Allgemeinen Erziehungswissenschaft mit den Schwerpunkten: Ästhetische Bildung, Inklusion und Migration, Medienpädagogik, Subjektivations- und Bildungstheorie aus der Perspektive pädagogischer Anthropologie.

Mai-Anh Boger ist wissenschaftliche Mitarbeiterin an der Universität Bielefeld in der AG 4 ‚Schulentwicklung und Schulforschung‘ der Fakultät für Erziehungswissenschaft. Ihre Arbeitsschwerpunkte sind Inklusion und Philosophie der Differenz und Alterität.

Heike Deckert-Peaceman, Dr., Professorin für Erziehungswissenschaft mit den Schwerpunkten Kindheitsforschung und Grundschulpädagogik an der Pädagogischen Hochschule Ludwigsburg. Arbeits- und Forschungsbereiche: Theorie und Geschichte der Grundschulpädagogik, Curriculum Studies, Reformen im Elementar- und Primarbereich (Übergang Elementar- und Primarbereich, Ganztagsschule, Inklusion), Kindheitsforschung, Ethnographie, Historisch-Politische Bildung in der Grundschule

Max Fuchs, Prof. Dr., Studium der Mathematik und Wirtschaftswissenschaften (Dipl.-Math.) sowie der Erziehungswissenschaften und Soziologie (M.A., Dr. phil.), Direktor der Akademie Remscheid (1988–2013), Präsident des Deutschen Kulturrates (2001–2013), Ehrenvorsitzender der Bundesvereinigung Kulturelle Kinder- und Jugendbildung, Ehrenvorsitzender des Instituts für Bildung und Kultur, Mitglied des Kuratoriums des Instituts für Kulturpolitik der Kulturpolitischen Gesellschaft. Lehrt Allgemeine Erziehungswissenschaft an der Universität Duisburg-Essen und Kunsttheorie und Ästhetik an der Universität Basel. Forschungsinteressen: Konstitution von Subjektivität durch künstlerische Praxis, kulturelle Schulentwicklung.

Thomas Gläßer lebt und arbeitet als Musiker und Musikvermittler, freie Kurator und Kulturaktivist in Köln und Berlin. Er studierte Philosophie, Politikwissenschaft und Volkswirtschaftslehre an der Humboldt-Universität und der Freien Universität Berlin sowie Jazz/Klavier an der Hochschule für Musik und Tanz Köln. Als künstlerischer Leiter konzipiert und kuratiert er außergewöhnliche Festivals, Konferenzen, Musikvermittlungsprojekte, darunter u.a. die modellhaften Schulentwicklungsprojekte „Grundschule mit Musikprofil Improvisierte und Neue Musik" und „KlangKörper" der Offenen Jazz Haus Schule.

Leopold Klepacki, PD Dr. phil., studierte Pädagogik, Theaterwissenschaft und Neuere Deutsche Literaturgeschichte. Er ist Akademischer Oberrat am Institut für Pädagogik der Friedrich-Alexander-Universität Erlangen-Nürnberg. Zu seinen Arbeitsschwerpunkten zählen: Kulturpädagogik, Ästhetische Bildung, kulturelle Tradierungs- und Transformationsprozesse, kulturtheoretische Grundlagen der Pädagogik.

Tanja Klepacki, Dr. phil., studierte Pädagogik, Psychologie sowie Neuere und Neueste Geschichte. Sie ist Akademische Rätin am Lehrstuhl für Pädagogik mit dem Schwerpunkt Kultur und ästhetische Bildung der Friedrich-Alexander-Universität (FAU) Erlangen-Nürnberg sowie Leiterin der Geschäftsstelle der Akademie für Schultheater und performative Bildung an der FAU. Zu ihren Arbeitsschwerpunkten zählen: Kulturpädagogik, Ästhetische Bildung, Theatrale Bildung, kulturelle Tradierungs- und Transformationsprozesse.

Winfried Köppler, Dipl. Sozialarbeiter mit einem beruflichen Schwerpunkt auf der Arbeit mit Menschen mit geistiger Behinderung. Lehrbeauftragter an der University Of Applied Sciences in Frankfurt am Main und an der Evangelischen Fachhochschule in Darmstadt mit den Schwerpunkten Methoden Sozialer Arbeit, Soziologie und Professionalität Sozialer Arbeit sowie Inklusion. Promoviert derzeit zur Ökonomisierung Sozialer Arbeit am Promotionszentrum der Hochschulen für Angewandte Wissenschaften Hessen.

Franz Kasper Krönig, Dr. phil, ist Professor für Elementardidaktik und Kulturelle Bildung an der Technischen Hochschule Köln mit Arbeitsschwerpunkten in der gesellschaftstheoretischen und philosophischen Grundlegung kulturpädagogischer, inklusionspädagogischer und didaktischer Begriffe. Er hat an der Offenen Jazz Haus Schule mehrere Kulturelle Bildungsprojekte an allen Schulformen, Kitas und in der Offenen Kinder- und Jugendarbeit konzipiert, geleitet und durchgeführt. Als Projektleiter und Weiterbildungsdozent beschäftigt er sich schwerpunktmäßig mit Offenem Unterricht, Didaktik Populärer Musik und Community Music. Mehrere CD-Veröffentlichungen unter dem Namen Franz Kasper (Day-Glo/rough trade).

Thorsten Neubert ist Musiker und Musikpädagoge (u.a. an der Offenen Jazz Haus Schule Köln) und konzipiert Projekte zu inklusiver, musikalischer/ästhetischer Bildung für Kinder und Jugendliche. Wichtige aktuelle Arbeitsbereiche sind das Projekt „Zusammenklang" zur Verbindung von formalen und nonformalen Bildungsbereichen an Ganztagsschulen, die Moderation der JeKits-

Akademie zur Entwicklung neuer didaktischer Formen und Strategien sowie ein Lehrauftrag an der Hochschule für Musik und Tanz Köln. Seine musikalischen Tätigkeitsfelder umfassen neben langjähriger internationaler Bühnenerfahrung diverse Album-Produktionen als Komponist, Texter, Sänger, Gitarrist und Produzent.

Anne Niessen, Dr. phil., arbeitet als Professorin für Musikpädagogik an der Hochschule für Musik und Tanz Köln und ist dort vor allem in der Musiklehrer_innenausbildung tätig. Vorher unterrichtete sie als Lehrerin an verschiedenen Gymnasien und als Dozentin an den Universitäten in Siegen und Köln. Ihr Forschungsschwerpunkt liegt in qualitativen Interviewstudien mit Schüler_innen und Lehrenden und in der Rekonstruktion der Perspektiven verschiedener Beteiligter auf musikpädagogische Lehr- und Lernprozesse. Unter anderem war sie an der Begleitforschung des musikpädagogischen Programms „Jedem Kind ein Instrument" an nordrhein-westfälischen Grundschulen beteiligt.

Andrea Platte, Dr. phil., Professorin für Bildungsdidaktik mit dem Schwerpunkt Didaktik der Elementarpädagogik an der Fakultät für Angewandte Sozialwissenschaften der Technischen Hochschule Köln. Als Lehrerin für Sonderpädagogik langjährige Tätigkeit an Grund- und Förderschulen, in der Lehrer_innenbildung und in der inklusiven Qualitätsentwicklung von Bildungseinrichtungen. Schwerpunkte in Forschung und Lehre: Inklusive Bildung, Inklusive Didaktik, Kulturelle Bildung, Sonder- und Integratiospädagogik, Kindheitspädagogik.

Matthias Schlothfeldt, Komponist, Gitarrist, Musikpädagoge und seit 2005 als Professor für Musiktheorie mit den Schwerpunkten Didaktik, Improvisation und zeitgenössische Musik an der Folkwang Universität der Künste. Kompositionspädagogische Projekte in Zusammenarbeit mit Studierenden, Schulen, Konzerthäusern und Orchestern bilden einen Schwerpunkt seiner Arbeit. Mit Michael Dartsch, Christian Rolle und Philipp Vandré gemeinsame Entwicklung und Durchführung der BMBF-geförderten Weiterbildung KOMPÄD. Veröffentlichungen u. a. zu Fragen der Kompositionspädagogik und der Didaktik der Musiktheorie; 2009 Erscheinen des Buches „Komponieren im Unterricht".

Nina Simon, wissenschaftliche Mitarbeiterin am Lehrstuhl Didaktik der deutschen Sprache und Literatur an der Universität Bayreuth und Vorstandsmitglied im Verein Migrationspädagogische Zweitsprachdidaktik e. V. Arbeits- und Forschungsschwerpunkte: rassismuskritische Pädagogik und Didaktik, Theaterpädagogik und -didaktik, gesellschaftstheoretisch-reflexive Zugänge zur Didaktik des Deutschen (auch als Zweitsprache). Laufendes Dissertationsprojekt zu rassismus-/herrschaftskritischer (Deutsch)(Hochschul)Didaktik (unter besonderer

Berücksichtigung theaterpädagogischer Herangehensweisen). http://www.didaktikdeutsch.uni-bayreuth.de/de/team/08_nina-simon/index.php

Timm Stafe arbeitet als Workshopleiter und Dozent im Bereich non-formaler und formaler Bildung. Forschungsschwerpunkte: rassismuskritische Pädagogik, Cultural Studies, Professionalisierungstheorie, Musikpädagogik. Im Rahmen seiner Doktorarbeit forscht er zum Thema institutioneller Diskriminierung an Hochschulen und Universitäten.

Achim Tang ist improvisierender Musiker mit langjähriger Erfahrung als international konzertierender Künstler. Aus dieser Perspektive beschäftigt er sich in Projekten mit Kindern, Jugendlichen und Erwachsenen seit vielen Jahren intensiv mit musik- und kulturpädagogischen Fragen. Für die Offene Jazz Haus Schule arbeitet er als Dozent und Projektleiter in mehreren Grundschulprojekten sowie in der Offenen Kinder- und Jugendarbeit und ist darüber hinaus in der konzeptionellen Weiterentwicklung der Schule engagiert. Außerdem forscht er nach Möglichkeiten einer didaktischen Vermittlung offener Improvisation und arbeitet in diesem Zusammenhang auch als Lehrbeauftragter sowohl für die Hochschule für Musik und Tanz als auch für das Institut für Musikpädagogik an der Universität Köln.

Maximilian Waldmann ist seit Oktober 2017 wissenschaftlicher Mitarbeiter am Lehrgebiet Bildung und Differenz der Fernuniversität Hagen. Er lehrt im Masterstudiengang „Bildung und Medien: eEducation" im Modul 6. Zuvor war er Lehrbeauftragter an der Universität zu Köln sowie an der Friedrich-Schiller-Universität Jena. Dort hat er Vergleichende und Allgemeine Pädagogik, Queer Theorie sowie Medien- und Sozialpädagogik unterrichtet. Seine Forschungsschwerpunkte liegen auf dem Gebiet der Gender und Queer Studies, dem Verhältnis von pädagogischer Differenz und dem Politischen sowie der hegemoniekritischen Medienpädagogik.